Paul Werner

Inseln, Mythen und Geschichte(n)

Auf der *Solskin* durch griechische Gewässer

Paul Werner, geboren 1945 in Nagold, aufgewachsen in Wuppertal. Nach dem Abitur 1962 Eintritt als Offiziersanwärter in die Bundesmarine, Ausbildung mit Bordkommando auf der SS Gorch Fock und dem Schulschiff Deutschland. Von 1967 bis 1972 Studium der englischen und russischen Philologie in Würzburg und Bonn. Ab 1976 Konferenz-/Simultandolmetscher bei der EG-Kommission in Brüssel, seit 1978 EG-/EU-Beamter. Paul Werner spricht neun Sprachen, u. a. Griechisch und Türkisch und verbrachte beruflich bedingt mehrere Jahre in Athen, Thessaloniki und Istanbul. Als Fahrten- und Regattaskipper legte er rund 40.000 Seemeilen auf Yachten aller Art und Größe mit ständig wechselnder Crew auf dem Atlantik, auf der Nord- und Ostsee sowie auf dem Mittelmeer zurück. Sein Lieblingsrevier aber ist die Ägäis. Er hat drei erwachsene Töchter und lebt heute in Heidelberg.

Paul Werner

# Inseln, Mythen und Geschichte(n)

## Auf der *Solskin* durch griechische Gewässer

**Bibliografische Information Der Deutschen Bibliothek**
Die Deutsche Bibliothek verzeichnet diese Publikation in der Deutschen Nationalbibliografie; detaillierte bibliografische Daten sind im Internet über http:/dnb.ddb.de abrufbar.



Verlag Dr. Thomas Balistier
Egartstr. 19
D-72127 Mähringen
www.kreta-buch.de

1. Auflage Mähringen 2016
Redaktionelle Beratung: Ulla Fuchs
Umschlaggestaltung: Charlotte Werner, Rauen
Coverfoto: © AlexanderNikiforov – fotolia.com
Satz: PEAK Agentur für Kommunikation GmbH, Tübingen
Herstellung: CPI books GmbH, Leck

ISBN 978-3-937108-35-3

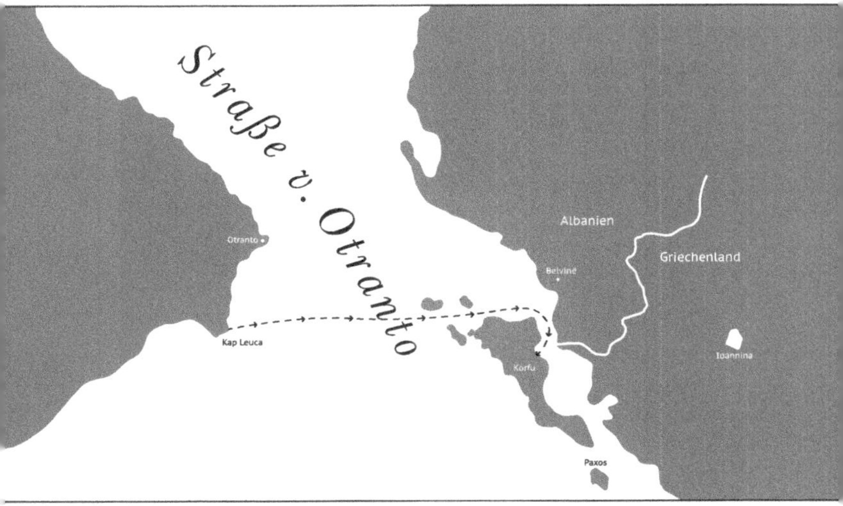
Straße v. Otranto
Otranto
Kap Leuca
Albanien
Griechenland
Belvinë
Korfu
Ioannina
Paxos

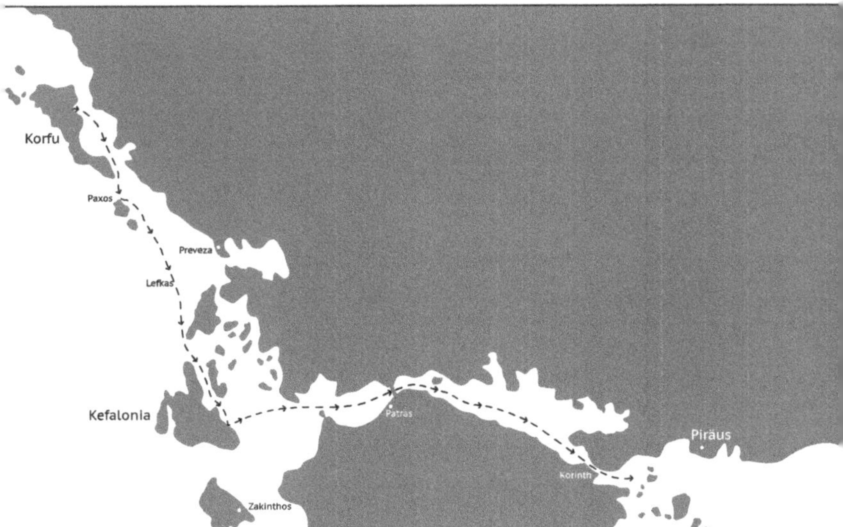
Korfu
Paxos
Preveza
Lefkas
Kefalonia
Patras
Piräus
Korinth
Zakinthos

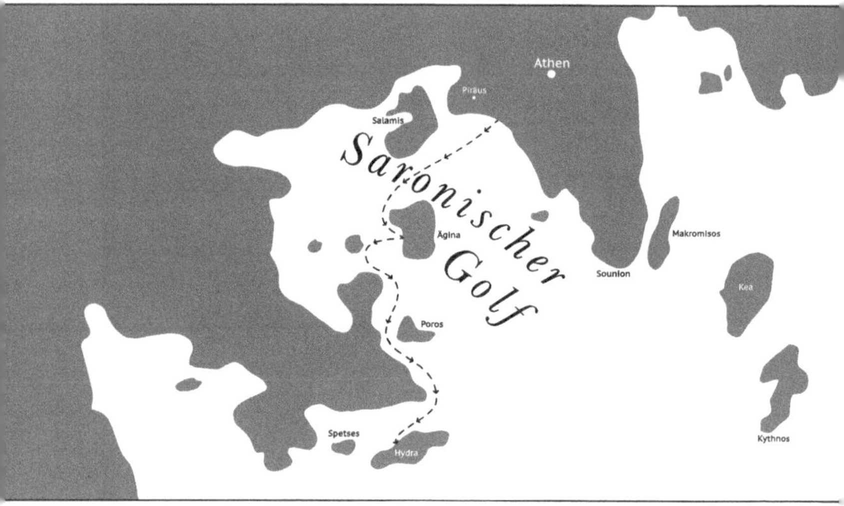
Athen
Piräus
Salamis
Saronischer Golf
Ägina
Makronisos
Sounion
Kea
Poros
Spetses
Hydra
Kythnos

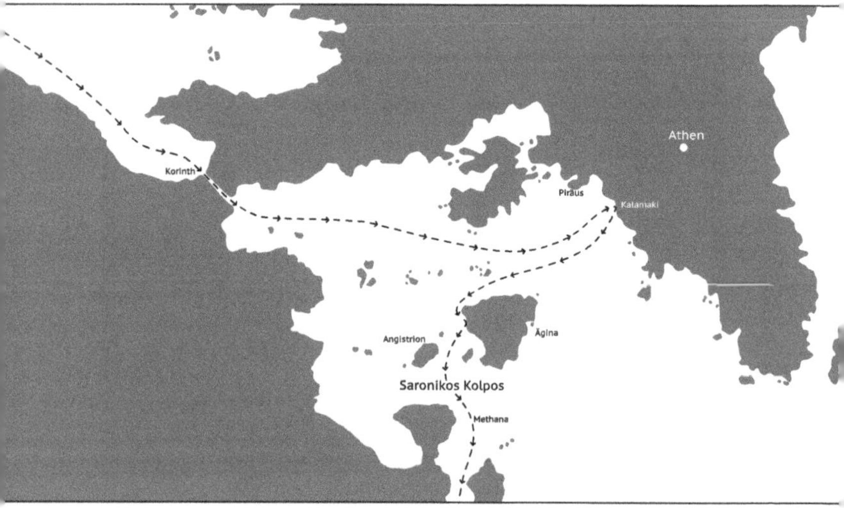
Athen
Korinth
Piräus
Kalamaki
Ägina
Angistrion
Saronikos Kolpos
Methana

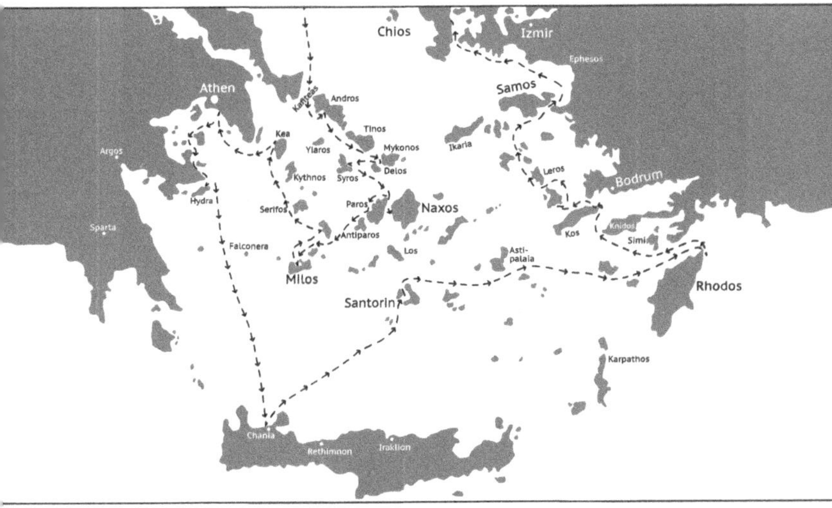
Chios
Izmir
Ephesos
Athen
Samos
Kafireas
Andros
Tinos
Mykonos
Ikaria
Argos
Kea
Ylaros
Kythnos
Syros
Delos
Leros
Bodrum
Hydra
Serifos
Paros
Naxos
Sparta
Antiparos
Kos
Knidos
Simi
Falconera
Los
Asti-
palaia
Milos
Rhodos
Santorin
Karpathos
Chania
Rethimnon
Iraklion

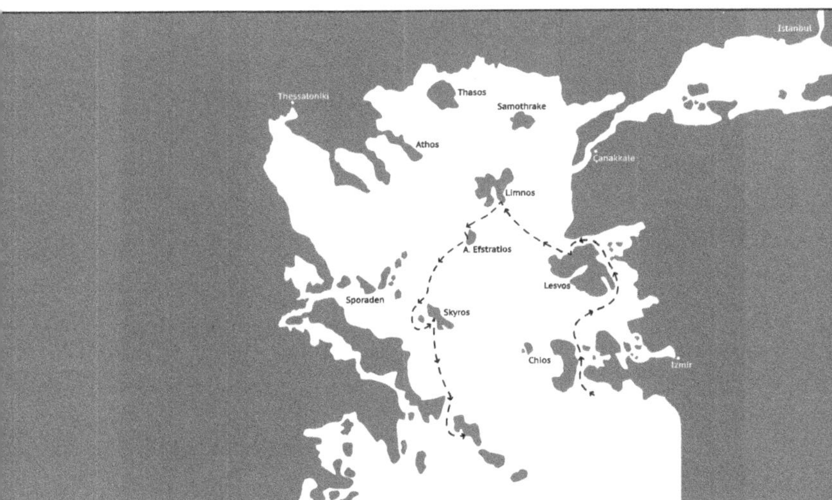
Istanbul
Thessaloniki
Thasos
Samothrake
Athos
Çanakkale
Limnos
A. Efstratios
Lesvos
Sporaden
Skyros
Chios
Izmir

Solskin
Bruxelles

# Kalypso, abgetaucht

*15. Mai.* „Dort drüben, i Kerkyra." In Kostas' fisteligem Tenor schwingt an diesem frischen Maimorgen ein ungewohnt feierliches Timbre. Ich erhebe mich steif und schlaftrunken von der feuchten Cockpitbank und strecke die leise knackenden tauben Glieder. Nikos hält das Steuer in seiner dicht behaarten rechten Pranke als fürchte er, es könne weglaufen und weist mit dem Zeigefinger der ausgestreckten Linken über meine Schulter nach Steuerbord voraus. Beim Drehen versetzt mir das in vielen Jahren an Bord von Segelyachten erworbene Rheuma einen schmerzhaften Stich im Oberkörper. Leise in mich hineinfluchend kontrolliere ich Großsegel und Genua. Alles bestens, Kurs liegt an, wir machen weiterhin um die sechs Knoten Fahrt. Die Ionische See meint es gut mit uns. Hart am leicht böigen Nordostwind gleiten wir seit etwa Mitternacht der nördlichsten des sieben Hauptinseln umfassenden Archipels entgegen. Hält die Wetterlage an, sind wir am frühen Nachmittag am Ziel, in der Marina Gouvia von Korfu.

Kostas sitzt an Deck, lehnt sich nahe dem Mast gegen die festgezurrte Rettungsinsel und schwenkt das Fernglas langsam vor seinen Augen hin und her. Die aufgehende Sonne hinterlegt die schwarze auf- und absteigende Silhouette Korfus wie eine Ikone mit rotgoldenem Grund.

„I Kerkyra." In Kostas' Stimme wird der wohlklingende Dreisilber zu hellen Glöckchen, die melodisch gegen mein dumpfes deutsches *Korfu* anbimmeln. Ich nicke mechanisch, als bedürfe Kostas' frühe Festlegung meiner Bestätigung. Alles Teil der Routine. Die knapp zwei Wochen Fahrt haben aus unserer Zufallsbekanntschaft noch keine Schicksalsgemeinschaft, aber eine gut funktionierende Besatzung geformt. Mehr zu erwarten, wäre vermessen.

Die letzten Stunden der Etappe vom Absatz des italienischen Stiefels zur entgegengesetzten Adriaseite sind gleichwohl von Erleichterung gekennzeichnet. Viel kann nicht mehr passieren, und Spannungen, wie sie sich im Laufe gemeinsamer Tage und Wochen unweigerlich aufbauen, fallen von der Crew ab. Der Blick richtet sich auf die Insel als Trägerin diffuser Versprechen. Die ablandige Morgenbrise ist geschwängert vom Duft der Piniennadeln, Orangenblüten, Tausenderlei wilder Blumen, knorriger Bäume und wogender Gräser.

Jede Insel, die der Seemann ansteuert, entdeckt er für sich neu. In dem Maße, wie ihre sich unmerklich verschärfenden und verdunkelnden Konturen über Stunden bisweilen mühsamer Annäherung Form und Struktur gewinnen, steigen seine Erwartungen. Korfu war meine erste griechische Insel und sie ist meine Jugendliebe geblieben. Wo anders als hier hätte ich meine Rundreise der kommenden Monate beginnen sollen!

Kostas gesellt sich zu uns ins Cockpit und klatscht sich mit Nikos ab. Die beiden Jungs lachen und strahlen wie Odysseus auf dem Weg zum üppigen Gastmahl der Phäaken. Aufgefallen waren sie mir in der südlichsten Marina der seichten Bucht von Cagliari. Ihr zerrissenes Räuberzivil wollte so gar nicht zur zeitlosen, diskreten Eleganz der italienischen *Swan* passen, auf der sie tagelang herumlungerten. Ihr Griechisch war leicht dialektal gefärbt. Zwei kretische Sch'tis wie sie trifft man nicht alle Tage auf Sardinien.

Als ich sie auf dem Ponton ansprach, erzählten sie mir, dass sie die edle Yacht von den Azoren überführt hatten. Nun warteten sie auf den Eigner, der aus Neapel kommen und sein Schiff hier übernehmen wolle.

Der Weg von der Marina in die Stadt war weit und in der bis lange nach Sonnenuntergang fortglühenden Hitze beschwerlich. Daher traf man sich allabendlich an der provisorischen Bar im geräumigen Zelt, das dem Marina-Betreiber als Büro diente. Gegenüber der Bar war das Archiv untergebracht. Mehrere riesige Stapel feucht-modriger Zeitschriften und untrennbar aneinander pappender Formulare schienen geduldig auf den Augenblick zu warten, dass eine heftige Sturmbö die unersetzlichen Belege jahrzehntelanger doppelter Buchführung packt und in alle Winde verstreut.

Ich brauchte wieder einmal Mitsegler. Der Bekannte, mit dem ich eben erst von Cartagena herübergesegelt war, hätte mich eigentlich bis Korfu begleiten sollen. Kurz nach unserer Ankunft in Cagliari erreichte ihn jedoch eine traurige Nachricht, die ihn unverzüglich den Heimflug antreten ließ. Die beiden Jungs machten einen guten Eindruck auf mich. Tatsächlich stammt nur Kostas von Kreta. Nikos kommt von Korfu, verfällt aber im Gespräch mit Kostas gern in dessen Dialekt, den er offenbar für unwiderstehlich komisch hält. Beide studieren in Athen, Kostas Ingenieurwesen am Polytechnikum, Nikos Jura an der Uni. Ein schwules Pärchen sind sie seit drei Jahren und gehen locker damit um. In den Semesterferien verdingen sie sich mal als Crew, mal als Überführer, was gerade anfällt. Ich zeigte auf die *Solskin*, meine betagte *Hallberg-Rassy 36*, die am Ende des Stegs, von grell kreischenden und unablässig kotenden Möwen umkreist, im Schwell dümpelte. Nach kurzer Besichtigung und Beratung im Flüsterton sagten sie mir zu. Kostas wollte eigentlich direkt von hier über Athen nach Chania fliegen, änderte dann seine Meinung und schloss sich Nikos an. Sobald das Finanzielle mit dem italienischen Eigner der *Swan* geregelt war, konnte es losgehen.

Für mich war das eine Etappe von vielen. Den Anfang hatte ich diesmal im Ärmelkanal gemacht, vor gefühlt einem Jahrzehnt, bei ortstypisch regnerischem, böigem Wetter noch dazu. Eine stürmische Durchquerung der Biscaya, endlose Tage und Nächte entlang der portugiesischen Küste und schließlich Gibraltar folgten. Dort hatte ich meinen vorletzten Mitsegler verloren, der sich beim Herumklettern auf dem Felsen den Knöchel brach, ärztlich versorgt werden musste und mit Gipsbein ausfiel. Über Cartagena und Ibiza war ich solo nach Cagliari gelangt. Die *Solskin* hatte sich als zuverlässig erwiesen und, egal ob unter Segeln oder Motor, nicht ein einziges Mal gebockt.

Der Holländer, von dem ich die *Hallberg-Rassy* gebraucht erstand, hatte mich gewarnt, als er von meinen Törnplänen hörte. Fürs Mittelmeer sei die Yacht nicht geeignet. Teakdeck, wenig Lüftungsmöglichkeiten und fehlendes Bimini sprachen in der

Tat dagegen. Ich wollte es trotzdem probieren. Unzählige Male hatte ich es an Bord von Charteryachten bitter bereut, nicht mehr Zeit für die griechischen Inseln zu haben. Ewig hinter mir den *geflügelten Wagen der Zeit* heranrauschen zu hören, nervte auf Dauer. Jetzt, kurz nach meiner Pensionierung, schien der Augenblick gekommen, den Traum zu leben, ich musste ja nicht für immer dort im Süden bleiben.

Außerdem hatte ich das Beispiel des Kommodores vor Augen. Jahrelang war der mit seiner *Hallberg-Rassy 42* bei Offshore-Regatten in der Ägäis gestartet. Gewann natürlich keinen Blumentopf mit der ungünstigen Segeltragezahl der Yacht und ihrer geringen Surfneigung. Schien sich aber trotzdem jedes Mal königlich zu amüsieren, der Kommodore, auch ohne Bimini.

Der Eigner der *Swan* verspätete sich um eine ganze Woche, so dass ich den beiden Griechen schließlich etwas Taschengeld vorstrecken musste. Irgendwann wuchteten sie ihre Rucksäcke an Bord und richteten sich in der Vorderkabine ein. Alles natürlich etwas kleiner und bescheidener als auf der *Swan*. Doch für griechische Normalmaße reichte der Platz, und auf See würden sie sowieso meist umschichtig in der Koje liegen.

Homosexualität zwischen Jung und Alt war in der Antike eine Alltäglichkeit, zum Beispiel in der Form philosophischer Knabenliebe überliefert. Die Älteren gaben Weisheit und Erfahrung an die Jungen weiter und sorgten dafür, dass auch sie selbst in der Symbiose nicht zu kurz kamen.

Gleichgeschlechtliche Beziehungen zwischen Gleichaltrigen waren eher heikel. Außer in den als martialisch geltenden Gesellschaften von Stadtstaaten wie Theben oder Sparta. Krieger im besten Jünglings- und Mannesalter, die einen großen Teil ihres Lebens auf dem Schlachtfeld verbrachten, mussten ihre Sexualität irgendwie ausleben. Ihre Generäle machten daraus eine Tugend und sorgten dafür, dass schwule Paare in der Phalanx Schulter an Schulter standen, weil dies angeblich ihre Kampfmoral steigerte.

Irgendwann hatte das Feilschen der jungen Griechen mit dem Italiener um den vereinbarten und wieder in Frage gestellten Preis für die Überführung ein Ende. Wir konnten die Leinen der *Solskin* loswerfen. Mein anfänglicher Kontrollreflex wich bald uneingeschränktem Vertrauen in die nautischen Fertigkeiten meiner beiden Gefährten. Kostas und Nikos kamen mit der spröden *Solskin* gut zurecht. Sie gingen zuverlässig ihre Wachen und leiteten oft die notwendigen Manöver ein, bevor ich dazu auffordern musste. Kostas kochte zudem schlichte aber genießbare Gerichte. Herz, was willst du mehr!

Um Korfu im Morgengrauen zu erreichen, hatten wir auf der letzten Etappe spät abends an der italienischen Küste der Straße von Otranto von Leuca abgelegt. Im Laufe der Nacht erhob sich eine sanfte adriatische Brise, die bald zulegte und auf Nordost zu drehen begann. Kurz nach Mitternacht identifizierten wir das Leuchtfeuer der diapontischen Insel Othonoi. Die erste Fackel Griechenlands, nordwestlich von Korfu aufgepflanzt, leuchtete uns heim.

Manche Historiker und Archäologen halten Othonoi für Homers Insel Ogygia, wo die Nymphe Kalypso den wieder einmal gestrandeten Odysseus geschlagene sieben Jahre gefangen hielt. Obwohl, gefangen ist vielleicht nicht das richtige Wort. Odysseus war nicht der Graf von Monte Christo und Ogygia nicht das Chateau d'If. Im Gegensatz zum einfachen Seemann Edmond Dantès fand der König von Ithaka seltsamerweise im Laufe dieser sieben Jahre kein Mittel zur Flucht. Was Zweifel an seinem angeblichen Listenreichtum weckt.

War ihm diese Art Gefangenschaft letzten Endes gar nicht so unliebsam? Die erfahrenen Hofdamen der Entourage des Phäakenkönigs sollen an dieser Stelle von Odysseus' Bericht vielsagende Blicke ausgetauscht haben.

Kostas macht uns zur Feier des Tages ein türkisches Menemen. Das schmackhafte Rührei mit Tomaten, Ziegenkäse, Paprika und herzhaften Wurstscheiben stimuliert die Lebensgeister und schafft eine nachhaltige Grundlage für den weiteren Tagesverlauf. Nikos, der zu Hause viel Zeit mit Hanteln zu verbringen scheint, erinnert mich mit seiner hohen Stirn und dem häufig zugekniffenen rechten Auge an Philipp von Mazedonien, den Grobmotoriker und vermutlichen Vater Alexanders des Großen. Jedes Mal, wenn beim Abwasch Tassen oder Gewürzgläschen in seinen mächtigen Pranken verschwinden, lausche ich unwillkürlich auf das Knirschen zerbrechenden Porzellans oder Glases. Auf der *Solskin*, wo praktisch alles von Hand gemacht wird und Hydraulik ein Fremdwort ist, kann ein tätowierter Muskelprotz wie er Wunder wirken.

Kalypsos weibliche Reize scheinen über die Jahrtausende nicht viel von ihrer Wirkung eingebüßt zu haben. Die Schar ihrer erklärten Jünger, die sicher einiges dafür gegeben hätten, mit Odysseus tauschen zu dürfen, komplettierte in neuerer Zeit Jacques-Yves Cousteau, der Herr der Tiefe. Seine auffallend häufigen Besuche auf dem kleinen Eiland Othonoi sind insofern verräterisch. Aber die wählerische Nymphe trägt den Namen *die Verborgene* nicht ohne Grund. Ihrer hartnäckigen Freier weiß sie sich durch Abtauchen zu entziehen.

Das Menemen ist fertig. Kostas schaufelt mir eine ansehnliche Portion auf den Teller, wo sich das heiße gelbrote Rührei wie eine gefräßige Qualle über die weißen Käsebröckchen schiebt. Den Rest nimmt der Koch mit nach oben. Die beiden löffeln gern aus der Pfanne, das zerkratzt zwar das Teflon, aber ich brauche sowieso bald eine neue.

Gute Verstecke auf Othonoi erregten stets auch die Aufmerksamkeit ungeliebter Gäste, die meist unangemeldet vorbeizuschauen pflegten: Piraten, über viele Jahrhunderte die lästigen Pferdebremsen des mediterranen Garten Eden, konnten hier Trinkwasser schöpfen, Schafe schlachten und Frauen rauben. Wobei die klare Abgrenzung zwischen legitimer Seefahrt und Piratentum schwerfiel. Auch viele Handlungen des Odysseus erfüllen bei nüchterner Analyse Tatbestandsmerkmale von Delikten wie Raub, Körperverletzung oder Totschlag und lassen Homers Helden als zwielichtige Gestalt erscheinen. Allein das Blutbad, das er unter den Freiern seiner treuen Penelope anrichtet, würde für ein Lebenslänglich mit anschließender Sicherungsverwahrung reichen.

Bis weit ins 19. Jahrhundert waren Handel und Raub im Mittelmeerraum Brüder im Geiste als Haupterwerbszweige und privilegiertes Mittel der Umverteilung. Parallelen zur Moderne springen ins Auge.

„Korfu war nach dem Krieg jahrzehntelang ein Zentrum des Tabakschmuggels", ruft der den Abwasch besorgende Nikos, als könne er meine Gedanken lesen. Stimmt, ein Hauch von Gesetzlosigkeit liegt immer noch über dem Archipel. Schnelle, mit Hunderten Zigarettenstangen beladene Motorboote flitzten wie Weberschiffchen im Schutze der Nacht regelmäßig zwischen Italien und Griechenland hin und her. Das hat nachgelassen. Dafür tauchen jetzt vermehrt Menschenschmuggler und *fliegende Holländer* auf. Schlepperbanden beladen Seelenverkäufer mit teuer für ihre Passage bezahlenden Asylanten und Flüchtlingen aus den Kriegs- und Bürgerkriegsregionen Afrikas, Asiens und aus dem Nahen Osten und überlassen sie hier in Küstennähe ihrem Schicksal.

Gegen Mittag steht die *Solskin* am Nordende der Straße von Korfu. Ein gewaltiger Anblick eröffnet sich uns. Die noch schneebedeckten, im grellen Sonnenlicht gleißenden albanischen Berggipfel reihen sich an Backbord auf wie Perlen einer unerschwinglich teuren Kette. An Steuerbord scheinen die grünen Hänge des mächtigen Pantokrators, der Korfus restliche Topographie majestätisch überragt, geradewegs in den Himmel zu steigen. Direkt voraus verengt sich das Fahrwasser auf Flussbreite. Bevor wir die Meerenge passieren, zeige ich den beiden Mitseglern am Kartentisch den ungefähren Grenzverlauf, bin nicht scharf darauf, aus Versehen in albanische Hoheitsgewässer zu geraten. Kleine Länder reagieren nach meiner Erfahrung mit karibischen Inseln besonders empfindlich auf jegliche auch nur geargwöhnte Missachtung ihrer Grenzen, und eine von der albanischen Küstenwache an die Kette gelegte Yacht wieder freizubekommen, könnte Jahre teurer Prozesse kosten.

Unter Beschuss albanischer Küstenbatterien geraten, wie das kurz nach dem Ende des Zweiten Weltkriegs britischen Flottenverbänden widerfuhr, würden wir vermutlich nicht. Damals war die Lage hier vor allem deshalb so gespannt, weil Griechenland den Krieg dank englischer und amerikanischer militärischer Intervention als einziger Balkanstaat überstanden hatte, ohne kommunistisch geworden zu sein. Mit dem Beginn des kalten Krieges hatte der Westen großes Interesse daran, dass dies so blieb und zeigte dementsprechend Flagge. Außerdem galt es, den Charakter der Straße von Korfu als internationales Fahrwasser aufrechtzuerhalten.

Ob die Albaner die Straße tatsächlich vermint hatten, wie die Briten behaupteten, sei dahingestellt. Wie so oft war der politische Kollateralschaden größer als die materiellen Verluste der englischen Flotte. So tief saß der Stachel, dass Albanien und das Vereinigte Königreich sich erst Ende der 1990er Jahre dazu durchringen konnten, ihre auf Eis gelegten diplomatischen Beziehungen zu erneuern.

Die Anbindung Griechenlands an den mehr oder minder freien Westen hatte ihren Preis. Nach Kriegsende strömte knapp eine halbe Million Menschen aus den Ländern und Gebieten der ehemaligen Sowjetunion sowie aus Bulgarien, Albanien und Jugoslawien in die Heimat. Eine gewaltige Belastung für ein Land von knapp 11 Millionen Einwohnern und geringer Wirtschaftskraft, das selbst noch heftig unter den Nachwehen von Besatzung und Bürgerkrieg litt. Viele der Zugewanderten waren nicht einmal der griechischen Sprache mächtig, sondern gehörten schwer integrierbaren Kulturkreisen an.

Nikos weist auf die Südspitze von Korfu in der Karte und fährt spielerisch mit dem Zeigefinger nach Norden bis zum Hafen. Sicher, ich hätte Korfu natürlich auch südlich umfahren können. Dann wären wir in den Genuss der Hafen- und Stadtansicht gekommen, die uns nun versagt bleibt. Doch erstens zieht sich dieser Weg in meiner Erinnerung ziemlich in die Länge, und zweitens verspreche ich mir an der nördlichen Küste Korfus ein sentimentales Wiedersehen.

# Das Auge am Fenster

Anfang der 1980er Jahre, bei meinem ersten Besuch auf Korfu, hatte ich meine Familie für einige Wochen auf die Insel mitbringen dürfen. Wir wohnten damals in einem klapprigen alten Häuschen in der Bucht von Nisaki, ganze fünfzig Meter vom Meer. Die drei, vier dunklen Zimmer waren spartanisch eingerichtet, hielten aber die morgendliche Kühle angenehm lange gefangen. Das winzige Fleckchen Kieselstrand hatten wir für uns. Von hier aus habe ich so manches Mal ehrfürchtig die Hunderte Schaumkronen vorüberziehender Wellen betrachtet, die nachmittags vom Vorras, dem thermischen Nordwind, angefacht wurden und weiter draußen, jenseits der Bucht, fauchend vorüberrauschten.

Heute möchte ich mich vergewissern, ob das Häuschen noch steht, wo wir es verlassen hatten. Was keineswegs selbstverständlich erscheint. Schon damals knackte und knirschte, wackelte und knarrte es in allen Ritzen und Fugen bei jedem der häufigen abendlichen Gewitter. Wir teilten den von uralten Ölbäumen bewachsenen holprigen Grund des kleinen Anwesens mit einem von der Zeit vergessenen, meist apathisch im Schatten vor sich hindösenden Maultier. An Gäste wie wir war das an langer Leine angebundene Tier anscheinend gewöhnt. Es begegnete uns mit dem stoischen Gleichmut seiner Rasse. Da wir auch von ihm nichts wollten, blieb es bei einer freundlich-distanzierten Nachbarschaft.

Vermittelt hatte uns das Häuschen ein rühriger örtlicher Immobilienmakler, dessen Büro in der Stadt von einem selbstgefertigten Plakat mit dem Porträt seiner Schwester geziert war. Ihre Blutkrankheit, erläuterte der handschriftliche Text unter dem Foto, mache häufige teure Transfusionen erforderlich. Deshalb akzeptiere, ja bevorzuge er Blutspenden als Mietzins für die verschiedenen von ihm vertretenen Objekte in der Stadt und auf dem Land. In meiner Familie hatte zu seinem Leidwesen niemand die richtige Blutgruppe, doch da wir schon im

Frühjahr angereist waren und mehrere Monate blieben, erhielten wir dennoch den Zuschlag.

Ich hatte zur Einstimmung die Korfu-Trilogie von Gerald Durrell mit großem Vergnügen verschlungen und glaubte, über die darin so lebhaft beschriebene Fauna der Insel ausreichend Bescheid zu wissen. Auf das Gewimmel von Vögeln, Kleintieren und Insekten war ich als ausgemachter Stadtmensch aber nicht gefasst. Aufgeregt hin und her flitzende Feldmäuse hätten einer Hauskatze den letzten Nerv geraubt. Schwalben hefteten ihre Nester unter die hölzerne Überdachung unserer Terrasse. Myriaden rötlicher Ameisen beanspruchten Teile des Hauses als zweispurige Schnellstraße von ihrem Bau im sandigen Boden bis zu einem Loch im toten Ölbaum hinter dem Haus.

Eine besonders enge Beziehung unterhielt ich mit der Gottesanbeterin, die Tag für Tag auf dem Fenstersims in der Küche so regungslos Wache hielt, dass ich sie anfangs für einen grünen Pflanzentrieb gehalten hatte. Das ging einer stattlichen Anzahl Fliegen, Käfern und anderen Insekten ähnlich, die unvermittelt in ihre Fänge gerieten und keine Zeit mehr hatten, ihr Versehen zu bedauern. Die erstaunliche Übergangslosigkeit von geduldigem, scheinbar gelangweiltem Belauern zu gedankenschnellem Zugriff faszinierte mich immer aufs Neue, erinnerte mich allerdings auch unangenehm an das Beuteverhalten von Schlangen, vor denen ich damals noch panische Angst hatte. Im Paarungsmonat Mai werden auch Schlangen sehr aktiv und gehen auf riskante Wanderung. Im Verlaufe besonders trockener Sommer kommen sie auf der Suche nach Wasser mancherorts menschlichen Behausungen näher, als einem lieb sein kann. Die weit verbreitete, leicht an ihren hornähnlichen Markierungen zu erkennende Sandviper hätte meinen kleinen Töchtern gefährlich werden können, hält sich aber ihrem irreführenden Namen zum Trotz eher in felsigen Höhenlagen auf. Häufige Begegnungen mit Schlangen bei späteren Streifzügen durch das ganze Land kurierten mich schließlich von dieser Phobie.

Und siehe da, es steht tatsächlich noch auf seinem Fundament, das wacklige Häuschen. Doch das Idyll, dessen Mittelpunkt es für uns war, scheint dahin. Überall entlang der Bucht sind Hotels und Restaurants entstanden, die von der Ursprünglichkeit der Gegend kaum etwas übriggelassen haben. Es regiert der Geist des Club Méditerranée, kein Ort für apathische Maultiere und geduldige Gottesanbeterinnen.

Kaum sind wir in der Marina Gouvia angekommen, mustern meine beiden Begleiter nach dem Klarieren von Segeln und Leinen zügig ab. Nikos könnte zwar noch bis Patras mit mir fahren, zieht es jedoch vor, den Flieger nach Athen zu nehmen. Kostas lädt mich freundlicherweise auf einen Besuch bei seinen Eltern ein, die eine kleine Wohnung in der Altstadt von Korfu besitzen. Wenn ich mich in der trostlos wirkenden Marina mit ihren rohen Zementblöcken, den anschlusslosen Stromsäulen und den rustikalen Sanitäranlagen so umsehe, bin ich für die Einladung mehr als dankbar und verspreche, am Abend vorbeizuschauen.

Einen neuen potenziellen Mitsegler könne ich bei der Gelegenheit auch gleich kennenlernen. Ein Cousin von Kostas hat sich telefonisch interessiert gezeigt. Soll sogar über Regatta-Erfahrung verfügen. Ich bin gespannt, mache mir aber keine allzu großen Hoffnungen. Dafür haben sich solch vielversprechende Anbahnungen in der Vergangenheit allzu oft zerschlagen.

Durch eine kurze Siesta einigermaßen erholt, mache ich mich am späten Nachmittag mit dem Taxi auf zu Kostas‘ Eltern. Der Fahrer wählt eine Route, die uns hart an einer ehemaligen Sumpfgegend im südlichen Weichbild der Stadt vorüberführt. Ich erinnere mich an die Szenerie und muss unwillkürlich lächeln. Anlässlich des EU-Frühjahrsgipfels 2004 hatte man uns zwei Dutzend Dolmetscher hier in einem kleinen dreistöckigen Hotel untergebracht, dessen Inneres womöglich am selben Tag weiß gestrichen worden war, jedenfalls noch penetrant nach feuchter Farbe roch. Am Abend aus Brüssel eingetroffen, hatten wir kaum die Zimmer bezogen, als erst zögerlich, dann stetig anschwellend ein infernalisches Klopfen und Hämmern gegen die Wände des Hotels einsetzte. Unter den durch Mark und Bein gehenden Erschütterungen bebte die in Leichtbauweise errichtete Herberge bis in ihre Grundfestem. Am nächsten Morgen waren die Zimmerwände von Blutspritzern ganzer Mückenschwärme so flächendeckend übersät, dass der Eigner die Maler gleich wieder bestellen musste.

Nachdem der Taxifahrer unterwegs den einen oder anderen streunenden Hund angefahren hat, ohne allzu weit von der Straße abzukommen, setzt er mich an der Esplanade ab. Er beschreibt mir kurz den Fußweg durch die engen Sträßchen, in denen er mit seinem alten Mercedes steckenzubleiben fürchtet. Zu Recht, denn jetzt, wo die Dunkelheit die tagsüber gespeicherte Hitze aus den Marmorplatten des Pflasters zu saugen beginnt, quillt die Altstadt im Nu über mit Flaneuren aller Nationalitäten.

Es dauert eine ganze Weile, bis ich mich wieder einigermaßen im Labyrinth der Gassen zurechtgefunden habe. Die Architektur der Stadt besteht aus einer abenteuerlichen Mischung aus allen möglichen Stilarten, wie man sie auf griechischen Inseln sonst eher selten antrifft. Mehrstöckige ockerfarbene Häuser mit hohen, engen, spitz zulaufenden Fenstern scheinen im früheren Leben Venedigs Grachten geziert zu haben. Altane, die auf kurzen dicken Holzpfeilern ruhen, dienen ganzen Familien als Aussichtsplattform. Französische Arkaden wie auf der Pariser Rue de Rivoli sind von Cafés mit Blick auf die Esplanade dicht an dicht belegt. Ein hoher schlanker Campanile überragt Gebäude mit maurischen Verzierungen im Viertel um den Bazar. Und Kirchen, immer wieder Kirchen. Ursprünglich soll die Stadt wohl um die vierzig Gotteshäuser besessen haben, die um die Gunst der Gläubigen buhlten.

Zwar fielen große Teile der Altstadt im Krieg erst deutschen, dann alliierten Bomben zum Opfer, doch blieb Korfu wenigstens vom verheerenden Erdbeben des Jahres 1953 weitgehend verschont. Mit all ihren Kirchen hatte die Stadt beim lieben Gott wohl mehr als einen Stein im Brett. Ein Großteil seiner angeblich zweihundert Einwohner pro Quadratkilometer, die Korfu zu einer der am dichtesten besiedelten Insel des gesamten Mittelmeeres machen, lebt in dem kosmopolitischen Ort, viele in dessen Altstadt.

Was dem passionierten Levante-Reisenden auffällt, ist das Fehlen von türkischen Fassaden mit dem unvermeidlichen Holzerker für die neugierigen Damen des Hauses. Obwohl die Osmanen die Insel bei wiederholten Angriffen von einem Kap zum anderen verwüsteten, wie es in einer Quelle heißt, gelang es ihnen nie, Korfu-Stadt zu erobern und ihren Stempel aufzudrücken. Vor diesem Schicksal haben die venezianische Kolonie die beiden massiven Festungsteile bewahrt, die Korfu zeitweilig zur wehrhaftesten Stadt Europas machten. So viel Unheil und Zerstörung deutsche Stukas über Korfu gebracht haben mögen – ihren Bestand hatte sie bis zu diesem Zeitpunkt auch Deutschen zu verdanken. Dass die Venezianer früheren Gewohnheiten zum Trotz die Verteidigung Korfus einem Söldner wie Feldmarschall Graf von der Schulenburg anvertrauten, lag an der unablässigen Dezimierung eigener Kräfte der Serenissima durch Kriege und Pestepidemien. Insel und Stadt Korfu besaßen einen so hohen Stellenwert im strategischen Denken Venedigs, dass man an ihrem Besitz selbst nach der Kapitulation von 1718 festhielt. Jedwede Planung der Venezianer begann und endete im Meer. Nicht ohne Grund vermählte sich der Doge Jahr für Jahr zu Christi Himmelfahrt im Rahmen einer prachtvollen Zeremonie namens *Sensa* aufs Neue mit der See, indem er einen Ehering in die Fluten der Adria warf.

Korfu war eines der wichtigsten Augen Venedigs am Verkehrsknotenpunkt namens Straße von Otranto. Alle *mudas* genannten venezianischen Konvois aus Handels- und Kriegsgaleeren mit Ziel Alexandria, Schwarzes Meer oder westliche Mittelmeerhäfen durchpflügten diese Meerenge. Viele militärische Unternehmungen der Flotte nahmen auf Korfu ihren Anfang. Von hier aus startete im Jahre 1203 die christliche Armada unter Führung des steinalten, blinden Dogen Dandolo zu jenem bizarren vierten Kreuzzug, der völlig aus dem Ruder lief. Statt Jerusalem von den Muslimen zu befreien, vertrieb er die griechischen Brüder im Glauben aus Konstantinopel und zerschlug das ehemals mächtige byzantinische Reich.

Nichts und niemand passierte das Nadelöhr Otranto, ohne dass die eifersüchtige Serenissima umgehend davon erfuhr. Romania, wie die Venezianer Griechenland nannten, war der Serenissima umso mehr ans Herz gewachsen, als es den wichtigsten Trittstein zum eigenen Entstehungsmythos bildete. Undenkbar, dass die Stadt der Dogen wie wild wucherndes Schilf aus dem trüben Schlamm einer salzigen Lagune am Nordende der Adria erwachsen sein sollte. Zur Untermauerung ihres emanzipatorischen Anspruches gegenüber Rom und der verhassten Erzrivalin Genua bedurfte es eines angemessenen Stammbaums.

Dazu bot sich die Feste Troja an, deren Untergang mittelalterlichen Genealogien zum Glücksfall gereichte. Kaum ein Herrschergeschlecht, das seinen Ursprung nicht vom einen oder anderen trojanischen Helden ableitete und sich damit über jedweden Verdacht zu erheben gedachte. Und da sollte sich ausgerechnet Venedig lumpen lassen?

Im Rialto war man gewohnt, Nägel mit Köpfen zu machen. Die Ruinen von Troja, die andere Städte oder Regionen nach Spuren ihrer Vergangenheit durchstöberten, transferierten die Venezianer gleich ganz an die Lagune. So behaupteten sie, der alte Kern Venedigs sei aus trojanischem Gestein errichtet. Zweifler verwies man triumphierend auf die Stelle der *Ilias*, wo Homer das Volk der *enetoi* erwähnt.

Damit nicht genug. Der Legende nach soll die Stadt am 25. März 421 gegründet worden sein. Im sakralen Kalender ist dies der alljährliche Feiertag Mariä Verkündigung. Zugleich handelt es sich um den Tag, an dem anderthalb Jahrtausende später der griechische Befreiungskrieg gegen die Osmanen begann. Ein Tag also, der bis heute alljährlich als Geburtsstunde des ersten griechischen Staatswesens der Moderne mit viel Prunk und Pomp begangen wird.

Die asymmetrische Symbiose Venedigs mit Korfu überdauerte die Zeit der osmanischen Herrschaft vielleicht auch kraft solcher Mythen und Legenden. Korfu-Stadt blickt nur zum

Schein nach Osten, in Richtung ihrer verblichenen Kolonialmacht Korinth. Für die unterjochten Griechen im osmanischen Reich blieb das freie Korfu ein angelehntes, eine Spaltbreit geöffnetes Fenster zum Westen. Vom rasanten Aufstieg des Buchdrucks im Venedig des 16. Jahrhunderts zum Beispiel profitierte auch die griechische Gemeinde der Diaspora. Unablässig versorgte sie die Heimat mit dringend benötigtem Schrifttum in griechischer Sprache und trug dergestalt das Ihrige zum spirituellen Überleben der Nation bei.

Endlich habe ich mich zur richtigen Adresse durchgefragt. Ich muss mehrmals klingeln, bis mir der Türsummer antwortet und die Tür mit metallischem Klicken aufspringt. Schwer atmend wie Messner an der Steilwand des K2, erklimme ich das enge, schummrige, unter meinen schweren Tritten knackende Treppenhaus zur dritten Etage. Offenbar muss ich mehr für meine Kondition tun. „Paul an Basislager, habe die Schwarze Pyramide erreicht, brauche dringend Sauerstoff, bitte kommen."

Kostas' Eltern empfangen mich an der Wohnungstür. Zwei kleine, drahtige grauhaarige Persönchen mit freundlicher Miene. Beide tragen eine Brille mit Gläsern so dick wie Flaschenböden. Viele Griechen, verriet mir ein ambulanter, von Insel zu Insel ziehender Augenarzt, beziehen missbräuchlich Blindenrente. Beim Eintreten schlägt mir eine Duftwolke aus Zwiebeln, Knoblauch, Oregano, Lavendel und Weihrauch entgegen, die mir auch noch den letzten Atem nimmt. Wer kommt sonst noch zum Essen, der Antichrist?

Das Mobiliar würde das Herz eines jeden Antiquitätenhändlers höher schlagen lassen. Die Wohnung ist aufgrund der schmalen, zur Straße öffnenden Fensterchen ziemlich dunkel. Das macht aber nichts. Ich hielt noch nie viel von Menschen, die sich in einer fremden Wohnung mit unverhohlener Neugier umzusehen pflegen wie Gerichtsvollzieher auf der Suche nach gleichsam pfändbaren Werten. Hauptsache, ich setze mich nicht versehentlich auf schlafende Katzen oder den tarnfarbenen Mops, der noch schlimmer hechelnd nach Luft ringt als ich.

Von Haustieren hat Kostas nichts erwähnt. Das Glas golden gerahmter Familienfotos reflektiert den rußigen Schein mehrerer über das Wohnzimmer verteilter Kerzen. Die hölzernen Regale einer kleinen Bibliothek riechen frisch geölt. Sechs bräunliche Bände des Kreters Nikos Kazantzakis kann ich erkennen. Daneben stehen klassische Tragödien und unlängst angeschaffte, vermutlich noch gar nicht aufgeschlagene Lyriker in transparenten Plastikhüllen. Lyriker genießen grundsätzlich Welpenschutz. Dicke rötliche Tapeten mit geschwungenem goldenem Rebenmuster dämpfen jeden Laut und geben zerquetschte Moskitos erst nach Jahren wieder preis.

Kostas sei noch bei seinem Cousin, lassen mich die beiden wissen. Er werde ihn dann zum Essen mitbringen. Sie winken mich zum Kaffeetischchen, wo die Dame des Hauses mir einen *sketo* serviert, der es in sich hat. Den brüllend heißen ungezuckerten Kaffee mit viel Satz und Schaum kippt man nicht wie einen italienischen Espresso, sondern schlürft ihn genießerisch wie einen Likör. Wieder gut bei Luft, versuche ich mich in unverbindlichem Small Talk, nicht gerade meine Stärke. Meine Frage, ob man in Griechenland ähnliche Kaffeerituale pflegt wie in der Türkei, scheinen die beiden nicht zu verstehen. Während sie mich leicht entgeistert anlächeln, wie einen Besucher vom Mars, fällt mir das schwule Paar Kostas und Nikos ein. Zu spät für einen taktischen Rückzug. Bereits mit einem Fuß im Fettnäpfchen gelandet, ziehe ich den anderen behände nach.

Vielleicht sind ihnen die Gebräuche am Bosporus ja wirklich nicht vertraut. Türkische Schwiegermütter in spe, so erkläre ich ihnen, lassen die angehende Braut eine Tasse des dort *sade* genannten schwarzen Giftes brauen. Hat der die richtige Konsistenz und genügend nachhaltigen Schaum, gilt dieser Teil der Prüfungen als bestanden. Dann geht's irgendwann noch in den Hamam, das Dampfbad, wo der entblößte Körper der Braut von der Schwiegermutter mit dem sachkundigen Blick einer Gerichtsmedizinerin diskret auf versteckte Mängel begutachtet werden kann. Die beiden lachen, Gott sei Dank, ein erster Erfolg. Kostas' Mutter würde im Hamam sowieso die Brille beschlagen. Zeit, das Thema zu wechseln.

Kostas hat mich gewarnt. Sein Vater, ein pensionierter Gymnasiallehrer, habe einen fatalen Hang zu mitleidloser Ausführlichkeit. „Am besten du stellst ihm erst gar keine Fragen, denn die Pointe der Antworten wirst du sowieso nicht erleben." Bislang war ich allerdings der Geschwätzigere hier, muss ich gestehen. Das Griechisch des Ehepaares ist etwas steif und förmlich. Da und dort blitzt die *Katharevousa* durch, eine lange Zeit künstlich beatmete Hochsprache, die erst in den 1970er Jahren offiziell von der *Dhimotiki*, der einfacheren Volkssprache, abgelöst wurde. Heutzutage wird die *Katharevousa* nur noch von Juristen und Puristen gepflegt. Jedes Mal, wenn die beiden ein paar Sätze miteinander austauschen, verstehe ich außer gelegentlichen englischen Einsprengseln nicht mehr viel. Soll ich wohl auch nicht.

Dafür, dass die Briten Korfu gar nicht so lange besaßen, erst als Protektorat und später als Kronkolonie, hinterließen sie erstaunlich deutliche Fußabdrücke. Für den Ausbau weiter Teile der korfiotischen Infrastruktur, insbesondere der Trinkwasserversorgung und des großzügig angelegten Straßennetzes, zeichnen englische Ingenieure verantwortlich. Bei den Einheimischen beliebt waren die Briten deshalb noch lange nicht. Dünkelhaft, auf Abstand bedacht, blickten sie, wie überall in ihrem zerfallenden Weltreich, auf die Einheimischen herab wie Charles Darwin auf fortpflanzungsfreudige Insekten. Immerhin wird seit jenen Tagen am Wochenende auf dem großen Platz der Esplanade auf Teufel komm raus Cricket gespielt. Großflächige Spielfelder wie dieses findet man sonst nirgendwo auf dem Balkan, und Cricket-Teams leistet sich im Mittelmeerraum nur noch Malta.

Wen Zeugnisse britischer Technik und Kultur kalt lassen, kann sich vielleicht für die königlich britische Ahnentafel erwärmen. Der Herzog von Edinburgh, unverwüstlicher Schlagschatten der amtierenden Königin Elisabeth, erblickte 1921 im Schloss Mon Repos auf der Halbinsel Kanoni als Prinz Philipp von Griechenland das Licht der Welt. Den silbernen Löffel hätte er in der Folge besser im Mund behalten sollen, dann bliebe dem Hof so manche peinliche Äußerung und verbale Entgleisung erspart, womit ihm dann und wann der griechische Gaul durchgeht. Eingedenk dieser engen historischen Beziehungen machten Diana und Prinz Charles 1981 auf ihrer Hochzeitsreise hier Station.

Ich stelle dem Ehepaar eine Frage, die sie weniger befangen machen sollte. „Was ist an Korfu, mit Verlaub, eigentlich noch griechisch, nach vier Jahrhunderten venezianischer Herrschaft und kürzeren Perioden abwechselnd französischer, russischer und englischer Besitzung?"

Kostas Vater gehört zu den Menschen, die lieber in sich hineinlachen, als aus sich herauszugehen. Wobei Humor und die Griechen sowieso keine uneingeschränkte Erfolgsgeschichte sind. Wie sollten sie auch, empfindet der griechische Mann häufiges Lachen in der Regel als weibisch. Höhnisches oder zynisches Gelächter ist angängig. Zu befreiendem, entspanntem Lachen bot die griechische Geschichte vielleicht insgesamt zu wenig Anlass. Kostas' Vater droht mir scherzhaft mit dem Zeigefinger. „Sie haben die Deutschen unterschlagen, mein Freund. Verständlich, ein Verdrängungsreflex. Wir hingegen denken noch oft an sie, das können Sie mir glauben. Aber davon einmal abgesehen. Um die Mitte des 19. Jahrhunderts, sagen wir, hätten sie bei einem Gang durch unsere lärmenden, stinkenden Gassen ein beachtliches Vielvölkergemisch aus, sagen wir, Juden, Türken, Maltesern, Italienern, Albanern und natürlich Briten angetroffen. Griechen wären Sie kaum begegnet, allenfalls außerhalb der Stadt und in den Bergen bei den Ziegen. Unser örtlicher Dialekt, sagen wir, spiegelt noch einiges von dieser Vielvölkerei wider, wie Sie zweifellos bemerkt haben werden. Korfu war tolerant, sagen wir, auch in religiöser Hinsicht."

„Was an der natürlichen Großherzigkeit liegen muss, die ich oft in ihrem Lande verspürt habe." „Da schmeicheln Sie uns. Aber grundsätzlich, sagen wir, haben Sie Recht. Schon unsere Vorfahren waren von erstaunlicher religiöser Duldsamkeit. Nehmen Sie zum Beispiel Delos, wo von alters her neben den griechischen auch anderen Göttern gehuldigt werden durfte. Zum Beispiel im ägyptischen Isis-Tempel etwas abseits auf der Höhe. Und viele Griechisch-Orthodoxe, sagen wir, haben unter den Venezianern den Katholizismus angenommen." „Und sei es auch nur zum Schein." „Sicher. Man darf das nicht mit fehlendem Patriotismus verwechseln, sagen wir. Bettler sollten keine Ansprüche stellen." „Und sich im richtigen Moment in Diskretion üben und Heldenmut anderen überlassen." Wieder das implodierende Lachen, das sich wie unkontrollierbare Zuckungen seinen Weg durch den hageren Körper bahnt. „Sie spielen wohl auf unsere Haltung während der Perserkriege an. Nun, sagen wir, es gab bei uns weder einen Leonidas noch einen Themistokles. Unsere Flotte, immerhin die damals zweitstärkste im ganzen Lande, war das Rückgrat unserer Existenz, die konnten wir nicht so einfach wegen der Perser aufs Spiel setzen." „Deshalb brach sie zum Zeichen der Solidarität demonstrativ auf ..." „... um bald darauf eine Pause einzulegen, lange genug, um den Ausgang der Kämpfe bei Salamis abzuwarten. Hätte ja auch schiefgehen können." „Dann sprächen wir heute alle Farsi." Irgendwo schlägt eine Uhr langsam und hell zehn. Spät gehen sie zu Tisch, die Griechen.

„Und die Deutschen?" „Die Deutschen, nun ja, waren nur kurz hier, sagen wir, haben aber ordentlich gewütet. Sind mit ihren Stukas und Fallschirmjägern, sagen wir, über die Insel hergefallen, haben einheimische Juden nach Auschwitz deportiert und kapitulierende italienische Offiziere liquidiert. Gar nicht auszudenken, was die noch alles zuwege gebracht hätten, wäre ihnen mehr Zeit geblieben."

Aus den Worten des Mannes spricht keine Bitterkeit, eher altersweise Ironie. Ich verstehe, dass ich dabei bin, unser Gespräch erneut in trübes Gewässer zu steuern. Glücklicherweise kommt Kostas in diesem Augenblick, wie aufs Stichwort, und hat seinen Cousin Manolis im Schlepptau, einen kleinen, stämmigen jungen Mann mit wilden schwarzen Locken. Beide werden herzlich umarmt und abgeknutscht. Dann können wir uns endlich dem Essen zuwenden. Es gibt gefüllte Weinblätter mit einer säuerlichen Bechamelsauce. Danach ein Lammfleisch-Stifado mit karamellisierten Charlotten. Viele griechische Restaurants pflegen eine ausgesprochen kümmerliche Küche, weil die Besitzer in der Gastronomie ihren Königsweg in die unternehmerische Selbstständigkeit erkannt zu haben glauben. Wer wirklich gut essen will, sollte sich um eine Einladung wie diese zu Privaten bemühen. Die familiäre Küche ist in der Regel einfach aber köstlich. Ich versuche ein letztes Mal, das Gespräch auf Touren zu bringen, indem ich meinen weiteren Törnplan zum Besten gebe. Aber den sich umgehend bewölkenden Gesichtern meiner Gegenüber sehe ich an, dass die Ägäis für sie gefühlt gut und gern auf dem Mond liegt. Korfu, so scheint es, ist sich selbst genug. Und wenn es aus dem Fenster blickt, dann gen Westen.

## Baum und Borke.

*7. Mai.* Eingedenk meiner beunruhigenden Atemnot beim Treppensteigen habe ich beschlossen, zur Ertüchtigung eine kleine Bergwanderung in den unteren Regionen des Pantokrators zu machen. Auch der Aussicht wegen, versteht sich, aber in erster Linie, um die in voller Blüte stehende reiche Flora Korfus zu genießen, bevor sengende Hitze und die unvermeidlichen Waldbrände ihr für dieses Jahr ein frühzeitiges Ende bereiten. Die Blütenpracht Korfus schlägt vor allem solche Besucher in ihren Bann, die an die Kargheit ägäischer Inseln gewöhnt sind. Der Engländer Gerald Durrell jedenfalls ließ sich in untypischer Schwärmerei dazu hinreißen, Korfu den Garten Gottes zu nennen. Zur erschöpfenden Bestandsaufnahme bedarf es schon der Sachkunde eines erfahrenen Botanikers – oder eines sachkundigen Handbuches. Schwertlilien, Levkojen, Tagetes, Alpenveilchen, Kronwicken, Windröschen, Schneeglöckchen, Myrte, Weinreben, Kirsch-, Orangen-, Granatapfel- und Feigenbäume treffe ich links und rechts des Weges. Struktur verleihen diesem wogenden Meer betörender Farben, Formen und Düfte zwei standfeste immergrüne Bäume, die den mediterranen Menschen seit Jahrtausenden begleiten, der Ölbaum und die Zypresse.

Wein, der im Altertum diese wie andere griechische Inseln bedeckte, ist hingegen kaum noch zu finden. Da die verwöhnten Venezianer ihn in Form höherwertiger Rebsorten bereits aus anderen Regionen importierten, ließen sie die Reben Korfus roden und stattdessen Millionen Ölbäume pflanzen. Tafeloliven und Olivenöl bildeten bis zum Ausbruch des Massentourismus im 20. Jahrhundert die Haupteinnahmequelle der Insel. Wie übrigens des ganzen Landes, das einmal drittgrößter Olivenproduzent Europas war.

Die kultische Bedeutung des Ölbaums übertrifft seine wirtschaftliche bei weitem. In Griechenland erfreut er sich von jeher mythischer Verehrung.

Seine Ahnenreihe beginnt mit dem Ölbaum der Akropolis, der Athene geweiht war. Als die Perser ihn auf ihrem Feldzug im 5. Jahrhundert v. Chr. abbrannten, sollte das den Griechen auf der Flucht zum demoralisierenden Fanal gereichen. Doch ein neuer Ölbaum erstand aus der Asche des alten und wurde so zum Sinnbild des unverzagten Überlebenswillens der Hellenen.

Bisweilen wird er selbst zur Waffe. Herakles' schwere Keule zum Beispiel soll aus einem Ölbaum geschnitzt sein. Stets aber ist er Instrument der Identifizierung mit der Heimat. Letzte Zweifel Penelopes an der Identität ihres lange vermissten und in aller Stille heimgekehrten Mannes zerstreuen sich erst, als Odysseus sie an den ausladenden Ölbaum mit tief herabhängenden Zweigen erinnert, der beiden einst Liebesnest war.

Olivenöl ist der Balsam, mit dem Heroen und Könige ihre Haut geschmeidig hielten. Sieger im olympischen Wettstreit werden mit Olivenzweigen gekrönt. Die diensttuende Pythia von Delphi hielt einen Ölzweig in Händen, der ihren Weissagungen Glaubwürdigkeit verlieh.

Vielleicht hängt die sentimentale Affinität damit zusammen, dass Mensch und Ölbaum ähnliche Lebenszyklen durchlaufen.

Erste nennenswerte, in zweijährigem Rhythmus schwankende Erträge erbringt ein Ölbaum, wenn er sieben Jahresringe aufweist. Das entspricht in etwa unserem Einschulungsalter. Ihren Höhepunkt erreicht seine Ertragskraft im Alter von zwanzig, fast wie der Mensch. Jedenfalls wie bei demjenigen der Antike, dessen mittlere Lebenserwartung nicht weit jenseits der dreißig gelegen haben dürfte. Die graugrüne glatte Rinde des Baumes wird im Alter zur rissigen Borke, erneut ähnlich dem Menschen.

Die alljährliche Olivenernte beginnt Mitte Oktober und dauert bis in den darauffolgenden April. Schon in der Antike muss das ein ganz besonderes Spektakel abgegeben haben. Die langen Stangen, mit denen man die Früchte von den Zweigen schlug, glichen den Lanzen der gefürchteten griechischen Hopliten-Phalanxen, sind freilich mittlerweile vielfach von prosaischen Rüttelmaschinen abgelöst.

Allerorten im unebenen Terrain werden engmaschige Netze wie Teppiche auf dem Boden ausgebreitet, die die herabgeschüttelten Oliven auffangen. Olivgrüne Früchte kullern über das knallige Blau der Netze. Die schwarzen, wie von der Taucherkrankheit verdrehten Zweige sind geschmückt vom Silber der beim kleinsten Windstoß zitternden schmalen Blätter. Je verwachsener der Baum, desto höher sein Ertrag. Auch hier schlummern Parallelen.

So, wie sie vom Baum kommen, sind die Früchte noch ungenießbar. Ein Bad in Salzlake entzieht ihnen jene unangenehmen Bitterstoffe, die sie vor dem Appetit etwa von Vögeln schützen. Reife, schwarze Oliven sind echt nur mit Kern. Hohle Ware wurde in aller Regel mit Eisengluconat, dem E 579 des schwer leserlichen Etiketts, dunkel eingefärbt. Die beste, allerdings auch teuerste Sorte wächst nach der übereinstimmenden Ansicht von Kennern in den Hainen von Kalamata auf der Peloponnes. Sie sind schon an ihrem eindrucksvollen Umfang zu erkennen, der sie für allerlei Füllungen prädestiniert, wie sie der Purist allerdings kategorisch ablehnt.

Zur Ölbereitung nimmt man vorzugsweise die kleinen grünen Oliven, die in der Mühle zermalmt und von den Kernen befreit werden. Nur die unreife Frucht

ergibt das prachtvoll duftende helle Öl, das erst lange nach dem Zweiten Weltkrieg auch in die deutsche Küche Einzug gehalten hat. Kein Wunder, bei den Preisen.

Seinen Widerpart findet der lebensspende Ölbaum in der wie eine dorische Säule kerzengrade aufragenden Zypresse, dem heiligen Baum des Halbgottes Asklepios. Im gesamten Mittelmeerraum kennt man die Zypresse als Symbol der Trauer, des Todes, aber auch der Unsterblichkeit der Seele. Der assyrische Gott der Unterwelt lebte im unauffindbaren Zypressenland. Jemanden *zu den Zypressen tragen* ist auch im heutigen Griechisch ein poetischer Euphemismus für *ihn begraben.* In Kalypsos Grotte wuchs eine Zypresse, an deren Wurzeln Lethe, der Fluss des Vergessens entsprang. Wer von seinem Wasser trank, hatte schon den ersten Schritt in den Hades getan.

Solche Symbolik, der zum Beispiel der deutsche Maler Arnold Böcklin in seiner berühmten *Toteninsel* huldigt, mag sich am strengen Äußeren des Baumes festmachen. Schließlich geht er selten größere Verbände mit seinesgleichen ein, sondern ragt meist wie ein mahnender Zeigefinger einsam in die Höhe. Sicher hat es auch etwas mit seiner Giftigkeit zu tun. Aus seinen Blättern hergestelltes ätherisches Öl enthält das krebserregende Gift Furfural, mit dem sich die Zypresse tierische Schädlinge wie pflanzliche Konkurrenz vom Leibe hält.

Ihre relative Unempfindlichkeit ließ die Zypresse für alle den Elementen ausgesetzten Bauten und Werke in besonderem Maße geeignet erscheinen. Egal, ob Schiff oder Tempel – Zypressenholz war der Werkstoff der Wahl. Die ätzende Eigenschaft des Harzes wurde für Särge und Sarkophage genutzt. Bereits nach wenigen Wochen waren die in Zypressenholz bestatteten Leichen bis auf die Zähne verzehrt. Eine bösartige Laune der Natur, erst den Toten die Angst vor dem Zahnarzt zu nehmen.

Im Umgang mit dem Tod scheinen die Griechen recht unbefangen. Als ich am Tage nach meiner Wanderung lendenlahm an einer besonders verkehrsreichen Ecke auf der Terrasse meines Lieblingscafés den dritten oder vierten *sketo* schlürfe, fällt mein Blick auf die erstarrten Gesichtszüge einer Toten. Die wachsbleiche, rosenwangig geschminkte Verstorbene fährt im Panorama-Van zur Hochzeit mit Freund Hein. Da Hingeschiedene hier wie anderswo im Mittelmeerraum aus naheliegenden Gründen unter die Erde gebracht werden, kaum dass sie die Augen für immer geschlossen haben, wirken sie aufgebahrt besonders frisch. Was sie ja auch sind. Der halb geöffnete Sarg lässt nur den Oberkörper der Frau frei, der in ein blütenweißes Kleid gewandet ist. Weiß, nicht Schwarz, gilt dem mediterranen Menschen als Farbe der Trauer. Die über der Brust gefalteten Hände umklammern einen bunten Strauß zum Teil schon verwelkender Blumen. Mir kommt das Fragment eines Gedichtes der großen Sappho in den Sinn:

*Wenn du gestorben bist, wirst du daliegen*
*und es wird keinerlei Erinnerung mehr an dich geben,*
*auch keine Leidenschaft künftighin,*
*denn du hast keinen Anteil an Pierias Rosen.*

Dann springt die Ampel auf Grün, der Leichenwagen rollt langsam schaukelnd weiter. Ich brauche nach dieser ominösen Begegnung einen Raki.

Kostas' Cousin hat mir einen Korb gegeben, wie ich schon befürchtet hatte. Nun stehe ich etwas ratlos da. Auf die Schnelle wildfremde Mitsegler suchen? Dabei kommt in der Regel nichts Gutes raus. Also lieber allein weiter, auch, um nicht unnötig Zeit zu verlieren. Die Strecke bis Piräus kann ich in kleinere Tagestörns stückeln, die mich körperlich nicht überfordern. Muss ich eben wieder einmal mit der Gesellschaft Mr. Robertsons, meines Autopiloten, Vorlieb nehmen.

*8. Mai.* Ausgerechnet der, sonst ein Muster an Zuverlässigkeit, enttäuscht mich kurz nach dem Verlassen der Gouvia Marina. Während ich noch mit dem Klarieren des Großsegels beschäftigt bin, steuert Mr. Robertson die *Solskin* direkt auf zwei Inselchen zu, die eigentlich an Backbord bleiben sollten. Ich mache ihm keinen Vorwurf, will mich mit ihm nicht ohne Not überwerfen. Vielleicht setzt ihm ja eine kleine Strömung zu. Nachdem ich den Kurs korrigiert habe, betrachte ich die sich rasch nähernden Inselchen etwas genauer.

Lazaretto, die erste der beiden, ist eine ehemalige venezianische Pest- und Quarantänestation. Ab Mitte des 14. Jahrhunderts wurde Venedig dreihundert Jahre lang in unschöner Regelmäßigkeit vom schwarzen Tod heimgesucht und die Einwohnerschaft quer durch alle sozialen Klassen wiederholt um etwa ein Drittel dezimiert. Das war für einen ohnehin bevölkerungsarmen Stadtstaat, der sich häufig im Krieg befand, ein gewaltiger Blutzoll. Man sah sich genötigt, etwas gegen die Gottesgeißel zu unternehmen, wusste sich aber beim damaligen Stand der Heilkunde nicht anders zu helfen, als die Kranken auf *Inseln der Verdammten* zu verbannen, wo sie nach kurzem Siechtum dahingerafft wurden.

Im Jahre 1423 gründete man die erste Peststation auf einer solchen Insel nahe dem Lido. In Anlehnung an das dortige Kloster Santa Maria di Nazareth nannte man die Einrichtung nach der Geburtsstadt Jesu verballhornend *Lazaret-to.* Nach dem jüdischen *Ghetto* die zweite Neuschöpfung, die wir dem venezianischen Italienisch zu verdanken haben.

Nachdem das korfiotische Lazaretto jahrhundertelang Lepra- und Seuchenkranke beherbergt hatte, benutzten die Osmanen die Insel als Batteriestellung. Von hier aus konnte man Hafen und Festung Korfus großzügig mit Kanonenfeuer bestreichen. Gebracht hat es nicht viel. Im ewigen Wettlauf zwischen immer dickeren Festungsmauern und immer heftigeren Kalibern, der die Geschichte europäischer Kriege beherrscht, obsiegten hier die Mauern. Da man sie von See aus auch nicht gut unterminieren und in die Luft sprengen konnte, mussten die Osmanen ein ums andere Mal unverrichteter Dinge abziehen.

So richtig in Verruf geriet Lazaretto während des erbittert geführten griechischen Bürgerkrieges zwischen Regierungstreuen und Kommunisten 1946 bis 1949. Insgesamt 118 hier internierte Regimegegner aller Art wurden in summarischem Verfahren abgeurteilt und von Erschießungskommandos hingerichtet. Wen das Makabre lockt, der kann die originalen Einschusslöcher noch im verwitterten, abgeplatzten Gestein besichtigen.

Die zweite Insel heißt Vido, offensichtlich auch kein griechischer Name. Die Konsonantenverbindungen einer Sprache werden für ungeübte Sprecher anderer Idiome oft zu Zungenbrechern. Tun wir uns mit mancherlei slawischen Wörtern schwer, bringen Griechen kein *sch-* unfallfrei über die Lippen. So rätselten ab etwa 2008 Dolmetscherkollegen, was die Finanzkrise nach Ansicht Englisch sprechender griechischer Experten wohl mit Strümpfen zu tun haben könnte. Gemeint waren Schocks, raus kamen immer neue *socks*.

Auch das das französische *gui-* im Anlaut vor allem von Namen ist dem Griechen Anathema. Guiscardo auf der Insel Kefalonia zum Beispiel wird zu Fiskardo und Guido verkam in der Levante gar zu Vido.

Als österreichische, deutsche und bulgarische Truppen zu Beginn des Ersten Weltkrieges handstreichartig große Teile des Balkans besetzten, blieb den traurigen Resten der serbischen Armee nur noch der überstürzte Rückzug. Irgendwann stand man mit dem Rücken zur Adria. Alliierte Schiffe nahmen hundertdreißigtausend Mann gerade noch rechtzeitig vor dem Eintreffen der feindlichen Truppen an Bord und setzten sie auf Vido ab.

Hier hielten die bitterkalten Wintermonate 1915/16 furchtbare Ernte unter den sich selbst überlassenen Serben. Knapp fünftausend Soldaten gingen an Kälte, Entbehrung und Seuchen zugrunde. Da es an Platz, Zeit und wohl auch an Kraft und Energie fehlte, ihnen ein würdiges Begräbnis zu bereiten, wurden sie formlos seebestattet. Die Strömung, mit der Mr. Robertson eben noch rang, dürfte damals ihre sterblichen Überreste davongetragen haben.

1936 errichtete man den Serben auf Vido eine Gedenkstätte in Marmor. Ihr literarisches Denkmal hatte ihnen der serbische Dichter Milutin Bojić bereits 1917 geschaffen. Das komplizierte Reimschema seiner *Ode an ein blaues Grab* ist kaum übertragbar. Bojić verlegt das Geschehen zwecks pathetischer Überhöhung ins Altertum und beginnt mit dem beliebten rhetorischen Topos des Verweilgebotes aus Respekt nach dem klassischen Muster der Thermopylen-Stele:

*Haltet ein, herrschaftliche Galeeren!*
*Streicht die mächtigen Riemen!*
*Tretet ganz sacht auf,*
*Ich halte hier ein feierliches Requiem in*
*nächtlicher Kühle*
*Auf diesen heiligen Wassern.*
*Dort auf dem Grund, wo Muscheln dem müden Griff*
*des Schlafes anheimfallen …*
*Liegen Gräber Tapferer, liegt Bruder neben Bruder,*
*Liegen Prometheusse der Hoffnung neben Aposteln des*
*Schmerzes. (Ü. d. A.)*

Wenig später gleitet die *Solskin* bei leichtem nachmittäglichem Nord-Nordwest an den rund 100 Meter hohen Kalksteinfelsen von Kap Asprokavos, der Südspitze Korfus, entlang. Der krimpende Wind brist etwas auf, wie meist am ionischen Nachmittag, und bläst mich dem bereits deutlich zu sehende Paxos entgegen.

# Echolot

Wenn man der Legende glaubt, kam es irgendwo hier, kurz vor der Einfahrt in den halbmondförmigen Hafenschlauch von Gaios, zu einem denkwürdigen akustischen Verwirrspiel. Der ägyptische Steuermann einer Galeere, die sich auf dem Weg nach Zypern befand, soll in tiefer Nacht eine Stimme vernommen haben, die ihn beim Namen rief. Vor Schreck hätte der Mann um ein Haar das Steuer verrissen. Sobald das Schiff seinen Zielhafen erreicht habe, trug ihm die Stimme auf, solle Thamus, so hieß der Steuermann, daselbst unverzüglich kundtun, dass der Gott Pan gestorben sei.

Zunächst argwöhnte Thamus, dass ihm die Nymphe Echo einen Streich spielte. Die Dame hatte sich ja lange genug den lästigen Nachstellungen des liebestollen Hirtengottes erwehren müssen und sann vielleicht auf Rache durch Rufschädigung. Aber die Stimme war die eines Mannes. Dass der Thamus' Namen kannte, mochte als Zufall durchgehen. Aber die Botschaft machte keinen Sinn. Götter, die auf sich halten, pflegen nicht einfach das Zeitliche zu segnen. Unsterblichkeit war nicht verhandelbare Geschäftsgrundlage im Olymp.

Wer zur See gefahren ist, weiß, dass man des Nachts da draußen, allein und übermüdet am Ruder ins Dunkle starrend, so mancherlei scheinbar vom Winde herangetragene Geräusche zu hören vermeint. Ich kann mich an eine Biscaya-Durchquerung erinnern, im Laufe derer ich fernab jeglicher Küsten immer wieder deutlich Glockengeläut vernahm. Als ich einem erfahrenen Seemann davon berichtete, musterte der mich nur kurz durch sein Bierglas und knurrte: katholisches oder evangelisches?

Es bedurfte der liebevollen Geduld und Sorgfalt von Altphilologen, die mysteriöse Botschaft bei Paxos zu entschlüsseln. Ernst zu nehmende Vertreter der Zunft halten es jedenfalls nicht für ausgeschlossen, dass der Steuermann Opfer virtueller Interpunktion geworden war. Was der Ägypter gehört zu haben glaubte, war ein Satz *mit Komma*:

*Thamus, der große Pan (pan mega) ist gestorben.*

*Ohne Komma* ergibt der Satz deshalb einen anderen Sinn, weil der Name Pan zugleich ein Umstandswort ist und als solches gern Vorsilbenfunktion im Sinne von all- übernimmt:

*Der allmächtige (pan mega) Tammuz ist gestorben.*

Die babylonische Gottheit Tammuz, Namenspatron des verwirrten Steuermannes, stand für die alle Lebensgeister mobilisierende Fruchtbarkeit des Frühlings. Ihr Tod würde mithin nicht mehr und nicht weniger bedeuten als das Ende des Frühjahrs und der Beginn des Sommers.

Jahreszeitliche Wechsel stellten im Altertum zyklische Ereignisse ohne klare Ursachen dar, jedoch mit einschneidenden Konsequenzen. Indem man sie auf solch vertraute Bilder vom Sterben und Erwachen herunterbrach, machte man sie vielleicht nicht verständlicher aber zugänglich.

Besonders problematisch war die zeitliche Festlegung der Übergänge. Auf die kam es aber vielfach an. Die antike Seefahrt etwa fand nur im Frühjahr und Sommer statt. Ab wann mussten die Schiffe an Land gezogen werden, wann konnte man sie getrost wieder zu Wasser lassen? *Wenn die Blätter der jungen Triebe des Feigenbaums die Länge von Krähenfüßen erreichen*, lautete eine Definition des Frühlingsanfangs. *Wenn am Abend die Plejaden vor dem Orion hinter den Horizont tauchen* eine Definition des Herbstbeginns.

Noch unter den Venezianern standen auf Verstöße gegen das winterliche nautische Fahrverbot hohe Geldstrafen. Vorwiegend *notioi*, also südliche Stürme, toben dann über das Mittelmeer, dessen meist nach Süden offene Häfen keinerlei Schutz boten. Und der Verlust eines Handels- oder Kriegsschiffes wog schwer im dritten Jahrtausend vor Pantaenius.

Der Tod Pans war mithin eine Ente. Nicht so die vom Kriegsberichterstatter Thukydides für das Jahr 432 v. Chr. bezeugte erste Seeschlacht der Geschichte in griechischen Gewässern genau hier, zwischen der Festlandsküste und Paxos. Beteiligt waren die Flotten von Korfu und dessen ehemaliger Kolonialherrin Korinth. Insgesamt hundert Trieren sollen bei der Schlacht auf der Strecke geblieben sein. Ein reiches Betätigungsfeld für Taucher und Unterwasserarchäologen, sollte man meinen.

Weit gefehlt. Außer vielleicht ein paar verrotteten Speerspitzen oder Schwertstümpfen würde man auf dem Meeresboden nichts finden, was auf eine Seeschlacht hindeutet. Um möglichst schnell zu sein, fuhren die hölzernen Kriegsschiffe ohne Ballast, so dass sie durch Feindeinwirkung in tausend Stücke zersplittern, aber nicht sinken konnten. Die ältesten Wracks, die man im Mittelmeer fand, waren ausnahmslos solche von Handelsschiffen. Deren schwere Ladung zog sie im Falle einer Havarie auf den Grund.

Die besten und schnellsten Kriegsschiffe des Altertums waren ohne Zweifel die im 6. Jahrhundert v. Chr. aufkommenden *Trieren* oder *Triremen*. Wunderwerke der damaligen maritimen Technik, hatten selbst sie eine Achillesferse.

Gebaut waren sie aus teils trockenem, teils feuchtem Holz. Rumpf und Kiel bestanden in der Regel aus Weißtanne, Kiefer, Steinesche oder schwarzer Akazie. Da man unterwegs keine Häfen anlief – dafür gab es noch viel zu wenige –, sondern die Schiffe in geschützten Buchten auf den Strand setzte, beanspruchte man den Kiel über Gebühr. Häufiges Aufbrummen dank fehlerhafter Navigation verstärkte den Verschleiß. Deswegen nagelte man dicke Bohlen unter den Kiel, die man nach Bedarf erneuern konnte.

Für Innenteile und Kranbalken verwendete man Eiche. Die Planken wurden aus Linde oder Rotbuche gehauen, weil deren Holz am langsamsten faulte. Für den Mast und die Rah des einzigen Segels bot sich die leichte Tanne an. Ruder formte man aus Olivenholz oder Pinie. Im Herbst und Winter mussten die Fahrzeuge an Land, in Schiffshäusern getrocknet werden, sonst faulten die Rümpfe im Nu durch. Solche Schiffshäuser waren überwiegend aus Stein, was die stets lauernde Brandgefahr verringerte.

Durchgehende Decks gab es nur auf Handelsschiffen, die wegen der wasserempfindlichen Ladung manchmal sogar doppelrumpfig gebaut wurden. Kriegsschiffe hatten ein kurzes Vordeck, auf dem sich maximal dreißig Hopliten, schwer bewaffnete Infanteriesoldaten, zum Sturm auf feindliche Schiffe bereithielten. Auf dem Achterdeck standen die Steuerleute, einer an jeder Seite, Ranghöhere wie der Bootsmann, die sie sichernden Bogenschützen sowie der Kapitän. Letzterer war meist zugleich Schiffseigner und bestritt alle mit dem Betrieb der Triere verbundenen Kosten, einschließlich des Lohnes für die hundertsiebzig Ruderer, aus eigener Tasche. Was in der Regel ein umso teurerer Spaß war, als Wartungsmaterial wie Holz und Pech von den meisten Stadtstaaten importiert werden musste. Auch bei ordentlicher Pflege hielten Trieren selten länger als drei Jahre.

Die Achillesferse so konstruierter Schiffe war der Kiel. Nicht erst wegen seiner Beanspruchung an Land und auf den Klippen, sondern bereits durch das ungünstige Länge-Breite-Verhältnis der Trieren von etwa sechs zu eins (40 Meter lang, 6 Meter breit). Bei bewegter See wirkten erhebliche Biegekräfte auf das Holz. Ihrer gedachte man dadurch Herr zu werden, dass man dicke Taue zwischen die hohen wie Schwanenhälse zurückgebogenen Bug- und Heckteile spannte.

Um mehr und mehr Ruderer an Bord nehmen zu können, ohne gleichzeitig den Kiel noch weiter verlängern zu müssen, verfiel man auf die originelle Lösung, drei Reihen Ruderer übereinander zu platzieren. Wie das genau aussah, weiß man bis heute nicht genau, denn es gibt ja leider keine Wracks, und die Darstellungen auf antiken Vasen oder Fresken sind keine Bauanleitung, sondern so stark stilisiert, dass man aus ihnen nicht schlau wird.

Als etwa gegen Mitte des 16. Jahrhunderts jemand unschuldig die Frage aufwarf, wie eine Triere mit drei Reihen übereinandersitzender Ruderer überhaupt taktsicher fortzubewegen war, trat er damit ungewollt eine Lawine von Expertisen los. Inzwischen kann man ganze Bibliotheken zu diesem Thema füllen. Konsens scheint zu sein, dass die oberste Reihe Ruderer leicht nach außen versetzt war. Was jedoch Anschlussfragen aufwirft, die auch mit neuzeitlichen Nachbauten, wie die 1987 fertiggestellten *Olympias*, nicht zuverlässig beantwortet werden konnten.

Rudern verlangt nicht nur Kraft, sondern auch eine ausgefeilte, in jahrelanger Übung angeeignete Technik. Je mehr Leute im Boot, desto heikler die Koordination. Nur im absoluten Gleichtakt kommt das Boot zügig voran. Das musste die Triere mit ihren hundertsiebzig Ruderern aber, denn als Kriegsschiff erzielte sie nur dann Wirkung, wenn sie mit Höchstgeschwindigkeit auf den Feind losfuhr oder zumindest schnell genug war, ihn zusammen mit anderen einkreisen zu können.

Sicher ist, dass die griechischen Trieren-Ruderer, die *Theten*, als Spezialisten keine angeketteten Galeerensklaven waren wie später die Ruderer der Römer. Es handelte sich vielmehr um freie, wenn auch arme Bürger oder entlassene Leibeigene. Sie gehörten der niedrigsten sozialen Klasse an, besaßen wenig oder gar kein Land und verdingten sich daher als Ruderer. So wurde die Triere gleichzeitig zum Sinnbild und Hort demokratischer Sozialordnung, die zum Beispiel jedem freien Bürger Rederecht in politischen Versammlungen und natürlich erst recht Stimmrecht bei wichtigen Entscheidungen zubilligte. Wären die Theten bereits gewerkschaftlich organisiert gewesen, die Geschichte des Altertums wäre vermutlich anders verlaufen.

Soweit die bisherigen Simulationen zutreffen, sahen nur die 62 sogenannten *Thraniten* in der obersten Reihe überhaupt das Meer und ihr eigenes Ruder. Sie waren bewaffnet, um sich im Falle einer Enterung gegen eindringende feindliche Hopliten verteidigen zu können. Das traf möglicherweise auch auf die 54 Ruderer der mittleren Reihe zu.

Die unterste Reihe der 54 *Thalamiten* hatte definitiv die Arschkarte gezogen. Ihre Ruder waren kürzer als die der Kollegen der beiden oberen Reihen, was dazu geführt haben dürfte, dass sie bei jedem Ruderschlag auf deren Einsatz warten mussten. Der möglicherweise getrommelte Rhythmus oben konnte mit dem unten nicht identisch sein. Sichtkontakt mit der See hatten sie nicht, sahen selten überhaupt das Tageslicht. Bewaffnet waren sie auch nicht, und im Falle eines feindlichen Rammstoßes ertranken sie mit einiger Sicherheit als erste.

Direkt über sich, leicht nach außen verschoben, hatten die Thalamiten die Hinterteile der Kollegen. Blut, Schweiß, Urin und gelegentlich sicher auch Fäkalien tropften auf sie herab. Schwer vorstellbar, dass sich die Nummer 142 mitten in der Schlacht durch Handaufheben schnell mal eben zur Toilette abmeldete. Man ließ alles unter sich, dann und wann auch vor Angst. Die spätere Reinigung der Bilge mit herumschwappenden Schwarzwasser war vermutlich die Aufgabe von Sklaven.

Gefangen genommene Ruderer ließ man nach Bedarf am Leben. Es genügte, ihnen eine Hand oder auch nur den Daumen abzuschlagen. So konnten sie keine Waffe führen, aber immer noch rudern.

Wer heutzutage auf einen daumenlosen Griechen trifft, hat es sicher nicht mit einem aus der Zeit gefallenen Theten, sondern vermutlich mit einem Kriegsveteranen oder mit einem Fischer zu tun, der dem Fang mit Sprengstoff nachgeholfen und dabei die Lunte eine Idee zu kurz gewählt hat.

Der Ertrinkungstod war für die Griechen der Antike besonders schlimm, weil nicht alle im Wasser treibenden Leichname geborgen und bestattet werden konnten. Die Seele eines nicht bestatteten Toten fand nach allgemeiner religiöser Überzeugung keine Ruhe. So tief war dieser Glaube verwurzelt, dass sich etwa der stolze trojanische König Priamos vor dem feindlichen Recken Achill erniedrigt, um von ihm die Herausgabe des Leichnams seines Sohnes Hektor zu erwirken. Die Antigone des Sophokles geht sogar noch einen Schritt weiter, nimmt die Todesstrafe in Kauf, um den Leichnam ihres Bruders, des als Verräter den wilden Tieren überlassenen Polynikes, dem ausdrücklichen königlichen Verbot zuwider zu bestatten.

Trieren-Gefechte waren keine Seeschlachten in unserem Sinne. Die komplizierte Handhabung der Fahrzeuge sowie die Besonderheiten ihrer Konstruktion – sehr hohes Metazentrum, sehr langer Kiel bei nur einem Meter Tiefgang – ließ ihren Einsatz nur unter günstigen Witterungsbedingungen und in den geschützten Gewässern von Meerengen, Buchten oder Sunden zu.

Die Schiffe dienten vornehmlich dem Transport von Landsoldaten, manchmal sogar von Pferden zum Ort der Schlacht. Feindliche Trieren wurden mit Speeren und Steinen beworfen und mit Brandpfeilen beschossen. Sobald man nahe genug heran war, ließ man *Delphine* auf sie plumpsen. Das waren schwere Bleigewichte, die von Kranarmen herabstürzten und den Schiffen das Rückgrat brachen. Soweit möglich, zog man sich an das feindliche Schiff mit Haken heran und enterte es.

Das Rahsegel wurde bei achterlich einfallenden Winden auf Langfahrten eingesetzt, nie jedoch während der Schlacht. Denn hier gab es nur zwei Möglichkeiten, die Triere als Waffe einzusetzen. Entweder man kreiste den Feind ein und rammte ihn oder man passierte ihn so dicht, dass seine Ruder wie Zahnstocher zerbrachen. Das setzte allerdings in beiden Fällen hohe Geschwindigkeit und Manövrierfähigkeit voraus, wie man sie nur mit Ruderern bei ruhiger See entwickeln konnte. Außerdem mussten die Männer genügend Platz haben, um ihre ellenlangen Ruder auf Kommando rasch genug einziehen zu können, sonst waren die auch hin. In der Schlacht bei der Kykladeninsel Amorgos kam 322 v. Chr. letztmals eine Triere zum Einsatz. Mit dem Aufstieg der mazedonischen Landratte Alexander war ihre Zeit gleichsam abgelaufen.

Die *Solskin* gleitet unter Motor majestätisch durch den Bogen des Hafenschlauchs von Gaios, wendet praktisch auf dem Teller und kommt mit rasselnder Ankerkette rückwärts vor den Tischreihen einer kleinen Taverne mit rauchendem Grill und plärrender Musik aus den Lautsprechern zum Stehen.

# Sappho, ausgebrannt

*10. Mai.* Von Paxos aus kann ich Levkas auf dem Wege nach Kefalonia innen oder außen passieren. Die innere Route beginnt im Kanal von Levkas und führt anschließend wie auf einem großen See durch den Archipel kleiner und kleinster Inseln wie Sparti, Madouri, Skorpios, Skorpidi, Meganisi, Arkoudi oder Kalamos. So dicht liegen die Inseln neben- und hintereinander verschachtelt, dass man bei der Annäherung glaubt, auf eine geschlossene, undurchdringliche Küste zuzulaufen. Hat man schließlich in dieses Labyrinth hineingefunden, kann man Skorpios ansteuern und diese ehemalige Privatinsel der Reederfamilie Onassis aus der Nähe bewundern, wenn auch nicht an Land gehen.

Eine Übernachtung in der *Tranquil Bay* (Stille Bucht) beim Ort Nidri tut's auch, wenngleich die heutzutage von großen Charterflotten als Liegeplatz genutzt wird und auch längst nicht immer ruhig und windstill ist. Um die Mitte der 80er Jahre war hier noch nicht viel los. Ich hatte mit meiner Familie eine kleine alte Segelyacht gechartert, die ich nahe dem Ufer vor Anker legte. Wir brauchten Eis für den Kühlkasten, und ich machte mich mit dem Dinghy auf zum gegenüberliegenden Nidri, wo ich einen Fischhändler zu finden hoffte.

Als ich den etwa zehnjährigen Jungen fast erreicht hatte, der nur wenige Meter vom Strand entfernt bis zu den Knien im Wasser stand, stellte ich den Außenbordmotor ab und sprang über Bord, um das Dinghy an der Leine an Land zu ziehen. Zu meiner Verwunderung und der unverhohlenen Erheiterung der Strandlieger und Badegäste versank ich bis über den Kopf im tiefen Wasser des direkt neben dem Jungen steil abfallenden Ufers.

Nachdem ich meine an der Wasseroberfläche treibenden Drachmen-Scheine wieder eingesammelt und das Dinghy versorgt hatte, spazierte ich so würdevoll wie es mir unter den Umständen möglich war, zum Laden des Fischhändlers. Dort erstand ich einen halben Block Eis, der eine Tonne zu wiegen schien und in der Sonne wegschmolz, wie der sprichwörtliche Schneeball in der Hölle.

Zurück am Strand, konstatierte ich mit Schrecken, dass die Schläuche des Dinghys Luft verloren. Jetzt ging es um jede Minute. Ich wuchtete den Eisblock ins Gummiboot, legte ab und sandte ein Stoßgebet zum Himmel, auf dass ein Außenborder wenigstens dies eine Mal in meinem Leben schon beim ersten Zug starten würde. Tat er natürlich nicht. Immerhin, beim dritten oder vierten Mal war es dann soweit. Die Rückfahrt zur Yacht wurde zum Rennen gegen die Zeit. Würde das Dinghy schneller die Luft verlieren als das Eis schmelzen konnte oder umgekehrt? Letzten Endes ging alles gut, aber seit diesem Tage hasse ich Dinghys.

Die äußere Route über die offene See wird von Passanten auf dem Weg nach Kefalonia oder Ithaki auch wegen der günstigeren Windverhältnisse bevorzugt. Sie verläuft entlang der zugigen Nordküste von Levkas, wo sich Wind- und Kitesurfer tollen. Danach erstreckt sich die schon wesentlich ruhigere Westküste bis hinunter zum Kap Doukato mit seinem imposanten Leuchtturm, der in den fünfziger Jahren durch Erdbeben zerstört, in der Folge aber wieder instandgesetzt wurde.

Da ich diesmal wegen der Länge der Tagesroute morgens früh aufbrechen muss, habe ich zunächst eine Weile mit dem Dunst zu kämpfen, der im Sommer die ionischen Inseln bei Flaute gern heimsucht. Wenigstens ist er nicht so feuchtkalt wie unsere nordeuropäischen Nebelwände, behindert aber die Sicht genauso nachhaltig.

Am frühen Nachmittag verzieht sich das flimmernde Grau, verscheucht vom einsetzenden Nordwind, der die *Solskin* in munterer Fahrt, vorbei am Felseninselchen Sasoulia, dem Kap entgegentreibt. Damals, in den frühen Dinghy-Tagen, sah ich dort einmal die riesige Schwanzflosse eines Wales klatschend im Wasser verschwinden. Leider ging das Tier wie es schien auf Südkurs und war zu weit entfernt, als dass es sich gelohnt hätte, ihm nachzufahren. Bei Hermann Melville heißt es ja, dass Wale nach Stunden gern an derselben Stelle auftauchen. Zeit darauf zu warten hatte ich damals nicht. Und um einen übermütig springenden jungen Wal auffangen zu können, sind die meisten Yachten nicht robust genug gebaut.

Kap Doukato mit seinem weißen Kreidefelsen hat der Insel ihren griechischen Namen Levkas gegeben, der so viel wie Weiß bedeutet. Dass Sappho, die wahrscheinlich bedeutendste Dichterin der Antike, aus Liebeskummer von diesem Kap in den Tod gesprungen sei, ist vermutlich eine von Männern gesponnene Legende.

Finale Sprünge dieser Art sind in der Ägäis eher an der Tagesordnung als hier. Die griechische Mythologie wimmelt nur so von Nymphen, Halbgöttern und Königen, die schon aus nichtigem Anlass derartige Verzweiflungstaten begehen oder von meuchelnden Nebenbuhlern und heimtückischen Partnern herabgestoßen werden. Die Leute von Levkas beließen es nicht bei solchen Einzelaktionen. Sie institutionalisierten die lieb gewonnene Sappho-Legende, indem sie über Jahrhunderte verurteilte Verbrecher von der Klippe stürzten.

Die an keinerlei Zeitalter gebundene Verehrung der veilchenlockigen Sappho ist umso erstaunlicher, als der Großteil dessen, was man über ihr Leben weiß oder zu wissen glaubt, auf einem Bierdeckel Platz hat. Geboren wurde sie offenbar 620 v. Chr. in Eresos auf der Insel Lesbos, wo sie Mädchen und junge Frauen unter dem Banner der Poesie um sich scharte. Mit diesem Arrangement stand sie keineswegs allein. Zumeist adlige Gesellschafterinnen, Dichterinnen, Damen von Welt der Zeit lagen miteinander im Wettbewerb um den weiblichen Nachwuchs. Soweit ihre Gedichte oder besser Lieder von Schönheit und Liebe sprechen, sind sie weitgehend auf Geschlechtsgenossinnen gemünzt. Inwieweit diese lesbische Liebe vorwiegend platonischer Natur war oder sehr viel weiterging, mag sich ein jeder, eine jede selbst ausmalen.

Ähnlich wie mit ihrer Vita verhält es sich mit Sapphos Werk. Zusammen mit dem etwa eine Generation älteren Dichter Archilochos bildet Sappho das erste bekannte Duo einer literarischen Gattung, die es schwer hatte, sich gegen das gewichtige Epos und die aufrührende Tragödie dauerhaft durchzusetzen.

Während die soliden Blöcke zig Tausender zusammenhängender Verse Homers oder Hesiods sich noch heute wie dorische Tempel aus der literarischen Landschaft erheben, und das halbe Hundert Dramen von Sophokles, Euripides, Aischylos oder Aristophanes noch heute mit Vergnügen aufgeführt werden, bietet die Lyrik des Altertums das traurige Bild eines aufgelassenen Weinbergs.

Und das, obwohl die Zeit günstig und die Lese in Sapphos Fall ursprünglich überaus ansehnlich ausfiel. Im Laufe des 7. Jahrhunderts wurde die bis dahin ausschließlich mündliche Überlieferung allmählich von der schriftlichen abgelöst. Das merkte man, als man sich rund dreihundert Jahre nach Sapphos Tod daranmachte, ihre Werke systematisch zu sammeln und nicht weniger als neun Buchrollen zusammenkamen, die man in der Bibliothek von Alexandria scheinbar krisenfest deponierte. Selbst wenn sich darunter mit einiger Sicherheit Gedichte anonymer Epigoninnen befunden habe dürften, die sich mal im sapphischen Versmaß versuchen wollten, ist ein solcher Umfang erstaunlich.

Was damals schon fehlte, war die Musik. Sapphos Gedichte waren geschrieben, um zur begleitenden Lyra vorgetragen und gehört zu werden. Selbst wenn die Papyrusrollen also nicht vom Großbrand der Bibliothek verzehrt worden wären, hätten wir heute nur einen sehr unvollkommenen Eindruck von ihrem Gesamtwerk. Auf unsere Zeit übertragen, wären viele zum Beispiel von den Beatles verfasste Texte fraglos reizvoll. Doch ohne Musik blieben sie blass.

Es kommt hinzu, dass sich Sapphos ganzer dichterischer Ruhm nicht auf zusammenhängende Texte, sondern ausschließlich auf einige wenige verstreute Fragmente stützt. Aber es besteht Hoffnung. Bis in unsere Tage werden Pergamentschnipsel mit Gedichtfetzen der quasi permanent in Liebe entbrannten Sappho an den unwahrscheinlichsten Orten gefunden. So etwa beim Durchstöbern antiken Mülls oder beim Freilegen fest gewickelter Mumien, deren Mullbinden mit beschriebenen Pergamentresten verstärkt wurden. Ganz so, als hätte man Fragmente von Heine-Gedichten zum Einpacken von frischem Fisch verwendet. Irgendwie scheint diese Welt für Lyriker nicht gemacht.

Ursächlich für Sapphos angeblichen Selbstmord soll nicht die kalte Schulter einer Frau, sondern die Gleichgültigkeit eines gewissen Phaon gewesen sein. Der mit übernatürlicher Schönheit ausgestattete junge Mann verdiente seinen Lebensunterhalt als Fährmann zwischen Lesbos und dem kleinasiatischen Festland. Dass dies ein gefährliches Geschäft sein konnte, lassen die heutigen Flüchtlingstarife für solche Bootsüberfahrten ahnen. Die eindeutigen Avancen Sapphos scheint Phaon verschmäht zu haben, und für feingeistige Lyrik fehlte ihm offenbar der Sinn. So betrachtet, kein Mann, für den sich eine Frau wie Sappho aus dem Fenster lehnen, geschweige denn über die Klippen stürzen musste.

Am Kap Doukato pfeift die Backstagsbrise inzwischen ganz ordentlich durch die Wanten der *Solskin*. Immer wieder muss ich unter der Genua hindurchblicken, um nicht von einer der schnellen Fähren überrascht zu werden, die zwischen Italien und Patras verkehren. Erst als ich die Straße zwischen Ithaka und Kefalonia erreiche, wo der Wind dann noch einmal zulegt, kann ich mich ruhig aber konzentriert in der prekären Schmetterlingsformation treiben lassen.

An der Ostküste Kefalonias gibt es mehrere kleine Häfen, die sich für eine Unterbrechung der Fahrt andienen. Fiskardo im Nordosten kenne ich noch als malerisches kleines Fischerdorf. Vom schlimmen Erdbeben der 50er Jahre, das die Inselhauptstadt Argostoli dem Erdboden gleichmachte und den ganzen nördlichen Teil des Eilandes um einen halben Meter anhob, blieb Fiskardo auf wundersame Weise verschont. Ein pittoresker Ort, der aber im Laufe der Jahre aufgrund stetig wachsenden Yachtaufkommens immer hektischer wurde. Möglicherweise hilft die inzwischen fertiggestellte Marina, die Fiskardo jedoch für mich weitgehend seines Charmes beraubt.

Aghia Evfimi, weiter im Süden, ist eine nach Osten sperrangelweit offene Bucht, die oft von heftigsten katabatischen Fallwinden aus Nordwest heimgesucht wird. In einer solchen Wetterlage hing ich einmal zusammen mit drei anderen Yachten 24 Stunden eingeweht an einem einzigen rostigen Haken, der jeden Augenblick aus dem morschen Gemäuer zu brechen drohte. Kein gutes Karma.

Der Fährhafen Poros, nicht zu verwechseln mit der Insel Poros im Saronischen Golf, ist stattdessen mein Ziel. Derlei verwirrende Namensgleichheit oder -ähnlichkeit ist typisch für die griechische Topographie. Ursprüngliche griechische Ortsbezeichnungen wurden von venezianisch-genuesischen verdrängt, und heutige griechische Namen sind nicht organisch gewachsen, sondern wurden erst in jüngerer Zeit verliehen. Manche Bezeichnungen erwiesen sich dabei als besonders populär, und möglicherweise gingen den Urhebern irgendwann ja auch die Ideen aus. Missverständnisse sind da vorprogrammiert.

Der Mitarbeiter eines mir bekannten Charterunternehmens sollte beispielsweise in einer Notsituation eine Yacht überführen, mit der die italienische Kundschaft wegen der vorherrschenden Starkwindlage nicht von Poros zurückzukehren wagte. Auf der nicht gerade sehr weitläufigen Insel angekommen, konnte der Mann die Yacht nirgends finden. Erst als er sich von den Kunden über Telefon den Hafen näher beschreiben ließ, in dem sie sich befanden, ging ihm ein Licht auf. Die Italiener warteten nicht auf Poros, sondern auf dem ungleich exponierteren Paros mitten in der stürmischen Ägäis.

Ich selbst verpasste einmal das Stelldichein mit dem Eigner einer Yacht, weil er als Österreicher den Namen der avisierten Insel am Telefon für mich undeutlich aussprach. Statt einfach noch mal nachzufragen, vertraute ich meiner Interpretation des Gehörten. Ein berufsbedingter Reflex: Dolmetscher, die dauernd nachfragen, verspielen schnell das Vertrauen der Kunden. Soll doch der Kunde nachfragen, wenn ihm etwas an der Verdolmetschung Spanisch vorkommt. So begab es sich, dass ich spät abends erwartungsfroh die *Captain's Bar* von Mericha auf

Kythnos betrat, während der Kollege in der *Captain's' Bar* von Kamares auf Sifnos ungeduldig meiner harrte. Dumm gelaufen.

Hafen und Ort des kefalonischen Poros bieten dem Nachtschwärmer wenig. Man liegt ruhig, abgesehen vom Gerumpel der aus Kilini eintreffenden und wieder nach dorthin auslaufenden Fähren. Und ich habe Glück. Der kleine Hafen ist so leer, dass ich mir den Luxus leisten kann, längsseits an den Kai zu gehen. Das ist zwar gegen die mediterrane Etikette, erleichtert dem Einhandsegler bei ruhigem Wetter das Leben aber ungemein.

Kefalonia mit seinem ausgezeichneten Weißwein, seinen unergründlichen Höhlen, den weißen Sandstränden und dem unheimlichen Schlangenkult hatte man mir in den 80er Jahren als familienfreundlich empfohlen. Als wir hier in Poros mit dem Auto von der Fähre rollten, begann es bereits zu dunkeln, und wir hatten wieder mal kein Nachtquartier gemacht. Hier wartete ausnahmsweise kein Einheimischer mit Zimmerangeboten auf dem Kai. Nach etwa einer Stunde Fahrt südwärts entlang der ungesicherten Küstenstraße hielt ich in einer kleinen Ortschaft, stellte den Wagen ab und sah mich nach Ansprechpartnern um. Der Ort war ausgestorben wie nach einem atomaren Fallout. Nur aus einem schräg gegenüberliegenden Kafenion – oder was ich dafür hielt – drang das typische Gemurmel einer Herrenrunde. Ich ging näher ran und trat ein, ohne anzuklopfen. Wer klopft schon an eine Kneipentür, bevor er reingeht?

Im schummrigen Licht zweier gelblicher Lampen saßen etwa fünfzehn Männer, alle in absolut landesunübliche schwarze Anzüge gekleidet, mit Krawatte um den Hals und Hut auf dem Kopf. Schwer zu sagen wer in diesem Augenblick überraschter war, die seltsame Herrenrunde in Schwarz, deren Gespräch sofort verstummte, oder ich, der hier möglicherweise in eine Sitzung örtlicher Mafiosi oder in eine Gruppe politischer Verschwörer geplatzt war. Hätte ich diese Nummer auf Sizilien oder Korsika, Sardinien gebracht, so meine feste Überzeugung, wäre ich so gut wie tot gewesen.

Als Dolmetscher an bizarre öffentliche Auftritte gewöhnt, fand ich schnell die Sprache wieder und erkundigte mich im Plauderton nach einer Herberge. Einer der Männer stand auf und führte mich zu einem Haus hundert Meter weiter, wo eine ältere Dame, ebenfalls in würdevolle Schwarz, auf sein Klopfen hin öffnete. Hier konnten wir bleiben. Die offenbar alleinlebende Dame des Hauses versetzte der fauchenden Hauskatze einen gut gezielten Tritt, zündete eine Kerze an und führte meine inzwischen herbeigeeilte Familie und mich in ein dunkles Schlafzimmer mit riesigem, hier und da mit Kerzenwachs befleckten Doppelbett. Als ich fragend auf die nackte, von der Decke hängende Birne wies, zuckte unsere Gastgeberin nur mit den Schultern und wies in Richtung Tür.

Ich sah genauer nach und entdeckte direkt neben dem Türrahmen eine Steckdose, vor der ein Kabelknäuel mit Stecker wie eine schlafende Aspisviper aufgerollt lag. Im Laufe meiner Ausbildung zum Seeoffizier hatte ich drei Monate auf der technischen Marineschule im trostlos winterlichen Bremerhaven zugebracht. Mit was genau, weiß ich heute nicht mehr. Immerhin hatte ich als technisch hoffnungsloser Fall gelernt, Kabel mit Lampen oder Birnen zu verbinden, ohne mir 220 Volt durch den Körper zu jagen. Als mir dies zur unbeschreiblichen Freude der Witwe jetzt und hier gelang, das Schlafzimmer zum ersten Mal nach dem Verscheiden ihres geliebten Mannes in altem Licht erstrahlte, wurde ich zum elektrifizierten Prometheus, dessen Wundertat sich wie ein Lauffeuer über die Insel verbreitete. Geduld, das Leben kann auch großzügig sein und uns noch nach vielen Jahren für unsere Mühen belohnen. Die nächsten Nachtquartiere bestellten wir allerdings im Voraus.

# Rot und Weiß

Kefalonia ist nicht nur größer als Korfu, es hätte auch kraft seiner Lage am Eingang des Doppelgolfes von Patras und Korinth einen strategisch mindestens ebenso hohen Rang wie die Nachbarin im Norden beanspruchen dürfen. Dennoch konnte sie sich mit Korfu nie wirklich messen. Ihr geostrategischer Vorteil wurde nämlich durch einen tektonischen Nachteil mehr als aufgewogen. Im Gegensatz zu Korfu liegt Kefalonia direkt auf einer jener Erdfalten, wo zwei Kontinentalplatten aneinanderstoßen und wird häufig von Erdbeben erschüttert.

Da es der antiken Vier-Städte-Insel (*Tetrapolis*) Kefalonia auch an einer schlagkräftigen Kriegsflotte gebrach, die den Vergleich mit der von Korfu nicht hätte scheuen müssen, wurde sie im Altertum leichte Beute Athens. Erst im Befreiungskampf gegen die Osmanen gewann die Insel indirekt an Bedeutung. Der heiß umkämpfte Schlüsselhafen Mesolongi am Nordufer des Golfes von Patras war von Kefalonias Ostküste aus leicht und schnell zu erreichen.

Die 1821 entbrannte Revolution der Griechen zur Befreiung vom osmanischen Joch dauerte fast zehn entbehrungsreiche Jahre. Und obgleich reiche griechische Kaufleute und Reeder sowohl Kapital als auch Sachleistungen in Form von Schiffen und Besatzungen beisteuerten, gingen die unablässigen Kämpfe in jeder Hinsicht an die Substanz. Egal, ob im Krieg oder zu Friedenszeiten, zieht sich chronische Geldnot wie ein roter Faden durch die neuere Geschichte der Griechen. Und nicht nur die. Kleinmütiges Gezänk zwischen miteinander verfeindeten Fraktionen oder Stämmen nahm selbst während der Revolutionsjahre kein Ende:

> *In einem Lande, in dem die Kommunikation durch natürliche Hindernisse erschwert und nicht durch zivile Einrichtungen gefördert wird; in einem Lande, das gerade eben ein barbarisches Joch abgestreift hat und in dem die widerstreitenden Interessen einander befehdender Parteien es oft angeraten erscheinen lassen, die Wahrheit zu verhehlen, war es*

*natürlich in höchstem Grade schwierig, sich einen genauen Überblick zu verschaffen. (Ü. d. A.)*

Dies ist kein Auszug aus einem der frühen Berichte der verhassten EU-Troika, sondern der Stoßseufzer eines durchaus griechenfreundlichen britischen Offiziers aus der Entourage von Lord Byron. Der adlige Dichter war damals zum wiederholten Male als privater Gast in Griechenland gewesen. Nach Kefalonia kam er jedoch in offizieller Mission.

Die Griechen hatten dem 36jährigen, in militärischen Dingen ziemlich unerfahrenen englischen Feingeist und Poeten die Führung ihrer Streitkräfte angedient. So absurd das auf den ersten Blick erscheinen mochte, stand doch nüchternes Kalkül dahinter.

Das rücksichtslose Vorgehen der osmanischen Truppen hatte im Jahre 1822 einen ersten traurigen Höhepunkt erreicht. Indem sie praktisch die gesamte Zivilbevölkerung der Insel Chios regelrecht abschlachteten, hatten die Osmanen ihren miserablen Ruf bestätigt und in ganz Europa Abscheu und Empörung geweckt. Dass Griechen kurz zuvor die osmanischen Bevölkerungsteile von Tripolis auf der Peloponnes in ähnlicher Weise misshandelt hatten, war im Empörungspathos untergegangen.

Das *Massaker von Chios*, von Malern wie Eugene Delacroix verewigt, hatte westeuropäische Politiker, Künstler, Kaufleute, Kleriker, aber auch schrullige Eigenbrötler, Phantasten, Weltverbesserer und verspätete Kreuzritter mobilisiert. Viele suchten das Abenteuer, wollten *zur Rechten und zur Linken je einen halben Türken niedersinken* sehen. Schwärmerische Geister sahen ihre Chance gekommen, den bedrängten Nachfahren von Homer, Platon, Aristoteles oder Sophokles zu Hilfe zu eilen und sich damit einer Bringschuld unserer europäischen Kultur zu entledigen. Die revolutionäre Aufbruchsstimmung in vielen westeuropäischen Ländern tat ein Übriges. Die Wiege der Demokratie war in Gefahr, da mochte niemand an der Seite stehen und tatenlos zusehen.

Es entstand die spontan mehr schlecht als recht organisierte Bewegung der Philhellenen, die *Gesellschaft Freunde der Griechen*, die, mit Feder oder Säbel bewaffnet, zu Fuß, zu Pferde oder per Schiff gen Hellas reisten. Um bei ihrer Ankunft ihren Augen nicht zu trauen. Hier lief doch ein falscher Film. Diese Griechen des 19. Jahrhunderts hatten wenig gemein mit denen des klassischen Altertums, wie man sie zu kennen glaubte. Ihr Äußeres war orientalisch, ihre Kleidung exotisch und ihre Sprache ordinär. Kein Vergleich mit den Gesängen der *Ilias* oder der *Odyssee*.

Lord Byron, eine der Galionsfiguren der Bewegung, hatte Griechenland vor der Revolution ausgiebig bereist, hatte bei der Gelegenheit, heute würde man sagen als wirksamer PR-Gag, die Dardanellen durchschwommen und war gegen böse Überraschungen gefeit. Womit auch er vermutlich nicht gerechnet hatte, war die leidenschaftliche Streitlust der Griechen, die Fähigkeit, einander noch inmitten eines existenziellen Befreiungskampfes heillos zu befehden. Überkommene Clanstrukturen und ausgeprägtes Stammesdenken überlagerten sich mit historisch bedingter Entfremdung und sozialen Unwuchten.

Bei großzügiger Betrachtung standen einander in diesem Jahre 1822 zwei Lager gegenüber, die wir, zum Zwecke der Vereinfachung in Anlehnung an eine andere Revolution, die Weißen und die Roten nennen wollen. Ein Verfahren, das umso gerechtfertigter erscheint, als es sich um revolutionäre Archetypen handeln dürfte. Die Weißen waren die Großgrundbesitzer, Reeder und Kaufleute, die auf beiden Seiten des Zauns agierten, solange die Sache noch nicht entschieden war. Ihre geschäftliche Rührigkeit und kommerzielle Tüchtigkeit im Orienthandel war bislang von den unternehmerisch trägen Osmanen geduldet, wenn nicht sogar gefördert worden. Umso geringer die Neigung der Weißen, sich nun im Namen weiß Gott welchen griechischen Staatsgebildes mit der Hohen Pforte anzulegen. So spendeten sie freigiebig für die Revolution und hofften insgeheim, dass die Roten auf dem Teppich bleiben und mit ihrem Aufstand die gottgewollte soziale Ordnung nicht auf den

Kopf stellen würden. Handel und Wandel durfte kein irreparabler Schaden zugefügt werden.

Zum Sprecher der Weißen wurde der Phanariot Aleksandros Mavrokordatis. *Phanarioten* nannte man die alteingesessenen griechischen Familien von Konstantinopel, deren eindrucksvoller Stammbaum bis in byzantinische Zeit reichte. Nach dem Fall Konstantinopels 1453 hatten sich die Angehörigen dieses griechischen Uralt-Adels in den peripheren nordwestlichen Stadtteil des heutigen Istanbul zurückgezogen, der von alters her *Phanar* (Leuchtturm) hieß und heute als *Fener* den Ökumenischen Patriarchen beherbergt. Hier befand sich einst das Zentrum des alten Byzanz. An die Gestade des Marmarameeres rückte Istanbul erst mit den Palästen und Moscheen der Osmanen, wie Topkapi und Süleymaniye.

Womit sich das Personal der Hohen Pforte auch immer den Tag verkürzen mochte – jedenfalls nicht mit dem Erlernen nicht-islamischer Sprachen, denn das war den Osmanen streng untersagt. Daher benötigten sie im Umgang mit westlichen Diplomaten gebildete, zuverlässige, in vielen Kulturen bewanderte Dolmetscher, die man Dragomanen nannte. Da sie sich in Ausübung ihrer Tätigkeit ständig bei Hofe aufhielten, wuchsen ihnen in der Verwaltungskultur der Osmanen im Sultanat bald höchste Ämter zu. Eine Revolution des griechischen Lumpenproletariats auf der anderen Seite der Ägäis drohte sie aller Privilegien zu berauben.

Die Vertreter der militanten Roten sahen sich als die eigentlichen Repräsentanten des im Widerstand auch nicht wirklich geeinten einfachen Volkes. Sie rekrutierten sich vorzugsweise aus den Reihen der sogenannten *Kleften*. Bei denen handelte es sich um Diebe und Banditen, die bis dato Griechen wie Osmanen und alle anderen Ethnien ohne Ansehen der Person bestohlen hatten und nun ihre Erfahrungen in der Guerilla-Kriegsführung in den Dienst der Revolution stellten. Ihr Anführer war der Hotzenplotz der Morea und unangefochtene Volksheld Theodoros Kolokotronis.

Was die Kleften einte, war ihre kriminelle Vergangenheit, ihr ungeschriebener Verhaltenskodex, in dem auch Blutrache eine Rolle spielte, sowie ihre oft gerühmte Todesverachtung. Nicht zu vergessen ihr tiefes Misstrauen gegenüber den Phanarioten und anderen Weißen. Angesichts der aufopferungsvollen Rolle, die diesen irregulären, im asymmetrischen Partisanenkampf geübten Dieben und Räubern während der Revolution zufiel, wurde die Bezeichnung *Kleftis* zum romantisierten Ehrentitel.

Es lag auf der Hand, dass sich die verfeindeten Fraktionen der Griechen eher auf einen ausländischen Oberkommandierenden würden einigen können als auf einen der ihren. Der zweifelhafte militärische Hintergrund Byrons war kein Hindernis, sondern versprach Gefügigkeit. Außerdem würde ein dichtender Lord, dem in Europa die gesamte Damen- und große Teile der Herrenwelt zu Füßen lagen, großzügige Spenden generieren. Falls es aber trotz allem zum GAU einer Niederlage kommen sollte, würden die Osmanen es nicht wagen, ihren sonstigen Gepflogenheiten gemäß die Unterlegenen einfach zu massakrieren, wenn sich ein so prominenter Engländer darunter befand. Sich mit den Briten anzulegen, wäre dem damals bereits stark korrodierenden osmanischen Rumpfreich schlecht bekommen.

Lord Byron nahm das Angebot der Griechen geschmeichelt an. Selbstzweifel pflegten den Mann nicht zu quälen. Von Livorno kommend, ließ er die gecharterte *Herkules* an der Ostküste Kefalonias unweit von Poros ankern und hielt sich wochenlang an Bord bedeckt. So hatte er die Insel, die wie Korfu Teil des britischen Protektorates war, als sichere Basis im Rücken, blieb den internen Querelen der griechischen Streithähne fern. Außerdem gewann er Zeit, seine ungeliebten italienischen Wechsel und Schuldverschreibungen zu Geld zu machen. Die Kämpfe um Messolongi konnte er bei der einen oder anderen Flasche *Robola*, eines der besten griechischen Weißweine, wie ein zähes Cricketmatch mit dem Fernglas verfolgen.

Als die Zeit nach mehreren Monaten des Zuwartens reif schien, gelang es Byron, mit der *Hercule*s die osmanische Blockade zu durchbrechen und das schwer geprüfte Mesolongi zu erreichen. Dort gaben die Strapazen vieler Reisen, die Malariafliegen der sumpfigen Gegend sowie die gemeingefährlichen Behandlungsmethoden der Ärzte seinem geschwächten Organismus den Rest. Mesolongi wurde zur letzten Station seines rastlosen, früh vollendeten Lebens. Dafür blieb ihm aber auch der herzzerreißende Anblick der Einnahme und der Einäscherung von Festung und Stadt durch die Osmanen erspart.

## Scherbengericht

*11. Mai.* Alle Achtung! Als ich am Morgen aus dem Bulleye blicke, ist die *Grand Soleil*, die sich am Abend zuvor noch neben mich gelegt hatte, verschwunden. Die Italienerin hat mucksmäuschenstill abgelegt und ist vermutlich nach Norden weitergefahren, so jedenfalls der Plan des Skippers. Meine Richtung ist West, bei hoffentlich halbem Wind keine große Sache. Sollte ich es nicht auf einen Schlag nach Korinth schaffen, gibt es unterwegs wieder Möglichkeiten, noch einmal Zwischenstopps einzulegen.

Auf dem Weg zum Golf von Patras lasse ich das holprige Ithaka etwas lieblos links liegen. Ich war zweimal dort und fühlte mich in Vathy, ganz im Scheitel der langen Hafenbucht, die die Insel praktisch in eine nördliche und eine südliche Hälfte teilt, durchaus wohl. Aber so viel, dass ich unbedingt noch einmal vorbeischauen müsste, hat weder der verschlafene Ort noch die Insel zu bieten.

Wer sich bei ihrem Anblick fragt, ob das hier wirklich die Heimatinsel von Odysseus und seiner Penelope gewesen sein kann, darf sich mit seinen nagenden Zweifeln in bester Gesellschaft wähnen. Die fantasievollen Spekulationen über den genauen Verlauf von Odysseus' Irrfahrten werden von jenen über die wahre Identität Ithakas womöglich noch in den Schatten gestellt.

Heinrich Schliemann nahm Homer auch hier beim Wort. Solch heutzutage naiv anmutender Glaube an die Wahrhaftigkeit des geschriebenen Wortes lag im Zug der Zeit. Sieht man einmal von passionierten Schatzsuchern und Grabräubern im Stile eines Indiana Jones ab, waren frühe Archäologen vom Wunsch beseelt, greifbare Nachweise für die Authentizität der Bibel und insbesondere deren Alten Testaments mit seiner Schöpfungsgeschichte zutage zu fördern. Schliemanns Altes Testament hieß *Ilias*, sein Neues *Odyssee*.

Willkommen waren die ersten spektakulären Erfolge der Archäologen vor allem den Griechen. Schienen sie doch greifbare Nachweise für die in Westeuropa bisweilen angezweifelte Kontinuität der Griechen des Altertums und ihren modernen Nachfahren zu liefern. Unter den vorwiegend nach schriftlichen Quellen arbeitenden Historikern hielt sich die Begeisterung in Grenzen. Generationen von Schriftgelehrten hatten anhand oft schwer entzifferbarer Papyrusrollen, Inschriften und Ähnlichem über die Jahrhunderte im Rahmen säuberlicher Mülltrennung wild wuchernde Mythen von verifizierbaren Fakten gesondert. Nun drohten hergelaufene laienhafte Ikonoklasten in staubigen Khakihosen und lehmverschmierten Stiefeln Teile der bisherigen Geschichtsschreibung als Mythenbildung zu entlarven.

Noch dazu mit Hilfe nichtssagender Tonscherben, die mit ärgerlicher Impertinenz stets zum falschen Zeitpunkt am falschen Ort aufzutauchen pflegten – oder durch Abwesenheit glänzten, was oft nicht besser war. Töpferware ist das Plastik des Altertums: sie zerbricht, aber verwittert im Laufe der Jahrhunderte kaum. Geduldig wie eine Auster liegt sie unter Staub und Dreck und wartet auf den Augenblick ihrer Wiederbelebung. Anhand der Brennprozesse, Glasuren, aufgetragenen Muster leicht zu datieren ist sie überdies. Wo das nicht sofort gelang, behalf man sich mit Parallelen vor allem aus dem chronologisch präziser erfassten ägyptischen Raum.

Die Historiker fügten sich nicht in ihr Schicksal, sondern rüsteten auf. Ihre Hauptwaffe war die behände Umdeutung schriftlicher Quellen vor allem mit Hilfe zum Teil abenteuerlich weit hergeholten Etymologien. Nach dem Motto des geübten Heimwerkers: was nicht passt, wird passend gemacht.

Ein prominentes Beispiel ist das berühmte Labyrinth des Minotaurus von Knossos, das durch die griechische Mythologie geistert wie das Knusperhäuschen durch Grimms Märchen. Archäologen graben sich bis heute auf Kreta einen Wolf, finden jedoch nie auch nur die Spur eines solch auffälligen Bauwerkes. Na gut, dann verstanden die Minoer eben unter Labyrinth etwas ganz Anderes als wir, zum Beispiel eine Doppel-Streitaxt. Die hat zwar mit Kreta herzlich wenig zu tun, hilft aber wenigstens der örtlichen Andenkenindustrie auf die Sprünge. So gerieten angebliche indogermanische Wortwurzeln zu fast beliebig manipulierbaren Zauberwürfeln.

Umgekehrt entbehrt die Entdeckung wider Willen des sogenannten Dunklen Zeitalters, eines schwarzen chronologischen Loches von eindrucksvollem Ausmaß im Weltall der Antike, nicht der unfreiwilligen Komik. Das mykenische Reich mit Zentrum Peloponnes war laut Aktenlage um 800 v. Chr. aus unbekannter Ursache untergegangen. An sich schwer vorstellbar, schien es nach Ansicht der Gelehrten nahezu übergangslos von den Völkern der archaischen Periode abgelöst worden zu sein. Das entsprach dem historischen Konsens. Bis die halbstarken Archäologen lärmend auf den Plan traten.

Ihre Funde ließen darauf schließen, dass die letzte Klappe für die Mykener nicht um 800, sondern bereits um 1200 v. Chr. gefallen war. Die sich plötzlich öffnende Kluft von rund 300 bis 400 Jahren schloss man provisorisch mit Kies und erklärte die Periode zum *Dunklen Zeitalter.* Tatortversiegelung, bis die moderne Genforschung irgendwann in ferner Zukunft so weit ist, neue Erkenntnisse zu liefern.

Schliemann scheinen nagende Zweifel jedenfalls nicht um den Schlaf gebracht zu haben. Kollegen zufolge las er die Odyssee wie eine Mischung aus Vermessungsprotokoll und Logbuch. Nachdem er lavierend, sprich aufkreuzend mit seinem Schiffchen 1868 auf Ithaka eingetroffen war, buddelte er sich mit Hilfe enthusiastischer Einheimischer quer durch die Insel. Natürlich fand er Homer auf Schritt und Tritt bestätigt. Fehlte nur, dass er Penelopes Spindel oder den berühmten Bogen ausgegraben hätte, den zu spannen allein Odysseus in der Lage war.

Der Ehrgeiz Schliemanns hatte vermutlich sehr persönliche, in seiner Vita liegende Gründe. Für ihn, der einst als einfacher kaufmännischer Lehrling begonnen hatte, ließ sich alles erlernen: Buchführung, Fremdsprachen, Archäologie, alles nur eine Frage des Willens und der Disziplin. Im Alter von 47 hatte er genügend Reichtümer angesammelt, um den lieben Gott einen guten Mann sein lassen zu können. Doch das konnte den Ehrgeiz des extrovertierten Autodidakten kaum befriedigen. Mit seinen wiederholten Anläufen, in die illustre Berliner Akademie der Wissenschaften aufgenommen zu werden, setzte er sich selbst unter erheblichen Erfolgsdruck und zog den Spott von gelernten Archäologen wie Adolf Furtwängler auf sich.

Wiewohl er andererseits auch lernfähig war. Das zeigen die Kontakte, die er mit dem bedächtigeren, systematischeren Wilhelm Dörpfeld pflegte. Dessen penible Wissenschaftlichkeit half ihm, seinen ramponierten Ruf wieder etwas aufzupolieren. Dörpfeld bescherte die Freundschaft mit dem Alten ein reicheres Betätigungsfeld, als es sich ihm sonst erschlossen hätte. Grabungen setzten damals meist den käuflichen Erwerb des zu durchforstenden Grund und Bodens voraus und beschäftigten kleine Armeen von Arbeitern. Das ging ins Geld.

Dörpfelds archäologische Schichtentheorie ging davon aus, dass an allen wichtigen Ausgrabungsstellen im Laufe der Jahrtausende mehrere Schichten von Siedlungen entstanden waren, die sorgsam abgetragen und untersucht werden mussten, bis man die unterste Schicht und damit die Zeugen der frühesten Besiedlung erreicht hatte.

Dass auch diese Methode mit schriftlichen Quellen kollidieren konnte, zeigt das Beispiel Troja. Die von Schliemann freigelegte Schicht Nr. 6 entspricht in etwa der bisherigen Datierung des trojanischen Krieges. Zudem weist sie Mauern auf, die für eine Festung und Handelsstadt angemessen solide erscheinen. Was fehlt, sind die Brandspuren der mit einiger Sicherheit vom Feuer vernichteten Stadt. Die treten dafür in der Schicht Nr. 7 auf. Nur ist die insgesamt von einer solchen baulichen Kläglichkeit, dass sie zu einer Feste Troja absolut nicht passen will.

Ungeachtet seiner großen Verdienste musste Heinrich Schliemann bis zu seinem Tode um die begehrte Anerkennung kämpfen. Immer wieder ziehen Wissenschaftler auch heute die Authentizität mancher seiner Funde, wie den Schmuck des Priamos, in Zweifel. Nicht allen Skeptikern wird man reine Missgunst unterstellen dürfen, wenn sie steif und fest behaupten, Schliemann habe sein Troja nicht ge- sondern erfunden.

Die *Solskin* macht ordentlich Fahrt, wenngleich der Nordwind nun, gegen Mittag, etwas schwächelt. Vielleicht brist er am Nachmittag thermisch beflügelt wieder auf. An Steuerbord erstreckt sich Patras, die drittgrößte Stadt Griechenlands. Patras, Korinth, Piräus und Athen bilden einen stetig wachsenden Ballungsraum und Moloch mit allen Vor- und Nachteilen, die eine solche Entwicklung mit sich bringt.

Kurz vor der Brücke von Rion-Antirion bin ich schon drauf und dran, die Fock zu bergen und den Perkins anzuwerfen, als plötzlich ein leichter Westwind aufkommt. Genau wie an jenem 7. Oktober 1571, als hier fast fünfhundert Galeeren und Galeassen der Osmanen und der christlichen Allianz aus Venedig, Vatikan, Spanien und Genua aufeinandertrafen. Es war die letzte Seeschlacht, bei der Galeeren eine Rolle spielten. Und wie um diesen Anlass gebührend zu begehen, geriet sie auch zu einer der blutigsten der Weltgeschichte.

Unvorstellbar, wie so kurz vor der Schwelle, der engsten Stelle des Golfes so viele Schiffe Platz zum Manövrieren fanden. Die Galeeren schossen aus einer Bugkanone nur in Fahrtrichtung und waren in ähnlicher Weise Truppentransporter wie die griechischen Triremen 2000 Jahre zuvor. Galeassen besaßen damals nur die Christen. Ihre Kanonen und Arkebusen feuerten Breitseiten und nahmen insofern die wichtigste Taktik moderner Seekriegsführung vorweg.

Brückenunterquerungen sind immer etwas Besonderes. Und diese noch recht junge, 2004 zu den Olympischen Spielen eingeweihte Brücke, über die als einer der erstem ein gewisser Otto Rehagel laufen durfte, ist ein besonderes Wunderwerk der Ingenieurskunst.

Erste Pläne zum Bau einer festen Verbindung des Festlandes mit der Peloponnes scheiterten gegen Ende des 19. Jahrhunderts an den damals zu Recht für unlösbar gehaltenen technischen Problemen. Keine hundert Jahre später versuchte man es erneut. Die Schwierigkeiten waren dieselben: weicher, unebener Untergrund, Erdbebengefahr und Stürme, die sich gewaschen haben.

Wenn zudem Generationen erfahrener Taucher wie der Franzose Jacques Cousteau den Meeresboden der Gegend Meter für Meter nach Überresten der überaus materialaufwändigen Schlacht von Lepanto abgesucht und nie auch nur eine Kanone gefunden haben, spricht dies Bände über die Stärke und Unberechenbarkeit der örtlichen Strömungen.

Leute, die sich am ehesten mit solchen Unbilden auskennen, arbeiten für die Offshore-Industrie mit ihren auf vielfältige Weise stabilisierten Bohrinseln. Dort konnte man Lösungsmöglichkeiten entlehnen.

Den überwiegend aus Sand, Geröll und Schlamm bestehenden Untergrund verfestigte man mit einer Vielzahl bis zu 30 Meter langer, in den Boden gerammter Hülsen. Auf diese setzte man die Endstücke der vier Pfeiler mit einem Durchmesser von 90 Metern. Die obersten 160 Meter der insgesamt 265 Meter hohen Pfeiler dienen als Pylone, die durch 368 Drahtseile miteinander verbunden sind. Das Tragwerk, also die eigentliche Straße, mit ihren zweimal zwei Fahrbahnen plus je einem Ausweichstreifen, wurde schwebend aufgehängt. So ist sichergestellt, dass sie zum Beispiel bei einem starken Erdbeben sowohl in der Längs- als auch in der Querachse nachgeben kann. Sollbruchstellen an den dünnen Trägern, die ein unerwünschtes

Schwingen zum Beispiel bei Sturm verhindern, sorgen dafür, dass das Tragwerk solche Katastrophen übersteht.

Die Höhe der Durchfahrt und die Spannweite der Brücke zwischen den Pylonen sind so bemessen, dass auch Supertanker hier durchfahren können ohne Schaden zu nehmen oder ihrerseits die Brücke durch eine Kollision mit Pfeilern zum Einsturz zu bringen. Ein erster Zusammenstoß ohne große Folgen ist bereits passiert und hat ungewollt die Eignung der Konstruktion bestätigt. Man führte den Unfall auf die Sparbeleuchtung der Brücke bei Nacht zurück.

Die Mautpreise haben sich mit 13,20 (PKW) bzw. 32 Euro (LKW) gewaschen. Weshalb es viele Fahrzeughalter vorziehen, sich der immer noch verkehrenden Fähren zu bedienen, ungeachtet der lästigen Wartezeiten, die man freilich auch als Erholungspause nutzen kann.

Egal, welche lichte Höhe eine Brücke aufweist, sobald man sie auf einer Segelyacht unterquert, hat man vom Deck aus den Eindruck, die Mastspitze müsse gleich ankratzen. Die *Solskin* gleitet aber lautlos drunter durch und lässt sich vom Strom gemächlich in den Golf von Korinth schieben.

## Türr und Tor

*12. Mai.* „Doch, doch, ich bin praktisch schon in der Einfahrt!" Ich brülle ins Mikrophon des UKW-Sprechfunkgerätes, um den auf 3000 Touren wie ein waidwundes Tier heulenden Perkins Diesel der *Solskin* zu übertönen. Der Wärter im Tower auf der ägäischen Seite des Kanals von Korinth ist drauf und dran, die in etwa acht Meter Wassertiefe liegende hydraulische Senkbrücke hochzufahren und die westliche Kanaleinfahrt zu sperren. Bis zu der hat die *Solskin* noch ein ordentliches Stück zurückzulegen, ich will aber unbedingt noch mit dem sich bereits formierenden Konvoi Richtung Piräus. Die Kontrollstelle hat die

*Solskin* noch nicht auf dem Bildschirm und sieht daher keinen Grund, länger zuzuwarten. Kann ich zwar gut verstehen, aber da ich meinem eigenen Zeitplan etwas hinterherhinke, sollte ich auf diesen Zug unbedingt aufspringen. Die Motorfahrt durch den rund 80 Seemeilen langen Golf von Korinth nahm und nahm kein Ende.

Drei andere Yachten, zwei Motorboote und ein Kaik zeigen mir ihr Heck kanalwärts der beiden Brückenrampen mit wartenden Fahrzeugen. Sie schicken sich an, den Kanal im Gänsemarsch zu passieren. Der Mann im Tower verliert allmählich die Geduld, weil ich als krasser Nachzügler den Ablauf des normalen Autoverkehrs behindere. Weiter ins Mikro brüllend, versuche ich ihm zu suggerieren, ich sei jeden Augenblick an der Brückenlinie und könne nicht verstehen, wieso er mich noch immer nicht sieht.

Ich lasse den Hebel auf Vollgas und hoffe, dass der leidgeprüfte ältliche Perkins mich auch diesmal nicht im Stich lässt. Eine gefühlte Ewigkeit später empfängt mich lautes Hupen zur Rechten und Linken wie zum akustischen Spießrutenlauf. Das halbe Dutzend Autos an beiden Ufern wartet ungeduldig darauf, endlich zur anderen Seite zu gelangen. Mit qualmendem Auspuff schaffe ich es gerade so über die Ziellinie. Kaum habe ich sie passiert, durchbricht die Senkbrücke im Kielwasser die Wasseroberfläche wie ein auftauchendes U-Boot. Viel fehlt nicht, und ich säße neben den zappelnden Fischen hoch und trocken auf der schmalen Brücke.

Ich fahre den Motor etwa auf die normale Tourenzahl meines Herzschlags zurück und versuche genau die Mitte des schmalen Fahrwassers im Kanal zu halten. Das war knapp. Hätte ich hier warten müssen, würde ich mit Sicherheit nicht mehr bei Tageslicht in Kalamaki ankommen. Zwar kenne ich die Marina von unzähligen Besuchen sehr gut, aber bei Nacht sind alle Katzen bekanntlich grau und die Ansteuerung wegen der vielen Stadtlichter im Hintergrund schwierig.

Nach meiner Unterquerung der Rion-Antirion Brücke war es mir zu sehr auf die Zeit geschlagen, um die *Solskin* noch bis Korinth zu prügeln. Also hatte ich mich entschlossen, die Nacht auf dem winzigen Eiland Trizonia zu verbringen, das nur wenige Meilen hinter der Brücke dem nördlichen Ufer des Golfes vorgelagert ist. Natürlich hätte ich auch in Patras bleiben können, aber der Hafen ist mir unsympathisch. Immer schon laut, verkehrsreich und in jeder Hinsicht unruhig, wird er in jüngster Zeit von Hunderten illegaler Einwanderer, Flüchtlinge und Asylanten ähnlich dem französischen Calais als Durchgangsstation genutzt. Die bedauernswerten Menschen lagern in den Waggons abgestellter Züge oder in den Parkanlagen bei der Marina und lauern auf eine Gelegenheit, auf dem einen oder anderen LKW an Bord einer Italienfähre zu rollen. Wenigstens ist es hier wärmer und trockener als in Calais.

Auf Trizonia hat mich ein griechischer Überführer vor Jahren aufmerksam gemacht. Egal, wie eilig er es hatte, nach Piräus zu kommen, stets legte er auf Trizonia eine letzte Pause ein. Der Besuch eines der zahlreichen guten Restaurants des Inselchens diente ihm als Trostpflaster für die Mühen der Überführung und ließ ihn noch einmal Luft schöpfen vor der stressigen Konfrontation mit dem geschäftigen Piräus.

Einziger Makel Trizonias: die Insel halbiert die Strecke nicht, sondern kommt für Yachten in Richtung Ägäis zu früh, in der umgekehrten Richtung sehr spät. Von hier aus bis Korinth sind es immer noch geschlagene 65 Seemeilen. Trotz meines sehr frühen Aufbruchs im Morgengrauen wäre ich um ein Haar nun doch fast zu spät an der Einfahrt eingetroffen.

Im Westen beginnt der Kanal von Korinth unspektakulär. Die gelblichweißen lehmigen Ufer verlaufen eine Weile ziemlich flach, als wollten sie den Reisenden nicht abschrecken, um sich dann jäh auf eine Höhe von etwa 80 Metern emporzuschwingen. Die Kreidewände zu beiden Seiten weisen klar erkennbare Trennlinien zwischen den horizontalen Gesteinsschichtungen auf. Ein Geologe müsste darin lesen können wie in einem offenen Buch. Hier die Anzeichen einer verheerenden Feuersbrunst, dort die Spuren eines ebenso vernichtenden Erdbebens.

Meine geologischen Kenntnisse reichen für derlei Dechiffrierung leider nicht aus.

Die unendliche Geschichte des Kanalbaus hingegen ist mir vertraut. Sie beginnt im 7. Jahrhundert v. Chr. Periander, ein Korinther Tyrann und Mitglied des exklusiven Klubs der Sieben Weisen, scheint sich als einer der ersten ans Werk gemacht zu haben. Tyrannen im antiken Griechenland der archaischen Periode waren Alleinherrscher, die ihre Untertanen mit harter Hand führten und sie, wie ägyptische Pharaone, gern mit monumentalen Bauprojekten in Atem hielten.

Getreu seinem eigenen Wahlspruch, Bedenke stets das Ganze, wandte sich der weise Periander vor der Verwirklichung seines Planes erst einmal an das Orakel von Delphi. Das ließ ihn unzweideutig wissen, er solle lieber die Finger davonlassen. Einen solch weitgehenden Eingriff in die Natur könnten die Götter als Frevel auslegen und sich entsprechend erzürnen.

Frevel *(kaka)* entsprach in der religiösen Vorstellungswelt der archaischen Griechen in etwa unserer christlichen Sünde, mit Tendenz zur Todsünde. Da die Griechen keinen religiösen Bußkatalog wie unserer zehn Gebote kannten, war Frevel ein dehnbarer, willkürlich gehandhabter Begriff, unter den die Götter situativ alles und nichts subsumierten. Daher die Bedeutung des Orakels als auslegende Instanz. In deutschen Strafrechtskodizes hielt sich der Frevel übrigens noch erstaunlich lange in seiner verengten Bedeutung von Straftat gegen die Allgemeinheit, wie beispielsweise Brunnenvergiften.

Eingriffe der Sterblichen in die unantastbare Ordnung der Natur, etwa durch monströse Bauvorhaben wie dieses von Krinth, gehörten zu den üblichen Verdächtigen in puncto Frevel.

Ein weiterer Hinderungsgrund kam hinzu. Noch lange nach Periander fürchtete man, dass ein Durchstich angesichts der unterschiedlich hohen Wasserspiegel von Ägäis und Ionischer See zu katastrophalen Überschwemmungen führen würde.

Börsenprognosen lagen nicht im ansonsten weit gesteckten Kompetenzbereich der meist zwischen Trance und Delirium schwebenden delphischen Pythia. Dafür spielten wirtschaftliche Erwägungen bei den hinter ihr stehenden, das Orakel im Sinne eines gewinnorientierten Unternehmens leitenden Priestern eine große Rolle. Sie hatten ein Netz von Zuträgern über das Land gelegt, deren Berichte sie in allen wichtigen Bereichen auf dem Laufenden hielten. Das half ihnen bei der Einschätzung der Interessenslage ihrer Kunden und ermöglichte es ihnen, das ekstatische Gestöhne der Pythia in deren Sinn auszulegen.

Im Falle des Kanals liegt der Verdacht nahe, dass Korinther Kaufleute in Delphi vorgesprochen hatten, bevor Periander sich zum Orakel begab. Der geplante Bau drohte nämlich mit empfindlichen Umsatzeinbußen verbunden zu sein. Zwangspausen, die beim bisherigen umständlichen Verladesystem Straße-Schiff, Schiff-Straße entstanden, wurden bis dato von den Besatzungen zu umfangreicher Verproviantierung genutzt. Die würde in Zukunft mit Sicherheit wegfallen.

Der Koalition von Kommerz und Religion widersetzten sich auch Tyrannen nur ungern. Periander entschied sich für Plan B und baute anstelle eines Kanals den sogenannten *Diolkos*, einen Schiffskarrenweg, auf dem Fahrzeuge und Fracht um die acht Kilometer quer über den Isthmus geschleppt wurden. Wie das in allen Einzelheiten vor sich ging, darüber streiten sich die Gelehrten. Am wahrscheinlichsten ist die Fortschreibung des traditionellen Umladeverfahrens mit Hilfe von Rampen und einer Art frühem Schienensystem. Man grub tiefe Rillen, damit die Räder der Schiffskarren in der Spur blieben. Eine Art Huckepack-Transport.

Der Schiffskarrenweg erwies sich in neuerer Zeit als leicht rekonstruierbar, gerade weil er einer anderen Trasse folgte als der heutige Kanal. Hügel und sumpfiges Terrain waren zu umgehen und verlängerten den *Diolkos* im Vergleich zum einfachen Durchstich. Er begann in Lechaion, einem der größten und wichtigsten Häfen des Altertums wenige Kilometer nördlich des klassischen Korinth und fand sein Ende in Kechreai am Saronischen Golf.

Um eine leere griechische Triere mit einer Verdrängung von rund 40 Tonnen über Stock und Stein zu ziehen, war ohne Unterstützung durch Ochsen in etwa die gleiche Anzahl Männer erforderlich, die das Schiff normalerweise ruderten. Das kann selbst bei einem großzügigen Einsatz von Sklaven und verurteilten Frevlern auf Dauer schwerlich rentabel gewesen sein. Aber vermutlich immer noch besser als die zeitraubende und gefährliche Route um das Platanenblatt namens Peloponnes in Kauf nehmen zu müssen.

Inzwischen hat sich im Kanal ein seltsamer Dialog entfaltet. Das nach Echos gierende Gejohle der Touristen oben auf der Brücke wird von den Yachtcrews beantwortet. Beide Gruppen begeistern sich am Widerhall in dieser schon sehr tiefen, schroffen Schlucht. Die *Solskin* hat mühelos mit den anderen Booten aufgeschlossen und gleitet ruhig in deren Kielwasser dahin. Ich betrachte kritisch die weiter oben nach außen geneigten Kreidefelsen, von denen sich seit der Eröffnung des Kanals immer mal wieder Gesteinsbrocken lösen. Auf Höhe der Wasserlinie grüßen grobschlächtige Zementsockel, die ein Unterspülen der Wände durch den Schwell der Fahrzeuge verhindern sollen.

Auf weitere ernst zu nehmende Bauversuche musste man bis zur Zeit der römischen Besetzung warten. Im Jahre 76 ließ der damals knapp deißigjährige Kaiser Nero anlässlich einer Griechenlandreise kurz entschlossen an den Isthmus Hand anlegen. Die Arbeiten Tausender Sklaven aus der Provinz Judäa waren bereits weit fortgeschritten, als Nero Griechenland eilends verlassen musste. Zu spät. Es gelang ihm nicht, einem Coup seiner eigenen rebellischen Generäle im heutigen Frankreich und Spanien zuvorzukommen. Sein Selbstmord bedeutete das Ende des halb fertigen und bald wieder zugeschütteten Kanals. Da Neros Architekten eine Trasse gewählt hatten, die mit der heutigen identisch war, fielen alle Spuren seiner Arbeiten dem neuzeitlichen Durchstich zum Opfer.

Korinth ließ sich von der 1869 gefeierten Eröffnung des Suezkanals inspirieren. Die Realisierung und die Finanzierung solcher Vorhaben pflegen mit einer Verflechtung privater und öffentlicher Interessen einherzugehen, wobei Angehörige vieler Nationen mitmischen. Im Falle Korinths lagen die Franzosen mit ihrem Ferdinand Lesseps eine Weile vorn, zogen sich dann jedoch zurück und überließen die Bühne anderen. Man könnte in diesem Zusammenhang an Deutsche denken, die mit ihrem eigenen Kaiser-Wilhelm-Kanal gerade Ost- und Nordsee miteinander verbanden. Oder an Engländer und Schweden, ebenfalls Völker mit einschlägiger Erfahrung beim Bau von Göta- und Caledonian-Kanal. Auf einen Ungarn hingegen wäre ich so leicht nicht gekommen.

Aber was heißt hier Ungar. Der gebürtige Magyar István Türr war mit drei weiteren Staatsangehörigkeiten im Portefeuille wohl eher europäischer Kosmopolit, eine Art Ein-Mann-EU. Er hatte seine militärische Laufbahn im königlich-kaiserlichen Pionierwesen begonnen. Von der arroganten Haltung der Österreicher gegenüber ihren Nachbarn angeekelt, schloss er sich alsbald den um ihre Unabhängigkeit kämpfenden Italienern an.

Solch jähe Rochaden wurden ihm zur lieben Gewohnheit. Mal schlug er sich in Baden gegen die Preußen, dann reiste er in obskurer Mission zwischen Frankreich, England und Piemont hin und her. Fast wäre er dem Ruf der Freiheitskämpfer in Montevideo gefolgt, unterstützte schließlich stattdessen die Osmanen im Kampf gegen die Russen im Krimkrieg. Mit einer in entscheidenden Punkten korrigierten Vita erschlich er sich dann die britische Staatsbürgerschaft, die ihm noch in der Sammlung fehlte. Garibaldi begleitete er bei dessen historischer *Expedition der Tausend* 1860 nach Sizilien. Kurzum, der rastlose István war, obwohl erst 42, so etwas wie der aus dem Fenster gesprungene Hundertjährige, multifunktional und allgegenwärtig.

Nach seiner Rückkehr in die Heimat widmete er sich einer zivilen Karriere als Tiefbauingenieur. Kanalbau wurde seine bevorzugte Schiene. Erst in Ungarn, wo er viele kleinere Wasserstraßen künstlich mit der Donau verband. Als ihn das nicht mehr ausfüllte, richtete er den Blick auf Panama. Vielleicht ahnte er, dass Lesseps dort nicht der richtige Mann am richtigen

Platz war. Jedenfalls ließ er vom zentralamerikanischen Isthmus bald wieder ab.

Korinth war eine Spur bescheidener aber vielversprechend. Ein erster Voranschlag französischer Experten hatte 1830 erbracht, dass der Bau eines Kanals durch den Isthmus 40 Millionen Goldfrancs kosten würde. Viel Geld für den noch jungen und ewig klammen griechischen Staat. Trotzdem entschloss sich dessen Regierung, den Kanalbau zur nationalen Herzensangelegenheit zu machen. 1882 gründete das Phantom Türr die *Internationale Gesellschaft des Kanals von Korinth*. Deren Grundkapital war in 60.000 Aktien à 500 Francs gestückelt. Damit konnte man arbeiten. Im Gegenzug ließ sich Türr die Nutzungsrechte am Kanal für 99 Jahre sichern, was im Großen und Ganzen heutigen Gepflogenheiten entspricht.

Für die Griechen war der Kanal von Korinth kein isoliertes Leuchtturmprojekt, sondern gehörte zu einem Paket infrastruktureller Maßnahmen, mit denen sich der damalige Ministerpräsident Charilaos Trikoupis sein eigenes Denkmal zu errichten gedachte. Neben dem Ausbau des Eisenbahnnetzes gehörte auch ein Brückenschlag über den Golf von Patras dazu, der zwar erst gut hundert Jahre später zustande kam, aber dennoch Trikoupis' Namen trägt.

Unter der technischen Leitung von Türrs jungem ungarischem Kollegen Bela Gerster begann man umgehend mit der Planung und Durchführung des Kanalbaus. Sprengstoff der Dynamit Nobel-Werke in Deutschland und Italien machten den Einsatz von Sklavenheeren diesmal überflüssig. Die Felswände links und rechts wurden wie ein auf der Spitze stehender Tortenkeil abgetragen, so dass der freie Raum zwischen ihnen nach unten V-förmig spitz zuläuft. Der Neigungswinkel von etwa 75 Grad war auf die Bauweise der meisten Passagier- und Frachtschiffe zugeschnitten, die mit ihren ausladenden Oberdecks einen deutlichen Sprung in die Breite machen. Die Kluft, die oben 75 Meter breit ist, verjüngt sich unten, wo wir sind, auf rund 25 Meter. Anfühlen tut es sich von der Yacht aus höchstens wie die Hälfte.

Die umfangreichen Arbeiten zehrten derart am Budget, dass Türrs Gesellschaft 1888 Konkurs anmelden musste. Wie die vergeblichen Versuche des mythischen Korintherkönigs Sisyphos, einen Felsen den Berghang hinaufzurollen, drohte das Projekt Kanalbaus ein weiteres Mal zu scheitern.

Der jähe Preisverfall für Rosinen auf dem Weltmarkt tat ein Übriges, den Staat Griechenland näher an den Rand des Ruins zu rücken. Doch wie so oft in ihrer Geschichte, wurden die Hellenen finanziell von einem reichen patriotischen Wohltäter aus ihrer prekären Finanzlage befreit. Andreas Syggrou, Mitbegründer der Bank von Konstantinopel, sprang in die Bresche. Seine Finanzspritze erst ermöglichte die Fertigstellung des 1893 eingeweihten, etwas über 6 Kilometer langen Kanals.

Auf der ägäischen Seite angekommen, mache ich die *Solskin* kurz zwischen zwei anderen Yachten fest, um die Maut von 80 Euro zu entrichten. Viermal so viel wie für den Nordostsee-Kanal. Kein Schnäppchen, aber auch keine auskömmliche Einnahme. Rentabel war der Kanal nie. Schon kurz nach seiner Eröffnung erreichte der internationale Handelsschiffbau Dimensionen, denen der Kanal nicht gewachsen war. So kam statt der etwa 6 Millionen Tonnen beförderter Güter nie mehr als etwa eine halbe Million zusammen. Kontinuierlich steigende Frachtkapazitäten glichen die Mehrkosten der Reedereien für längere Reisezeit und höheren Treibstoffverbrauch der Schiffe durch den Umweg über die Peloponnes locker aus.

Kaum sind die *Solskin* und ich wieder unterwegs, greift eine heftige ablandige Bö in die ungerefften Segel und legt die ächzende Yacht mit einem scharfen Ruck fast auf die Seite. Hoppla! Da will uns die ruppige Windsbraut Ägäis wohl zu verstehen geben, dass wir uns ab sofort in der Bronx des Mittelmeers bewegen, wo Schluss ist mit Lustig.

# Der Kommodore

*13. Mai.* „Was aber nicht heißen soll, dass Piräus bis zur Fertigstellung des Kanals von Korinth den Dornröschenschlaf der Geschichte geschlummert hätte." Der Kommodore seufzt und lehnt sich wohlig in seinem hölzernen Deckchair zurück. In seiner Linken lässt er die blassblauen Glasperlen des Komboloi, der griechischen Version des Rosenkranzes, beiläufig durch die Finger gleiten. Seine buschigen schwarzen Brauen ziehen sich über der Nase zusammen und verleihen ihm einen grimmigen Ausdruck, der seinem großherzigen, allzeit hilfsbereiten Wesen nicht wirklich entspricht.

Als ehemaliger ranghoher Marineoffizier, erfolgreicher Bauunternehmer und Kommodore des führenden griechischen Offshore-Segelklubs ist der gebürtige Kreter nicht nur in nautischen Kreisen eine unangefochtene Autorität. Eigner einer der ganz wenigen *Hallberg-Rassys* dieser Breiten noch dazu. Als er erfuhr, dass ich mit der *Solskin* in Kalamaki angekommen sei, lud er mich sofort auf einen kleinen Imbiss und einen Rees an Backbord ein, wie solch ein Plausch unter Seeleuten heißt. Eine entspannte abendliche Unterhaltung – nicht irgendwo in einer Taverne oder im Klubhaus, sondern zünftig, wie es sich gehört, auf Dem Oberdeck der *Georgios Averoff*, des weltweit einzigen noch schwimmenden Panzerkreuzers und Veteranen der Balkan- und Weltkriege.

Auf diesem einzigartigen Schiff, das heute in der Flisvos-Marina von Palaion Faliron als Museumsfahrzeug sein Gnadenbrot verzehrt, lernte ich den Kommodore 2001 bei meiner allerersten Teilnahme an der *Ägäis-Rally* kennen. Die seit den 60er Jahren regelmäßig ausgetragene Offshore-Regatta über 400 bis 500 Seemeilen führt von Piräus mit einigen wenigen aber stets interessanten Zwischenstopps zu den südlichen Sporaden oder dem Dodekanes-Archipel und wieder zurück. Der überwiegende Teil des halben Hunderts teilnehmender Yachten ist irgendwo in Griechenland registriert. Umso stärker das Interesse des Kommodores, stets auch ausländische Boote im Regattafeld begrüßen zu können, ohne die der internationale Charakter der Veranstaltung verloren zu gehen drohte.

Die Skipper-Besprechung an den Vorabenden des Regattastarts fanden damals noch regelmäßig auf der *Averoff* statt. Da es im Kreise erfahrener Segler so sehr viel nicht zu bereden gab, löste sich die Versammlung meist nach kurzer Zeit auf und mündete in den allgemeinen feuchtfröhlichen Empfang der Crewmitglieder mitsamt deren Anhang.

Die ungewöhnlich hohe, sich bisweilen in der Erregung überschlagende Stimme des Kommodores, die man so gar nicht mit einem ehemaligen Militär verbinden würde, liegt im privaten Gespräch eine ganze Oktave tiefer. So passt sie auch besser zur abendlich Atmosphäre auf der *Averoff*, die sich fast unmerklich im Hafenschwell wiegt.

Das Schiff ist direkt gegenüber der Skyline Kastellas vertäut. So nannten die Venezianer den alles überragenden, strategisch bedeutsamen Hügel, von dessen Kamm aus man die Hafenbecken des Piräus im Osten wie im Westen kontrollieren konnte.

„Aber natürlich befinden wir uns hier auf der weit traditionelleren, sozusagen klassischen Seite im Scheitel des Saronischen Golfes." Der Kommodore richtet seinen hageren Oberkörper auf und hebt sein Glas, so dass sein Kopf für einen kurzen Augenblick vom bernsteinfarbenen Wein wie in einem Aquariumsbecken verzerrt wird. „In dieser Bucht von Faliron wurden die Kriegs- und Frachtschiffe verankert oder an Land gezogen. Das ganze Ufer dort drüben muss vor Magazinen und Schiffshäusern nur so gewimmelt haben."

Der Kommodore winkt einen der diskret an der Reling lehnenden Matrosen der *Averoff* heran und bittet ihn, uns noch ein paar von den ausgezeichneten *Mezedes* zu bringen. Solche Appetithäppchen sind ja in südlichen Küchen oftmals den schwer verdaulichen öligen Hauptgerichten vorzuziehen.

„Das ist unser Spithead, die vielleicht älteste Reede der Weltgeschichte. Von hier aus brach Jason mit seinen Argonauten auf. Ebenso Theseus und seine jungen Leidensgenossen, die dem Minotaurus zum Fraß vorgeworfen werden sollten." „Ihr

Kreter wart eben immer schon ein Volk mit unersättlichem Appetit." Der in Heraklion beheimatete Kommodore lacht und bleckt dabei seine beneidenswert intakt wirkenden Zahnreihen. Just in diesem Moment erreicht die sich tiefrot hinter Kastella senkenden Sonne genau die Position, von der aus sie die bronzenen Beschläge des Kriegsschiffes nur für uns wie zur Parade angelegte militärische Orden goldrot erstrahlen lässt, bevor sie sich endgültig vom Tag verabschiedet.

„Dann kam Themistokles und begann den Bau von Piräus. Eigentlich ein Frevel, wenn man so will." Der Kommodore hat sein nächstes Stichwort. Während er etwas zu hastig auf einer dicken Olive kaut und sich ausgiebig räuspert, lasse ich den Blick über die Halbinsel gegenüber schweifen. Ein Katzensprung für die damaligen Fährleute, ein Riesenschritt in der griechischen Geschichte.

„Frevel? Ja, vielleicht. So werden es einige aufgefasst haben. Zumal er mit dem Aufbau jener Flotte, die Piräus aufnehmen und schützen sollte, völlig falsch zu liegen schien. Darius war schließlich zehn Jahre zuvor nicht zur See, sondern in der Ebene von Marathon geschlagen worden. Kannst du dir vorstellen, welchen Anfeindungen Themistokles ausgesetzt gewesen sein muss und wie viel Courage dazu gehörte, trotzdem seinen Plan durchzusetzen?" Der Kommodore wischt sich einige Schweißperlen von der Stirn, die von seinem Kampf gegen die Killerolive herrühren. Als Bauunternehmer weiß er den Umfang und die Schwierigkeiten der damals in Angriff genommenen Arbeiten zu würdigen.

„Zea stand bei dem ganzen Vorhaben im Vordergrund, klar. Aber auch die anderen Buchten und Anlagen boten Möglichkeiten und waren ihrerseits leichter zu verteidigen als das sperrangelweit offene Faliron."

Zea hat ausnahmsweise nichts mit Zeus zu tun, sondern ist das griechische Wort für Spelt oder Dinkel, wie diese quasi ausgestorbene mittelalterliche Getreideart bei uns genannt wird. Seltsamer Name für ein Getreide, erst recht für einen Hafen. Das Becken ist kreisförmig und längst zu einer nicht ganz billigen, da und dort reichlich vergammelt wirkenden Marina verkommen. Zu den Zeiten der Osmanen hieß er Paschalimani, weil der örtliche Statthalter der Hohen Pforte mit seiner hoheitlichen Barkasse hier anzulanden pflegte. Da die enge Ein- und Ausfahrt bei Bedarf leicht mit einer soliden Eisenkette zu versperren war, galt Zea auch als geschlossener Hafen. Die zigarrenförmigen *Flying Dolphins*, Hochgeschwindigkeitsfähren im insularen Nahverkehr, benutzten Zea bis Anfang der 90er Jahre als Basis. Entgegen dem damals bereits wild wuchernden Athen wurde Piräus auf dem Reißbrett im streng hippodamischen, sprich Schachbrett-Stil entworfen. Das sieht man der Stadt unschwer an. Alle Haupt- und Nebenstraßen des Zentrums schneiden einander im rechten Winkel, wobei man der drohenden Monotonie da und dort durch öffentliche Plätze und Anlagen entgegenwirkte. Gleichzeitig bot man dem kommunikationsfreudigen Volk Stätten der Begegnung und des Austausches, die zweifellos dankbar in Anspruch genommen wurden.

„Den Gipfel des Frevels bildeten die von Themistokles handstreichartig hochgezogenen langen Mauern, die Piräus mit Athen verbanden." Der Kommodore ist bei den mit Spinat und Ziegenkäse gefüllten Pittas aus ölstarrendem Blätterteig angelangt und wischt sich die fettigen Finger an seiner Serviette ab. Alles badet im Öl. Der französische Ausdruck, eigentlich im Mechanikermilieu beheimatet, fällt mir jedes Mal ein, wenn ich mich mit griechischer Kochkunst konfrontiert sehe.

„Nach ihrer Niederlage im Peloponnesischen Krieg mussten die Athener sie wieder abreißen. Viel wert waren sie ohnehin nicht. Eilig aus alten Grabplatten und weichen Lehmziegeln zusammengeschustert." Der Unternehmer im Kommodore verzieht verächtlich die Mundwinkel ob solcher Schlamperei am Bau. Heute folgt die Bahn in etwa der damaligen Mauertrasse, vorbei an Industriebrachen, deren triste Fassaden von allerlei grell bunten Graffiti geziert sind. Eigentlich sollen sie die Fassaden aufhellen, unterstreichen aber nur Grau in Grau.

Einen optischen Daumensprung östlich von Kea blinken schon die ersten Lichter des winzigen, exklusiven Mikrolimano, der auch schon mal Türkenhafen hieß und sich, egal unter welchem Namen, bis heute gleichbleibender Beliebtheit erfreut. Kein Wunder, hat man hier doch das Gefühl, sich fernab vom pulsierenden Piräus im pittoresken Hafen einer x-beliebigen Kykladeninsel zu bewegen. Bis einen die Preislisten der halbkreisförmig um das Hafenbecken aufgereihten Fischrestaurants unsanft in die Wirklichkeit zurückholen.

Direkt hinter dem Halbmond von Cafés und Restaurants erhebt sich der steile Kastella-Hügel, dessen Gipfel man vom Hafen über gefühlt tausend abgewetzte Steinstufen erklimmen kann. Dau gehört eine gute Kondition und eine Portion Tierliebe. Die Stufen wärmen sich im Laufe des Tages auf und dienen abends allen möglichen caninen und felinen Promenadenmischungen als begehrte Lagerstätte.

„Und die *Solskin*? Bist du soweit zufrieden?“, fragt der Kommodore, der seine *Hallberg-Rassy 42* in Mikrolimano liegen hat. Manchmal habe ich ihn im Verdacht, den Posten des Kommodores hauptsächlich dieses Privilegs wegen angestrebt zu haben.

Nachdem er jahrelang mit der schweren Ketsch den Regattafeldern der Rally hinterhergehumpelt war, übermannte ihn irgendwann doch der Ehrgeiz und er trat das Kommando während der Rennen an einen ausgewiesenen Regattafuchs ab. Seitdem, so munkelt man in Kreisen neidischer Konkurrenten, fährt er selbst noch in der Flaute mit der *präsidentiellen Spezialbrise*. Ich gönn es ihm von Herzen, ein prima Typ, auf dessen Wort man sich jederzeit verlassen kann.

„Doch, ja. Für eine rund zwanzig Jahre alte Yacht macht die *Solskin* noch eine sehr gute Figur.“ Dann erzähle ich ihm von dem auf Korfu geflickten Großsegel, dessen überarbeitete Nähte bei den ersten Fallböen von den Höhen der Insel Salamis wieder aufgerissen sind.

„Hast du mit Antonis gesprochen?“ Habe ich. Der Segelmacher von Piräus betreute die Flotillen jahrelang mit seinem zur mobilen Nähstube umfunktionierten Lieferwagen. Folgte auf Fähren den Booten und erledigte dann an den Etappenzielen alle anfallenden Segelarbeiten. Ein relativ schweigsamer Pfeifenraucher mit viel Sinn für philosophische Grundsatzfragen, über die er an seiner schnurrenden Nähmaschine sinniert. Ein reines Wunder, dass keines der von ihm behandelten Segel je Brandlöcher aufwies, so wie er zu paffen pflegte.

Als seine Frau Iphigenie starb, überließ er das Nähen weitgehend anderen und nahm selbst wieder an der *Rally* teil, brauchte wohl Wind um die Nase. Erfolge wie äußerst seltene Misserfolge quittierte er mit stoischem Gleichmut. Oftmals, wenn ich ihn so beim Start einer Etappe am Steuer seiner *Jeanneau* beobachtete, schien er mir in eine andere Welt entrückt. War er vermutlich auch, denn dort, wo er den Wind fand, hätten die meisten von uns nie gesucht.

„Näht er noch ab und zu?" „Für Freunde immer", lächelt der Kommodore. „Ruf ihn an, gleich morgen." Seine Werkstatt liegt jenseits des Kastella-Hügels in unmittelbarer Nähe des eigentlichen großen Fähr- und Handelshafens. Von oben betrachtet, sieht der einem doppelhenkligen Trinkgefäß ähnlich, dem sogenannten Kantharos, daher sein griechischer Spitzname. Die Venezianer nannten ihn Porto Leone nach einem wohl im 4. Jahrhundert v. Chr. aufgestellten Marmor-Löwen, der die östliche Hafenseite bewachte, bis er Ende des 17. Jahrhunderts nach Venedig verbracht wurde und seitdem dort den Eingang des Arsenals ziert.

Ähnlich wie der Hafen von Piräus, verdankt diese berühmte venezianische Schiffswerft ihre Existenz rasanter maritimer Aufrüstung. Vorindustrielle Arbeitsteilung, weitgehende Spezialisierung der Handwerker und Block-Bauweise sorgten dafür, dass die Serenissima bei Bedarf eine Hundertschaft Galeeren innerhalb weniger Monate zusammenzimmern konnte. Das schafften erst wieder die Amerikaner mit ihren genormten Liberty-Schiff-Serien.

Irgendwann in jüngerer Zeit betrachtete ein skandinavischer Venedig-Besucher den Löwen etwas genauer. Er stellte fest, dass es sich bei den seltsamen Kratzern, die er da und dort aufwies, in Wirklichkeit um altnordische Runen handelt, die Wikinger auf der Durchreise im 11. oder 12. Jahrhundert eingeritzt haben könnten. Der Mitteilungsgehalt der stark verwitterten Graffiti ist jedoch dürftig: Der rote Erik und seine Bros waren hier.

In jenen Jahren, als diese Nachricht vom berunten Löwen die Runde machte, traf auch der bayrische Hofbauconducteur Johann Gottfried Gutensohn im Gefolge des Wittelsbachers Otto I. hier ein. Während Otto, als Kompromisskandidat der Großmächte zum ersten griechischen König ernannt, seine Innereien mühsam und nicht ohne Substanzverlust von Weißwurst und Knödeln auf Tzatziki umzustellen bemüht war, erkundete sein Hofarchitekt eifrig die Gegend. Dabei fertigte er vielerlei erstaunlich präzise und künstlerisch auf hohem Niveau stehende Skizzen von halb verfallenen Bauten und Skulpturen des Altertums an. Das schnell wachsende Piräus, so befand er, würde das chaotische Athen ohne Zweifel demnächst schlucken und sich insoweit als neue Hauptstadt empfehlen.

„Das kam ja dann genau umgekehrt." Der Kommodore gießt uns lachend Wein nach. „Aber so ganz Unrecht hatte der Bayer nicht. Mit der Eröffnung des Kanals von Korinth nahm Piräus noch einmal einen ungeahnten Aufschwung und löste den bis dato größten griechischen Hafen Hermoupolis auf Syros in dieser Rolle ab. Heute braucht das jährlich wachsende Passagier- und Frachtaufkommen von Piräus den internationalen Vergleich nicht zu scheuen." „Und wie gut ist dein Mandarin?" Der Kommodore verschluckt sich am Wein und winkt erneut hustend ab. „Dafür habe ich meine Leute. Mit den Chinesen umzugehen, ist nicht nur eine Frage der Sprache. Ich sag' dir, da kann man was erleben."

Der Kommodore hält ein Stückchen bröseligen Feta am Zahnstocher wie ein aufgespießtes Insekt in die Höhe. „Kleiner Anlass, große Wirkung. Aristoteles." „Wusste gar nicht. dass der ein Käsefreund war." Der Kommodore grinst. „Aristoteles und Feta? Die waren soooo!" Er legt die beiden nach außen gekehrten Handflächen an den Zeigefingern dicht aneinander. „Aber im Ernst. Ob du es glaubst oder nicht, Käse hätte uns fast dieses Schiff gekostet, auf dem wir hier sitzen."

Ich stelle mein Glas ab und blicke den Kommodore ermutigend an. „Das klingt nach einer interessanten Geschichte."

## Die Geburtshelferin

„Proviant spielte auf Schiffen immer schon eine ganz entscheidende Rolle." Der Kommodore wirft die Beine übereinander, streicht ein paar im Wind flatternde Haarsträhnen zurück und nimmt einen ordentlichen Schluck Wein. Eine angenehm kühle Brise trägt rhythmische Tavernenmusik von Piräus herüber. Es könnte ein längerer Abend werden. „Nimm' den russischen Panzerkreuzer *Potemkin*, Pavle. Wäre es dort zur Meuterei gekommen, wenn man den Matrosen eine ordentliche Ration Fleisch vorgesetzt hätte, anstatt sie mit vergammeltem Aas zu vergiften? Die Engländer hatten mit Fleisch kein Problem, dafür aber mit Käse. Vor der Abreise der *Bounty*, du erinnerst dich, soll Kapitän Bligh einige Kilo Käse für seine eigene Familie abgezweigt und den Diebstahl einem Besatzungsmitglied in die Schuhe geschoben haben. Das lässt ahnen, wie viel von dem Zeugs an Bord war. Und was für ein Käse, ich bitte dich". Der angeekelte Gesichtsausdruck des Kommodores bedarf keines Kommentars.

„Wir haben den Osmanen damals die *Averoff* vor der Nase weggeschnappt." Der Kommodore lacht laut auf, als hätte er den Coup von damals selbst eingefädelt. „Die Hohe Pforte sah die Balkankriege wohl schon auf sich zukommen und beeilte sich, ihre Flotte unter englischer Anleitung zu modernisieren. Da traf es sich gut, dass in Livorno ein Panzerkreuzer der PISA-Klasse zu viel gebaut worden war, mit dem die Italiener letzten Endes nichts anderes anzufangen wussten, als ihn zum Verkauf anzubieten. Der Sultan entsandte umgehend eine Delegation von Fachleuten, die sich das Schiff ansehen sollten. Diese Techniker kamen zu dem Schluss, dass unter anderem die

Kohlebunker zu klein ausgelegt waren. Das würde die Reichweite des Schiffes, ein konstitutives Merkmal von Panzerkreuzern, stark einschränken." Der Kommodore schenkt nach und lächelt zufrieden.

„Pavle, ich weiß ja nicht, wo die damit hinwollten, aber natürlich sind die Entfernungen auf dem Schwarzen Meer größer als hier in der Ägäis."

„Panzerkreuzer", fährt der Kommodore nach kurzer Käsepause fort „nannte man in der komplizierten maritimen Nomenklatur Kriegsschiffe, die im Gegensatz etwa zu Schlacht- oder Linienschiffen nicht für die Konfrontation ganzer Kriegsflotten gebaut waren. Ihre leichtere Panzerung und Bewaffnung sollte es ihnen vielmehr ermöglichen, monatelang allein auf sich gestellt irgendwo auf den Ozeanen des Globus' feindliche Frachter oder Tanker aufzuspüren und so viel Tonnage wie möglich zu versenken. Wurden sie von feindlichen Verbänden mit überlegener Feuerkraft gestellt, hatten sie genügend Geschwindigkeitsreserve und Treibstoff, schleunigst das Weite zu suchen. Dazu bedarf es natürlich entsprechend umfangreicher Bunkerkapazität, die dem Schiff in Livorno nach Ansicht der Osmanen eben fehlte. Aber wozu erkläre ich dir das alles, Pavle, du hast ja selbst in der Marine gedient." „Stimmt. Mein Mentor war Kapitän zur See Reinecke, der letzte Kommandant der *Prinz Eugen*. Ich höre Sie trotzdem immer wieder gern dozieren, Kommodore, kein Problem."

„Auf dem Weg nach Frankreich, wo weitere Objekte warteten, erreichte die osmanische Delegation eine schockierende Nachricht. Griechische Unterhändler waren ihnen auf dem Fuße nach Livorno gefolgt und hatten ihrerseits Interesse an dem italienischen Schiff bekundet. Die Emissäre machten auf den Hacken kehrt und boten eine Summe, die den Marktpreis des Kreuzers trotz der Mängelrüge Bunkerfassungsvermögen bei weitem überstieg. Die Italiener konnten oder wollten den Handel mit den Griechen aber nicht mehr rückgängig machen. Die Osmanen waren außer sich. Woher hatten die Griechen so viel Geld? Aus der Staatskasse sicher nicht." Die dunklen Kulleraugen des Kommodore blitzen verschlagen unter den dichten Brauen.

„Auch diesmal war ein reicher Privatmann eingesprungen. Georgios Averoff, ein Angehöriger der aromunischen (südrumänischen) Minderheit

Nordgriechenlands, war als Baumwollhändler in Alexandria zu großem Reichtum gekommen. Einen beträchtlichen Teil seines Geldes hatte er bereits zu Lebzeiten für wohltätige Zwecke gestiftet. In seinem Testament vermachte er dem Staat eine erkleckliche Summe für den Erwerb eines Schulschiffes für die griechische Kriegsmarine."

„Schulschiff?" Ich betrachte skeptisch die Zwillingstürme der *Averoff*. „Doch, doch, anfangs wurde sie kurz als Schulschiff eingesetzt, und auch nach dem Zweiten Weltkriege benutzte man sie fast zehn Jahre lang in dieser Rolle. Immerhin hatte man die *Averoff*, wie der Panzerkreuzer getauft worden war, mit der besten Technik und Bewaffnung ausgerüstet, die damals auf dem Markt zu haben war: französische Antriebstechnik, englische Kanonen und deutsche Feuerleitanlagen. Die *Averoff* wurde das modernste Kriegsschiff des ganzen Mittelmeerraumes und war allen osmanischen Einheiten an Geschwindigkeit und Feuerkraft überlegen. Die Kirsche auf der Sahnetorte: sie passte bei alledem auch durch den Kanal von Korinth. Millimeterarbeit, aber es ging. Da die griechische Marine voraussichtlich in einem überschaubaren Seegebiet operieren würde, nahm sie an den unterdimensionierten Kohlebunkern keinerlei Anstoß.

Nach einer Reihe von Test- bzw. Abnahmefahrten entlang der italienischen Küsten dampfte die *Averoff* 1911 Richtung Gibraltar, um auf britische Einladung bei den Feierlichkeiten zur Thronbesteigung Georgs V. Flagge zu zeigen. Im Ärmelkanal und im Solent machten die Griechen mit starken Tidenströmen Bekanntschaft, die sie aus dem Mittelmeer nicht kannten. Vielleicht lag es daran, dass die *Averoff* Grundberührung hatte und auf der Reede von Spithead vor Portsmouth Anker werfen musste.

Die nicht einkalkulierte Wartezeit wegen der Reparaturen ließ den aus der Heimat mitgeführten Proviant rasch zur Neige gehen, so dass er durch englische Bestände aufgestockt werden musste. Zu den neu an Bord genommenen Lebensmitteln gehörten auch landesübliche Käsesorten wie etwa Cheddar.

Der griechische Feta fällt bekanntlich je nach Region, manchmal auch schon von Taverne zu Taverne leicht unterschiedlich aus. Mal ist er etwas gesalzener, mal laff, mal fast schnittfest, dann wieder locker wie Hüttenkäse. Unabhängig von Konsistenz und Geschmack jedoch hat Feta weiß wie Schnee zu sein, da lassen wir nicht mit uns spaßen. Die Farbe Gelb assoziieren wir jedenfalls beim Käse mit vergammelt, nicht mehr genießbar. Englischer gelblich bis orangefarbener Käse, das ging für die Matrosen der *Averoff* daher gar nicht. Es kam zu Unruhen, die so bedrohliche Formen annahmen, dass sich die griechische Admiralität gezwungen sah, den Kommandanten des Schiffes abzulösen und durch eine Persönlichkeit zu ersetzen, deren natürliche Autorität auch den hartgesottensten Matrosen zur Raison bringen würde."

Mich fröstelt allmählich in der stärker werdenden Abendbrise, doch den Kommodore jetzt zu unterbrechen und den Rest der Geschichte auf morgen zu vertagen, wäre unhöflich. Und wer weiß, ob er morgen überhaupt Zeit hätte. Da muss ich jetzt durch.

„Neuer Kommandant wurde Pavlos Kountouriotis. Er war als Angehöriger der arnavitischen (albanischen) ethnischen Minderheit auf der Kapitänsinsel Hydra geboren und aufgewachsen. Für einen Nautiker ersetzte diese Herkunft jedes Diplom oder Empfehlungsschreiben. Außerdem hatte er sich bereits in Gefechten gegen die Osmanen vor Kretas Küsten ausgezeichnet und war mit der *Miaoulis* 1901 in allerdings friedlicher Mission über den Atlantik gefahren. Auf der Reede von Spithead gelang es ihm, die Disziplin an Bord der *Averoff* wiederherzustellen und das reparierte Schiff nach Piräus zu überführen, wo ihm Tausende Schaulustiger einen überschäumend herzlichen Empfang bereiteten.

In beiden Balkankriegen bewährten sich Schiff, Besatzung und der alsbald zum Admiral beförderte Kountouriotis weiter und trugen entscheidend zur Befreiung vieler ostägäischer Inseln sowie deren Anschluss an Griechenland bei. Die *Averoff* wurde zur stählernen Geburtshelferin des sowohl an Staatsgebiet als auch an patriotischem Selbstvertrauen zusehends gewinnenden Griechenland .

Nachdem sie im Ersten Weltkrieg praktisch keine Rolle gespielt hatte, sollte die inzwischen überalterte *Averoff* nach dem Willen der obersten militärischen Führung bei Ausbruch des Zweiten Weltkrieges versenkt werden, damit sie nicht in Feindeshand fiel. Die Besatzung des Schiffes widersetzte sich dem in traditioneller Aufsässigkeit und führte die *Averoff* mit den kümmerlichen Resten der griechischen Kriegsflotte im Kielwasser nach Alexandria, wo sie vor den Angriffen deutscher Stukas geschützt war. Später tat die *Averoff* als Transporter fern der Heimat im Indischen Ozean Dienst, bis sie irgendwann eingemottet und im Marinestützpunkt der Insel Poros wie ein treuer alter Hofhund an die Kette gelegt wurde."

Die Miene des Kommodores spiegelt Empörung. „Seit den 50er Jahren rostete sie dort unbeachtet vor sich hin. Du weißt ja, wie unerbittlich die See am Material nagt, wenn man nicht dauernd hinterher ist. 1984 erbarmte sich die Marineleitung ihrer und regte an, die *Averoff* zu rehabilitieren und als schwimmendes Museum nach Faliron zu verlegen. Das war leichter gesagt als getan." Der Kommodore, einer der damaligen *Monuments Men*, erinnert sich offenbar noch lebhaft der zahlreichen Schwierigkeiten, mit denen sie zu ringen hatten. „Vor allem die Inneneinrichtung des Schiffes war im Laufe der Jahrzehnte weitgehend gefleddert worden. Jeder der konnte, hatte sich ein Stück als Souvenir unter den Nagel gerissen. Einzelne Möbel mussten aus den Verwaltungsbüros der Marinebehörde auf Poros zurückgeholt, andere buchstäblich auf der Müllkippe gesucht werden. Glücklicherweise verfügten wir über eine sehr detaillierte fotografische Dokumentation, so dass wir unwiederbringliche Teile durch Nachbauten ersetzen konnten. Finanziert wurden die bis heute nicht ganz abgeschlossenen Arbeiten weitgehend durch Spenden der Bevölkerung."

Was für ein Schiff, welch ein magischer Abend. Ich danke dem Kommodore bibbernd für seine großzügige Gastfreundschaft und wünsche ihm alles Gute für den Verlauf der diesjährigen *Rally*. Gerne hätte ich daran teilgenommen, aber dafür bräuchte ich eine neuere Besegelung, einen schlankeren Rumpf und eine erfahrene Besatzung. Der Kommodore lächelt. „Ich verstehe. Deine *Solskin* ist eine ältere Dame, keine junge Sprinterin. Mast- und Schotbruch auf der weiteren Fahrt. Wenn ich helfen kann, lass' es mich wissen."

Ein verlockendes Angebot, sicher ernst gemeint. Trotzdem wäre es mir lieber, wenn ich nicht darauf zurückkommen müsste. Der Kommodore ist ein vielbeschäftigter Mann in diesen Tagen.

## Inseln der Zeit

Der Saronische Golf ächzt zu dieser Jahreszeit noch nicht unter der Knute des Meltemi, jenes allsommerlich wiederkehrenden so kräftigen wie zuverlässigen Nordwindes. *Meltem* ist ein türkisches Wort, das in der Levante einen leichten, sommerlichen Landwind bezeichnet. Viele Türkinnen heißen so mit Vornamen. Der meteorologische Fachbegriff für die Gattung Winde, zu der auch der Meltemi gehört, lautet *Etesien*. Er bezeichnet jahreszeitlich wiederkehrende Winde, zu denen beispielsweise auch die Passate des Nord-und Südatlantiks zählen.

Normalerweise setzt der Meltemi irgendwann im Juni ein, erreicht seine größte Stärke im Juli und August, um dann allmählich wieder abzuflauen. Doch das sind statistische Näherungswerte, aus Langzeitbeobachtungen gewonnen. Kurzfristig kann der Meltemi solchen Vorhersagen durch eine gewisse Unberechenbarkeit wie absichtlich Hohn sprechen. Manchmal bläst er nur wenige Stunden, dann fegt er tage-, ja wochenlang über die Ägäis. Die Stimmungslage der Inselbewohner ist von ihm in ähnlicher Weise abhängig wie die der Voralpenbewohner vom Fön. Was nicht bedeutet, dass die Mechanik beider Windarten vergleichbar wäre.

Im Falle des Meltemi haben wir es mit einem Gradient- oder Druckausgleichswind zwischen einem stationären Sommerhoch auf dem Balkan und einem stationären Tief über der südlichen Türkei zu tun. Diese stabile Wetterlage gibt die nördlichen Windrichtungen vor. Von Nordwest wandert er auffrischend gern nach Nord. Schwächt er sich ab, dreht er auf Nordost oder Nordwest. Bei seiner Reise hat der Meltemi in der inselarmen Nordägäis zunächst leichtes Spiel. In der Mitte trifft er ungebremst auf die imposante Mauer aus drei massiven Inseln, die sich wie eine fast geschlossene Kette über die Ägäis spannen: Andros, Tinos und Mykonos.

Soweit er sich nicht durch die schmalen Meerengen zwischen diesen Inseln pressen kann, muss der Meltemi an deren Luvseite aufsteigen. Das führt zu unangenehmen Windstaus, die den Segler veranlassen sollten, gebührenden Abstand zu halten. Beim Aufsteigen bildet der Meltemi Häubchen weißer Wolken auf den Gipfeln der höchsten Inselberge. Sie dienen den Einheimischen schon seit der Antike als Warnzeichen für nahenden Starkwind.

Auf der Leeseite der Gebirgszüge rollt der Wind dann um ein oder zwei Beaufort beschleunigt katabatisch herab. Dicht in Lee einer hohen ägäischen Insel, wie zum Beispiel Amorgos, Schutz suchen zu wollen, ist daher ein sinnloses Unterfangen. Hier kachelt es während der Saison derart, dass man um den Bestand des wie ein Schwalbennest an die Felswand gehefteten Klosters von Amorgos fürchten muss.

Plötzliche ablandige Böen kennt auch der meist zahmere Saronische Golf. Schon manch übereifriger Fischer, der sich bei Schönwetterlage in seinem schwach motorisierten offenen Boot zu weit auf den Golf hinauswagte, hat das mit dem Leben bezahlen müssen. Sommerliche Waldbrände, leider keine

Seltenheit in der Gegend um Athen, schaffen ein künstliches Tiefdruckgebiet mit Winden in Sturmstärke, die den Segler bis zum Kap Sounion begleiten. Normalerweise jedoch bildet dieses Kap die Grenze zwischen friedlichen und rauen Windverhältnissen, die zu Segelschiffszeiten viele Fahrzeuge im Seegebiet um Sounion scheitern ließen. Der Poseidon-Tempel mit seinen weithin sichtbaren dorischen Säulen hat insofern bei Tage schon fast die Warnfunktion eines Leuchtturmgebäudes.

„Sieht doch ganz gut aus, findest du nicht?" Antonis, der Segelmacher, ist in Kalamaki an Bord gestiegen und begleitet mich auf der *Solskin* zur Insel Ägina.

Wir kennen einander von gemeinsamen Teilnahmen an der *Rally*. Anfangs begleitete er die Flotte der Rennyachten, indem er seinen Lieferwagen in eine ambulante Werkstatt umfunktionierte und per Fähre von Insel zu Insel transportierte. Nach dem Tod seiner Frau schloss er sich mit seiner eigenen Yacht dem Regattafeld an und überließ das Nähen seinen Gesellen.

Nach einer kritischen Prüfung meines alten Großsegels hatte er mir zur Anschaffung eines neuen Tuches geraten. „Das wäre sonst nur sinnloses Herumflicken, einfach unprofessionell. In der Ägäis musst du dich auf deine Segel verlassen können." Zufällig hatte er ein Tuch vorrätig, dessen Maße zur *Hallberg 36* zu passen schienen. Eine Maßanfertigung wäre natürlich besser, aber in der Not … Um ganz sicher zu gehen, hat er mir beim Anschlagen geholfen, die Latten zugeschnitten und sich sogar bereit erklärt, den Probeschlag nach Ägina mitzumachen. So kann er selbst beurteilen, wie sich das neue Segel auf der *Solskin* macht. Für den Rückweg spendiere ich ihm einen Trip auf den Fliegenden Delphinen, die auf Kufen surfend bis Piräus kaum mehr als eine halbe Stunde brauchen.

Auf Höhe der Hafeneinfahrt von Piräus reckt sich das Tuch in der ablandigen Bö. Antonis fiert die Schot ein wenig und beobachtet den Twist des gelatteten Segels. Dann brummt er zufrieden und streicht sich mit der Handfläche über den grauen Bürstenhaarschnitt. Alles hat seine Ordnung, heißt das. Wie zur Bestätigung steckt er sich sein unvermeidliches Pfeifchen an und legt die Füße auf die Cockpitbank. Offensichtlich fühlt er sich wohl auf meiner *Hallberg*, obwohl die, was ich schon oft verflucht habe, keinen einzigen Ort an Deck kennt, wo man ausgestreckt liegen könnte. Stets ist irgendetwas zu kurz, drückt ins Kreuz, klemmt das Bein ein oder ist so schief, dass man den Halt verliert. Für Sonnenbäder nicht wirklich geeignet.

Schade, dass Antonis nicht etwas länger bleiben kann. Einen besseren Wind-Flüsterer als diesen hageren kleinen Mann mit seinen verschmitzten, stets wachsamen blauen Augen und einer Hakennase, die noch schwächste ablandige Luftzüge wie ein Bluthund am Landgeruch erschnuppert, findet man nicht in diesen Breiten.

Hochseeregatten werden durch eine Vielzahl von Faktoren entschieden. Material zum Beispiel. Rumpf, Rigg und Segelgarderobe müssen in bestem Zustand und optimal aufeinander abgestimmt sein. Erfahrung und Seemannschaft der Crew und des Skippers sind natürlich ebenfalls ausschlaggebend.

Ohne intime Kenntnis der Reviere ist selbst das Schall und Rauch. In nördlichen Gefilden sind es oft komplizierte Tidenströme, in der Ägäis vor allem die Winde oder besser die Flauten, die den Ausschlag geben. Starken Wind zu nutzen ist im Grunde keine große Kunst. Man muss nur wissen, wo er wann zu erwarten ist. Der ausgebuffte Regattasegler zeigt sich in der Flaute. Wer dann aus langjähriger Erfahrung die Fleckchen Küste kennt, wo der eine oder andere Hauch zu holen ist, verschafft sich durch entsprechende Manöver, Wind simulierende Krängung durch Gewichtsverlagerung und Ähnliches einen unwesentlich erscheinenden Vorsprung, den die anderen bei Wiedereinsetzen des Starkwindes zumal kurz vor dem Ziel aber nicht mehr einholen können. Das gilt vor allem für die zentrale Ägäis mit all ihren kleinen und größeren Inseln, deren Topographien bizarre Windmuster kreieren.

Viele örtliche Skipper, die jahrein, jahraus die Ägäis befahren, fertigen sich daher regelrechte Fahrtenbücher an, in denen sie minutiös protokollieren, wann sie wo welche lokalen Winde angetroffen haben.

Antonis braucht das alles nicht. Er kennt die Ägäis wie seine Westentasche und die Götter des Windes haben ihn als einen der ihren adoptiert. Niemand spielt so vollendet auf der Äolsharfe wie er. Wenn er nicht gerade kleine weiße Wölkchen nach Lee pafft wie jetzt. Schon mehrmals hat er mir uneigennützig zu bescheidenen Triumphen verholfen, indem er mir kurz nach dem Start zu einer Etappe der Rally durch Handzeichen bedeutete, ihm auf seiner privilegierten Route zu folgen.

Die Konturen der Nordküste Äginas tauchen an Backbord aus dem nachmittäglichen Dunst auf, der schwer auf dem Golf lastet. Ein Kollege, den ich einmal auf einen Ägäistörn mitnahm, dankte mir später mit einer Postkarte für die Vorstellung „so vieler Inseln auf –os", wie er sich ausdrückte. Abgesehen davon, dass sich die mit und ohne os-Endung in etwa die Waage halten dürften, mag man auf einer solchen Reise der Versuchung erliegen, bald alle Inseln über einen Kamm zu scheren.

Das wäre ein bedauerlicher Irrtum. Jede größere Insel besitzt neben ihrem eigenen Mikroklima Alleinstellungsmerkmale, die sie selbst bei oberflächlicher Betrachtung aus der Menge hervorheben. So auch Ägina. Obwohl gerade die zu Beginn ihrer wechselvollen Karriere wenig aufzuweisen hatte, was sie für höhere Aufgaben empfohlen oder auch nur halbwegs anziehend gemacht hätte.

Ihrem vulkanischen Ursprung, den man ihr heute nicht mehr ansieht, hat sie das Gedeihen der Rebflächen zu verdanken, die ihr den früheren Namen *Oinone* eintrugen. Kein wirkliches Alleinstellungsmerkmal. Diese Bezeichnung trugen im Altertum viele Ägäis-Inseln quasi zur ersten groben Einordnung: *hat Wein, fahr' rein; hat keinen, lass' sein.* Sonst gab es auf Ägina nur wenig landwirtschaftliche Nutzfläche, kaum Süßwasser, anfangs keine Sterbensseele auf dem öden Eiland.

Da musste schon der Olymp nachhelfen. Zeus, Großmeister der Verführung durch Metamorphose, soll auf Bitten eines seiner zahlreichen unehelichen Söhne, die Ameisen Äginas in Menschen verwandelt haben. Aus ihnen gingen später die berühmten Myrmidonen hervor, deren ameisenhaften Disziplin und Kampfkraft unter der kundigen Führung des Killers Achill bei der Eroberung Trojas nützlich waren.

Verwandlungen jeder Art gehören zum festen Bestand griechischer Mythen. Von Interesse sind sie vor allem unter drei Aspekten.

In der Regel ist die Verwandlung eine Einbahnstraße, macht Menschen oder Götter zu Tieren, Pflanzen oder unbelebter Materie. Umgekehrt klappt das seltener. Der sich durch einen Kuss in einen wunderschönen Prinz verwandelnde Frosch gehört in die Welt des Märchens.

Meist verbindet sich mit den antiken Metamorphosen irgendein praktischer Nutzen: Flucht, Verführung, Entführung, Überlistung usw. Die Verwandlung als bloßer Racheakt oder Laune taucht zwar auch auf, wird aber erst im Märchen institutionalisiert.

Von nichts kommt auch bei den Göttern nichts. Ähnlich wie in der jüdisch-christlichen Schöpfungsgeschichte kann kein Zeus, Poseidon oder Hera etwas aus dem wabernden Ur-Nichts hervorbringen. Stets bedarf es der Umwandlung eines handfesten materiellen Rohstoffes, sei es Lehm, eine Rippe, ein Geschlechtsteil, kurz, irgendetwas von wem auch immer Vorgeformtes muss vorhanden sein, wenn's denn gut werden soll.

Der daraus resultierende Eindruck nicht ganz unbegrenzter Machtfülle griechischer Götter bestätigt sich bei einem Blick über den Tellerrand der Verwandlung. Über Leben und Tod Sterblicher wie du und ich entscheiden nicht sie, die Olympier. Das überließen die lieber dem Personal, hier den unscheinbaren Moiren: Klotho der Spinnerin des Lebensfadens, Lachesis der Bemessenden und Atropos der Durchtrennenden. Die Bestattungsformaltäten durfte dann wieder ein Olympier übernehmen: Hermes, der die Seelen der Verstorbenen zum dunkeldunstigen Hades geleitet.

Bevorzugte Objekte der Metamorphose waren Tiere aus dem menschlichen Nahbereich, wie Stiere, Rotwild, Wölfe, Pferde und Schweine. Vögel erfreuten sich dank ihrer Mobilität besonderer Beliebtheit. Schlangen waren in anderen Funktionen gefragter und Ameisen sucht man jedenfalls in Verbindung mit Metamorphosen außerhalb der Ägina-Episode vergeblich.

Antonis und ich suchen die Höhen der Insel mit dem Fernglas ab. Bei den augenblicklichen Sichtverhältnissen hält sich der Tempel der Aphaia oben auf dem Berg im Dunst diskret verborgen. Zusammen mit der Akropolis Athens und dem Poseidon-Tempel auf Kap Sounion bildet der Aphaia-Tempel Äginas ein präzises gleichschenkliges Dreieck. Das mag reiner Zufall sein oder die Symmetriebesessenheit der Griechen widerspiegeln. Irgendeinen praktischen Sinn hat bislang niemand darin zu erkennen vermocht.

Davon abgesehen, ist der Tempel in doppelter Hinsicht Äginas zweites Alleinstellungsmerkmal. Er huldigt nämlich, selten genug, einer nicht-olympischen Gottheit und weist bauliche Merkmale auf, die ihn zum Grenzgänger zweier Epochen machen. Auch das ist nicht unbedingt die Norm und erlaubt darüber hinaus eine ungewöhnlich präzise Datierung.

Die verwirrende Vielzahl von Göttern, Halbgöttern im polytheistischen Altertum Griechenlands íst zumal für Angehörige monotheistischer Religionen wie unsereinen gewöhnungsbedürftig. Das desorientierende Durcheinander von Namen, Beinamen und Funktionsbezeichnungen, die sich zum Teil überschneiden, ist geeignet, verzagte Geister zu entmutigen.

Effizienzoptimierung durch säuberliche Abgrenzung der Kompetenzen war den Olympiern noch kein Begriff. Was diese inflationäre Vielzahl vor allem bedingt, ist die Vielfalt der wenig homogenen griechischen Stämme, denen im Grunde nur die Sprache halbwegs gemein war und die bei ihren Wanderungen rund um die Ägäis ihre angestammten Götter im geistigen Gepäck mitführten. Und da Selektion zu Streit geführt hätte, ersetzte man sie durch Kumulation.

Solche Promiskuität wurde dadurch erleichtert, dass die Griechen des Altertums keine Buchreligion kannten, die den Kreis der ernst zu nehmenden Götter eingeengt hätte. Es gab keine Heilige Schrift, keine Gesetzestafeln, nichts, was den Menschen ein Muster glaubenskompatibler Lebensformen an die Hand gegeben hätte. Keine überregional strukturierte Priesterkaste, die eifersüchtig über die Einhaltung religiöser Normen gewacht und Frevler unnachsichtig verfolgt hätte.

Orakel übernehmen diese Funktion nur ansatzweise. Im Grunde verfahren sie wie das Bundesverfassungsgericht, gehen scheuklappenartig nur auf die konkreten, bisweilen erschreckend banalen Fragestellungen ein und vermeiden Festlegungen. Die Philosophen diskutieren allenfalls das Verhalten der Götter, nicht aber die Religion als Wille und Vorstellung.

Dieses klaffende Deutungsvakuum irgendwie zu füllen, bleibt vor allem Aufgabe der Dichter. Das ist kein Widerspruch. Religion und Poesie vereinen sich vielmehr in der Figur des Sängers, der elegant und leichtfüßig zwischen Liturgischem und Epischem oder Lyrischem, zwischen Sakralem und Säkularem wie über die Trittsteine einer Furt hüpft. So wenig, wie der antike Mensch Religion und Poesie als Gegensätze empfand, so wenig Sinn hätte er unserer Trennung zwischen Mythos und Geschichte abgewinnen können.

„Was mich bei der Beschäftigung mit eurer Vergangenheit frustriert, ist die unentwirrbare Verschränkung von Dichtung und Wahrheit, von Mythos oder Legende und Geschichte.“ Nun, da Antonis mit dem Segel zufrieden ist und sein zweites Pfeifchen stopft, kann ich ihm diesen gedanklichen Schlenker zumuten, ihm diesen Ausflug getrost andienen. Hat er mich doch oft genug wissen lassen, dass er es liebt, beim Rattern der Nähmaschine über alles und jedes zu sinnieren. Der öffentliche Diskurs ist ohnehin das Lebenselixier der Griechen. Das und ein paar andere Dinge. Antonis speit wie ein aktiver Vulkan Rauch aus seinem knisternden Pfeifchen. Ich mag diese Speichelwärmer eigentlich gar nicht. Von allem was sich rauchen lässt, stinken Pfeifen am meisten – vor, während und nach dem Genuss.

„Kann ich gut verstehen, alles fließt, bei uns noch mehr als anderswo. Die Übergänge sind unmerklich. Plötzlich siehst du dich von Göttern umgeben und fragst dich wie du da reingeraten konntest. Alles voller eklatanter Widersprüche. Unter Philosophen war der Mythos als etwas Irrationales, ohne tieferen Grund Respekt erheischendes verhasst. Da das Volk ohne ihn jedoch nicht auskam, klopften sie ihn auf allgemein gültige Lehren ab, wie Felsen nach einer Goldader.

Im selben Atemzug schufen sie ihre eigenen Mythen. Was ist Sokrates anderes als ein mythisches Geschöpf des Platon?" Antonis verschränkt die Arme auf der Brust. „Das trojanische Pferd vor der Festung der Rationalität ist die Genealogie. Die Vorfahren der antiken Griechen sind stets größer, besser, weiser als der augenblickliche Vertreter des Geschlechts, der seine Legitimation aus der Herkunft ableitet. Unsereiner hat schon mal einen Trunkenbold oder Verbrecher auf einem verdorrten Ast seines verzweigten Stammbaumes. Nicht so die Griechen. Wieso auch, erfanden sie ihre Genealogien ja selbst oder konnten damit rechnen, dass spätere Generationen es für sie und in ihrem Sinne tun würden.

Hippokrates zum Beispiel soll in der 17. Generation Nachfahre des Asklepios gewesen sein. Da sind wir bereits bei einem Halbgott. Mit dem nächsten Schritt holst du dir das hölzerne Pferd in die eigenen vier Wände. Die Klappe öffnet sich und dem Pferdebauch entsteigt – Apollon." „Willkommen im Altertum. Danke, dass Sie *Olympic* geflogen sind."

„Genau. Den Philosophen sind die Götter keine Inspiration, den Menschen die Philosophen keine wirkliche Hilfe. Religion ist Mythos, Mythos wird Geschichte, Geschichte gebärt Philosophie, die wider Willen neue Mythen schafft. Wer soll da noch durchblicken?"

„Dann die Inseln. Wo die Mythen sich zäher hielten und noch bedeutend intensiver erfahren wurden als auf dem Festland. Ohne eigenen Mythos keine insulare Existenz. Geh' mir weg mit den Inseln. Brutstätten der Engstirnigkeit und des Aberglaubens. Natürliches Habitat der losgelösten Episode. Alles ist chronologisches Stückwerk. Da oder dort hat sich irgendwann dies oder jenes zugetragen. Fein. Anderenorts zu anderer Zeit etwas anderes. Danke dafür. Wie wär's mit etwas Zusammenhang, Kontext? Hat das eine irgendetwas mit dem anderen zu tun? Mythos ist Geschichte, erzählt von Narren."

„Ein anderer kluger Kopf als Shakespeare hat das einmal weniger drastisch chronologische Vereinzelungen genannt." Antonis zieht die Brauen hoch und pafft verächtlich blauweißliche Wolken. Aus dem Nebel tönt seine beschlagene Stimme wie die der heiseren Pythia an einem nasskalten Tag auf den delphischen Höhen.

„Inseln der Zeit?" Ich nicke und unterdrücke meinen Hustenreflex. „Inseln der Zeit! Sag' mal, was rauchst du da eigentlich für ein Kraut in deiner *Tsibouki*?"

## Dorn im Auge

*14. Mai.* „Sie wissen schon, dass Sie hier eigentlich nicht liegen dürfen?" Der Skipper der *Bénéteau* nebendran wirft mir von der wippenden Planke aus einen prüfenden Blick zu. Ja, weiß ich natürlich. Das ist der Steg einer Segelschule, aber es kommt während der Saison selten vor, dass deren vier oder fünf Pferdchen alle gleichzeitig im Stall stehen. Meist unternehmen mindestens zwei gerade Schulungsfahrten in die nähere Umgebung, so dass ihr Platz am Ponton frei bleibt. „Tut mir leid, aber ich bin morgen früh wieder weg, Ehrenwort."

Der Kollege ist's zufrieden, ich kann bleiben. Sonst wäre es auch buchstäblich eng geworden. Am Kai ist alles besetzt von Yachten verschiedener Größe und Nationalität, da hätte ich mich nicht mehr reinquetschen können. Ganz abgesehen davon, dass ich auf den Verkehrslärm der direkt am Kai verlaufenden Straße und das Gedudel der Tavernen und Cafés gern verzichte. Besonders schlimm geht es hier am Wochenende zu, wenn halb Athen mit allem was schwimmt Ägina seine Aufwartung macht.

Antonis hat gestern die Fähre nach Piräus genommen, nicht ohne mir nochmals zum neuen Großsegel zu gratulieren und mir gute Weiterfahrt zu wünschen. „Für den Fall, dass etwas schiefläuft, hast du meine Telefonnummer. Ich kenne eine Menge Leute auf den Inseln, die dir sicher weiterhelfen können."

Ich war schon mehrmals oben beim Aphaia-Tempel, aber ein Besuch Äginas ohne die Reverenz vor der Inselgöttin wäre, nun ja, Frevel. Aus der Nähe wirkt das Gebäude oder was noch von ihm übrig ist leicht untersetzt. Das liegt in der Natur der dorischen Säulen, die sich nicht linear von unten nach oben verjüngen, sondern im unteren Drittel zwecks besseren Tragfähigkeit ein kleines Bäuchlein haben. Das schränkt ihre Gesamtlänge insofern ein, als sie nicht beliebig wachsen können, ohne die Proportionen zu verraten. Die Wahrung des rechten Maßes aber ist für griechische Baumeister wie Philosophen und Künstler ein absoluter Imperativ.

Die Längsrillen oder Kanneluren, in der Regel 16, hier 20 an der Zahl, sollen den Säulen diesen Anflug von Schwerfälligkeit nehmen, indem sie sie am Spiel von Licht und Schatten des täglichen Sonnenlaufs teilhaben lassen.

Lange Zeit war unklar, wem die Bewohner der Insel den Tempel geweiht hatten. Erst Adolf Furtwängler, der 1901 im Auftrag des Bayern Luitpold Ausgrabungen in den Tempelruinen durchführte, gab den entscheidenden Hinweis. Er war auf eine Inschrift gestoßen, die Aphaia als Hausherrin des Tempels auswies. Auf die wäre man mit einiger Sicherheit sonst nicht gekommen.

Aphaia heißt so viel wie die Unsichtbare. Die *Apophanie*, das Sich-in-Luft-Auflösen verfolgter Personen, die sich nicht anders zu helfen wissen, als mit ihrer Umgebung zu verschmelzen, bildet ein weiteres beliebtes Versatzstück griechischer Mythen. Ihre Schwester ist die *Epiphanie*, die plötzliche Materialisierung von Personen oder auch ganzer Topographien wie Inseln. Beiden gemeinsam ist ihre hilfreiche Funktion für den Menschen.

Im vorliegenden Falle geht es um die kretische Nymphe Britomartis, die dem geilen Minotaurus nach Ägina entkommen war, aber vom Regen in die Traufe geriet. Den Nachstellungen eines liebestollen örtlichen Fischers entzog sie sich in ihrer Verzweiflung durch Verschwinden in einer Felsspalte. Aus Britomartis wurde Aphaia, die Unsichtbare.

Griechische Tempel waren im Gegensatz zu vielen christlichen Kirchen stets von Ost nach West ausgerichtet. Der Gläubige betrat das Gebäude durch das östliche Portal, mit der aufgehenden Sonne im Rücken, und verließ es durch das westliche. Als architektonische Prunkelemente und zur besseren Verteilung des Gewichtes der auf ihnen lastenden Dächer werden Portale von Giebeln gekrönt, deren dreieckige Fläche mit allerlei Relieffriesen auch säkularer Natur geschmückt zu sein pflegen.

Das zweite Alleinstellungsmerkmal des Aphaia-Tempels von Ägina besteht darin, dass seine beiden Portalfriese zwei verschiedenen, unmittelbar aufeinanderfolgenden Stilepochen zuzurechnen sind. Der Unterschied erschließt sich schon dem Laien bei genauerem Hinsehen. Der zuerst entstandene westliche Fries zeigt sehr statisch geprägte figürliche Darstellungen im sogenannten archaischen Stil. Die steif wirkenden Gestalten verharren gleichsam nach innen gekehrt in ihrer Pose. Man hat nie den Eindruck, als könnten sie sich jeden Augenblick vom Mauerwerk lösen und in unser Leben treten, eher schon könnten sie wie Britomartis vom Mauerwerk geschluckt werden.

Das ändert sich bei einem Blick auf den späteren östlichen Fries. Hier wirken die Figuren wie mitten in der Bewegung festgefroren und in Erwartung des Zauberstabes, der sie wieder ins Leben zurückruft und sie ihre Bewegung vollenden lässt. Solche Dynamik eignet dem frühklassischen Stil.

Leider sind die Giebelfiguren schon längst nicht mehr vor Ort zu besichtigen. Bereits zu Furtwänglers Zeiten befanden sie sich in München. Der Engländer Cockerell und der Deutsche von Hallerstein hatten sie 1811 in den Ruinen entdeckt und mitgenommen. Solch ungeniertes Finderverhalten entsprach der damaligen Praxis, die man heute verurteilen mag. Tatsächlich wurden auf diese Weise vermutlich wertvolle Zeugnisse des Altertums in die Moderne hinübergerettet, die sonst, wie vielerorts geschehen, von den Griechen anderweitig verbaut worden oder in Kalköfen gelandet wären. Längst ist es an der Zeit, Griechenland solche architektonischen und künstlerischen Kleinodien zurückzugeben. Dass damit einige renommierte westeuropäische Museen einen Teil ihrer Anziehungskraft verlieren würden, ist kein schutzwürdiges Argument gegen eine Rückgabe.

Irgendwie landeten die Figuren der Aphaia-Friese in Rom bei den Bildhauern Bertel Thorwaldsen und Martin Wagner, denen man sie zur einfühlsamen Wiederherstellung überlassen hatte. Die Unsitte, antike Funde mit modernen Werkstoffen nach Gutdünken zu reparieren, hielt sich bis tief ins 19. Jahrhundert. Thorwaldsen und Wagner arbeiteten nach Heimwerkerart und fixierten die Friese wie Einbauküchenteile mit soliden Eisendübeln auf den Giebeln. Ludwig I. erstand sie 1828 für seine Glyptothek, ohne auch nur einen blassen Schimmer zu haben, was sie repräsentierten.

Tempelbauten aus Marmor waren sehr teuer. Das antike Ägina musste folglich zu ansehnlichem Wohlstand gekommen sein. Womit eigentlich? Das einzige Pfund, mit dem die Insel wuchern konnte, war ihre günstige Lage zwischen zwei wirtschaftlichen, politischen und militärischen Machtzentren: Attika im Norden und die Peloponnes im Süden. In einer solchen geostrategischen Lage wird man entweder zerrieben – oder reich.

Handel und Wandel der damaligen Zeit konnte viele Formen annehmen. Anfänglicher Tauschhandel wurde durch die Prägung erster Münzen rationalisiert. Eichmaße und -gewichte ersetzten den groben Augenschein. Immer weiter gefasste Routen des expandierenden Handels führten zu wachsender Spezialisierung der Händler und zu immer größerer Vielfalt der Waren.

Parasitäre Nutznießer dieser Entwicklung waren die allgegenwärtigen Piraten. Über Jahrtausende sorgten sie für die gewaltsame Umverteilung mediterraner Vermögen und wuchsen selbst zum ernst zu nehmenden Wirtschaftsfaktor heran.

Dank seiner leistungsfähigen Handelsflotte wurde Ägina zum Knotenpunkt und Verteiler im dicht geflochtenen Netz der Routen. Die von sechzig Ruderern und schwarzen Rahsegeln getriebenen *Hexikontoroi* ihrer Armada konnten im Bedarfsfall, etwa bei einem Piratenangriff, jederzeit mit ein paar Handgriffen in Kriegsschiffe verwandelt werden. An den Küsten des Schwarzen Meeres waren sie eine ebenso verhasste Erscheinung wie an den Küsten des heutigen Spanien und Italien oder an den Ufern des Nils.

Ägineten prägten vermutlich die ersten Münzen, und ihre Maße und Gewichte galten im gesamten Mittelmeerraum als zuverlässiger Standard.

Wie nicht anders zu erwarten, machten sie sich mit ihrer kommerziellen Umtriebigkeit Neider. Andere Inseln und Stadtstaaten verfolgten ähnliche Interessen mit vergleichbaren Mitteln. Samos etwa, aber das lag am anderen Ende der Ägäis. Oder Korinth, schon beunruhigend nah, aber vornehmlich im Segment Küstenschifffahrt unterwegs. Warum in die Ferne schweifen? Ihren gefährlichsten Feinden konnten die Ägineten an klaren Tagen praktisch in die hasserfüllten Augen blicken.

Dem zwiebelköpfigen Athener Staatsmann Perikles wird der Stoßseufzer zugeschrieben, Ägina mit seiner großen Flotte sei der Dorn im Auge von Piräus. Athen war auf dem Kriegspfad und suchte nach Vorwänden. Zwar hatte sich Ägina an der Schlacht von Salamis mit eigenen Schiffen gebührend beteiligt. Doch eine frühere, darüber fast in Vergessenheit geratene Unterwerfung unter die scheinbare Übermacht der Perser war in Athens Schwarzbuch als noch nicht verjährt vermerkt.

Der inzwischen von Themistokles aufgebauten größeren und kampferprobten Kriegsflotte Athens hatten die Mehrzweckschiffe der Ägineten wenig entgegenzusetzen. Als die Nervosität mit dem Ausbruch des peloponnesischen Krieges weiter stieg, entschloss sich Athen, den Dorn im Auge ein für alle Mal zu entfernen.

Das war keine bloße rhetorische Floskel. Eroberungszüge wie der von Athen gegen Ägina endeten in der Regel mit der totalen physischen Vernichtung der bedauernswerten Unterlegenen. Gefangene wurden, jedenfalls unter dem männlichen Teil der Bevölkerung, selten gemacht, Knaben ebenso getötet wie Erwachsene. Die barbarische Praxis folgte ihrer eigenen Logik. Wäre man anders verfahren, hätte man sich etwa eine Dekade später womöglich demselben, umso nachtragenderen Feind erneut gegenüber gesehen.

Im Falle Äginas begnügten sich die Athener damit, alle Einwohner von der Insel zu vertreiben und durch attische Kleruchen zu ersetzen. Solche im Wortsinne Erben waren Bauern ohne eigenen Grund und Boden, denen man durch Eroberungszüge landwirtschaftliche Nutzflächen und damit eine Existenz verschaffte, um sich ihrer unverbrüchlichen Treue zu versichern.

Die dauerhafte Vertreibung ins Exil war mehr als die Entlassung in eine ungewisse Zukunft. Wenn man Menschen mit so ausgeprägtem Totenkult, wie die Griechen ihn pflegten, von ihrem Grund und Boden verjagt und in alle vier Himmelsrichtungen verstreut, ohne dass sie ihre Toten mitnehmen können, löscht man ihre Vergangenheit aus.

Ein brutaler Aderlass wie dieser traf die Ägineten noch einmal im 16. Jahrhundert, als der Pirat und osmanische Admiral Chaireddin Barbarossa die Insel verwüstete und die Bewohner nach bewährtem Muster misshandelte. Damit versank Ägina endgültig in Bedeutungslosigkeit.

Oder doch nicht? Ein einziges Mal noch gelang es der Insel, die ungeliebte Nachbarin Athen auszustechen. Als der auf Korfu geborene russische Diplomat mit dem italienischen Namen Capo d'Istria 1827 von der Volksvertretung zum ersten griechischen Präsidenten gewählt wurde, musste er sich in dem noch längst nicht vollständig von den Osmanen befreiten Land auf Wohnungssuche begeben.

In Nafplion auf der Peloponnes, wo Capo d'Istria zunächst an Land ging, hielten sich die osmanischen Truppen noch so lange, dass dort an das Beziehen einer angemessenen Residenz vorerst nicht zu denken war. Hermoupolis auf der Insel Syros hatte sich angeboten, aber das lag weit weg vom Schuss. Und auf der Athener Akropolis schmolzen die osmanischen Besatzungstruppen gerade das Blei zwischen den Säulenscheiben des Parthenon zu Kugeln, um den Kampf verlängern zu können.

Blieb noch Ägina mit seinem geräumigen und relativ sicheren Hafen. Ganze zwei Jahre residierte dort der inzwischen gräzisierte Kapodistrias als neuerlicher Dorn im Auge der Athener in seinem Privathaus.

## Wer von der Feder lebt

*15. Mai.* Die Fahrt von Ägina nach Poros ist kurz und schmerzlos. Hat man erst einmal die Passage zwischen dem Inselchen Metopi und der Huk bei Palaiopyrgos hinter sich gebracht, kann man eine ganze Weile stur auf Südkurs bleiben. Vorbei an der dicht bewaldeten Ostküste der Halbinsel Methanon an Steuerbord und den unbeleuchteten Klippen Petrokaravos an Backbord nähert man sich der Einfahrt zur Pogoni-Bucht.

Bei meinem Ausflug zum Aphaia-Tempel gestern Nachmittag habe ich John und Chrissy kennengelernt, ein junges englisches Pärchen, das sich zwei Monate Auszeit von seinen Studien genommen hat, um Griechenland und die Türkei zu bereisen. Während der Tempelbesichtigung waren wir anfangs unter uns und kamen fast zwangsläufig ins Gespräch. Die beiden hatten ihre schwer bepackten Rucksäcke im Schlepp und nahmen mein Angebot dankend an, sie in meinem Mietwagen zum Hafen mitzunehmen. Unterwegs machten wir an einer Taverne Halt, und ich lud sie zu einem Imbiss ein. So erfuhr ich, dass beide in Cambridge studieren, John Architektur und Linda Kunst. Kein Wunder, dass sie sich mit den Tempelruinen so gut auskannten.

Ich war zwar noch nie in Cambridge, hatte aber von einer befreundeten englischen Kollegin viel über die dortigen Sitten und Gebräuche gehört. Ein Wort ergab das andere, und schon hatte ich eine neue Crew. John ist in Portsmouth aufgewachsen, wo sein Vater bis zu seiner Pensionierung als Marineoffizier stationiert war. Klar, dass Segeln für ihn von Kindesbeinen an zum Alltag gehört. Chrissy, die Londonerin, kennt das Meer nur vom Deck der Kanalfähren. Aber ich vertraue auch in ihrem Fall auf die maritimen Gene, die in vielen Briten schlummern. Jedenfalls sind beide durchaus daran interessiert, mich nach Hydra und dann weiter nach Kreta zu begleiten.

Zufallsbekanntschaften wie diese sind Reiz und Risiko. Man muss sich darauf einlassen wollen. Für mich hat der soziale Kontakt unterwegs große Bedeutung. Allein unterwegs, befindet man sich im ständigen Zwiegespräch mit sich selbst. Das hat auch seinen Reiz, muss aber nach menschlichem Ermessen irgendwann eintönig werden. Es sei denn, man gefällt sich in der Rolle des segelnden Autisten. Ich brauche jedenfalls die Ansprache als Form sozialer Hygiene. Allein auf einer Yacht um die Welt fahren zu müssen, wäre für mich kein Vergnügen, sondern eine Strafe.

Zu dritt haben wir noch genügend Platz für das ziemlich sperrige Gepäck der beiden, die von ihrem Inselhüpfen her daran gewohnt sind, ihr kleines Zelt irgendwo in der freien Natur aufzuschlagen und mit offenem Feuer zu hantieren. Ich glaube, vor allem der rothaarigen, sommersprossigen Chrissy ansehen zu können, dass sie froh ist, für einige Zeit mal wieder ein Dach über dem Kopf und eine Matratze unter dem Allerwertesten zu haben. Hoffentlich wird sie nicht seekrank.

Kurz nach dem Verlassen des Hafens von Ägina hissen John und ich erwartungsfroh das Großsegel, wobei ich ihm gleich die für Neuankömmlinge verwirrende Winschen-Anordnung am Mast der *Solskin* erklären kann, die meine Vorgänger auf der Yacht zu verantworten haben. So hager der junge Mann erscheint, so zupackend ist er. Doch der Aufwand lohnt kaum. Die ablandige Brise hat gerade Kraft genug, uns einen Hauch Schwefelgeruch vom vulkanischen Methanon als Kostprobe herüberzuwehen. Ägina, Poros und Methanon – drei Vulkane auf engstem Raum, die mit den Menschen des Golfes ein Stillhalteabkommen geschlossen haben.

Im Morgendunst gleicht die Silhouette der zweiteiligen Insel Poros (Übergang, Furt: vgl. auch Bos-porus, Ochsenfurt) dem Profil einer auf dem Rücken liegenden Frau. Das ist keine meiner privaten Fixationen. Solches Konturenlesen war für die Seefahrer des Altertums bei Tage eine der wenigen Orientierungshilfen. Viele Kaps und Untiefen tragen noch heute die Namen von Tieren, denen sie bei großzügiger Betrachtung ähnlich sehen. Die berühmteste Konstellation ist wohl der ruhende Zeus des Jouchta-Gebirgszuges auf Kreta.

Der nördliche, aus angeschwemmtem Sedimentgestein bestehende Teil von Poros heißt noch heute so, wie früher die ganze Insel. *Kalauria* bedeutet so viel wie gute Brise. Bei Nordwindlagen, wie sie im Sommer vorherrschen, kann es in der Tat mächtig in den gleichsam geschlossenen Bergsee Pogoni hineinblasen, der sich uns nach dem Passieren der Enge zwischen den beiden Kaps Dana und Formia öffnet.

„Sieht aus wie Istrien", ruft der am Bug stehende John uns zu. Chrissy hat ihren Skizzenblock gezückt und versucht trotz des auffrischenden Windes das bezaubernde Panorama des Ortes Poros mit raschen, energischen Bleistiftstrichen aufs unruhig flatternde Papier zu bringen. Mal was anderes, als die närrischen Selfies. Während der Fahrt hierher hat sie mir einige ihrer bisherigen Skizzen gezeigt. Ich bin ein nur mäßig begabter Zeichner und war stets voll der Bewunderung etwa für die Maler auf der Brüsseler Grande Place, die die berühmten Fassaden der mittelalterlichen Häuser dort auf ihre Aquarellblöcke bannen. Chrissy scheint wirklich Talent zu haben.

Johns Vergleich mit Istrien trifft zu. Jedenfalls hat Poros noch nicht viel mit den typischen Kykladendörfern gemein, die Chrissy sicher noch prachtvolle Motive abgeben dürften. Ich muss beim Anblick von Poros immer an einen Sektkorken denken. Der kleine, Sferia genannte südliche Teil der Insel sitzt nämlich auf einem Vulkankegel, der eines schönen Tages mit mächtigem Knall in die Luft fliegen könnte. Zurück bliebe eine Art Mini-Santorin mit rauchender Caldera.

Während wir langsam auf die Passage zwischen dem kleinen Hafen Poros und der Peloponnes zutreiben, schweifen meine Gedanken hinauf zu den Ruinen des Poseidon-Tempels von Kalauria.

Viel ist von ihm nicht übriggeblieben. Im Altertum soll er im Mittelpunkt einer losen Vereinigung von sieben Hafenstädten der Umgebung gestanden haben. Militärische, nicht immer ganz freiwillige Bündnisse gab es in der Antike zuhauf. Zivile Zusammenschlüsse waren eher selten, dafür hatten die einzelnen Stadtstaaten zu viele widerstrebende Interessen. Zweck dieser sogenannten *Amphiktyonie* um Poros herum war der Schutz und die gemeinsame Pflege des Heiligtums. Später soll auch die Finanzierung von Festlichkeiten und Wettkämpfen dazu gekommen sein.

Eine wichtige Funktion des Tempels bestand darin, Flüchtlingen und Verfolgten als unverletzliches Refugium zu dienen. Die bekannteste und interessanteste Persönlichkeit, die auf Poros Zuflucht suchte, war im Jahre 322 v. Chr. der Rhetor und Staatsmann Demosthenes.

Die Kunst der freien Rede stand vor allem in Athen hoch im Kurs, wo Kleisthenes gegen Ende des 6. Jahrhunderts im Rahmen demokratischer Reformen das allgemeine Rederecht, die *Isegoria* eingeführt hatte. Man widmete ihr unglaublich viel Zeit, die man nur deshalb erübrigen konnte, weil die alltägliche Arbeit von Sklavenheeren verrichtet wurde. So konnte man es sich erlauben, ausgiebig durch die Stoa zu flanieren, zu dozieren, Neuigkeiten auszutauschen, Umsturzpläne zu schmieden oder herausragenden Rhetoren zuzuhören. Wer sich dazu berufen fühlte, machte das Redeschmieden zum Lebensunterhalt und verdingte sich als gut bezahlter Rhetor in der Volksversammlung, vor Gericht oder bei Feierlichkeiten aller Art.

Nicht von allen waren die Rhetoren gut gelitten. Der gestrenge Platon hasste sie, weil es ihnen im Gegensatz zu den Philosophen nicht auf Wahrheitsfindung ankam, sondern einzig und allein darauf, möglichst viel Überzeugungskraft zu entwickeln. Sein Schüler Aristoteles nannte die Rhetorik gar angewandte Sophistik, kunstvolle Haarspalterei und platte Polemik.

Genügend Erfahrung, als *Demagogos* kritischen, in rhetorischen Figuren aller Art bewanderten Zuhörern ein X für ein U vorzumachen, war nicht so leicht zu erlangen. Politische Versammlungen mögen marginal lebhafter abgelaufen sein als die unsrigen. Athener Gerichtsverhandlungen hingegen darf man sich nicht wie amerikanische, geschweige denn deutsche Strafprozesse vorstellen.

Hier saßen keine zwölf Geschworenen und lauschten gebannt und mucksmäuschenstill den blumigen Plädoyers von Staatsanwalt und Verteidiger. Ganze Hundertschaften von Juroren machten die Gerichtsverhandlung vielmehr zu einem zirzensischen Spektakel, zur intellektuellen Vorform der blutigen Gladiatorenkämpfe Roms. Deshalb konnten sie nur unter freiem Himmel stattfinden, dauerten allerdings auch nur einen Tag, weil sich die Juroren vor der Urteilsverkündung nicht zur Beratung zurückzogen, sondern spontan entschieden. Dafür sorgte bereits die schiere Anzahl. Sokrates zum Beispiel wurde mit 280 zu 220 Stimmen zum Tode verurteilt. Der Staatsmann Perikles musste in der Berufungsinstanz gar eine Mehrheit von 1500 Juroren von seiner Unschuld überzeugen.

Die Einhaltung der zugeteilten Redezeit wurde mit Hilfe der *Klepsydra* (wörtlich: Wasserdieb) überwacht. Das waren Wasseruhren, die im Gegensatz zu den gebräuchlichen Sonnenuhren auch nach Einbruch der Dunkelheit oder bei bedecktem Himmel ihren Dienst verrichteten.

Jahr für Jahr wurde ein Maximum von 6000 Geschworenen zwangsverpflichtet. Anfangs ordnete man sie bestimmten Sachgebieten zu: Erbschaftsstreitigkeiten, Kapitalverbrechen, politische Verfahren, was auch immer. Da einige dieser Sachgebiete lukrativer waren als andere, riss man sich so sehr um sie, dass die Korruption bald um sich griff. Auch heute ist es unter Anwälten ja guter Brauch, das Honorar in Zivilprozessen nicht nach dem Arbeitsaufwand zu bemessen, sondern sich am Wert des Prozessgegenstandes zu orientieren.

Um solche, Bestechlichkeit Vorschub leistende Praktiken zu unterbinden, ging man dazu über, Richter wie Juroren erst spät anstehenden Fällen zuzulosen. Dazu gelangte das *Kleroterion*, die Losmaschine zum Einsatz. Es handelte sich nicht um eine Trommel wie bei der Tombola oder beim Zahlenlotto, sondern um eine Art steinernen Taubenschlag mit fünf Kolonnen und einer großen Anzahl schmaler Schlitze, in denen die Schildchen mit den Namen der Kandidaten steckten. Weiße (gewählt) und schwarze (abgelehnt) Kugeln rollten durch eine Röhre an der Seite des Taubenschlags nach unten, wo sie nach und nach einer Art Fahrkartenspender entnommen wurden – in der Reihenfolge, in der sie angekommen waren. So zog man einen Namen mit der dazu gehörigen Kugel, alles blieb transparent und weitgehend fälschungssicher.

Die gelosten Personen durften sich nicht lange mit der Vorrede aufhalten, sondern mussten spornstreichs zu ihren Prozessen eilen, damit sie nicht unterwegs noch bestochen wurden. Das ging natürlich auf Kosten der Prozess-Vorbereitung. Doch die war sowieso minimal, da alle Aspekte des Falles von den Parteien oder ihren Rhetoren ausgewalzt waren. Aktenstudium kam erst nach Beendigung des Peloponnesischen Krieges im fünften vorchristlichen Jahrhundert in Mode, als man schriftliche Verfahren einführte.

Anwälte im heutigen Sinne gab es nicht. Jeder Beklagte hatte seine Sache selbst zu vertreten, konnte sich allerdings Fürsprecher mieten, mit deren rhetorischem Geschick er sein Wohl und Wehe verband. Die sorgsam vorbereiteten Reden wurden nicht verlesen, sondern auswendig gelernt vorgetragen. Gefürchtet waren Repliken und Dupliken, bei denen plötzlich freie Rede gefragt war. Dann konnten auch versierte Rhetoren alt aussehen.

Im Freien auf einem kleinen Erdhügel stehend, die alles andere als reglos verharrende Zuhörerschaft in Bataillonsstärke vor sich, möglicherweise auch noch in Luv, musste der Redner schon über ein stattliches Organ verfügen, um sich Gehör zu verschaffen, mit seinen Argumenten durchzudringen. Davon hingen aber Vermögen, Bürgerstatus und schließlich sogar das Leben ab, wenngleich nicht immer das eigene.

Demosthenes war die Rhetorik nicht gerade in die Wiege gelegt. Von eher schwächlicher Konstitution und mit allerlei nervösen Ticks behaftet, wie häufiges grundloses Schulterzucken, konnte er das griechische Zungenspitzen-R nicht richtig aussprechen. Viele der lautphysiologischen Übungen, deren er sich zur Beseitigung von Mängel unterzogen haben soll, sind wohl reine Legendenbildung. Mit Kieselsteinen im Mund eine an Sybillanten reiche Sprache wie Griechisch zu sprechen, führt nicht zu besserer Artikulation, sondern zum vorzeitigen Verlust der Schneidezähne. Und wie Griechisch ohne Biss klingt, kann man angesichts des maroden Gesundheitssystems heutzutage überall auf dem Lande hören.

Als politischer Redner hatte Demosthenes spätestens seit 352 v. Chr. praktisch nur ein Thema, die mazedonische Bedrohung. Das unscheinbare Völkchen im Norden war unter seinem einäugigen Hegemon Philipp auf dem besten Wege, Athen als führende Macht abzulösen. Das hatte Demosthenes frühzeitig erkannt und wurde nicht müde, die Volksversammlung mit seinen später Philippika genannten Brandreden zu überziehen. Was er dabei übersah: vielen Stadtstaaten waren die Mazedonier lieber als die anmaßenden Athener.

Vergeblich predigte er die Notwendigkeit eines militärischen Präventivschlages. 338 v. Chr. kam es zu einer Entscheidungsschlacht, die Philipp mit seinen Phalanxen und der bestens ausgebildeten Reiterei gewann. Obwohl die Stärke der mazedonischen Truppen, die überlangen Lanzen, zugleich ihre größte Schwäche darstellte. Wurde die Phalanx aufgebrochen, eigneten sich die unhandlichen Stangen nicht für den Nahkampf. Der Zusammenhalt der Phalanx war daher lebenswichtig und wurde auch unter Philipps Sohn Alexander bis zur Perfektion eingedrillt.

*Vae victis* (Wehe den Besiegten) ist zwar kein griechischer Ausspruch, trifft aber auf die bereits angedeutete antike Gepflogenheit zu, den am Boden liegenden Feind restlos zu vernichten. Demosthenes wusste, dass er nach der Athener Niederlage mit dem Schlimmsten zu rechnen hatte. Im Zuge eines ersten Fluchtreflexes suchte er Asyl im Apollon-Tempel von Poros. Als ihn Philips Häscher einholten und er die Sinnlosigkeit seines Vorhabens einsah, wählte er den Freitod.

Bevorzugtes Mittel für Selbstmord oder den Vollzug einer sanfteren Form der Todesstrafe war der Schierlingsbecher. Dabei handelte es sich um ein Gefäß mit einer Lösung aus dem hochgiftigen Samen des gefleckten Schierlings, einer auch in unseren Breiten häufig anzutreffenden Doldenpflanze. Früher wuchs sie am Rand von Wiesen und Weiden und lauerte arglos grasenden Kühen auf. Die lagen dann bald nach dem Genuss reglos auf der Weide und streckten alle Viere von sich. Da man die Pflanze bei flüchtigem Hinsehen für Fenchel halten konnte, fand sie den Weg auch in finale Suppen und Eintöpfe.

Zerstoßen und mit Wasser oder Wein vermischt, wurden die noch unreifen Samen der Pflanze, die sich vor allem in der Wachstumsphase vor Feinden schützen muss und gerade dann besonders toxisch ist, dem Selbstmörder oder Delinquenten gereicht. Der Genuss des Samenextraktes führt nicht schlagartig zum Tod, wie etwa die Zyankalikapsel der Nazi-Größen. Vielmehr kommt es zu einer von den Füßen nach oben kriechenden Lähmung, die schließlich zum Erstickungstod bei vollem Bewusstsein führt. Deshalb setzte man, um den Vergifteten unnötige Qualen zu ersparen, der Mixtur bisweilen Mohnsamen hinzu, deren Opiumgehalt der Person zu frühzeitigem Bewusstseinsverlust verhalf.

Die näheren Umstände von Demosthenes Freitod klingen nach Legendenbildung. Er soll im Tempel die Schierlingslösung nicht aus einem Becher getrunken haben. Daran hätten ihn die wartenden Schergen auch sicherlich gehindert. Der als brutal bekannte Philipp wollte schließlich in einem öffentlichen Schauprozess mit dem Erzfeind abrechnen und seine Rache genießen. Stattdessen soll Demosthenes die todbringende Mixtur heimlich aus einem Federkiel gesaugt haben, der ihm, mit Tinte gefüllt, normalerweise als Schreibutensil diente.

In einem Tempel zu sterben, wäre einem Tabubruch gleichgekommen, womit selbst Demosthenes in dieser Situation vermutlich nicht hätte abtreten wollen. Ob Schierlingssaft in einer für den Menschen tödlichen Dosis in einem Gänsekiel Platz findet, sei der Beurteilung der Pharmakologen oder Forensikern überlassen.

## Das Schmuckkästchen

John und Chrissy haben mit Interesse die Geschichte von Demosthenes' Leben und Tod gehört – oder jedenfalls so getan als ob. Englische Schulen und Universitäten pflegen die Kunst der freien Rede in Debattierklubs. Die Teilnehmerschaft wird dort vor die Aufgabe gestellt, irgendwelche völlig abstrusen Thesen wie, sagen wir, *Der Mond ist ein Würfel*, wortreich zu verteidigen und plausibel zu machen. Hätte Plato und Aristoteles sehr zugesagt. Immerhin führt diese Art der Ausbildung dazu, dass angelsächsische Schüler und Studenten ihren schriftlichen Traditionen verhafteten deutschen Kolleginnen und Kollegen in Debattierklubs nach meiner Erfahrung rhetorisch überlegen zu sein pflegen.

Die *Solskin* ist in der engen Furt zwischen Poros Hafen und dem Festland angelangt. An Backbord reiht sich eine Yacht an die andere und bildet eine Art Ehrenspalier. Viel Platz ist nicht zwischen den schräg auf uns zulaufenden Ankerketten und -leinen links und den Untiefen an Steuerbord. Andererseits verkehren hier regelmäßig Fähren und sogar Küstenmotorschiffe, da muss es auch für den geringen Tiefgang der *Solskin* reichen.

Den einzigartigen Zauber dieser Durchfahrt hat niemand origineller beschrieben als Henry Miller:

*Das Anlaufen von Poros hat etwas zutiefst Traumwandlerisches. Urplötzlich rückt das Land dicht heran und das Boot wird in ein enges*

*Fahrwasser gedrängt, aus dem kein Entkommen möglich scheint. Die Männer und Frauen von Poros lehnen direkt über deinem Kopf mit den Oberkörpern aus den Fenstern. Du kommst direkt unter ihren freundlich bebenden Nasenflügeln an, ganz so, als ob du hier unterwegs eine Rasur oder einen Haarschnitt erbitten wolltest … Langsam durch die Straßen von Poros zu segeln gleicht dem Vergnügen des Schlüpfens aus dem mütterlichen Schoß. (Ü. d. A.)*

Vom Ort der mystischen Niederkunft ist es nicht mehr weit bis Hydra, in deren für gewöhnlich total überfüllten Hafenbecken man sich vor die Wahl gestellt sieht: Entweder man kommt früh dort an und sichert sich ein Plätzchen nahe dem Kai im nördlichen Teil. Das hat den Vorteil des ungehinderten Landgangs. Man ist schnell in den Cafés und Tavernen, ohne erst über drei andere Yachten steigen zu müssen und kann vielleicht sogar einen Anschluss an den Wasserhahn und irgendeine Steckdose herstellen. Oder man lässt sich Zeit und trudelt erst am Nachmittag oder Abend ein. Dann ist das Hafenbecken zwar rundum belegt und Landgang nur noch mit viel Kletterei oder dem eigenen Dinghy möglich, aber man darf sicher sein, nach der Devise zuletzt rein, zuerst raus am nächsten Morgen frühzeitig ablegen zu können. Die anderen Boote weiter hinten müssen sich gedulden, bis die Yachten vor ihnen sich bequemen, Anker auf zu gehen.

Wir haben die erstere Variante gewählt. Ankerkettensalat ist morgen sowieso zu erwarten, und auf der langen Strecke nach Kreta spielen ein paar Stunden früher oder später keine Rolle. Das Ankermanöver geht mit Iannis‘ Hilfe glatt über die Bühne.

Iannis ist der Hafenmeister von Hydra. Ein langhaariger, langbärtiger, kugelrunder Gnom, der wie aus einem Hobbit-Film übriggeblieben scheint und schon rund dreißig Jahre in diesem verwunschenen Hafen das Faktotum gibt. Angestellt hat er sich vermutlich selbst. Diese spezifisch griechische Form spontaner Arbeitsplatzbeschaffung besteht darin, dass zum Beispiel einem x-beliebigen Laden oder Café irgendwann ein Individuum zuläuft, das ungebeten kleinere Aufgaben übernimmt.

Den Bürgersteig vor dem Salon kehrt, Kaffee für die Belegschaft holt, Kunden anlockt, was auch immer. Nach einigen Monaten weiß der Besitzer des Etablissements nicht mehr, wie er je ohne die Hilfe dieser inzwischen für ihre Dienste bezahlten Person ausgekommen ist. Arbeitslosigkeit definiert sich in Griechenland anders.

Iannis' Spezialität ist das Wiederauffinden von Ankern und das Entwirren von Ketten. Mit seinem selbstgebastelten Sichtgerät, einem alten lecken Eimer mit Plexiglasboden, eilt er im Ruderboot heran, wann immer Not am Mann ist.

Not am Mann herrscht jeden Morgen. Iannis bewahrt die Ruhe, ganz wichtig. Er verfolgt die Ketten bis zum Grund, verschiebt blockierte Yachten, beruhigt nervöse Crews und bestellt den Taucher nur, wenn es gar nicht mehr anders geht. Abends zeigt er den eintreffenden riesigen Motor- und Segelyachten, wo sie an der Außenmole zu liegen haben und dirigiert ihre hydraulischen Teleskop-Gangways so, dass gnädige Frau mühelos zum Einkauf an Land steigen kann.

Ihren Namen bezog Hydra nicht von dem vielköpfigen Seeungeheuer, sondern profaner vom Wasserreichtum. In der Antike, wohlgemerkt. Heutzutage muss jeder Tropfen Trinkwasser per Tankschiff herangeschafft werden. Genauso gut hätte man das radikal abgeholzte felsige Eiland auch die Waldreiche nennen können. Bis vor nicht allzu langer Zeit war sie offenbar auch dies. Nur für die Landwirtschaft taugte ihre Topographie wohl nie.

Trotz solcher, damals schon beklagter Nachteile strömten seit dem Beginn des 16. Jahrhunderts immer mehr Griechen und albanischstämmige Zuwanderer von der Peloponnes auf die Inseln des Saronischen Golfes, nicht zuletzt nach Hydra. Hier konnten sie sich vor den Repressalien der osmanischen Besatzer einigermaßen sicher fühlen, hatten aber zunächst einmal auch kein Auskommen.

Die einzige Möglichkeit, sich Arbeit und Brot zu beschaffen, lag in Schiffbau und Seefahrt. So wurde Hydra sowie die ähnlich strukturierten kleinen Inseln Spetsai und der in der Nordägäis liegenden, noch winzigeren Psara zu den griechischen Kapitänsinseln. Ähnlich der amerikanischen Nantucket waren alle drei zu klein, als dass auf ihnen irgendeine Form landgebundener Wirtschaftstätigkeit hätte Fuß fassen können. Also musste man nach außen streben, Handel treiben, ferne Küsten aufsuchen. Walfang wie in Nantucket war hier keine Option.

An Bord der auf Hydra beheimateten Schiffe wurde oftmals ein wildes Kauderwelsch aus Albanisch, Griechisch, Italienisch und Spanisch gesprochen. Das tat dem wirtschaftlichen Erfolg der zuletzt 150 Schiffe umfassenden Flotte der Insel keinen Abbruch. Im Gegenteil wurde die Seefahrt bald zu einem so erfolgreichen Gewerbezweig, dass man erste Seefahrtsschulen mit griechischen, portugiesischen und spanischen Lehrkräften gründete, die für den seemännischen Nachwuchs sorgen sollten.

Hydras Beitrag zum griechischen Schiffbau ist das schnelle, wendige *Trechantiri*, das gegen Mitte des 17. Jahrhunderts nach dalmatinischem Vorbild entstand. 25 bis 30 Meter lang, mit glattem Heckspiegel und einem fixen Verhältnis von Länge (9) zu Breite (3) zu Tiefgang (1). Für den Bau wurden harzreiche Hölzer wie Kiefer, Maulbeere und Zypresse verwendet.

Wer vom Transport leben will, braucht Warenströme in auskömmlicher Menge. Im Falle der Kapitänsinseln waren die wichtigsten Quellen der Getreidehandel mit Südrussland und der Krim sowie die englische Hafenblockade im Gefolge der Napoleonischen Kriege.

Im Friedensvertrag von Küçük Kaynarca hatte das unterlegene osmanische Reich 1774 den siegreichen Russen die freie Durchfahrt durch den Bosporus sowie die ungehinderte Schifffahrt im Schwarzen Meer garantieren müssen. Einen Teil dieser neu gewonnenen Privilegien traten die Russen an christliche Ethnien im früheren Einflussbereich der Osmanen ab. So konnten sie sich als deren natürliche Schutzmacht gerieren und dankbare Verbündete aus ihnen machen. Den einträglichen Handel mit dem begehrten Getreide von den Schwarzerde-Gebieten der Krim überließen sie den Griechen.

Die englische Blockade während der Napoleonischen Kriege um die Wende vom 18. zum 19. Jahrhundert stellte marktwirtschaftlich betrachtet eine preistreibende künstliche Verknappung des Angebotes dar. Blockadebrecher konnten daher in kürzester Zeit ein Vermögen machen. Solange sie sich nicht erwischen ließen, denn dann drohte der Galgen.

Was immer man den Griechen vorwerfen mag, Verdienstmöglichkeiten auch illegaler Art die kalte Schulter zu zeigen, war ihnen fremd. Damit verbundene Risiken nahmen sie in Kauf. Der spätere Admiral Andreas Miaoulis soll bei einem seiner Versuche, eine Hafenblockade zu durchbrechen, gefasst und niemand Geringerem als Horatio Nelson persönlich vorgeführt worden sein. Der Brite ließ nach einem kurzen Gespräch mit Miaoulis erstaunlicherweise Gnade vor Recht ergehen. Vielleicht treffen die Gerüchte zu, Nelson habe in dem Griechen einen Freimaurer-Bruder erkannt und die griechische Krähe deshalb fliegen lassen.

Der plötzliche Reichtum der Kapitänsinseln, allen voran Hydras, sollte im griechischen Befreiungskampf des 19. Jahrhunderts noch von Bedeutung sein. Entstand hier doch zum einen jene seemännische Elite, die in den Seeschlachten gegen die osmanische Flotte eine Menge Erfahrung in die Waagschale zu werfen wusste, und erwuchs um die Insel herum eine neue Klasse wohlhabender griechischer Kaufleute, die den revolutionären Kampf mit ihrer Finanzkraft materiell am Leben hielten. Dass die bei weitem nicht immer ausreichte, hatten die Händler und Kaufleute nicht zu vertreten.

John und Chrissy kehren von ihrem ersten Landgang auf Hydra zurück. Chrissy ist von den Schmuckgeschäften ebenso beeindruckt wie von den wunderbaren Motiven in Gestalt der sogenannten Kapitänshäuser rund um den Hafen. Viele davon waren in lauschige kleine Pensionen mit schattigen Gärtchen und sehr persönlichem Service umgewandelt.

Große Hotelbauten sucht man auf Hydra vergeblich. Den Einwohnern ist sehr daran gelegen, ihr kleines Schmuckkästchen von Insel in seinem jetzigen Zustand zu erhalten. Das können sie sich leisten. Wer sich wie sie nicht einmal von den heftigen Avancen eines Richard Branson locken lässt, hat vermutlich schon genug Geld auf seinem Konto. Muss ja nicht unbedingt dasjenige einer griechischen Bank sein.

Man fragt sich dennoch, wie lange Hydra diesem beständigen Ansturm von Touristen so kompromisslos standhalten kann. Seit den fünfziger Jahren, als die Insel plötzlich von Hollywoodgrößen, Popsängern und allerlei halbseidener Kundschaft entdeckt wurde, hat ihre Popularität kaum nachgelassen. Tag für Tag treffen Hunderte Tagestouristen mit den Schnellfähren ein, verbringen ein paar Stunden in den autofreien, verwinkelten Sträßchen am Hafen, kaufen Gold und Silber und lassen den Ort wie einen abgenagten Knochen zurück. Natürlich gibt es auch Touristen, die länger verweilen oder sich, wie der Amerikaner Leonhard Cohen, frühzeitig für ein Linsengericht hier ein Häuschen gekauft haben, das inzwischen viele Millionen wert ist. Der Mangel an Sandstränden auf Hydra macht mehrwöchigen Touristenaufenthalt jedoch zur Ausnahme.

Für Yachten ist Hydra ein zweischneidiges Schwert. Dem alltäglichen Tollhaus wäre durch den Bau einer Marina in der Bucht nördlich des Hafens leicht abzuhelfen. Doch das stößt auf Abneigung bei den Einwohnern. Die wollen sich ihr Schmuckkästchen nicht verschandeln lassen. Da es andererseits, Yannis in Ehren, keine Ordnungshüter gibt, die eine gewisse Hafendisziplin durchsetzen und eintreffende Yachten wegen offensichtlichem Platzmangel auch einmal abweisen, bleiben die Verhältnisse auf Sicht chaotisch.

Dem Neuling mag das alles pittoresk und kurzweilig erscheinen. Tatsächlich sind viele der mit Anfänger-Flotillen eintreffenden Segler sich der Gefahren nicht bewusst. Fährt der launische Meltemi plötzlich nachts unter die in mehreren Reihen hintereinander ankernden und miteinander vertäuten Yachten wie der Wolf unter die Schafe, bricht die Hölle los. Der sich sofort aufschaukelnde ruppige Schwell wird im engen Kessel des Hafenbeckens erst richtig hochgekocht. Die Yachten beginnen wie wild auf und nieder zu tanzen. Heck- und Bugkörbe knallen aneinander oder verhaken sich und werden schließlich ausgerissen.

Da viele Crews beim Abendessen an Land in dem einen oder anderen, von Mauern umgebenen Innenhof den Starkwind gar nicht bemerken, kehren sie natürlich auch nicht sofort zu ihren Yachten zurück. Auf diese Weise blockieren sie das sofortige Ablegen der hinter ihren Booten liegenden Yachten, die gegen den Kai gedrückt werden und erhebliche Schäden erleiden können.

Nicht alles ist mithin Gold was glänzt in diesem Schmuckkästchen namens Hydra. Das gilt auch für dessen jüngere Vergangenheit.

## Der Russe

John und Chrissy geht die lärmende Geschäftigkeit in und um den Hafen auf die Nerven. Sie wollen ein wenig die Nachbarschaft des Ortes erkunden und später am Abend mit mir irgendwo essen gehen. Das ist mir sehr recht, dann muss ich nicht den Fremdenführer spielen und kann etwas Schlaf nachholen. Ich lege ihnen das Seefahrtmuseum ans Herz, das ich vor vielen Jahren einmal besichtigt habe. Es gibt über Hydras Aufstieg zur regionalen Seemacht erschöpfend Auskunft und hat einige ungewöhnliche Exponate anzubieten.

Der Beitrag der Kapitänsinsel zum Befreiungskrieg gegen die Osmanen wird zu Recht gebührend unterstrichen und auf Hydra besonders intensiv wachgehalten. 1827 sah es einmal so aus, als sei die Revolution gescheitert. Die Osmanen hatten wieder weite Teile des Landes, das noch kein Staat war, in ihre Gewalt gebracht, die Griechen waren zerstritten und kriegsmüde.

Hydra, seine Flotte und seine Seeleute wurden in dieser Situation zu den wichtigsten Hoffnungsträgern. Die wie Piraten operierenden Hydrioten setzten Nadelstich auf Nadelstich gegen die osmanische Flotte unter dem Kommando des Ägypters Ibrahim Pascha. Schwer abzuschätzen, welchen Anteil diese andauernden Scharmützel daran hatten, dass der Führung der Osmanen in der Bucht von Navarino offenbar die Nerven durchgingen. Die osmanischen Schiffe eröffneten ohne Not das Feuer auf die zwar bedrohlich nahe ankernden, sich aber ruhig verhaltenden Einheiten der vom englischen Admiral Codrington geführten gegnerischen Flotte. Als die das Feuer mit ihren Breitseiten erwiderten, war die Sache schnell entschieden. Durch die Macht des Faktischen an den Verhandlungstisch gezwungen, entließen die Osmanen schließlich das damalige Rumpf-Griechenland aus Attika, Peloponnes und Kykladen in die Unabhängigkeit.

Die weniger ruhmreiche Rolle Hydras beginnt mit der Ankunft von Ioannis Kapodistrias, des von der Volksversammlung gewählten ersten Präsidenten Griechenlands in Ägina 1828. Der Adlige hatte als Diplomat am russischen Hof Karriere gemacht und war bei den Verhandlungen des Wiener Kongresses zugegen gewesen. Als externer Kompromiss-Kandidat schien er geeignet, die streitenden Griechenfraktionen ebenso zufriedenzustellen wie die alliierten Schutzmächte. Im Grunde verdankte der neue Staat seine Existenz und Duldung der Pufferfunktion zwischen dem osmanischen Reich und Westeuropa. Als halber Russe war Kapodistrias auch den Herrschern in Sankt Petersburg genehm, mehr Kompromiss geht nicht.

Bald sollte sich aber auch zeigen, dass Kapodistrias vermeintliche Stärken ins Gegenteil umschlagen konnten. In einem von Krieg gezeichneten, finanziell ausgebluteten Land ohne nennenswerte Ressourcen erste und nachhaltige Verwaltungsstrukturen aufzubauen, war schwierig genug für einen mit den Verhältnissen vertrauten Griechen. Ein Seiteneinsteiger ohne rechte Tuchfühlung und Hausmacht würde daran scheitern.

Auf militärischer Ebene sah es nicht rosiger aus. Die marodierenden Kleften mussten aus den Bergen gelockt und in reguläre Streitkräfte integriert werden. Und schließlich waren alle widerstreitenden politischen Fraktionen unter einen Hut zu bringen – vielleicht die schwierigste Aufgabe überhaupt.

Die Einführung einer neuen Münze war dagegen ein Kinderspiel. Der *Phönix* sollte den volkswirtschaftlichen Neubeginn markieren und den jungen Staat als ein der Asche der Revolution entstiegenes Gebilde symbolisieren. Obwohl es Griechenland als Staat trotz mehrtausendjähriger Geschichte der griechischen Stämme bis dato nicht gegeben hatte. Das Symbol wollte so wenig zum Land passen wie der Mann zum Volk. Dennoch muss es verwundern, wie es dem ausgebildeten und erfahrenen Diplomaten Kapodistrias innerhalb kurzer Zeit gelang, buchstäblich alle Parteien gegen sich aufzubringen.

Die von ihm eingeführte Verwaltungsreform beschnitt die Privilegien der Häuptlinge der Peloponnes. Die hatten entscheidend zum Sieg gegen die Osmanen beigetragen und forderten jetzt ihren Anteil der Beute. Die Reeder, deren Schiffe zum Schrecken der osmanischen Flotte geworden waren, erregten sich über Pläne einer entschädigungslosen Verstaatlichung der Flotte. Die Demokraten stieß er mit dem Außerkraftsetzen der Verfassung und ständigem Verschieben der versprochenen Wahlen vor den Kopf. Stattdessen regierte er mit einem Küchenkabinett von Jasagern.

Hatte er zu lange im Ausland gelebt und sich der traditionellen griechischen Tradition rigoroser Klientelpolitik entfremdet? Nicht, wenn es um die Seinen ging. Bei der Verteilung hoher Posten achtete er darauf, dass seine Familie nicht zu kurz kam. Zu Oberbefehlshabern der Marine und des Heeres wurden zum Beispiel seine Brüder, deren Kompetenz für solche Aufgaben bezweifelt werden durfte.

Die allgemeine Unzufriedenheit mit Kapodistrias hatte für die einzelnen Gruppen ganz verschiedene Ursachen, vereinte aber alle im gemeinsamen Hass gegen den Mann und seine angebliche Russenhörigkeit. Bestärkt wurden sie von den Franzosen und Engländern, die Kapodistrias ebenfalls im Verdacht hatten, Petersburger Interessen zu vertreten. Wofür es aber keinerlei Beleg gibt. Der Mann war schlicht und einfach eine überforderte Fehlbesetzung, die sich die Griechen zudem durch ihre innere Zerstrittenheit selbst eingebrockt hatten.

Der wachsende Widerstand gegen den Russen wurde von zwei Brennpunkten aus organisiert, wo sich die beiden hauptsächlichen Revolutionsfraktionen, die Weißen und die Roten, wiederfanden. Nur, dass sie nun nicht mehr einander bekämpften, sondern in Kapodistrias einen geeigneten Sündenbock gefunden hatten.

Der eine Brennpunkt war die sogenannte Mani. Das ist jener gebirgige, abgelegene und schwer zugängliche, nach Süden weisende Mittelfinger der wie ein Platanenblatt gestalteten Halbinsel Peloponnes. Die Mani liegt zwischen der Oliven-Stadt Kalamata und dem Kap Tenaro, Seefahrern meist besser als Kap Matapan bekannt. In dieser wilden Gegend hatte man im Mittelalter die Uhren angehalten. Andauernde Stammesfehden und Familienzwiste erweckten bei Außenstehenden den Eindruck, hier bekämpfe jeder jeden. Was durchaus zutraf. Ganze Sippen konnten zeitweise nur in Wehrtürmen verschanzt überleben, Blutrache wurde gnadenlos und unerbittlich bis in die x-te Generation geübt. Und gegen alles war man in der Mani sowieso. Wen wundert's, dass ein derart rückständiger Landstrich keine staatliche Autorität akzeptierte und respektierte, und sei es eine griechische.

Der zweite Herd, zivilisierter als die Mani in seinem Auftreten und subtiler in seinen Methoden, war Hydra. Dort hatten vor allem die Reeder und Kaufleute horrende Summen im Unabhängigkeitskrieg aufgewendet. Nun forderten sie etwas unrealistisch den unverzüglichen Ersatz der ihnen entstandenen Verluste ein. Mit Kapodistrias ungeschickt formulierter Versicherung, der junge Staat würde dieser Art Forderungen demnächst nachkommen, falls und insoweit sie sich als berechtigt erwiesen, die noch dazu die Absicht der Bereicherung zu unterstellen schien, ließen sie sich nicht abspeisen. Dazu hatten sie auch keinen Grund. Zum einen wurden sie nämlich von den Franzosen und Briten in ihren Forderungen ermutigt. Und zum anderen wussten sie vielleicht nicht das Volk, aber mit dem Admiral Andreas Miaoulis zumindest einen ausgewiesenen Volkshelden auf ihrer Seite.

Miaoulis, der eigentlich Vokos hieß und als Nachfahre albanischer Siedler auf Hydra geboren wurde, hatte sich seinen seltsam felinen Namen selbst als Pseudonym gewählt. Angeblich trug ein osmanisches Schiff, das er in der Frühzeit seiner nautischen Karriere auf Chios erworben hatte, diesen Namen am Bug. Was schon deshalb unwahrscheinlich klingt, weil eine solch abenteuerliche Häufung von ungleichwertigen Vokalen dem auf Vokalharmonie bedachten Türkischen fremd ist, um vom vokallosen Arabisch gar nicht erst zu reden. Muss aber wohl dennoch zutreffen, denn wer würde sich sonst einen solch bizarren Kampfnamen ausdenken.

Von Kapodistrias zum Admiral ernannt, bestand Miaoulis' erste und wichtigste Aufgabe darin, die immer noch vogelwild agierenden Piraten in der Ägäis zu stellen und zu liquidieren. Wenn schon nicht aus Prinzip und um der Rechtsstaatlichkeit Durchbruch zu verleihen, dann zumindest aus Gründen der Opportunität. Zu den Opfern der Piraten zählten vor allem Kaufleute westeuropäischer Staaten, auf deren Kredite man angewiesen war. Eine permanent negative westliche Presse konnte man sich nicht leisten.

*Nur Dieb fängt Dieb*, lautet ein englisches Sprichwort. Miaoulis war mit den Gewohnheiten und Praktiken der Piraten bestens vertraut und brauchte daher nicht lange, sie in ihren Schlupflöchern aufzuspüren und zu stellen. Umso ärgerlicher muss es für ihn gewesen sein, einen nautischen Niemand wie den Bruder Kapodistrias als Oberbefehlshaber vor die Nase gesetzt zu bekommen. Da kam es ihm entgegen, dass er der alteingesessenen und einflussreichen Reederfamilie der Kountouriotis innig verbunden war, die nicht nur auf Hydra von alters her das Sagen hatte und Kapodistrias feindselig gegenüberstand.

Als Miaoulis klar wurde, dass sich die in Poros eilig zusammengestellte griechische Flotte anschickte, das Widerstandsnest Hydra anzugreifen, kam er dem mit einem Handstreich zuvor. Im Juli 1831, fast auf den Tag zehn Jahre nach dem ersten Schusswechsel der griechischen Revolution, besetzte er mit zweihundert seiner Getreuen den Marinestützpunkt von Poros. Damit fielen ihm zwei Drittel der Schiffe fast kampflos in den Schoß. Wer in der Flotte würde seine Hand gegen einen Miaoulis erheben.

Da mussten schon die Verbände der drei Alliierten ran. Gemeinsam blockierten sie sowohl den Hafen von Poros als auch den von Hydra, um eine Vereinigung der Flottenteile unter Miaoulis' Kommando zu vereiteln. Das gelang. Miaoulis blieb nur noch die ohnmächtige aber symbolkräftige Geste, ein Schiff in Brand zu setzen und ein weiteres, die Brigg *Spetses*, in die Luft zu jagen. Bei der *Spetses* ex *Agamemnon* handelte es sich um eines der berühmtesten Schiffe der Revolution, das ehemalige Flaggschiff der Reederwitwe und Volksheldin Laskarina Bouboulina von Hydras Nachbarinsel.

Geboren wurde Bouboulina quasi standesgemäß in einem Istanbuler Gefängnis. Hätten die Osmanen auch nur geahnt, welche Kopfschmerzen ihnen diese Dame einst bereiten würde, hätte sie den Kerker vermutlich nie lebend verlassen. So erlaubte man ihrer Mutter, mit der Tochter erst nach Hydra und dann nach Spetses zu ziehen.

Beim Ausbruch der Feindseligkeiten des Revolutionsjahres 1821 hatte Bouboulina bereits zwei Ehemänner unter die Erde gebracht und neben sieben eigenen Kindern auch acht Halbgeschwister großgezogen. Und sie war noch lange nicht fertig mit der Welt. Das ansehnliche Vermögen, das ihr die verblichenen Männer, beide erfolgreiche Reeder, hinterlassen hatten, steckte sie weitgehend in den Schiffbau. Ihre Geschäftstüchtigkeit wurde nur noch von ihrem Patriotismus übertroffen. Am 13. März 1821 ließ sie auf der *Agamemnon* die von ihr selbst konzipierte Revolutionsflagge hissen und kam damit den eigenen Mitbürgern zuvor. Die Symbolik war evident: wie der Atride Agamemnon einst die Achäer gen Troja führte, so würde Bouboulinas Schiff der bunten Schar der griechischen Revolutionstruppen den Weg in die Schlacht gegen die Osmanen weisen.

In den darauffolgenden Jahren opferte Bouboulina praktisch ihr gesamtes Vermögen für die Sache und nahm an der Spitze ihres kleinen Privatheers an vielen Gefechten teil. Hätte der französische Maler Eugene Delacroix ein Modell für sein Bild der Freiheit mit entblößten Brüsten auf den Pariser Barrikaden gebraucht, Bouboulina, von der es nur sehr züchtige Darstellungen gibt, hätte die erste Wahl sein können.

Die Vorgeschichte der *Spetses* war Miaoulis natürlich bekannt. Seine Handlungsweise lässt sich daher nur als bewusstes Fanal interpretieren: für den Russen haben wir diese Revolution nicht gemacht.

Noch einmal hatte der nun eigentlich zum Hochverräter mutierte Miaoulis unverschämtes Glück und konnte seinen Kopf aus der Schlinge ziehen. Vor dem drohenden Prozess und seiner Hinrichtung bewahrte ihn die Ermordung des Präsidenten.

Kapodistrias größter Fehler war es, sich mit der Sippe der Mavromichailis aus der Mani anzulegen und deren Chef ins Gefängnis zu stecken. Brüder und Neffe des inhaftierten schwarzen Michels lauerten Kapodistrias in Nafplion am 27. September 1831 beim Verlassen der Kirche nach der Morgenmesse auf. Der eine schoss auf ihn, der andere stach auf ihn ein, um ganz sicher zu gehen. Das moderne Griechenland hatte seinen ersten prominenten politisch motivierten Mord und war seinen ungeliebten tyrannischen Präsidenten los.

Der eine der beiden Täter wurde beim darauffolgenden Handgemenge vom einarmigen Leibwächter Kapodistrias erschossen. Der andere konnte sich in die französische Botschaft retten. Tyrannenmord war im Altertum kein Frevel, eher eine Befreiungstat im Sinne kollektiver Notwehr. Die Ermordung des Hipparchos von Athen 514 v. Chr. durch zwei Brüder, die die Ehre ihrer Familie wiederherstellen wollten, wurde sogar als Geburtsstunde der Demokratie bezeichnet. Jedenfalls begründete sie eine Tradition, die im 19. Jahrhundert verblasst, aber noch nicht verlöscht gewesen sein dürfte. Als sich deshalb kurz nach dem Attentat auf Kapodistrias ein Lynchmob formierte, richtete sich dessen Zorn wohl zu gleichen Teilen auf den

Attentäter und auf die Großmacht Frankreich, die ihre schützende Hand über ihn zu halten schien. Bald sah sich der französische Botschafter genötigt, den Flüchtigen auszuliefern, der umgehend abgeurteilt und hingerichtet wurde.

Mit dem Aufstieg Hydras war es damit zunächst einmal vorbei. Viele Einwohner verließen die Insel und siedelten sich in Piräus an, wo ihre Nachfahren vornehmlich in Vierteln um die St. Nikolaj Kirche zu finden waren. In den 50er Jahren des letzten Jahrhunderts küsste Hollywood die Insel aus dem Dornröschenschlaf, in den sie jedoch stets aufs Neue zu versinken scheint, sobald die letzte Fähre des Tages den Hafen verlassen hat. Dann gehört der Ort wieder den Katzen, die in ihren nächtlichen Gesängen den Namen des großen See- und Volkshelden im Munde zu führen scheinen.

Chrissy und John tauchen auf. Ihre Gesichter sind von der Sonne gerötet und Blasen haben sie sich auch gelaufen. Aber John ist ein zäher Bursche und Chrissy hat wieder eine Menge Skizzen gezeichnet. Vielleicht kann sie die demnächst in Aquarelle verwandeln und damit ein Buch illustrieren, ähnlich dem wunderbaren Band ihres Landsmannes Edward Lear über dessen *Jahre von Korfu*.

## Falkenflug

*17. Mai.* Wir haben uns im kleinen Supermarkt von Hydra noch einmal mit Lebensmitteln eingedeckt, Wasser in Flaschen gebunkert und sind nun bereit für den langen Schlag durch das myrtoische und kretische Meer nach Chania auf Kreta. Wind und Wellen sollten auf unserer Seite sein, mit Sturm ist laut Vorhersage nicht zu rechnen. Also legen wir erst nach einem ausgiebigen Frühstück ab, als alle Yachten vor uns ausgelaufen sind und das Hafenkino sich eine Pause gönnt. Kaum zu glauben, aber wir haben keine Kette gefischt und können auch ohne

Iannis Intervention frei über unseren Anker verfügen. Hoch am Wind arbeiten wir uns langsam Richtung Nord nach Kap Zourva, wo wir die Segel öffnen und nach Süden schwenken können.

Bei regelmäßigem zweistündigem Wachwechsel dürften die rund 120 Seemeilen bis zum Hafen von Chania an der Nordwestküste Kretas stressfrei machbar sein. Chrissy hat sich in der Apotheke von Hydra ein Mittel gegen Reisekrankheit geholt, für alle Fälle. Bei nun fast genau achterlich einfallendem Wind müssen wir den schweren Großbaum an die Kandare legen, damit wir in der starken Dünung nicht zu viele Patenthalsen bauen.

Die ausgeprägte Neigung der *Solskin*, bei quer- und nachlaufender See stark zu rollen, ist Gift vor allem für Chrissy, die bald *bleicher als weiß* wird, wie es im Lied von Procol Harum heißt. Wir entbinden sie zumindest für ein paar Stunden von der Ruderwache und lassen ihr Zeit, sich an das Schlingern zu gewöhnen. Ich kann ihr keinen Vorwurf machen, denn mir ist die Gangart der *Solskin* im portugiesischen Passat unlängst selbst ganz schön auf den Magen geschlagen.

Ans Kochen ist unter diesen Umständen nicht zu denken. Das hatten John und ich vorausgesehen und deshalb ein paar kalte Snacks vorbereitet, auf die wir in den nächsten Stunden nach Belieben zurückgreifen können.

Am späten Nachmittag erkennen wir an Backbord und Steuerbord voraus schwach die verschwommene Silhouette zweier kleinerer Inseln, Velopoula und Falkonera. Die erstere, seit den 30er Jahren in Familienbesitz, steht nun wieder zum Verkauf. 180 holprige Hektar für 14 Millionen Euro, bei den augenblicklichen Immobilienpreisen der meisten europäischen Länder ein Schnäppchen. Allerdings ein sehr einsames. Es gibt nicht viel, was einem den Aufenthalt zu versüßen geeignet wäre. Kein Baum, kein Strauch, ein einziger handtuchgroßer Strand, ein Anleger für Beiboote oder Barkassen. Der etwa zehn Meter hohe Leuchtturm ist nicht bewohnbar, darf aber auch nicht zugunsten etwa einer Villa versetzt oder gar abgerissen werden. Eines der wenigen relativ ebenen Stückchen Erde wäre zur Not als Hubschrauber-Landeplatz geeignet. Vielleicht etwas für den von Hydra enttäuschten Richard Branson?

Die Insel an Steuerbord heißt Falkonera und ist weder bewohnbar noch verkäuflich. Wie der offensichtlich italienische Name verrät, handelt es sich bei ihr um einen der wichtigsten Brutplätze des Leonora-Falken. Das sind etwa 40 Zentimeter große Raubvögel, deren Flügelspannweite von rund einem Meter für ausgezeichnete Flugeigenschaften sorgt, sie zu erstklassigen Gleitern der Lüfte macht. Genetisch auf Fernreisen programmiert, legen sie alljährlich zwischen ihren Brutplätzen in der Ägäis und ihren Überwinterungsstätten auf Madagaskar Entfernungen um die 10.000 Kilometer zurück.

Rund drei Viertel des gesamten weltweiten Bestandes dieser Vogelart brüten im Spätsommer auf Felseninseln und an entlegenen Hängen der Ägäis. Im Hinblick auf ihre Ernährung dürfen sie nicht wählerisch sein, schlagen vor allem während der Brutzeit andere passierende Zugvögel, geben sich aber auch mit Insekten oder kleineren Vierbeinern zufrieden. Ihren klangvollen Namen verdanken sie Eleonora di Arboresa, einer sardischen Regentin, die sich um den Vogelschutz besonders verdient gemacht hat.

Etwas weiter östlich ragt irgendwo hinter dem Horizont Antimilos in die Höhe. Beim Blick auf die Tiefenlinien der Seekarte erkennt man unschwer, dass die Inseln angesichts der sie umgebenden unterseeischen Täler und Schluchten eigentlich Berggipfel sind. In einem solchen Tal, des bis zu 1000 Meter hinabreichenden Meeresgrundes zwischen Falkonera und Antimilos ist ein Wrack eingezeichnet. Es handelt sich um die *Irakleion*, die im Dezember 1966 kenterte. Ihr Untergang war eine der schlimmsten zivilen Schiffskatastrophen des Landes und markierte zugleich einen Wendepunkt in der neueren griechischen Geschichte.

Im der zweiten Hälfte der 60er Jahre bot ganz Europa das Bild einer turbulenten Epoche des Aufbruchs und des Abrechnens mit den erzkonservativen Wertvorstellungen der unmittelbaren Nachkriegszeit. Die Waagschale politischer Präferenzen schien sich auch in Griechenland nach links zu neigen. Das war insofern nicht weiter verwunderlich, als die griechischen Kommunisten ohne englisches und amerikanisches militärisches Eingreifen schon aus dem Bürgerkrieg der 40er Jahre siegreich hervorgegangen wären. Der charismatische Sozialist Georgios Papandreou hatte die jüngsten Wahlen gewonnen, war jedoch von König Konstantin II. in einer Art politischem Rollentausch abgesetzt worden. Im Volk rumorte es, Demonstrationen auf Athens zentralen Plätzen wurden zur Gewohnheit. Das Militär und die hinter ihm stehenden Westmächte beobachteten die Entwicklung mit Sorge. Einige Obristen, dem Volk weder bekannt noch zugetan, standen Gewehr bei Fuß, die Macht im Staat an sich zu reißen.

Weshalb Obristen und nicht Generäle? Vermutlich, weil Stabsoffiziere dieses Rangs einerseits hoch genug in der militärischen Hierarchie angesiedelt sind, um weitgehende Befehlsgewalt zu besitzen. Andererseits stehen sie dem zivilen und militärischen Alltag noch nahe genug, um dem Volk den Puls zu fühlen, und schließlich sind sie in hohem Maße von persönlichem Ehrgeiz beseelt.

Wind und vor allem Wellen nehmen stetig zu, je weiter wir nach Süden kommen. Ich entschließe mich, das Großsegel zu bergen und in der Nacht allein mit der gerefften Genua zu fahren, vielleicht sogar Motorunterstützung in Anspruch zu nehmen, damit wir nicht irgendwann querschlagen. Glücklicherweise hat John Seebeine. Spindeldürre zwar, aber sie erfüllen ihren Zweck. Was man von Chrissys Beinen so uneingeschränkt nicht sagen kann. Die Zeichnerin hat sich unten im Salon auf der Koje wie eine Katze zusammengerollt und empfiehlt ihren Geist vermutlich den Göttern.

Am Abend des 7. Dezember 1966 lag die Passagier- und Autofähre *Irakleion* im Hafen von Souda auf Kreta bereits klar zur Abfahrt und machte Dampf auf. Ihre Geschwindigkeit war die Trumpfkarte der Reederei im harten Verdrängungswettbewerb des Fährverkehrs. Umso ärgerlicher die etwa halbstündigen Verzögerung. Zu der kam es, weil ein verspätet eintreffender

Kühl-LKW mit Südfrüchten unbedingt noch an Bord sollte. Als der 25 Tonnen schwere Brummi endlich an die Laderampe rollte, kamen dem Hafenmeister Bedenken. Wohlgemerkt, dem Hafenmeister, nicht dem für alle Aspekte der Schiffsführung verantwortlichen Kapitän.

Solche Bedenken erwiesen sich in der Rückschau als angebracht. Die *Irakleion* war 1949 als Tanker in Glasgow vom Stapel gelaufen. 1964 hatten ihn die Reederbrüder Tripalatos aus Kreta nach Umbauten zur Fähre umgewidmet. Durch den Wegfall einiger unterer Decks war das Metazentrum nach oben gewandert, was die Stabilität des Schiffes deutlich verringert hatte. Dennoch war der *Irakleion* die Seetüchtigkeit auch nach dem Umbau amtlich bescheinigt worden.

Es gelang den Vertretern der Reederei an diesem Abend des 7. Dezembers 1966, die Bedenken des Hafenkapitäns zu zerstreuen. Der schwere LKW rumpelte auf die Fähre, die mit 206 Passagieren und 65 Mann Besatzung in See stach. Draußen tobte ein Sturm mit 8 bis 9 Windstärken, der in diesem Teil der Ägäis auf wenig Widerstand stieß.

Gegen zwei Uhr am nächsten Morgen hatte die *Irakleion* den Leuchtturm von Falkonera in Sicht. Die See ging inzwischen so hoch, dass ein Herabsetzen der Geschwindigkeit zwingend geboten gewesen wäre. Doch Schiff wie Reederei hatten einen Ruf zu verteidigen. Das Kommando *Langsam voraus* war von den Maschinentelegraphen ihrer Schiffe quasi gelöscht.

Irgendwann begannen die 25 Tonnen des Kühl-LKW sich zu rühren. Der übereilt und ohne Einhaltung der Sicherheitsvorschriften festgezurrte Wagen geriet ins Schwanken und knallte schließlich gegen ein seitliches Ladeluk, das dem Druck nicht standhielt. Der LKW riss eine Bresche von 17 Quadratmetern, durch die sich sofort Massen von Meerwasser pressten. Es gelang der *Irakleion* einen SOS-Ruf in englischer Sprache abzusetzen, dann trat beklemmende Stille ein. Die Fähre sank in Minuten wie ein Stein.

Herbeieilende Schiffe der Handels- und Kriegsmarine konnten aufgrund der aufgewühlten See nicht so schnell am Unfallort eintreffen. Als sie ihn erreichten, war nicht mehr viel zu retten.

Gegen 10 Uhr morgens überflog eine Dakota-Propellermaschine der griechischen Luftwaffe die Unfallstelle. An Bord befand sich König Konstantin, der als Co-Pilot fungierte. Der Anblick, der sich dem Monarchen von oben bot, muss gespenstisch gewesen sein. Millionen Orangen bedeckten die Meeresoberfläche. Dazwischen trieben Leichen und Wrackteile. Wie zum Hohn hielt sich auch der Kühl-LKW eine Weile über Wasser.

224 Todesopfer waren zu beklagen, nur 47 Überlebende wurden von den Hilfsschiffen aufgelesen. Die Regierung verordnete eine siebentägige Trauer im Bewusstsein, dass sie bei deren Ablauf womöglich nicht mehr im Amt sein würde. Nur wenige Monate später übernahm die Junta der Obristen die Macht im Lande.

Eine gerichtliche Untersuchung bezeichnete die unzureichende Befestigung des LKW sowie die nicht angemessene Geschwindigkeit als Hauptursachen für das Unglück. Menschliches Versagen also. Zwei Vertreter der ruinierten Reederei und zwei Schiffsoffiziere wurden zu Freiheitsstrafen zwischen fünf und sieben Jahren verurteilt.

Was immer König Konstantin II. mit seinem Flug zum Unglücksort bezweckt hatte, demonstratives Interesse oder Mitgefühl, es verfing nicht. Sein kurze Zeit später inszenierter laienhafter Gegenputsch verpuffte nicht nur wirkungslos, sondern entlarvte ihn als verirrte Taube, die mitleidlos von den militärischen Falken gerupft wurde. Ziemlich genau 100 Jahre nach der Abdankung des Wittelsbachers Otto musste Konstantin das Land verlassen. So darf der Untergang der *Irakleion* als Sinnbild für den Niedergang der Monarchie in Griechenland gelten.

John löst mich für ein paar Stunden am Steuer ab. Der Seegang nimmt im selben Takt zu wie der Schiffsverkehr. Wir kreuzen eine der wichtigsten Routen der Ägäis, die zwischen Piräus und Kap Matapan an der Ausfahrt zum Mittelmeer. Chrissy wacht immer mal wieder auf und trinkt ein paar Schluck Wasser. Das ist tröstlich, zeigt es doch, dass ihre vitalen Funktionen intakt sind. Noch fast 90 Seemeilen bis Chania, keine Kleinigkeit in windiger Nacht und bei bewegter See, die so gar nicht der Vorhersage zu entsprechen scheinen. Wäre Chrissys Zustand wirklich besorgniserregend, würde ich auf Adamas, den sicheren Hafen von Milos zuhalten. So wie es aussieht, kann von einer akuten Gefährdung aber keine Rede sein. Also setzen wir die Reise fort, mit Wachwechsel im Dreistunden-Rhythmus, was natürlich anstrengend, jedoch für die Dauer einer Nacht auszuhalten ist.

Irgendwo rechts voraus liegt Kreta. Eine Insel, so groß, dass sie alle Völker und Zivilisationen schluckte, die sie sich irgendwann untertan zu machen hofften. Minoer, Achäer, Venezianer, Ägypter, Osmanen, Engländer, sie alle kamen und gingen. Eine Insel, so groß, dass ihrem Schoß nicht nur Götter und Titanen, sondern der Mythos selbst entspringen konnte, war von Sterblichen nicht zu beherrschen.

John und Chrissy wollen in Chania aussteigen und Kreta im Laufe einiger Wochen erkunden. Sicher wäre es für mich interessant, sie dabei zu begleiten. Von einem angehenden Architekten und einer talentierten Zeichnerin hätte ich ohne Zweifel noch eine Menge lernen können. Doch ich würde als drittes Rad sicher stören und dem gesteckten zeitlichen Rahmen den Garaus machen. Auch ohne die beiden möchte ich zum wiederholten Male die Ausgrabungsstätten von Knossos bei Heraklion und von Phaistos an der Südküste besuchen, so viel Zeit muss einfach sein.

Meine Wache ist abgelaufen, John krabbelt wieder pünktlich wie ein Maurer nach oben ins Cockpit und übernimmt das Ruder. „Der Meltemi hat anscheinend etwas zugelegt“, ruft er mir fragend zu und zeigt auf die Wellen, deren sich brechende Kämme weiß im Mondlicht glänzen. „Wenn‘s zu wild wird, starte die Maschine. Nur nicht quer zu den Wellen schlagen, dann haut‘s uns um. Und noch was. Falls du irgendwann eine Frauenstimme zu hören glaubst, gib Acht, was du sagst.“

John hat das Steuer fest im Griff, ich kann loslassen. „Eine Frauenstimme?" „Ja, ein seemännischer Aberglaube. Die Schwester Alexanders des Großen soll ihrem Bruder das Wasser des Lebens weggetrunken und sich dadurch unsterblich gemacht haben. Typisch Frau. Nun irrt sie übers Meer und fragt: Wo ist der große Alexander? Als wenn sie das nicht am besten wüsste. Antwortest du wahrheitsgemäß, ist unser Schiff verloren." John ruft mir hinterher. „Und was bitte wäre dann die richtige Antwort?" Ich wende mich auf dem Niedergang noch einmal nach ihm um: „Alexander lebt und herrscht als König. Verstanden? Er lebt und herrscht …" „… als König, alles klar. Schlaf' gut, ich hab's im Griff."

## Fundsachen

*19. Mai.* „Habt ihr tatsächlich schon gepackt?" Chrissy und John wirken noch stark angeschlagen von der vorgestrigen Nachtfahrt, die auch in meinem sonnenverbrannten Gesicht Spuren hinterlassen hat. Man merkt, dass wir uns dem Juni nähern, der Meltemi nimmt beinahe täglich an Kraft zu. In der Flaute wird die Bruthitze bisweilen unerträglich. Bis in die frühen Morgenstunden ging's da draußen hoch her.

Welches Gardemaß die Wellen haben, wenn sie auf die Nordküste von Kreta treffen, konnte ich bei einer Dienstreise in den 90er Jahren erleben. Während der Mittagspause der ganz im Westen der Insel stattfindenden Konferenz ging ich an einen Strand im Golf von Kissamou, um ein paar Runden zu schwimmen. Im hellen Anzug, Krawatte und mit der Aktentasche in der Hand wie ein Beamter der Steuerfahndung gekleidet, gab ich vermutlich ein etwas bizarres Bild ab, als ich mir ein ruhiges Plätzchen suchte und mich zu entkleiden begann. Keiner der Badegäste hatte offenbar Lust, ins Wasser zu gehen. Das hätte mir eine Warnung sein müssen. Doch ich hielt sie für Nichtschwimmer, und ein Planschbecken war das hier sicher nicht. Dann stolzierte ich kerzengerade wie ein Fischreiher über die Kiesel des stark abschüssigen Ufers ins schnell tiefer werdende Wasser. Kaum stand ich bis zum Bauchnabel in der Ägäis, da packten mich die donnernd heranrollenden Wellen, hoben mich wie eine Schaufensterpuppe an, drehten mich in der Luft um 180° und setzten mich unsanft auf den Kieseln ab. Ich tat so, als sei dies der Zweck der seltsamen Übung gewesen, nickte den wohl innerlich schallend lachenden Badegästen zu und verließ schleunigst die Stätte des Grauens.

Irgendwann im Verlaufe der gestrigen Nacht beruhigte sich die Ägäis so schnell wie es aufgebrist hatte. Den Rest der Strecke absolvierten wir zwar immer noch wild schaukelnd in der Dünung, aber auch im sicheren Gefühl, dass wir es bald geschafft hatten.

*Von See aus betrachtet*, schrieb einmal ein phantasievoller Reisender, *erscheint Kreta wie der vordere Teil eines in der Ägäis stehenden, nach Westen gewandten Stiers mit gesenkten Hörnern.* Damit meinte er wohl die Konturen des nach Westen hin steil aufragenden Gebirgszuges. Dessen schneebedeckte Gipfel hielten Seefahrer des Altertums oft für Wolken. Ähnlich erging es mir einmal bei der Annäherung an den hohen Westen von Samos. Ich war mir sicher, eine Wolke zu erblicken, bis sich beim Näherkommen der Rest des Berges aus dem Dunst schälte.

Die Ansteuerung des Hafens von Chania wird erleichtert durch den alten Leuchtturm und die weithin sichtbare blaue Kuppel der Janitscharen-Moschee. Bis etwa 1920 komplettierte ein Minarett das Bild, doch nach dem umfassenden Bevölkerungstausch verhallte der Ruf des Muezzins bald unerwidert im Hafenbecken. Die Moschee selbst blieb von der Abrissbirne verschont, weil sie eine Art Markenzeichen des Hafens geworden war und für kulturelle Veranstaltungen wie Ausstellungen nutzbar ist.

Heute Morgen wurde ich von einem vertrauten Geräusch geweckt, das ich wie kein zweites mit den griechischen Inseln verbinde. Ein Fischer schleuderte unweit von unserem Liegeplatz frisch gefangene Tintenfische immer und immer wieder auf den niedrigen Mauersims, um sie verzehrfertig mürbe zu machen. Das feuchte Klatschen beim Aufprall der Tiere auf die Steine tut mir in der Seele weh. Klingt wie das Watscheln einer großen Ente durch schlammige Pfützen und ruft allerlei Erinnerungen wach.

Nun sitzen wir drei unter der Markise einer Hafentaverne und picken uns die Rosinen aus der Sammlung *mezedakia*, der duftenden marinierten, gekochten, gebratenen oder gebackenen kleinen Vorspeisen. Um die Küche zu genießen, muss freilich niemand nach Griechenland fahren. Im Grunde hat man hier die gleichen kulinarischen Rohstoffe wie in Italien, weiß aber in der Regel herzlich wenig damit anzufangen. Vielleicht eine Folge des weitgehenden Fehlens höfischer Tradition, dem ich auch das oft ungehobelt wirkende Auftreten vieler Griechen anlasten würde. Tut man dies zuerst gutgläubig als Urwüchsigkeit ab, beginnt es mit der Zeit zu nerven.

Links gegenüber steht der 1830 errichtete Leuchtturm, der einen älteren venezianischen ersetzt. Rechts hinter uns beginnt das Arsenal, das heißt, die Reihe der Gebäude, die den Venezianern als Werft und Winterlager für ihre Galeeren dienten. Seit meinem letzten Besuch hat man neue Pontons beschafft, was angesichts der prekären, nach Norden offenen Lage des Hafens eine nützliche bis notwendige Aufwendung darstellt. Bei Starkwind wurden die weniger gut verankerten Yachten früher unweigerlich mit dem Heck gegen den Kai gedrückt.

Größere Schiffe können dieses seichte Hafenbecken nicht nutzen, sondern müssen den Naturhafen der Bucht von Souda östlich des Isthmus‘ anlaufen. Der ist auch windgeschützter, hat nur eben nicht die museale Atmosphäre des venezianischen Hafens, wo man bei Windstille noch den modrigen Hauch der Geschichte schnuppern kann.

Zwischen 1841 und 1971 war Chania, das seinen arabischen Namen den Sarazenen verdankt, die Hauptstadt Kretas. Al Hanim heißt so viel wie *die Herberge*, ein Versprechen, das die multikulturelle Stadt mit ihren alten Palazzi, konvertierten Moscheen und osmanischen Häusern bis heute einzulösen weiß.

Wer Kreta als erster für sich entdeckte, die phönizische Europa auf dem Rücken des Zeus in Stiergestalt oder weniger spektakuläre nordafrikanische Hominiden in steinzeitlichen Einbäumen, ist ungewiss. Die vieltausendjährige kretische Geschichte teilen sich, mit den Worten Homers, *vielerlei Völker mit allerlei Sprachen*. Genauer ging's offenbar nicht.

Ihren Ruhm und einen großen Teil ihrer Originalität führt die Insel auf ein Volk der Bronzezeit zurück, dessen größte Siedlung um ein Haar auch von Heinrich Schliemann ausgegraben worden wäre. Der Deutsche mit dem Riecher für lohnende Ausgrabungsstätten hatte bei einem ersten Besuch den Verdacht geäußert, in Knossos, unweit von Heraklion gelegen, verberge sich eine größere Stadt unter dem bislang noch nicht vom Untersten zum Obersten gekehrten Boden. Deren als Palast tituliertes Hauptgebäude hatte er sogar freizulegen begonnen. Doch bei den Verhandlungen über den Kauf des Grundstückes war der kühl kalkulierende Kaufmann mit ihm durchgegangen. Viertausend englische Pfund für den gesamten Komplex mitsamt landwirtschaftlichem Nutzland waren ihm übertrieben erschienen. Zumal er sich nicht sicher war, ob die Zahl der angeblich auf dem Grundstück stehenden Ölbäume zutraf. Einen Schliemann haut so leicht niemand übers Ohr!

Mit dem Abzug der letzten osmanischen Besatzungstruppen 14 Jahre später gaben die Immobilienpreise deutlich nach. Aber auch in anderer Hinsicht traf Arthur Evans, der britische Nachfolger Schliemanns, am Ausgrabungsort günstigere Bedingungen an.

Die politische Großwetterlage um die vorletzte Jahrhundertwende ließ die Verwirklichung der sogenannten *Enosis*, sprich die Vereinigung Kretas mit dem Rest Griechenlands, als unmittelbar bevorstehend erscheinen. Der prekäre Status eines Protektorates würde nicht mehr lange aufrechtzuerhalten sein. Zwar hatte man eben erst einen Waffengang mit den Osmanen verloren, aber das beständige Werben kretischer Politiker, wie des in Chania geborenen Eleftherios Venizelos für die Vereinigung würde in absehbarer Zeit Gehör finden.

In dieser unruhigen Phase des Aufbruchs und der Vorahnungen war es Venizelos wichtig, die Insel im Fokus der Völkergemeinschaft zu halten und ein möglichst positives Bild von Kreta zu zeichnen. Da kam Evans mit seinen Vorstellungen von Knossos als Sitz einer der ältesten Hochkulturen Europas gerade recht.

Den Begriff *Minoer* prägte nicht Evans, sondern der deutsche Archäologe Arthur Milchhöfer in Anlehnung an den mythischen König Minos. Evans griff ihn auf und popularisierte ihn im Rahmen seiner Publikationen. Auf die Gefahr hin, erneut die alte Leier anstimmen zu müssen – viel ist es trotz der Bemühungen von Evans und seiner Jünger nicht, was wir bis heute über die Minoer wissen. Allein die chronologische Gliederung ihrer Herrschaft bereitet so große Probleme, dass man sich zweier paralleler Ordnungsschemata bedient: einerseits des groben Dreierpacks Früh, Mittel und Spät, andererseits des ägyptischen Vorbilds, das sich an den einigermaßen belegten Bauphasen von Palästen orientiert.

Die Entdeckung einer so erstaunlich friedfertigen, geradezu verspielten Zivilisation wie die der Minoer, die offenbar lieber den Malpinsel schwangen als die Klingen, war eine echte Sensation. Bestand die bisherige Vorstellung von der Periode doch in einer Abfolge von blutigsten Kriegen und Eroberungen. Die Minoer aber hatten es nicht für nötig gehalten, ihre Paläste mit wehrhaften Befestigungen zu versehen, als seien sie in der Ägäis allein und hätten keine Konkurrenz zu fürchten.

Künstlerische Vorbilder für die minoischen, erstaunlich modern anmutenden Wandmalereien gab es in Ägypten. Doch die über viele Monate des Jahres feuchtkalte Witterung Kretas ließ deren Technik der Tünchgemälde ungeeignet erscheinen. Die Künstler von Knossos arbeiteten stattdessen mit Kalk, der in der sauerstoffreichen Luft erhärtete.

Die Farben fand man ebenfalls in der Umgebung: Kalkstein produzierte das Weiß, Ocker das Gelb, gebrannter gelber Ocker oder gemahlener Hämatit das Rot, kohlehaltiger Schiefer das Schwarz und Kupfer in verarbeiteter Form das Blau. Grün gab es nicht als eigenständige Farbe. Es wurde aus Blau und Ocker gemischt und fiel daher stets etwas unterschiedlich aus.

Gewagte Darstellungen, wie die der barbusigen Schlangenbeschwörerin, waren zwar dazu angetan, vornehme britische Kreise zu schockieren, aber seit dem Tod von Königin Victoria lasen aufgeklärte Briten im Aufstieg und rätselhaften Verschwinden der minoischen Kultur das Menetekel des Niedergangs ihres zerfallenden Weltreiches.

Viele Fragen bleiben offen. War diese Zivilisation wirklich so friedfertig, wie sie sich darstellte? Die historische Wahrscheinlichkeit spricht dagegen. Späteren Generationen von Archäologen blieb es überlassen, Spuren von Kannibalismus und Kinderopfern zu entdecken, die den Schatten des Zweifels auf Knossos und die Minoer werfen.

Und wie steht es mit dem einfachen minoischen Volk, für das auf den Fresken offenbar kein Platz war? Wie sah dessen Alltag aus? Welches Schicksal war Sklaven beschert, ohne deren Fron eine solche Kultur undenkbar war? Sind die Darstellungen in Wirklichkeit Projektionen einer utopischen Vergangenheit, gezeichneter Mythos?

Evans, der sich über die Naivität Schliemanns und dessen unverbrüchliche Treue zu Homer lustig gemacht hatte, ließ sich in Knossos selbst zu unkontrollierter Schwärmerei hinreißen. Seine eigenmächtige architektonische Ergänzung der Ruinen von Knossos sind vielleicht auch dem Umstand geschuldet, dass bereits zu seinen Lebzeiten deren postulierter Palaststatus in Zweifel gezogen wurde.

Skeptiker verweisen darauf, dass die Räumlichkeiten für einen Palast zu klein und seltsam unzweckmäßig angelegt erscheinen. Zwar gab es ausgesprochenen Luxus wie zum Beispiel Toiletten mit Wasserspülung, wenn auch ohne Deckel und Druckbehälter. Doch die Räumlichkeiten waren zu bescheiden und verwinkelt, um einem wie auch immer zusammengesetzten

Hofstaat aufzunehmen. Gleiches gilt für den Thronsaal mit seiner schlichten bis unbequemen Sitzgelegenheit.

Auch das Baumaterial schien nicht stimmig. Kristalliner Alabaster, wie ihn die Minoer hier verwendeten, ist leicht wasserlöslich und musste daher regelmäßig mit Öl oder Wachs gepflegt werden. Die bei den Ausgrabungen zutage geförderten Ruinen aber hatten Jahrtausende lang auf solch liebevolle Pflege verzichten müssen. Mit den ersten herbstlichen Regengüssen drohten Evans' Ruinen daher zu schmelzen und weggespült zu werden.

Solche Befunde begünstigten eine These, die in den 1970er Jahren die Runde machte. Erstmals vorgetragen und anhand zahlreicher verdächtiger Indizien untermauert wurde sie offenbar von Hans Georg Wunderlich, einem deutschen Geologen. Er behauptete, die Anlage von Knossos sei kein Palast der Lebenden gewesen, sondern eine Nekropole nach ägyptischem Vorbild. Treppen oder Türschwellen aus Alabaster hätten seiner Ansicht nach der Leichtfüßigkeit von Geistern, nicht aber der regelmäßigen Benutzung durch Menschen standhalten können. Die großen vorgefundenen Gefäße seien nicht mit Vorräten, sondern mit Vorfahren gefüllt worden. Wunderlich wurde, obgleich kein Archäologe, vorübergehend zum Trendsetter. Allerorten tauchten nun angebliche Totenstädte auf, die die Lebenden auf das gesunde Landleben zu verweisen schienen.

Erklärungsnotstand herrscht bis heute auch bezüglich des berühmten Labyrinthes, das der Ingenieur und Architekt Dädalos für den Stiermenschen Minotauros gebaut haben soll. Verschwindend klein kann es nicht gewesen sein, und dennoch fand sich bislang keine Spur davon.

Außer Frage steht, dass die Minoer, obwohl vermutlich aus dem tiefen Anatolien gekommen, sich zu guten Seefahrern gemausert haben, die mit ihren Handelsschiffen weite Teile des Mittelmeers befuhren. Töpferwaren, Schmuck, Honig, Olivenöl, Zedernöl, Heilpflanzen und seltene Gewürze sowie Safran gehörten zu den am häufigsten beförderten Waren.

Im Museum von Chania ist auf der Grundlage von Malereien ein schwimmfähiger Nachbau namens *Minoa* zu besichtigen. Danach zu urteilen, müssen die Vorbilder der minoischen Galeeren ägyptischen Ursprungs gewesen sein. Die Fahrzeuge waren 15 bis 20 Meter lang, 3 bis 5 Meter breit und hatten flache Böden ohne Kiel. Bei besonderen Anlässen und bei Windstille wurden Baldachine als Sonnenschutz aufgerichtet. Ihre Stabilität bezogen sie von ihrem Gewicht, das mit Steinballast erhöht wurde.

Im Gegensatz zu Kriegsfahrzeugen hinterließen Handelsschiffe Spuren am Meeresgrund: Ladung, Ballast, Werkzeug und Waffen. Das älteste Wrack der Welt wurde rund 80 Seemeilen östlich von Rhodos bei Ulu Burun gefunden. Es stammt aus dem 14. Jahrhundert v. Chr., ist also etwas jünger als die minoischen Schiffe, von denen es sich vor allem durch das Vorhandensein eines Kiels unterscheidet. Da nur etwa drei Prozent des Rumpfes erhalten waren, musste man dessen genaue Form rekonstruieren. Das Ergebnis, der Nachbau *Uluburun II*, kann sich sehen lassen und hat sich bei Testfahrten als durchaus seetüchtig erwiesen.

Gefahren wurde nur bei Tag. Navigation nach den Gestirnen führten die Phönizier im 7. vorchristlichen Jahrhundert ein. Leuchtfeuer gab es keine. Bis heute sind viele gefährliche Untiefen und vorgelagerte Klippen der Ägäis unbeleuchtet. Gute Karten und sichere Ortskenntnis gehören deshalb auch weiterhin zu den Voraussetzungen für Nachtfahrten.

Für die an Tagesdistanzen gebundenen Minoer war folglich Inselhüpfen angesagt. Die einzige Insel, die von Knossos oder von irgendeinem anderen Punkt der Nordküste Kretas aus an einem einzigen Tage zu erreichen war, ist Santorin.

# Schutt und Asche

*23. Mai.* „Atlantis voraus!“ Gustl steht am Bugkorb der *Solskin.* Den rechten Fuß auf der Ankerwinde, hält er sich mit der Linken am Vorstag und beschreibt mit der Rechten einen Bogen, der das atemberaubende Panorama des schneeweißen Caldera-Randes von Santorin umfasst. Der Schnee dort oben wird von den frisch gekalkten würfelförmigen Häusern gebildet, die uns signalisieren, dass wir es hier mit einer Vertreterin der Kykladen zu tun haben, der südlichsten des Archipels. Wir nähern uns der Enge zwischen dem Kap Akrotiri und dem Inselchen Aspro (Weiß). Von rund 200 Metern Tiefe geht es hier jäh auf 11 Meter, um dann, jenseits der Schwelle, in der Kaldera wieder auf 200 Meter abzufallen.

Die Überfahrt von Chania war rau aber herzlich. Gustl und ich sind kurz nach Tagesanbruch aufgebrochen und konnten nach rund einstündiger Motorfahrt glücklicherweise bald Segel setzen. Von da an ging‘s gerefft auf Am-Wind-Kurs in rauschender Fahrt nach Nordost. Ab und zu krimpte der Wind und ließ uns eine Weile Luft schöpfen. Das klitschnasse Deck der *Solskin* spricht für sich. Die Yacht lag zwar wie stets leicht am Ruder und schnitt die Wellen mit gewohnter Eleganz, aber dann und wann kommt halt immer mal eine See über, und sei es auch nur wegen der augenblicklichen Unaufmerksamkeit des Rudergängers.

Gustl ist Tiroler, gelernter Architekt, der vor langer Zeit auf Lebenskünstler umgeschult und die Ägäis zu seinem ständigen Wirkungskreis erklärt hat. Ich lernte ihn vor nunmehr zehn Jahren bei einer meiner ersten Regatten kennen. Sommers lädt er zahlende Chartergäste auf seine *First 459* älteren Baujahres, im Winter gibt er den Skilehrer. Normalerweise hat er für Törns auf einem fremden Boot gar keine Zeit, muss sich darauf konzentrieren Geld zu verdienen. Ich hab‘s einfach mal probiert und ihn von Kreta aus angemailt. Und wider Erwarten einen Treffer gelandet. Seine eigene *Bouboulina II* liegt gerade in einer

Bootswerft bei Bodrum zur Überholung des Riggs, so dass er ein oder zwei Wochen erübrigen kann.

Obwohl selbst kein Anfänger, konnte ich viel von ihm lernen, vor allem über die Handhabung des Spinnakers, mit dem ich wie viele andere Segler bis dahin auf Kriegsfuß stand. Aber auch sein Sozialverhalten machte trotz einer gewissen gepflegten Schlampigkeit Eindruck auf mich. Trotz Scheidung und permanenter Geldnot hat er sich seine entspannte Lebensart bewahrt. Dass er umgehend auf meine Kosten nach Kreta geflogen ist und nun für eine Weile an Bord der *Solskin* bleibt, betrachte ich als Glücksfall.

Knapp 14 Stunden haben wir für die rund 80 Seemeilen gebraucht, das ergibt einen Schnitt von fast sechs Knoten. Für eine ältere Fahrtenyacht wie die *Solskin* ein sehr respektabler Wert.

Nun wird's höchste Zeit, ein Plätzchen für die Nacht zu ergattern. Kein ganz leichtes Unterfangen auf Santorin. Rechts thront der Leuchtturm von Akrotiri auf dem Kamm der steil zum Meer hin abfallenden Wand. Thera, wie die Insel auf Griechisch heißt, lag auf der vormals wichtigen Handelsroute Piräus – Alexandria und war daher eines weithin sichtbaren Leuchtfeuers wie dieses würdig. Gebaut wurde es 1892, nicht etwa von Griechen, sondern von dem Unternehmen der Franzosen Camille Colas und Blaise Michel.

Im Bemühen, ihren Einfluss bei der Hohen Pforte zu mehren und die Sicherheit im Schiffsverkehr der mediterranen Wasserstraßen zu erhöhen, hatte der französische Hof um die Mitte des 19. Jahrhunderts angeregt, Leuchtfeuer an die neuralgischen Punkte der osmanischen Küsten zu pflanzen. Sultan Abdülmecid I. ließ sich überzeugen und gab den beiden rührigen Architekten Colas und Michel grünes Licht. Die bauten in den folgenden zwanzig Jahren nicht weniger als hundert Leuchttürme in all jenen Teilen des Mittelmeers, die damals zum Einflussgebiet der Osmanen gehörten. Zwar mussten sie das Gebührenaufkommen brüderlich mit ihren Auftraggebern teilen, aber es blieb genug übrig, um die beiden zu Millionären werden zu lassen.

Wir fahren mit Maschinenkraft zwischen dem südwestlichen Zipfel von Thera und Aspronisi hindurch und spähen die Ostküste aus. Im zweiten Jahrtausend vor Christus soll Thera einer der bedeutendsten Häfen des östlichen Mittelmeeres gewesen sein. Davon blieb nach dem vernichtenden Vulkanausbruch nicht viel übrig. Die Kalderawände fallen unter Wasser genauso steil und tief ab wie sie sich über Wasser erheben. Man muss daher sehr dicht unter Land, damit der Anker Grund findet und wird selbst dann von einer fast auf und nieder stehenden Kette ohne wirkliche Bodenhaftung nur schlecht gehalten. Die bei Tag und Nacht vorüberziehenden Kreuzfahrtschiffe produzieren ständig unangenehmen Schwell, so dass man sich stets nur mit schlechtem Gewissen vom Boot entfernt, um die Insel zu besichtigen.

Nicht genug damit, ist der Meeresboden durch Erosion, Erdbeben und kleinere Vulkanausbrüche der vergangenen Jahrhunderte von Geröll übersät. Wenn sich die Ankerfluken erst einmal einen ordentlichen Brocken gegriffen haben, wird's zum Geduldsspiel, den Anker wieder frei zu bekommen. Die energische Fahrt *volle achteraus* hilft manchmal, wobei die Kette natürlich nicht über das Spill laufen, sondern am Klampen belegt sein sollte. Dann kommt entweder der Anker los oder das Vorschiff verabschiedet sich vom restlichen Rumpf.

Wir könnten Exomitis, die Marina an der Südspitze anlaufen. Die ist aber von unreinem Grund umgeben, weit von der Stadt Fira entfernt und atmet den Charme eines aufgelassenen Steinbruchs.

Der Athinios-Hafen, den wir gerade an Steuerbord querab haben, ist den großen Kreuzfahrtschiffen und Fähren vorbehalten. Ein wegen zahlreicher Klippen gefährlicher Ort. Wahrscheinlich fahren wir just in diesem Augenblick über das in etwa 60 Meter Tiefe auf dem Grund liegende Wrack der *Sea Diamond.*

Als Fähre *Birka Princess* 1986 in Betrieb genommen, fuhr das Schiff schon zu seinen Ostsee-Zeiten meist im Kreuzfahrtdienst. Nachdem sie 1999 in Bremerhaven umfangreiche Veränderungen erfahren hatte, verlegte der neue Eigner sie ins Mittelmeer und setzte ganz und gar auf die Kreuzfahrtkarte. Bei einem Wendemanöver hier im Bereich dieser primitiven Anlage, für die der Begriff Hafen geschmeichelt ist, stieß das als *Sea Diamond* fahrende Schiff im April 2007 auf einen Felsen und lief langsam aber stetig voll.

Eine ganze Weile lag es mit wachsender Schlagseite noch an dieser Stelle, während man das ausströmende Öl mit Schwimmschläuchen an unkontrollierter Dispersion zu hindern trachtete. Irgendwann waren die letzten Auftriebskräfte verbraucht, die Lenzpumpen der *Sea Diamond* unterlagen im Kampf gegen die unablässig eindringende See, und das Schiff sank auf etwa 60 Meter Tiefe. Um Schadensersatzforderungen vorzubeugen, die angesichts vielfach verschachtelter Eigentumsverhältnisse ohnehin selten realisierbar sind, wurde sie mit dem Placet der EU-Kommission als Müll deklariert. Müll mit vermutlich zwei Toten: ein französischer Passagier und seine Tochter sind und blieiben verschollen.

Ich betrachte im Vorüberfahren den kruden Zementkai des Hafens. Vermutlich ein Beispiel für die Verwendung von Santorin-Erde. Beim Ausbruch von Vulkanen wie dem von Thera kommt es neben dem Ausfluss glühender Lava regelmäßig auch zur Entstehung pyroklastischer Ströme. Ein tödliches Gemisch aus Gas, Asche und Gesteinsbrocken rast wie auf einem Kissen von bis zu 800 Grad heißer Luft mit der Marschgeschwindigkeit eines Düsenjets den Hang hinunter. Das bloße Einatmen des Asche-Gas-Gemischs würde die Lunge eines Menschen augenblicklich in einen Zementblock verwandeln.

Diese Reaktion der erkalteten, Santorinerde genannten Masse mit Wasser machte man sich früher vor allem beim Bau von Kaianlagen oder Kanalbefestigungen zunutze. 1866 kamen französische Techniker hierher, um in großem Stil Erde zu gewinnen, die dann beim Bau des Suezkanals verwendet wurde. Dabei legten sie beim Dorf Akrotiri, in der Nähe des Leuchtturms, zufällig Mauerstücke und Scherben frei, die auf eine bronzezeitliche Siedlung deuteten. Da aber zur gleichen Zeit Sir Arthur Evans auf Kreta die Welt mit seinen Knossos-Ausgrabungen in Verzückung versetzte, gerieten die Funde von Akrotiri bald in Vergessenheit.

Zwischen der ominös rauchenden Neo-Kammeni-Insel links und der dunkel-unbehaglich aufragenden Steilwand von Santorin rechts gelangen wir zum Ammoudi genannten zweiten Hafen. Hier lag man früher mit einer 50 Meter langen Leine an einer dicken Festmachertonne, die eigentlich für die Großschifffahrt gedacht war. Das geschützte innere kleine Hafenbecken ist zu seicht für Yachten und bleibt Fischerbooten vorbehalten.

Der Liegeplatz war prekär. Nur wenige Meter von der Bodenstation der Drahtseilbahn entfernt, gelangt man rasch nach oben, in die Stadt. Wenn man es nicht vorzog, auf dem Rücken eines eigensinnigen Maultiers den Serpentinenweg hochzuschaukeln. Im Laufe des Tages trafen oftmals große Motoryachten in Ammoudi ein, die mit ihrem Gewicht die Festmachertonne näher ans Land heranzogen. Die Leinen kleinerer, leichterer Yachten, die eben noch auf Zug waren, hingen nun schlaff durch und boten keinen ausreichenden Halt mehr. Deshalb warf man als Skipper immer mal wieder einen sorgenvollen Blick nach unten.

Gustl hat inzwischen das Ankergeschirr klariert. Ich zeige aufs Ufer, blicke ihn fragend an, aber er schüttelt den Kopf und weist nach Norden. Ich ahne, was er meint. Die Bucht unterhalb des Ortes Oia ist ausgezeichnet gegen den Nordwind geschützt und flach genug, um einen passablen Ankerplatz abzugeben. Auch ich habe dort schon mehrmals gelegen. Der Nachteil: es gibt keine Seilbahn und nur wenige Maultiere. Also muss man den Gipfelstürmer spielen und die Besteigung in Angriff nehmen. Je nach dem, zu welcher Tageszeit der Aufbruch erfolgt, muss man darauf gefasst sein, schweißtriefend und völlig aufgelöst das Dorf zu erreichen.

Andererseits ist Oia, der Ort auf dem Kamm, für seine unvergleichlichen Sonnenuntergänge berühmt, um derentwillen viele Touristen gegen Abend extra mit Bus oder Taxi von Fira herübergefahren kommen.

Wir haben die richtige Entscheidung getroffen, wie es scheint. Die Bucht ist nahezu verwaist. Eine Bavaria mit österreichischer Flagge dümpelt im Rhythmus der abklingenden Dünung. Das Zwielicht der kurzen Dämmerung dieser südlichen Breiten reicht gerade, um das Manöver zu beenden. Mit gebührendem Abstand vom Österreicher lassen wir den Anker fallen und köcheln uns ein bescheidenes Abendmahl. Für einen Gang ins Dorf ist es zu spät. Aber wir sind beide ohnehin ziemlich ausgelaugt von unserem scharfen Ritt nach Norden und kriechen in unsere Kojen.

Nächte im Schatten eines aktiven Vulkans haben für manche vielleicht etwas Faszinierendes. Ich selbst mache mir wenig draus. Bei Montserrat, einer kleinen vulkanischen Antilleninseln zwischen Guadeloupe und Antigua, musste ich vor fünf, sechs Jahren einmal Station machen. Im Gegensatz zu Santorin raucht der Schlot der Soufrière Hills noch so kräftig, dass es, je nach Windrichtung, ordentlich nach der Werkstatt von Hephaistos stinkt.

Aber dafür liegt man dort zumindest nicht in einer immer mal wieder sauer aufstoßenden Caldera. Egal, ich nehme es einfach als Preis, den ich dafür entrichten muss, einmal mehr einige der ältesten und kunstvollsten Fresken der Welt genießen zu dürfen.

## Das einsame Grab

Am Morgen überprüfen wir sogleich die gestrigen Ankerpeilungen und stellen zufrieden fest, dass wir weder vertrieben wurden, noch den Abstand zum Nachbarn falsch eingeschätzt haben, wäre ja auch noch schöner gewesen. Jetzt kommen erstmals auf dieser Reise Dinghy und Außenborder zwecks Landgang zum Einsatz.

Beide zusammen sind die Gottesgeißeln der Ägäis-Segelei. An Bord tut man sich schwer, das aufgeblasene sperrige Gummiding vernünftig unterzubringen. Überall liegt es im Weg, bildet Stolperfallen und betätigt sich als Schotklemme. Hinterherschleppen bremst die Fahrt und produziert unerwünschte Ruderwirkung. Schlägt das Teil plötzlich voll, verzehnfacht sich auf einen Schlag sein Gewicht, die Schleppleine reißt und das Dinghy geht auf Sehrohrtiefe. Achtern hochkant aufgestellt, wirkt es wie ein Besansegel und blockiert die Sicht nach hinten.

Außenborder arbeiten im Gegensatz zum Yachtmotor mit Fremdzündung. Da Elektrik und Seewasser in diesem Leben keine Freunde mehr werden, ist der Start per Reißleine eine Geduldsprobe. Und gefährlich für Passagiere, die der weit ausholenden Reißhand des Dinghy-Skippers zu nahe kommen und wie von Vitalij Klitschkps hammerhaftem Jab getroffen ins Wasser plumpsen. Reagiert der halb abgesoffene, bläulichschwarzen Qualm ausstoßende Außenborder endlich aufs Vollgas, geht's ab durch die Mitte. Sofern man in der Aufregung nicht vergessen hat, die Dinghyleine zu lösen, sonst kommt die nun rasch steif, reißt den Bug des Dinghys herum und katapultiert alle Insassen des Gummibootes zackig über Bord. Super Schauspiel für die anderen Ankerlieger.

Besonders perfide Außenborder funktionieren eine Weile zum Schein, als könnten sie kein Wässerchen trüben. Bis man etwa auf halber Strecke angekommen ist. Dann beginnen sie plötzlich unmotiviert zu stottern und zu qualmen. Schließlich setzt der Motor aus, und die Insassen stellen erstaunt fest, dass sich ein auf dem Meer treibendes Dinghy nicht wirklich gegen Wind und Welle rudern oder paddeln lässt. Springt er mit viel Glück wieder an, kann es einem bei aufkommendem Seegang passieren, dass die dicht unter der Wasseroberfläche drehende Schraube im Rhythmus mit den Wellen mehr Luft als Wasser quirlt und kaum noch Vortrieb liefert. Ich hasse Dinghys.

Als Sir Arthur Evans auf Kreta gerade mit den Ausgrabungen des Palastes von Knossos begann, wurde auf Kefalonia der Knabe Spiridon Marinatos geboren, der bald in Evans' Fußstapfen treten sollte. Der junge Spiridon entschied sich für das Studium der Archäologie, das ihn in den goldenen zwanziger Jahren auch vier Semester lang nach Deutschland brachte.

Kurz vor Ausbruch des Zweiten Weltkrieges stieß er bei der Ausgrabung eines bronzezeitlichen Herrenhauses im Umfeld von Knossos auf Bimssteinschichten, die von einem Vulkanausbruch herrührten. Kreta hat keine Vulkane. Also konnten sie nur von der sogenannten *minoischen Eruption* auf Santorin stammen. Eine riesige, von dieser Vulkanexplosion ausgelöste Flutwelle, so vermutete Marinatos, hatte die minoischen Bauten Kretas hinweggeschwemmt und Ruinen unter Bimssteinschichten begraben. Das klang plausibel. Heute glaubt man zu wissen, dass der von Marinatos unterstellte enge zeitliche Zusammenhang zwischen den beiden Ereignissen – Vulkanausbruch und Untergang der minoischen Kultur – nicht gegeben ist. Analysen von Bohrkernen des Grönlandeises deuten auf einen zeitlichen Abstand von mindestens einem Jahrhundert.

In den 1960er Jahren steht Marinatos so weit oben auf der Karriereleiter, dass er endlich in eigener Regie mit Ausgrabungen auf Santorin beginnen kann. Ursprünglich sollten die nur den Beweis für seine Tsunami-These liefern. Wie hätte er ahnen können, dass er am Grabungsort Akrotiri auf eine bronzezeitliche Stadt von erstaunlichen Dimensionen stoßen würde, wo man noch heute buddelt und schürft.

Sieben Jahre lang waren Marinatos und seine örtlich rekrutierten Arbeiter in Akrotiri beschäftigt. Dabei handelt es sich nicht um irgendwelche Jahre, sondern um die Periode von 1967 bis 1974, sprich die berüchtigte *Heptaetia*, die von der Diktatur der Obristen-Junta beherrscht wurde. Das ist insofern bemerkenswert, als Intellektuelle bevorzugt Opfer der Junta-Willkür und ihren politischen Hexenjagden wurden. Dass jemand wie Marinatos unter dem Regime aufblühte, macht nachdenklich. Während Prominente wie der Dichter Iannis Ritsos oder der

Komponist Mikis Theodorakis auf abgelegenen öden Eilanden qualvolle Jahre der Haft und Folter durchlebten, ließ man Marinatos auf Santorin gewähren.

Der bedankte sich für die Ellenbogenfreiheit artig mit Reden, in denen er die Junta als das Beste bezeichnete, was Griechenland in seiner augenblicklichen Lage widerfahren konnte. Da mag der historische Weitblick die zeitgenössische Perspektive gehörig verzerrt haben.

Einen Palast wie Arthur Evans in Knossos fanden weder Marinatos noch seine Nachfolger in Akrotiri. Augenscheinlich war die Herrschaftsstruktur hier nicht monarchisch, sondern oligarchisch geprägt. Adlige Familien bewohnten mehrstöckige, geräumige, üppig verzierte Häuser aus unbehauenen Tuffsteinen, die mit Ton vermörtelt waren. Ein sehr aufwändiger Baustil für die Epoche. Doch das war nur das Äußere der Patrizierhäuser. Ihr Inneres schmückten wunderbaren Fresken im Stil von Knossos, deren perfekte Ausführung, thematische Vielfalt und künstlerische Verspieltheit auf private Auftragswerke schließen lassen. Hier schuf sich der extravagante Geschmack verwöhnter Adliger und reicher Kaufleute eine ganz eigene Ästhetik.

Papyrusdolden, Lilien, Vögel, Antilopen oder blaue Affen signalisieren Naturverbundenheit ebenso wie eine Schwäche für ausschweifende Exotik und Ignoranz in Primatenkunde. Dass die Künstler auch komplexe, großflächige Kompositionen zu erstellen wussten, zeigen die Bilder von Flusslandschaften oder die berühmte Flottenparade. Von anatomischem Interesse sind einige Darstellungen von Menschen bei Arbeit und Spiel.

Zwei boxende Kinder zum Beispiel biegen ihre Körper fernab jeder anatomisch-orthopädischen Realität. Ein nackter Fischer von ebenfalls seltsam entbeinter Plastizität trägt seinen Fang an zwei Schnüren nach Hause. Sein Oberkörper ist dem Betrachter frontal zugewandt, während Unterkörper, Beine und Füße im Profil abgebildet sind, wie man es von ägyptischen Wandmalereien kennt.

Ägyptischer Machart ist auch das am besten erhaltene der sieben Schiffe der Flottenparade. Reich verziert, wird es von 48 eher mühsam paddelnden als rudernden Männern fortbewegt. Mit wenig seetüchtigen Prunkfahrzeugen wie diesem konnten die Bewohner Akrotiris unmöglich jene *Thalassokratie*, die Herrschaft über die Ägäis und das Mittelmeer erlangt haben, die man ihnen nachsagt.

Es ist schwer, sich vom einzigartigen Zauber der verblüffend zeitlosen Fresken von Akrotiri zu trennen. Vermählen sich doch in ihnen der Reiz eleganter, geschmackvoller Lebensführung mit der Melancholie des verlorenen Paradieses, denen auch negativ besetzte Darstellungen von Schiffsuntergang und Ertrinkungstod keinen Abbruch tun.

Dank der konservierenden Wirkung der Vulkanasche und des Bimssteins wissen wir in etwa, wie der Alltag der Menschen aussah, was man aß – Zwiebel und Hülsenfrüchte erfreuten sich großer Popularität – und wo man arbeitete. Die Insel gab schon vor dem Vulkanausbruch nicht genug her, als dass ihre Bevölkerung von den Erträgen der Landwirtschaft hätte leben können. Fischerei, Seefahrt und verarbeitendes Gewerbe waren deshalb die wirtschaftlichen Standbeine.

Im Gegensatz etwa zu Pompeji und Herculaneum hat man in Akrotiri weder versteinerte oder andere menschliche Überreste noch Wertsachen gefunden. Die im Schatten des Vulkans lebenden Menschen müssen also frühzeitig gespürt haben, was da auf sie zukam und geflüchtet sein. Doch wohin wandten sie sich?

Weder auf benachbarten Inseln wie zum Beispiel Milos oder an den Küsten Kleinasiens oder Ägyptens hat man je von den Santorinern gehört, noch ist man auf irgendwelche Spuren einer Einwanderungswelle im Gefolge eines Vulkanausbruches gestoßen. Man wird also davon ausgehen müssen, dass die Bevölkerung der Insel mitsamt ihren Habseligkeiten von den gewaltigen freigesetzten pyroklastischen Strömen oder von Gesteinsbrocken erwischt wurde. Und dann war da ja noch der Tsunami, wiewohl der im freien Seeraum wenig Schaden anrichtet.

Wer daran gewöhnt ist, seine Thesen durch Ausgrabungsfunde zu erhärten, sollte eigentlich gegen mythische Spekulationen gefeit sein. Nüchterne, wissenschaftlich geerdeten Archäologen wie Dörpfeld oder Furtwängler traten jedoch immer wieder schwärmerische Geister wie Schliemann oder Evans entgegen. Marinatos' Persönlichkeit vereint Züge beider Sinneshaltungen. Die systematische Kleinarbeit, die er in Akrotiri leistete, bewahrte ihn nicht vor bunt schillernden Mutmaßungen.

Wenn der Vulkan von Santorin für die Überflutung von halb Kreta gesorgt hatte, so Marinatos, warum sollte die große Insel des Zeus und des Minotaurus nicht mit jenem Atlantis identisch sein, deren Untergang Platon in seinen sokratischen Dialogen beschreibt? Die wissenschaftliche Methode, mit deren Hilfe Marinatos den Beweis für die Richtigkeit dieser These erbringen zu können gedachte, skizziert er wie folgt:

> *Erst müssen wir klären, ob wir es mit einer Fabel oder einer historischen Legende zu tun haben … dann müssen wir alle Mythen, die einen historischen Kern haben, sorgfältig studieren und danach … versuchen, die rein historischen Elemente von allen anderen zu trennen, um sie mit anderen zu kombinieren, und so zu mehr oder weniger historischen Schlüssen zu gelangen. (Ü. d. A.)*

Kann ja so schwer nicht sein, oder? Wirklich überzeugend, wen wundert's, fiel die Anwendung seiner Methodik nicht aus. Atlantis bleibt auch nach Marinatos, in den Worten Winston Churchills, ein *Rätsel, verwickelt in ein Mysterium im Kern eines Geheimnisses.*

Immerhin liefert uns die Fokussierung des Archäologen auf Platon ein wichtiges Indiz für das Verständnis seiner Geisteshaltung. So ist durchaus denkbar, dass der in Jahrhunderten und Jahrtausenden denkende Marinatos die griechischen Obristen mit den Wächtern des platonischen Staatsgebildes der *Politeia* gleichstellte, aus deren Mitte die Philosophenführer hervorgehen. In diesem Fall ist seine Überzeugung nachzuvollziehen, dass das unruhige Griechenland an der Schwelle der 1970er Jahre der eisernen Hand der Junta bedürfe. Den Obristen ihrerseits wird's ganz ordentlich geschmeichelt haben.

Wenn Marinatos dem Betrachter schon zu Lebzeiten Rätsel aufgab, dann ist erst recht sein Unfalltod 1974 geeignet, Verschwörungstheorien zu befeuern. Das beginnt bereits beim Zeitpunkt. Als wohlwollender Begleiter der Junta stirbt er just in dem Augenblick, als die Obristen abdanken müssen und die Demokratie in Griechenland wieder hergestellt wird. Wie versichern uns erfahrene Kriminologen immer wieder: es gibt keine Zufälle.

Bezüglich der Einzelheiten des Unfallhergangs kursieren mindestens zwei Versionen. Eine lautet, er sei an der sogenannten *Telchinenstraße* von einer einstürzenden Mauer erschlagen worden. Telchinen sind kleinwüchsige Schmiede der griechischen Mythologie, die unter anderem den Dreizack Poseidons gefertigt haben sollen. Sie liehen der Hauptstraße Akrotiris deshalb ihren Namen, weil dort offenbar allerlei Werkstätten angesiedelt waren.

Nicht dass einstürzende Altbauten in Akrotiri selten gewesen wären. Es gab statische Probleme zuhauf. Die Holzpfeiler, die den Wänden Halt verleihen, waren unter der versiegelnden Vulkanasche verfault und morsch geworden. Sie zu ersetzen dürfte sich schwierig gestaltet haben und vielleicht nicht immer ganz fachgerecht ausgeführt worden sein. Wie zur nachträglichen Bestätigung, gab im Jahre 2007 ein Teil der künstlichen Überdachung des Ausgrabungskomplexes nach und tötete einen britischen Touristen, was bis 2012 zur Vollsperrung der gesamten Anlage führte, durch die bis dahin jährlich etwa 250.000 Besucher geschleust worden waren. Wenn das bedauernswerte Opfer noch einen letzten Gedanken hatte, dann dürfte er der Berufsblindheit von Atropos gegolten haben: Eine Viertelmillion Menschen! und ausgerechnet mich erwischt's. Was habe ich bloß verbrochen?!

Eine zweite Version besagt, Marinatos habe eine Mauer erklommen und sei herabgestürzt. Dabei habe er sich den Kopf an einem Stein angeschlagen und sei seiner schweren Verletzung erlegen. Das muss die Version der zuständigen Haftpflicht- oder Unfallversicherung gewesen sein. Mitwirkendes Verschulden berechtigt zur Minderung der Schadenssumme.

Marinatos Leiche wurde zunächst inmitten der Ruinen von Akrotiri beigesetzt, wo ich in den 1990er Jahren Gelegenheit hatte, Blumen auf sein Grab zu legen. Später wurde er umgebettet und hat jetzt sein noch einsamer wirkendes Grab am Rande seiner früheren Wirkungsstätte. Demnächst soll ein weiterer Umzug ins Haus stehen, der durch die ständige Vergrößerung der Ausgrabungsfelder bedingt sein mag. Irgendwie scheinen solche Umbettungen die Verlegenheit der Griechen im Umgang mit diesem prominenten aber politisch problematischen Archäologen zu versinnbildlichen.

Gustl hat seinen Besuch im Museum der Stadt Fira abgeschlossen. Fira ist das italienisch verballhornte Thera. Wir besteigen ein Taxi und fahren über die Steiluferstraße auf dem Kamm der Caldera zurück nach Oia, das wie im amerikanischen Lied von Old MacDonald und seiner Farm ausgesprochen wird.

Als gefühlter Architekt ist Gustl in die kubischen Kykladen-Häuschen verknallt. Das Kalkweiß reflektiert die Sonnenstrahlen, hält somit das Innere kühl und sollte früher die Verbreitung von Seuchenkeimen unterbinden. Für ausreichend Lüftung sorgt der Meltemi. Auch ihre scheinbar labyrinthische Anordnung hat System. Die verwinkelten Sträßchen spendeten Schatten und waren leichter zu verteidigen als breite Alleen.

„Aber was für ein Alptraum für Briefträger!" Gustl lacht. „Nein, jetzt mal im Ernst. Hast du hier irgendwo Hausnummern gesehen?" Nein, habe ich nicht. „Der weiß eben, wo der Georgios oder die Efstathia wohnen. Und wenn nicht, dann fragt er sich durch, nehme ich an. Außerdem, wer kriegt heute noch Briefe?"

In Oia, an der westlichen Abbruchkante der Caldera, finden wir ein hoch gelegenes Plätzchen mit Ausblick auf den anstehenden Sonnenuntergang und heben die hohen milchigen Ouzogläser gegen das blutrote Licht.

„Ich bin ganz froh, mitgekommen zu sein. Die Bagage, weißt, geht mir oft wild auf den Nerv.“ Ich verstehe, worauf Gustl anspielt. Seine zahlenden Gäste kommen oft nur an Bord der *Bouboulina II*, um ordentlich zu zechen. Das ist unangenehm und letztlich auch gefährlich, weil Gustl dann ohne Alkotest nicht weiß, wem er das Steuer anvertrauen kann. Deshalb kehrt er alledem zwischendurch gern mal den Rücken.

Nicht mehr ganz nüchtern sind wir allerdings jetzt auch. Steifbeinig staksen wir ein paar Stunden später die engen Serpentinen von Oia nach unten, zur Anlegestelle, wo wir das Dinghy zurückgelassen haben. Bis wir unten sind, ist ein Teil des Alkohols wieder verdampft. Der Außenborder springt schon beim zweiten Versuch an, persönlicher Rekord. Gustl war so umsichtig, meine rote Laterne aus der Backskiste zu klauben und auf halbmast zu ziehen, so dass wir die *Solskin* auch im Dunklen leicht identifizieren. Während der *Antigua-Week* verbrachte ich einmal die halbe stockfinstere Nacht damit, meine Yacht unter zig anderen in einer weiten Bucht verankerten Regattabooten wiederzufinden.

Als wir ruhig zur *Solskin* tuckern, um uns keinen nassen Hosenboden einzuhandeln, überholen uns zwei unserer österreichischen Nachbarn mit Vollgas und großem Hallo. Wir sehen, wie sie die schräg aus dem Wasser ragende, offensichtlich unter Spannung stehende Ankerkette ihrer Yacht ansteuern. Kurz darauf, wir trauen unseren Augen nicht, hängen die beiden mit gestreckten Armen an der Ankerkette, bis zum Bauch im Wasser, während ihr unbemanntes Dinghy ungerührt Richtung Steilwand weiterfährt. Eine ganze Weile noch hören wir das Gummiboot irgendwo im Dunklen gegen die Felsen wummern, einem Fußball gleich abprallen und wieder mit heulendem Außenborder aufprallen, als wollte es sich durch die Steilwand bohren. Gustl grinst: „Ich dachte, ich hätte schon alles gesehen. Holen wir's ihnen?“ „Klar, machen wir. Hoffentlich schwimmt es noch bis dahin.“ Ich hasse Dinghies.

# Kolossal banal

*27. Mai.* „Wo ist dein Spinnaker?“ Gustl hat Recht, eigentlich wäre der jetzt angebracht. In dem Maße, wie man sich auf Ostkurs dem Dodekanes-Archipel nähert, passt sich der Nordwind dem Verlauf der türkischen Küste an, schwächt sich dank der Reibungsverluste merklich ab und wird schließlich fast zum Westwind. Aber den Spinnaker der *Solskin* zu setzen, ist ein mühsames Geschäft, zumal nachts. Wenn bei Dunkelheit etwas schiefgeht, hat man nicht Hände genug, schnell zu reagieren. Das Ballonsegel legt sich auf die Seite, füllt sich mit Hektolitern Meerwasser und wird zum Treibanker. Geht auch ohne. Seit wir das Nordkap von Santorin passiert haben, sind wir flott vorangekommen. Noch zwölf, dreizehn Stunden und wir haben Mandraki, den Hafen von Rhodos Stadt erreicht.

Den Weg in umgekehrter Richtung gegen Wind und Welle anzufahren ist erheblich unangenehmer. Mit einer 52-Fuß-Yacht hatte ich in den 1990er Jahren dieses zweifelhafte Vergnügen. Unser Kurs führte nördlich an Tilos vorbei, Richtung Astypalaia, Anafi und Santorin. Kurz hinter dem winzigen Felseneiland Kandelioussa heftete sich plötzlich ein Fahrzeug an unsere Fersen, das wir trotz unserer muskulösen Motorisierung nicht abschütteln können. Das Boot, von dem wir nie mehr als Dampferlicht und Navigationslaternen sahen, hielt stets in etwa den gleichen Abstand, wie ein geprügelter Hund, der seinem angeblich besten Freund nicht mehr über den Weg traut und lieber etwas Abstand hält.

Irgendwann wurde mir das zu bunt. Ich stoppte auf, knipste die Decksbeleuchtung an und stellte mich mit einer weißen Signalrakete demonstrativ in Schussposition. In der Ostsee hatte ich früher gelegentlich offenbar eingedöstes Brückenpersonal passierender Frachter durch gezieltes Raketenfeuer an die Einhaltung der Vorfahrtsregeln erinnert. Rückblickend bin ich heilfroh, dass sich unter den Schiffen keines mit feuergefährlicher oder explosiver Fracht befand.

Der mysteriöse Verfolger stoppte ebenfalls und peilte uns auf dem Notfall-Kanal 16 an, ein klarer Verstoß gegen die Funkregeln, der mich noch misstrauischer werden ließ. Angeblich hatte er die Orientierung verloren und bat mich um eine GPS-Position. Das war ungewöhnlich, aber keineswegs unerhört. Analoge Navigation von Hand begann damals für viele Skipper auszusterben, und wenn dann das GPS-Gerät verrückt spielte oder der Strom ausfiel, war Not am Mann. Vielleicht handelte es sich um einen Türken. Deren Kenntnisse in Navigation und Seemannschaft waren in jenen Jahren besonders lückenhaft. Ich erfüllte seine Bitte, und der seltsame Begleiter verschwand in der Dunkelheit.

Heute würde ich natürlich sofort an Menschenschmuggler denken, aber das Schlepperunwesen steckte noch in den Kinderschuhen. Illegale wurden heimlich des nachts von der Türkei nach Griechenland übergesetzt und ausgeladen. Das hat sich in den letzten Monaten dramatisch geändert. Dieser Tage werden ahnungslose Flüchtlinge auf viel zu kleine, schlampig gefertigte Schlauchboote gequetscht und sich selbst überlassen. Oder man setzt sie an irgendeiner Felseninsel mit der Maßgabe ab, noch eben über jenen Hügel zu klettern, dahinter würden sie gleich die Lichter der Akropolis funkeln sehen.

Die Einfahrt nach Mandraki ist eigentlich kaum zu verpassen, aber wir zwei alte Hasen hätten es fast geschafft. Die beiden Tierskulpturen auf den Molenköpfen und die St. Elmo-Festung aus der Zeit der Kreuzritter sowie die drei ewig von hungrigen Katzen umlagerten Windmühlen machen den Hafen unverwechselbar. Mandraki ist nur ein Hafenbecken von mehreren, die um 408 v. Chr. entstanden. Mit der allmählichen Verlagerung auf die Seefahrt als Haupterwerbszweig brauchte man einen geräumigen Hafen, dessen Bau die finanziellen Möglichkeiten eines jeden der drei Stadtstaaten Ialos, Lindos und Kamiros überstiegen. Also taten sie sich zusammen und warfen die Finanzen in einen Topf. Solche Formen von Zusammenarbeit sind eher die seltene Ausnahme im griechischen Zusammenhang. Meist gönnten die einzelnen Stadtstaaten den jeweiligen Konkurrenten nicht das Schwarze unter dem Fingernagel.

Der kurze Augenblick geistiger Verwirrung beim Einlaufen wäre nicht passiert, hätte uns an der Einfahrt der Koloss von Rhodos begrüßt. Dass der hier mit je einem Fuß und gespreizten Beinen auf den Molenköpfen stand, wie auf vielen Abbildungen zu sehen, ist schon aus statischen Gründen äußerst unwahrscheinlich. Tatsächlich wachte er nach Ansicht der Fachleute von einer Position weiter oben mit geschlossenen Beinen über den Hafen, etwa von dort, wo sich heute der Großmeisterpalast der Ritter vom Johanniterorden befindet. Der wurde nämlich etwas respektlos auf den Ruinen eines alten Heliosheiligtums errichtet, zu dem der den Sonnengott darstellende Koloss gehörte.

Das Adjektiv kolossal hatte im antiken Sprachgebrauch noch nicht seinen heutigen Ehrfurcht heischenden Klang. Ursprünglich bezeichnete das Wort schlicht Statuen, die die durchschnittlichen, damals recht bescheidenen menschlichen Körpermaße überschritten. Das trifft auf die *Kouroi*, überlebensgroße Statuen nackter junger Männer, ebenso zu wie auf Skulpturen, die man auch heute als kolossal bezeichnen würden: die gewaltige Zeus-Statue von Olympia etwa oder die neun Meter hohe Apollo-Statue von Delos. Oder die mächtige Athene, um derentwillen und um die herum das Parthenon, das ja keine Tempelfunktion besaß, extra errichtet worden war. Und eben auf Helios, das kolossale Wahrzeichen von Rhodos.

Eine Fackel nach Art der New Yorker Freiheitsstatue benötigte der jedenfalls am Tage nicht. Da er aus Bronze bestand, dürfte er die gleißenden Strahlen der ägäischen Sonne reflektiert und die Besatzungen eintreffender Schiffe bisweilen geblendet haben. Daran wird es also kaum gelegen haben, dass der Koloss zum kurzlebigsten aller Weltwunder wurde.

Als sein Erbauer gilt der hiesige Chares von Lindos. Es heißt, er habe Selbstmord begangen, weil sein Kostenvoranschlag bei Weitem überschritten worden sei. Das sehen die Architekten und Handwerker unserer Tage schon etwas entspannter.

Lässt man einmal die frühen Holzskulpturen außer Betracht, so hatten damalige Bildhauer die Wahl zwischen den Werkstoffen Marmor oder Bronze. Beide waren vergänglich, die Kupfer-Zinn-Legierung Bronze noch um einiges vergänglicher. Sie ließ sich leicht einschmelzen und wiederverwenden. Viele bronzene Skulpturen des Altertums sind daher nur aus Berichten, von Bildern oder von Marmor-Kopien überliefert.

Ein Schnäppchen war der Koloss schon wegen des erhöhten Materialaufwandes sicher nicht. Der Haufen Bronze zu seiner Herstellung musste ja irgendwo herkommen. Da fügte es sich bestens, dass ein gewisser Demetrios mit dem bezeichnenden Beinamen *Poliorketis* (der Belagerer) nach einem so langen wie erfolglosen Versuch, die Stadt zu erobern, eine jener Belagerungsmaschinen, für deren Konzeption und Bau er berühmt war, einfach vor der Stadtmauer zurückgelassen hatte. Das Ungetüm war wohl zu sperrig für den Transport.

Die tapferen Verteidiger hatten jetzt zwei Möglichkeiten. Sie konnten die Maschine behalten, denn Belagerungen lagen ja schwer im Trend. Oder sie konnten das Ungetüm meistbietend veräußern. Rhodos entschied sich für die letztere Option und erzielte einen Erlös, der sich in eine Menge Bronze umsetzen ließ.

Weshalb die Bürger der Stadt eigentlich dem Sonnengott Helios für die Befreiung glaubten danken zu müssen, bleibt ihr Geheimnis. Vielleicht hatte Poliorketis sich einen Sonnenbrand eingehandelt und die ganze Sache mit hochrotem Kopf abgeblasen. Eine etwas bescheidenere Statue hätte es sicher auch getan, aber den Bürgerinnen und Bürgern stand der Sinn nun einmal nach Kolossalem.

Chares war so gewissenhaft gewesen, den Koloss nach zwölfjähriger Bauzeit 292 v. Chr. wenigstens noch fertigzustellen, bevor er sich aus dieser Welt stahl. Wie er beim Bau im Einzelnen vorging, um die Statik zu gewährleisten, ist so wenig bekannt wie das genaue Aussehen der etwa 30 Meter hohen Statue.

Spätere Historiographen und Reisende der Antike berichten, der Koloss habe aus einzelnen Sektionen bestanden, die, vermutlich mit Hilfe metallener oder hölzerner Gerüste, bündig aufeinandergetürmt wurden. Die Stretchversion mit den Füßen auf den Molenköpfen von Mandraki ist ein Phantasieprodukt westeuropäischer Renaissance-Maler. In dieser Pose hätte Helios binnen kurzem die Grätsche gemacht.

Von ästhetischen Erwägungen einmal abgesehen: Sollte der Gott tatsächlich nackt dargestellt worden sein, wie es den Gepflogenheiten der Zeit entsprach, hätte sein Gemächt über der Einfahrt eine nicht abreißende Kette von hafennahen Kollisionen verursacht.

Falls der Koloss aber in der für *Kouroi* geltenden Grundstellung mit geschlossenen Beinen aufgestellt wurde, hätte er bei der erstbesten stärkeren Bö umstürzen können. Das Problem der Bodenhaftung oder besser dessen beispielhafte Lösung lässt sich an der Freiheitsstatue im Hafen von New York studieren. Deren Erbauer, der Franzose Auguste Bartoldi, war offenbar vom Koloss inspiriert. Seine rund 50 Prozent höhere Fackelträgerin stützt sich auf die zahlreichen Falten ihrer Robe.

Dieser Kniff stand im Falle des nackten Helios-Kolosses nicht zur Verfügung. Man nimmt an, dass er sich auf einen Speer stützte, der ihm zugleich wehrhaftes Aussehen verlieh. Das allein hätte jedoch nicht gereicht. Vielmehr müssen in seinen hohlen Beinen Steinquader von erheblichem Gewicht als Ballast verborgen gewesen sein.

Einziger Hinweis auf das Erscheinungsbild des Kopfes der Statue waren die damals im Umlauf befindlichen Münzen, soweit sie Helios darstellten. Einige bilden ihn mit stilisierten Sonnenstrahlen ab, wie auf der heutigen Flagge Mazedoniens, andere ohne solches Beiwerk. Das Antlitz des Helios soll von Chares demjenigen des 323 v. Chr. verstorbenen Alexanders des Großen nachgebildet worden sein. Der hatte mit seinem nicht enden wollenden Feldzug schließlich auch Kolossales geleistet.

In den 30er Jahren des letzten Jahrhunderts stieß man bei Ausgrabungen auf ein Relief, das den Sonnengott zu porträtieren schien. Er hielt die rechte Hand zum Schutz gegen die Sonnenstrahlen über die Augen und hatte die Linke in die Hüfte gestemmt. Doch auch solche Gestik wäre dem Koloss wegen der notwendigen Verwringungen des Körpers schlecht bekommen. Bei der Person auf dem Relief dürfte es sich folglich nicht um Helios handeln, sondern um einen Olympioniken, der zum Beispiel einem eben geworfenen Speer hinterherblickt.

Kein Windstoß, sondern ein Erdbeben wurde dem Koloss 226 v. Chr. zum Verhängnis. Helios knickte buchstäblich ein und machte bei seinem Fall um die dreißig Häuser der sich schachbrettartig ausbreitenden Stadt platt. Seine Füße und Unterschenkel standen noch eine Weile wie ein achtlos zurückgelassenes Paar Stiefel herum, der Rest blieb einige Jahrhunderte lang über die Landschaft verteilt unbeachtet liegen.

Bis sarazenische Schrotthändler des Weges kamen und sich der Bronzeplatten liebevoll annahmen. Wie es der Zufall wollte, führten sie gerade jene neunhundert Kamele mit im Gefolge, die notwendig gewesen sein sollen, um die sperrigen Einzelteile der Statue wegzuschaffen. Ihre Spur, wie die der Kamele, verläuft sich im Staub der Levante.

Gustl und ich haben die *Solskin* inzwischen in Mandraki festgemacht. Noch etwas groggy von der Nachtfahrt, stolpern wir mit weichen Knien über die Planke an Land. Ich bin froh, ihn auf diesem Törn dabei zu haben, wenngleich mir sein Bierkonsum bisweilen grenzwertig erscheint. Aber was für ein Segler! Er pariert noch so kleine Drehungen der Windrichtung mit der entsprechenden Änderung der Segelstellung und verlangt der *Solskin* und mir einiges ab.

Vorbei an den albanischen Arbeitern, die mit ihren kleinen Hämmern die winzigen ovalen Kiesel des Katzenaugen-Pflasters festklopfen, laufen wir die mäßig belebte Ritterstraße hinauf. Die einzelnen, von steinernen Wappen gezierten Herbergen der sieben oder acht *Zungen* des Johanniterordens sind gut erhalten. Staaten in unserem Sinne kannte das Mittelalter kaum, weshalb man diese Botschaften des Ordens in *Zungen*, das heißt Sprachen oder Sprachgruppen, einteilte.

Oben angekommen, stehen wir vor dem Großmeisterpalast, in dessen prächtigem Rittersaal 1988 die Tagung der Staats- und Regierungschefs der damaligen Mitgliedsländer der EU stattfand. Andreas Papandreou, der damalige griechische Ministerpräsident und Sohn von Georgios Papandreou, der in den 1960er Jahren von König Konstantin abgesetzt worden war, hatte auch schon viele Jährchen auf dem Buckel. Mit allen Wassern gewaschen, hatte er Rhodos auch deshalb als Tagungsort gewählt, weil er den vergeblich an die Pforten der EG klopfenden Türken in Sichtweite gegenüber die *Zunge zeigen* wollte.

Die faschistische Vergangenheit der lange unter italienischer Besatzung stehenden Insel und Stadt schien hier niemanden zu stören. Obwohl ausgerechnet der Tagungsort, das Gebäude des Großmeisterpalastes, 1940 unter italienischer Besatzung in Mussolini-Gotik restauriert worden war und in seiner Protzigkeit die Erinnerung an jene Tage des sogenannten *Possedimento* wachhielt.

Die Italiener und nicht die Griechen hatten auch die Holzerker als typisch osmanische Attribute von den Herbergen entfernt. Sie dienten den in ihrer Bewegungsfreiheit eingeschränkten osmanischen Frauen als Aussichtsplattform, von der aus sie unverschleiert am öffentlichen Leben teilhaben konnten.

Derlei Skrupel plagten die Griechen nicht. Im Gegenteil. Der greise Papandreou, mit seinen künstlichen Herzklappen ein medizinisches Wunder der politischen Bühne, hatte beschlossen, es noch einmal richtig krachen zu lassen. Die im lästernden Volksmund nur Mimi genannte ehemalige Stewardess, mit der er sich zusammengetan hatte, war jung genug, seine Enkelin zu sein. Ihre barocken Formen ließen sich, wie ein Journalist der FAZ damals politisch unkorrekt aber zutreffend bemerkte, nur mit den Händen beschreiben.

## Schlangenbrut, Gorgonenblut

*30. Mai.* Von der Kos Marina zum alten Hafenbecken im Schatten der Johanniterfestung ist es kaum weiter als ein Katzensprung. Doch der Spaziergang am Ufer entlang wird am frühen Nachmittag durch die einsetzende Seebrise erträglich.

Gustl hat am Vormittag die Fähre nach Bodrum bestiegen, um ein paar Einkäufe zu machen und dann seine *First 459* wieder in die Arme zu schließen. Unser Abschied in der Taverne des muslimischen Viertels war feucht, weinselig und herzlich. Der gemütliche Tagestörn hier herauf nach Kos diente uns noch einmal zum Austausch von Erinnerungen aus Rally-Tagen und zum Pläneschmieden für ein baldiges Wiedersehen in der Ägäis. Die Insel Symi und Deveboynu Burnu, der westliche Zipfel der türkischen Datça-Halbinsel bei Knidos, blieben dicht an Steuerbord, Tilos und der fast kreisrunde Vulkan Nisyros weit an Backbord.

Die Annäherung an Kos Hafen und Marina von Süden hat den Vorteil, dass man nicht die sehr weit nach Norden ragende Sandbank von Lambi umfahren muss. Die wird an der Nordostspitze von Kos jedes Mal lang und länger. Besonders bei Dunkelheit fühlt man sich zwischen dieser Untiefe und den vorgelagerten Klippen von Pserimos wie Odysseus zwischen Skylla und Charybdis.

Der hodensackähnliche Hafen von Kos ist zwar pittoresk, aber durch die pausenlos ein- und ausfahrenden Ausflugsboote und Kleinfähren auch sehr unruhig. Häufig wird ähnlicher Ankerkettensalat angerichtet wie auf Hydra. Wobei hier noch die Kaiki oder Gülets, wie sie auf Türkisch genannt werden, ihr Schärflein beisteuern. Deren Eigner reagieren verständlicherweise äußerst ungehalten, wenn ihnen ein Teil der Tageseinnahme wegzubrechen droht, nur weil ein Yachtie seinen Anker aufs Geratewohl geworfen hat.

Die unmittelbare Nähe der türkischen Küste macht sich in jüngerer Zeit nicht nur positiv bemerkbar. Die goldenen 1980er Jahre, als Wyn Hoop und Andrea Horn vom Segeln zwischen der türkischen Küste und den ostgriechischen Inseln schwärmten, sind definitiv vorbei. Tagtäglich treffen auf den Stränden von Kos, Samos oder Lesbos größere und kleinere Schlauchboote mit Scharen von durchnässten und verzweifelten Flüchtlingen ein, denen zumeist türkische Schlepper Unsummen mit dem Versprechen abgeknöpft haben, sie in die Freiheit der Europäischen Union zu schleusen. Wobei sie noch Glück haben, denn hier in der Straße zwischen Kos und Bodrum kann es in der Meltemi-Saison auch für größere Boote sehr ruppig werden. Menschen in überladenen Schlauchbooten mit schwachen Außenbordern, deren Schrauben bei Seegang immer wieder aus dem Wasser gehoben werden und keinen Vortrieb mehr liefern, befinden sich dann in Lebensgefahr. Die griechischen, von Finanzkrise und EU-Auflagen personell geschröpften Behörden sind allerorten überfordert und wissen der Menschenmassen bald nicht mehr Herr zu werden.

Dagegen nehmen sich die gelegentlichen technischen Probleme an Bord seetüchtiger Yachten so unbedeutend aus, dass man schlechten Gewissens in diese Gegend kommt. Andererseits führt kein Weg an Kos vorbei.

Inseln der Zeit. Gustl hatte ich zehn Jahre nicht mehr gesehen, Klaus, meinen nächsten Gast an Bord, ein halbes Jahrhundert nicht. Als Schulkameraden hatten wir zusammen Ende der 1950er, Anfang der 1960er Jahre alle neun Klassen unseres Gymnasiums durchlitten. Nach dem Abitur trafen wir einander zufällig in Bonn, wo er als Medizinstudent bereits an einer Klinik famulierte, während ich durch meinen Abstecher zur Marine noch weit vom Staatsexamen entfernt war.

An Wochenenden joggten wir in den nahen Wäldern, spielten Laientheater und jagten jungen Kommilitoninnen nach. Ab und zu grillten wir Ferkel, die ihr junges Leben nicht ganz freiwillig in den Dienst der medizinischen Forschung gestellt hatten. Klaus transplantierte den Tieren im Rahmen seiner sich anbahnenden internistischen Spezialisierung eifrig Spenderlebern, die es meist im neuen Körper nicht lange machten. Da er kein Kostverächter war, hatte ich ihn manchmal im Verdacht, solche Versuche absichtlich zu boykottieren. Hauptsache, es gab regelmäßig frischen Ferkelbraten. Dann liefen unsere Lebenslinien wieder auseinander.

Als der 50. Jahrestag unseres Abiturabschlusses anstand, begann ich nach dem Verbleib der alten Schulfreunde zu forschen. Klaus musste ich nicht lange suchen. Als Internist, doppelter Professor und Leiter zweier Kliniken hinterließ er eine breite Duftspur im Web und in den sozialen Medien, die aufzunehmen es nicht des leistungsfähigen Riechorgans eines Bluthundes bedurfte.

Irgendwann kam unser bald aufgenommenes Gespräch zwangsläufig aufs Segeln, und Klaus, der bis dahin noch nie einen Fuß auf eine Yacht gesetzt hatte, biss sofort an. Ich schlug ihm vor, mit mir zwei Wochen lang auf der *Solskin* durch die östliche Ägäis zu kreuzen. Als Klinikchef im selben Jahr pensioniert wie ich, war Klaus weiterhin aktiv, hielt Vorträge, verfasste wissenschaftliche Aufsätze und empfing den einen oder anderen liebgewonnenen Patienten mit Gallensteinen, Wanderniere oder Fettleber. Aber zwei Wochen würde er erübrigen können.

Wo wir uns treffen sollten? Na, wo anders als auf Kos, unter der Platane des Hippokrates, unweit vom Hafen. Dort, wo der große griechische Arzt seine Schüler unterrichtete und der Apostel Paulus, mein Namenspatron, ein halbes Jahrtausend später den Einwohnern von Kos das Christentum schmackhaft machte. So würden wir uns vom Wissen des einen ebenso inspirieren lassen können wie vom Glauben des anderen.

Klaus' Maschine landete am Nachmittag, so dass sich seine Ankunft nicht mit Gustls Abreise überschnitt. Mir blieb genügend Zeit, die vordere, nach Bierhefe riechende Kabine der *Solskin* zu reinigen und zu lüften. So sympathisch Gustl mir ist, Ordnung halten gehört nicht zu seinen Stärken. Und ein Schiff verschmutzt doppelt so schnell wie eine Wohnung.

Zügigen Schrittes ersteige ich den kleinen Hügel mit der ummauerten und vielfach abgestützten Platane. Natürlich handelt es sich nicht um den von Hippokrates selbst gepflanzten Baum, obwohl Platanen sehr alt werden können. So zum Beispiel die Wiener Mozart-Platane von 1780 oder die von Oelzschau in Sachsen, die gar schon 1688 gepflanzt worden sein soll.

Und da sitzt der wesentlich jüngere Klaus auf dem Mäuerchen, das den altersschwachen hohlen Baumstamm mit seinem typischen Fleckmuster vor ritzenden Liebespaaren und ihre Notdurft verrichtenden Rüden schützen soll.

Einen breitkrempigen Strohhut auf den Kopf, das Rollköfferchen zu seinen Füßen, die Hände wie in stiller Andacht versunken über dem üppig gewölbten T-Shirt gefaltet, lehnt Klaus am Gitter. Seine Gesichtszüge sind kaum verändert. Kleine Fettpölsterchen haben die Faltenbildung wirksamer gehemmt als Botox es vermag, auch deshalb erkenne ich ihn leicht wieder.

Nach einer kurzen, innigen Umarmung ohne den sozialistischen Bruderkuss, lassen wir uns an einem schattigen Tisch der benachbarten Taverne nieder. Klaus interessierte sich im Gegensatz zu mir schon in der Schule für Geschichte und nahm so ziemlich alles auf, was uns der monothematische Klassenlehrer über seine Staufer zu erzählen wusste. Hippokrates ist natürlich erst recht ein, mit Verlaub, gefundenes Fressen für den Internisten. „Das Asklepieion müssen wir unbedingt ausgiebig besichtigen." „Gemach", beruhige ich ihn, „wir legen sicher heute nicht mehr ab. Morgen eher auch nicht, und übermorgen schauen wir dann." Der Mann muss erst mal entschleunigt werden.

Klaus bringt aus der Klinik interessantes Nachtzeug mit. Hätte nie gedacht, dass es das alles wirklich gibt. Einschließlich der luftigen langen Nachthemden, denen das Hinterteil fehlt. Eigentlich wohl für Darmspiegelungen konzipiert, denke ich. „Genau das Richtige für die Hitze hier", behauptet Klaus mit treuherzigem Augenaufschlag, als er meinen leicht misstrauischen Blick sieht.

Anstellig ist er in jedem Fall, der doppelte Professor. Bei Rundtörn, Achtknoten & Co. ist allerdings noch Luft nach oben. Anfänger wie er mühen sich wochenlang mit den Windungen des Palsteks ab. Wenn sie ihn dann können, benutzen sie keinen anderen Knoten mehr, was angesichts seines relativ kleinen originären Anwendungsbereichs unsinnig erscheint. Das postoperative Verknoten des Catguts zum Verschließen klaffender Wunden überlässt er schon seit vielen Jahren den Assistenzärzten.

Am nächsten Morgen machen wir uns im Mietwagen auf zum Asklepieion etwas außerhalb der Stadt, damit a Ruh is, wie der Bayer sagt. Ich war vor Jahren mit Gustl dort und habe seine kundigen Erläuterungen noch im Ohr.

„Mei, der Äskulap", wie er ihn bei seinem lateinischen Namen nannte, „spielte nicht in derselben Liga wie Zeus, Poseidon oder Athene", hatte mich Gustl schon auf dem Wege dorthin aufgeklärt. „Ganz und gar nicht. Er wurde durch Kaiserschnitt aus dem Leib seiner eben verblichenen und bestattungsbereit auf dem Scheiterhaufen liegenden Mutter geschnitten, weißt."

„Na und? Athene entstieg dem gespaltenen Haupt des Zeus, auch nicht viel besser." Stimmt. Immerhin trug der kleine Asklepios Apollons Gene in sich. Und er wurde von dem Kentaur Cheiron aufgezogen, einem Pferdemenschen, der schon über die Ebenen Kretas galoppierte, als von Zeus noch lange nicht die Rede sein würde.

Ich muss mich auf die staubige Straße konzentrieren und lasse Klaus nach der gestrigen Flugreise und einem rundum gelungenen Abendessen noch ein Weilchen dösen.

„Dieser Cheiron soll Asklepios erste medizinische Kenntnisse vermittelt haben", höre ich wieder Gustls Phantomstimme. „Sowie seine erste Arznei, das Blut der Gorgone Medusa", hatte ich eingeworfen, um zu zeigen, dass auch ich nicht völlig ignorant war. Ein Fehler.

„Nein, das erhielt er von Athene." Klaus ist aufgeschreckt, als hätte Gustls Korrektur ihn geweckt. „Die wusste nämlich genau, welcher Körperhälfte sie das Blut entnehmen musste. Das von rechts besaß die gewünschten Heilkräfte, das von links war tödlich. Da kam's dann schon aufs Detail an."

„Mit dem Gorgonenblut soll er sogar Tote zum Leben erweckt haben?" „So heißt es. Das wäre ein Frevel gewesen, den Zeus nicht auf sich beruhen lassen konnte. Mei, die Götter mochten's halt net, wenn man ihnen derart ins Handwerk pfuscht. Ist ja auch Prometheus' Leber schlecht bekommen."

Das war das Stichwort für den nun hellwachen Klaus. „Zeus tötete den ihm zu umtriebig gewordenen Wunderheiler mit einem gezielten Blitz. Paradoxerweise nahm dessen Karriere post mortem erst richtig Fahrt auf. Überall in Griechenland und Italien entstanden Asklepien wie das von Kos. Das größte und berühmteste Exemplar steht in Epidaurus auf der Peloponnes. Eine einzige riesige Wellness-Oase einschließlich des berühmten Theaters, das 1400 Besuchern Platz bietet."

„Richtig. Und das war integraler Bestandteil der therapeutischen Maßnahmen. Man setzte auf die spirituell reinigende, läuternde Wirkung der dramatischen Katharsis der Tragödien eines Sophokles, Euripides oder Aischylos."

Wir sind angekommen, parken den Wagen im Schatten und klettern im Schweiße unseres Angesichtes zusammen mit einer kleinen Hundertschaft Touristen die breiten Freitreppen zur obersten der drei Ebenen die Anlage hinauf. Die Platzierung der Asklepien fernab vom Gewusele der Stadt, inmitten parkähnlich sortierter Natur, war bereits Teil des therapeutischen Programms. Wer hier nach langer, beschwerlicher, gar gefährlicher Anreise eintraf, ließ die Alltagssorgen weit hinter sich und öffnete Geist und Seele heilsamen Einflüssen.

Nach mehreren aufeinander abgestimmten vorbereitenden Handlungen, wie Reinigung im klaren Quellwasser, Darbringung von Opfergaben, Trinken von Heilwasser und stiller Fürbitte, erklomm der Patient die Freitreppen, die ihn in einen ersten Tempel führten. Über eine lange, schattige, von Zypressen gesäumte Allee gelangte er schließlich ins Avaton, den im Wortsinne eigentlich unzugänglichen Liegeraum.

Das Avaton sollte dem zwischen banger Erwartung und gläubiger Zuversicht schwebenden Patienten Gelegenheit geben, mit Asklepios Kontakt aufzunehmen. Das Medium der Wahl für die Begegnung Sterblicher mit den Göttern war der Traum. Wenn er erwachte, war der Patient entweder von Apollo geheilt oder fand in komplizierteren Fällen zumindest einen Zettel mit Verschreibungen vor, die zu seiner Heilung führen würden.

„Lächerlich?" Klaus setzt sich auf eine niedrige Steinmauer und wischt sich den Schweiß von der Stirn. „Keineswegs. Die friedliche Koexistenz von wissenschaftlicher Medizin und blindem Vertrauen in Wunderheilung ist uns auch in der aufgeklärten Moderne von Pilgerfahrten zu Orten wie Lourdes oder Santiago de Compostella vertraut. Wo wir Ärzte mit unserem Latein am Ende sind, bleibt dem Patienten nur die Hoffnung auf göttliche Intervention." Er zuckt mit den Schultern. Die tiefe, tagtägliche Frustration darüber, Sterbenskranken nicht mehr helfen zu können, muss für Ärzte auf Dauer zu nachhaltiger seelischer Belastung werden.

Für die Menschen des Altertums hatte der Asklepieios-Kult im weitesten Sinne eine soziale Konnotation. Die Sterblichen mit ihrem ewigen Gejammer waren den griechischen Göttern gleichgültig. Die Bewohner des Olymps füllten den Tag mit wichtigeren Dingen, wie Fremdgehen, Eifersüchteleien, Intrigen und Machtspielen. Menschen dienten als willkommene Sexualobjekte oder Spielball selbstverliebter Willkürakte – zugegeben, mit einigen bemerkenswerten Ausnahmen.

Insofern steht der heilende, sich um die Belange der Sterblichen kümmernde Asklepios für eine Zeitenwende. Er ist die erste griechische Gottheit mit menschlichem Antlitz. Er gab den Sterblichen, was ihnen von den Göttern vorenthalten wurde: Mitgefühl, Trost, Linderung im Schmerz, Heilung von Gebrechen und sogar Wiedererweckung vom Tod.

Darin liegt wohl auch die symbolische Bedeutung seiner Hinrichtung durch die Hand des Göttervaters, der geahnt haben dürfte, dass Epochen absolutistischer Willkür selbst im Olymp nicht ewig währen.

Klaus blickt interessiert auf den Boden, als zähle er die hektisch hin- und herlaufenden Ameisen. „Was suchst du?" „Die Schlangen, die Äskulapnattern." „Kannst du vergessen. Die sind viel zu menschenscheu. Bei diesem Touristenauftrieb machen die sich auf und davon."

Für die Griechen des Altertums besaßen Schlangen seherische Gaben. Der geflügelte, von der Erdgöttin Gaia geborene Python begründete im späteren Orakel von Delphi die Tradition der wahrsagenden Seherin. *Pythia* ist nicht ihr Name, sondern ihr von der Schlange abgeleiteter Titel. Dionysos schlief gar mit Schlangen, die dann am Morgen mit einem gewaltigen Brummschädel aufwachten. Selbst die kluge Athene wird mit Schlangen dargestellt. Den trojanischen Priester Laokoon und seine beiden Söhne befördern sie vom Leben zum Tod. Olympias, die intrigante Mutter Alexanders des Großen, huldigte einem obskuren Schlangenkult.

Eine besondere Rolle fiel Schlangen im Gesundheitswesen zu. Hygieia, die zuständige Göttin, wurde stets von Schlangen begleitet. Asklepios steht also in dieser Hinsicht keineswegs allein. Die nach ihm benannte ungiftige Äskulap-Natter, eine der größten europäischen Schlangen, soll den Gott in der Wirkung von Heilkräutern unterwiesen haben. In den Heiligtümern des Asklepios hielt man Nattern vor allem im Tholos oder Rundbau, einer Vorstufe des Avaton. Welche Funktion sie erfüllten, ist nicht bekannt.

## Stukas

*3. Juni.* Die nächsten beiden Etappen der *Solskin* sollen für Klaus zu kurzen Schnuppertörns werden, damit er sich auf der Yacht einleben und akklimatisieren kann. Hitze und Wind, An- und Ablegemanöver, Segelsetzen und -bergen, Ankerwerfen, kurzum alles, was das Fahren in diesem Meer ausmacht, muss er als blutiger Anfänger verinnerlichen.

Es dauert fast eine halbe Stunde, bis wir uns am Morgen aus der engen Marina gehangelt haben. Klaus besteht dabei eine weitere Bewährungsprobe am Bootshaken, den er mit nach vorn genommen hat, um uns von Nachbarn freizuhalten. Endlich sind wir draußen und können durchatmen. Vor uns liegen knapp zwanzig Meilen bis zum Hafen der Schwammtaucherinsel Kalymnos.

Die See ist ruhig, der Meltemi noch nicht erwacht, so dass wir vor uns hindösend den Eindrücken von Kos nachhängen können, während unsere beiden zuverlässigen Mitarbeiter, Mr. Perkins und Mr. Robinson, die *Solskin* auf Kurs halten.

„Hast du eigentlich damals, nach Beendigung deines Studiums, den hippokratischen Eid abgelegt?“, frage ich Klaus. „Nein“, er lacht. „Das ist ein Mythos. Der Eidestext fasst natürlich den Kernbestand des medizinischen Verhaltenskodex zusammen, aber angehende Ärzte sind ja keine Rekruten, die auf das Wohl und Wehe der Patienten eingeschworen werden müssten.“

„Schade, stelle ich mir eindrucksvoll vor. Sprechen Sie mir nach … Ich musste vor Jahren mal beim Bundesverfassungsgericht als Dolmetscher auftreten und dazu feierlich vereidigt werden. Mir wurde ganz anders, als alle Richter sich nur wegen mir erhoben und der Präsident mir die Eidesformel vorsprach. Ich hatte Angst, den Text zu vergessen und den ganzen Betrieb aufzuhalten. Tschuldigung, können wir noch mal, Eidesformel die zweite …, das wäre sicher nicht gut gekommen. Lassen wir das. Was macht Hippokrates eigentlich zu einem Dr. House der Antike? Was hat er den Magiern und Quacksalbern seiner Zeit voraus?“ Klaus denkt kurz nach. „Dreierlei, würde ich sagen. Sorgfalt, Pflichtbewusstsein und nicht zuletzt das Wissen um die eigene Unzulänglichkeit. Krankheit entsprang für ihn nicht göttlichem Willen, sondern hatte ihre natürlichen Ursachen. Er orientierte sich an den Naturphilosophen seiner Zeit, vor allem an Demokrit von Abdera, dem Erfinder des Atoms. Die Vertreter jener philosophischen Richtung gingen davon aus, dass alles Sein aus kleinen und kleinsten Elementarteilchen besteht. Das galt für den Makrokosmos des Alls ebenso wie für den Mikrokosmos des menschlichen Körpers. Standen diese Teilchen miteinander im Einklang, ging es Natur wie Menschen gut. Gab es Dissonanzen, kam es zu Krankheiten und kosmischen Katastrophen.“

„Ursache und Wirkung.“ „Eben. Die Rationalisierung der Medizin, ihre Befreiung von scheinbar unberechenbaren Zufälligkeiten, das war sein größtes Verdienst.“ Ich biete Klaus von den Sandwiches an, die ich für die kurze Überfahrt vorbereitet habe.

„Danke dir. Wenn Krankheiten konkrete Ursachen hatten, musste es möglich sein, sie zu beheben, ihnen entgegenzuwirken und vorzubeugen." „Zum Beispiel durch die Beeinflussung der äußeren Lebensumstände." „So ist es. Aus diesem Grunde bereiste Hippokrates einen großen Teil der damaligen Welt, war auf griechischen Inseln wie Delos im Süden und Thassos im Norden, in Thrakien und in Smyrna, in Mazedonien und Nordafrika, in Südrussland, Attika und in Athen. Überall studierte er die Einflüsse von Umweltfaktoren auf die Menschen: Topographie, Klima, Vegetation, Wasserhaushalt und andere. Seine Erkenntnisse hielt er für künftige Generationen in umfangreichen Journalen fest."

„Ähnlich wie die Symptome und Stadien im Verlauf einer Krankheit." „Krankenjournale. Denn man darf nicht vergessen, dass die anatomischen Kenntnisse der Ärzte damals ausgesprochen rudimentär waren. Das Sezieren von Leichen stand als Tabubruch nicht zur Verfügung. Wenn sie Glück hatten, konnten die Feldscher im Tross eines Heeres ab und zu einen Blick auf verstümmelte und aufgeschlitzte Krieger werfen, bevor deren Leichen den Flammen übergeben wurden. So ließen sich natürlich kaum nachhaltige Kenntnisse erwerben und weitergeben."

„Und trotzdem verordnete er die richtigen Arzneien?" „Keineswegs immer. Er war ja ein Anhänger der sogenannten Vier-Säfte-Theorie." „Punika-Oase?" Klaus grinst. „Weniger appetitlich: Blut, Schleim und gelbe oder schwarze Galle hielt man für verantwortlich für alles und jedes. Was dazu führte, dass sich seine Mittelchen oft nicht wesentlich von den Tinkturen und Salben unterschieden, die reisende Scharlatane und Wunderheiler damals anboten. Also genau die Leute, die Hippokrates entschieden bekämpfte, darin liegt sein ganz persönliches Paradoxon."

„Doc Doxey's Wunder-Elixier?" „So ähnlich. Unter dem Strich waren Hippokrates' Arzneien bisweilen vom selben Kaliber. Dennoch, allein durch die genaue Beobachtung und detaillierte Aufzeichnung der pathologischen Erscheinungsbilder brachte er die Medizin um Lichtjahre voran."

„Und die Lebensbilanz von Dr. House?" „Hat er einmal so formuliert: *Das Leben ist kurz, die Wissenschaft unvollkommen, die Erfahrung mit Fehlern behaftet und das Urteilsvermögen brüchig.*"

Jetzt ist es an mir, einen heiseren Lacher auszustoßen. „Na, vielen Dank dafür und bis zur nächsten Sprechstunde."

Die beiden Helfer haben ganze Arbeit geleistet. War aber auch das reinste Kinderspiel heute. Die lange Hafenmole von Pothia, der Hafen und Hauptort der Insel Kalymnos, liegt genau voraus. Noch eine knappe halbe Stunde Fahrt gegen den böigen ablandigen Wind, drei, vier abgebrochene, und wiederholte Ankermanöver, und wir liegen mit dem Heck am Kai, gleich rechts von der Hafeneinfahrt.

Die Marina links in der Nähe vom Fährhafen ist schmuddelig und laut, indiskutabel. Ideal ist es freilich auch hier nicht. Die breite verkehrsreiche Ein- und Ausfallstraße am Ufer entlang trennt uns von der üblichen Reihe mehr oder weniger ansprechender Tavernen. Die kleinste ist mir gut bekannt. Sie wird seit 1988 von einer älteren rundlichen Witwe namens Kalliopi und ihrer Tochter Eva geführt. Heute ist eine mit verführerischem Hüftschwung um die Tische wedelnde Enkelin namens Nomimi (die Rechtmäßige) als Verstärkung hinzugestoßen. Wem ihr Namen bereits seltsam erscheint, wird sich über den der Taverne kaum wundern: *Stukas* heißt sie.

Kein Mitglied der Belegschaft ist alt genug, um die Angriffe deutscher Sturzkampfbomber vom Typ JU 87 auf die Nachbarinseln Kos und Leros miterlebt zu haben. Auf Nachfrage erzählt die Rechtmäßige uns, dass es sich um die Schnapsidee ihres inzwischen leider verstorbenen Großvaters handele. Schade, mit dem hätte ich gern ein paar Erinnerungen ausgetauscht.

Der Überfall der deutschen Heeresgruppe E im Herbst 1943 auf die Inseln des Dodekanes-Archipels wurde aus der Luft unter anderem durch die JU 87 des Stuka-Geschwaders 3 vorbereitet und unterstützt. Leicht vorstellbar, dass sich das markerschütternde Geheul der an den Fahrgestellverbindungen angebrachten sogenannten Jericho-Trompeten dieses Flugzeugtyps den Genen der Griechen auf den Inseln nachhaltig eingeprägt hat. Furchterregend genug war es wohl.

Auch für die Piloten kein Zuckerschlecken. Die Maschinen stürzten wie Raubvögel aus einer Höhe von rund 1500 Metern auf 450 Meter in einem Winkel von 70 Grad oder mehr herab, klinkten ihre Bomben aus und wurden von der automatischen Sturzflugbremse mit dröhnenden Motoren wieder steil nach oben gerissen. Dabei konnten die Piloten schon mal ohnmächtig werden. Ein Höllenspektakel von Achterbahn, das den Bewohnern von Kalymnos, obwohl von Bomben verschont, dennoch durch Mark und Bein gegangen sein muss.

Mit Stukas, die noch Jahre und Jahrzehnte nach Kriegsende durch die Geschichten der Alten in den Tavernen und Kaffeehäusern geisterten, sind die Frauen hier aufgewachsen. Wie oft wird ihnen der Opa gestenreich die Angriffe simuliert haben, Geräuschkulisse inbegriffen. So etwas löst sich irgendwann aus dem konkreten Zusammenhang und wird zum Selbstläufer, und sei es auch nur als nicht ganz alltäglicher Tavernenname.

Als Ex-Mariner habe ich keinerlei Beziehung zu Stukas, Klaus noch viel weniger. Er wuchs als Einzelkind bei der Mutter auf und war nie Soldat. Während die Rechtmäßige uns beim Festklemmen der Papiertischdecke kokett die Bäuche krault, trägt die Oma die kurze Speisekarte ähnlich feierlich auswendig vor, wie Schliemanns junge griechische Frau die einleitenden Gesänge der Ilias. Ich war schon häufiger hier und weiß, dass die Damen um jeden Gast hart kämpfen müssen. Normale Touristen verirren sich selten bis zum Ortsausgang. Bleiben vor allem die gehfaulen Yachties. So oder so: wenn die Stukas bis Ende August nicht genug verdient haben, fallen sie der winterlichen Flak zum Opfer.

Mit Schwammtauchen, dem Hauptbroterwerb der Insulaner im 19. Jahrhundert, lässt sich längst kein Lebensunterhalt mehr bestreiten. Zur Blütezeit des Gewerbes zogen Hunderte Schiffe von den Dodekanes-Inseln bis an die Küsten Nordafrikas, um dort monatelang Schwämme zu ernten. Tauchanzüge ermöglichten es den Männern, sich in Tiefen von bis zu 70 Metern hinabzulassen und wesentlich länger dort unten zu bleiben, als es ihnen ohne die Zuhilfenahme von Sauerstoff-Flaschen, möglich gewesen war.

Die Anwendungsmöglichkeiten von Schwämmen waren vielfältig. Vom Badeutensil bis zum Polstermaterial, vom Tafelwisch bis zur Empfängnisverhütung gab es kaum ein Problem des Alltags, zu dessen Lösung Schwämme nicht irgendwie beigetragen hätten. Kein Wunder, dass die Nachfrage lange Zeit hoch blieb.

Der Preis war allerdings beachtlich. Und bestand nicht nur aus Geld. Dekompressionstabellen kamen erst um 1910 auf und berücksichtigten selbst dann noch nicht unbedingt die Kumulation aufgrund mehrmaliger täglicher Tauchgänge. Die bis dahin unbekannte Taucherkrankheit forderte zwischen 1886 und 1910 rund zehntausend Todesopfer und mindestens die doppelte Anzahl teilweise oder gänzlich Gelähmter.

Der Raubbau an den Beständen, die mehrjährigen Unterbrechungen durch die Weltkriege sowie der Siegeszug synthetisch hergestellter Schwämme läuteten dem Gewerbe das Todesglöckchen. Viele Taucher wanderten aus, ließen sich zum Beispiel im feuchtwarmen Florida nieder oder ersetzten in Australien als Perlentaucher die während des Weltkrieges in Ungnade gefallenen Japaner.

Um das Jahr 1970 wurden die schweren Taucherhelme durch die Erfindung von Neopren-Schutzanzügen (wet suits) und Tauchermaske überflüssig und überschwemmten in der Folge Flohmärkte und Schrottplätze. In jüngeren Jahren wird der halbwegs erstarkte Schwammbestand immer wieder von Seuchen befallen, die vermutlich der Umweltverschmutzung sowie der globalen Erwärmung geschuldet sind.

Nach dem Abendessen im *Stukas*, wo uns die Rechtmäßige zwei Prachtexemplare von Barben kredenzte, vertreten Klaus und ich uns noch ein wenig die Beine. Pothia ist keine besonders attraktive Stadt, wimmelt aber von auffallend vielen jungen Leuten. Zum Teil gehören die wohl der bunten Kletterer- und Bergsteigerszene an, die die Felswände von Kalymnos in den letzten Jahren für sich entdeckt hat.

Auf unserem Streifzug kommen wir auch zum großen Platz beim Amtssitz des Metropoliten. Hier fand 2004 die Zeremonie der Preisverleihung für die Etappensieger der Rally statt, zu denen erstmals auch ich gehörte. Niemand in meiner Bootsklasse hatte den Törn von Ios nach Kalymnos schneller zurückgelegt. Das Geheimnis: *Melissa*, unsere Charteryacht, war das Boot von Antonis, dem Segelmacher. Angeblich hatte er unter anderem den Originalmast durch ein etwas höheres Exemplar ersetzt und damit die Segeltragezahl der *Jeanneau* diskret verbessert. Die sogenannte Rating der Yacht, das rechnerische Handicap, mit Hilfe dessen Yachten ganz unterschiedlichen Typus' gegeneinander Rennen fahren können, widerspiegelte das nicht wirklich.

Das focht uns damals nicht an. Regatten, so heißt es nicht ohne Grund, verderben den Charakter. Trickserеien wie diese oder die künstliche Verlängerung der Wasserlinie mit Hilfe von stromlinienförmigen Heckanbauten, Arbeiten mit beweglichem Ballast bis hin zur verbotenen Motorhilfe sind im Geschehen von Offshore-Regatten an der Tagesordnung. Vor allem die gesponsorten Yachten können es sich nicht erlauben, über längere Perioden mit leeren Händen zurückzukehren.

Klaus hat mit alledem wenig am Hut. „Und, wie gefällt's dir an Bord?" „Ausgezeichnet, mein Lieber, morgen übernehme ich meine erste normale Wache, wenn du nichts dagegen hast." Warum sollte ich. Je schneller sich Klaus eingewöhnt, desto besser für uns beide.

## Portolago

*4. Juni.* Schweren Herzens nehmen Klaus und ich tags darauf Abschied von den Pilotinnen des *Stukas*, die uns am Abend zuvor mit ihren kulinarischen Sturzflügen prächtig unterhalten haben. Im Gegenzug konnten wir Kalliopis deutschen Wortschatz um 100 Prozent erweitern. Neben Stukas gehört ab sofort auch *kaputt* dazu.

Ich muss weiter nach Norden, zur Evros-Bootswerft von Lakki, dem Hafen von Leros, wo die *Solskin* im Jahr zuvor überwintert hat. Dort kann der Mechaniker ein Auge auf die Kühlwasserpumpe werfen, die wieder zu tröpfeln begonnen hat. Untrügliches Zeichen dafür, dass sie neu verpackt oder ausgewechselt werden muss.

Heute lasse ich Klaus ans Steuer. Auf den paar Meilen bis Lakki darf er beweisen, dass er inzwischen ein Gefühl für die Gangart der Yacht entwickelt hat. Viel falsch machen kann er in diesen Gewässern kaum. Obwohl, Klippen und Untiefen gibt es auch hier reichlich, wie Ernle Bradford während seiner Dienstzeit als Offizier auf einem Geleitzerstörer 1943 feststellen musste:

> *Damals war keine dieser Inseln, Inselchen und Felsen befeuert, die das Seegebiet zwischen Leros im Norden und Symi im Süden bedecken. Ein unangenehmes Gefühl, sich mit zwanzig Knoten durch dieses Gebiet zu gissen, wo der geringste Fehler sofort zum Auflaufen führt. (The Greek Islands, Ü. d. A.)*

Schön wär's, zwanzig Knoten … Wie reagierte vor Jahren der griechische Vercharterer, als wir das defekte Echolot seiner Yacht bemängelten: „Das braucht ihr nur bei euch da oben im Norden. Bei uns hast du jede Menge Wasser unter dem Kiel, wozu dann ein Lot? Oder du sitzt auf einem Felsen, da kann dir das Lot dann auch nicht mehr helfen."

Lakki bedeutet Sumpf und ist hier als Toponym eher irreführend. Zwar wird die weit ins Land ragende Bucht an ihren Scheitelpunkten sumpfig, doch ändert das nichts daran, dass es sich bei der seeartigen Bucht um den größten und tiefsten Naturhafen des gesamten Mittelmeers handelt.

Allerdings muss der Besucher, sofern er mit einer Yacht unterwegs ist, erst in die Bucht hineinfinden. Als Neulinge steuerten wir vor vielen Jahren nachts unter Anleitung des GPS auf die schmale Einfahrt der Bucht zu, konnten aber das kleine schwächliche Leuchtfeuer an der südlichen Huk nicht sehen, weil wir leicht nördlich versetzt worden waren. So erschien uns die Westküste von Leros wie eine undurchdringliche schwarze Wand. Zudem warnte der Hafenmeister uns über UKW vor einem mysteriösen Hindernis in der Bucht. Das klang nicht gut. Glücklicherweise verließ just in diesem kritischen Augenblick die einzige Fähre des Tages Lakki und beleuchtete großzügig die Szenerie. Das Hindernis entpuppte sich als unbefeuerte Tonne, groß und massiv genug, um einer Yacht im Falle einer Kollision erheblichen Schaden zufügen zu können.

Bei Tageslicht und bei meiner inzwischen intimen Ortskenntnis ist die Ansteuerung ein Spaziergang im Park. Als wir das Weiße im Auge des bulgarischen Tavernenbesitzers in der schmalen, tiefen Bucht von Xirokampos erkennen, biegen wir nach links ab und passieren die enge Durchfahrt. Hier reichen sich Kalymnos und Leros fast die Hand. Dann noch ein kleiner Schlenker nach Steuerbord, und schon sind wir im seeartigen Naturhafen, an dessen östlichem Ende sich die in den Fels gesprengte Anlage befindet, die Bootswerft und Marina zugleich ist.

Die *Solskin* ist dort ein gern gesehener Gast. Louis, der baumlange Schwarze, kam vor Jahren aus Nordafrika auf abenteuerlichen Wegen über die Türkei hierher und hatte Glück, in der gut gehenden Werft einen Job als Faktotum zu finden. Er erzählt nicht gern davon, hat vielleicht keine Aufenthalts- und Arbeitserlaubnis, wer weiß.

Auch heute empfängt er uns und weist der *Solskin* eine Lücke am Ponton zu. Der große staubige Platz zu Füßen des Abbauflözes des ehemaligen Steinbruchs ist wie leergefegt. Die meisten überwinternden Yachten tummeln sich schon wieder im Wasser. Der gelbe Kran mit seinen Riesenrädern und den massiven Haltegurten fährt ab Anfang Mai unaufhörlich hin und her. Die einen gehen raus, die anderen kommen für Reparaturen an Land. Agiler bis rastloser Zeremonienmeister ist Alec, ein kleiner Engländer, der mit dem Joystick vor dem Bauch das Ganze millimetergenau dirigiert. Muss er auch, denn Bruch käme hier sehr teuer. Die *Solskin* ist gut am Ponton vertäut, der Mechaniker hat sich die Pumpe angesehen und sucht in seinem Fundus nach einem passenden Ersatzteil. Klaus und ich haben uns auf der Terrasse des italienischen Restaurants an der Uferpromenade niedergelassen und genießen unsere Bruscette und Canelloni mit in Olivenöl angebratenem Gemüse, das heutige Tagesgericht. Mal was anderes als Taramossalata, Moussaka und Kataifi. Das Restaurant ist eines von vielen Überbleibseln einer fehlgeschlagenen Italisierung Lakkis, die vor rund hundert Jahren begann.

Obwohl die Griechen dank unter anderem ihrer *Averoff* die beiden Balkankriege gewonnen und ihr Territorium erheblich erweitert hatten, blieben 13 Inseln vor der kleinasiatischen Küste bei Italien, darunter auch Leros. Italien hatte 1911 den Osmanen den Krieg erklärt und brauchte die Inseln, um feindliche Flottenbewegungen in Richtung Tripolis und Cyreneika kontrollieren zu können. Doch die italienische Besetzung folgte nicht allein militärischer Logik. Vielmehr schwebte den Italienern die Wiederherstellung des mediterranen Teils des ehemaligen römischen Reiches vor. Dazu gehörten eben auch die Inseln der Ägäis, die wieder zum *mare nostrum* werden sollte. Die alte Verbündete Rhodos fungierte auch jetzt wieder als Spinne im Netz.

Der Vertrag von Lausanne schrieb diese Situation fest. Die abgelegenen Inseln waren ohnehin weitgehend aus dem Sinn der griechischen Hauptstadt und gingen nun als Possedimento an Italien. Die Bezeichnung Dodekanes für die zwölf größeren unter ihnen ist jüngeren Datums und setzte sich erst nach dem Zweiten Weltkrieg allgemein durch. Die Griechen kannten im Bereich der Ägäis nur die kreisförmig um Delos gruppierten Zykladen. Den Rest bezeichneten sie als Sporaden, weil sie in der Draufsicht wie Saatkörner oder Pflanzensporen über die gesamte Seefläche verstreut waren.

Anfangs begrüßten die Inselbewohner die italienischen Streitkräfte als Befreier von den Osmanen. Bald jedoch ging ihnen auf, dass Beelzebub den Teufel vertrieben hatte. Den hedonistischen, stets auf ihre Bequemlichkeit bedachten Osmanen waren die Inseln gleichgültig gewesen. Abgesehen von einigen wenigen wie etwa Chios, das für sie interessante Produkte aufwies, boten sie wenig, woran der Hohen Pforte gelegen war. Man ließ die schrullige Bevölkerung gewähren, zwang sie nicht, zum Islam zu konvertieren oder türkisch gefärbtes Arabisch zu sprechen. Der amtliche Schriftverkehr folgte anderen Regeln. Solange die Abgaben flossen, durften die Inselbewohner tun und lassen was sie wollten.

Auf der anderen Seite hatten die Osmanen im Laufe ihrer langen Besetzung Griechenland von wichtigen westeuropäischen Entwicklungen abgeschnitten. Renaissance, Reformation, die wissenschaftlichen Umwälzungen des 17. Jahrhunderts, die Aufklärung sowie westeuropäische bürgerliche und industrielle Revolutionen zogen an dem Land vorüber wie leuchtende Schiffe an verdunkelter Küste.

Als Eigenleistung hinterließen die Osmanen das unseliges Vermächtnis einer feudalen Gesellschaftsstruktur, die *rusfeti* genannte Korruptionskultur sowie die als *mesa* (Mittel und Wege) bekannte politische Vetternwirtschaft. Sie charakterisieren das öffentliche Leben des Landes bis heute.

Die Venezianer herrschten insgesamt viel länger auf den Inseln als die Osmanen, haben aber auf den ersten Blick erstaunlich wenig Spuren hinterlassen. Das lag an der Perspektive. Die Osmanen als asiatische Nomaden waren seit vielen Generationen daran gewöhnt, Landgewinn als Schlüssel zu militärischem wie politischem Erfolg zu betrachten. Die Venezianer gerierten sich als echte Seemacht moderner. Ihnen kam es nicht auf Gebietserweiterung an, sondern auf die Eroberung und Nutzung möglichst vieler Häfen und Stützpunkte für ihre Kriegs- und Handelsflotte. Der Aufbau einer nachhaltigen kolonialen Verwaltung interessierte sie nicht. Das sollte sich unter ihren Nachfahren und erst recht unter den bürokratischen Faschisten ändern.

Getreu dem totalitären Anspruch des Duce, begannen die Schwarzhemden sogleich damit, ihr langfristig angelegtes Projekt der Italisierung der Inseln dieses Possedimento in die Wege zu leiten. Griechisch-Unterricht wurde verboten, Italienisch zur einzigen Amts- und Verkehrssprache erklärt. Griechische Ortsnamen wurden konsequent durch italienische ersetzt. Für den Erwerb der italienischen Staatsbürgerschaft schuf man Anreize, die vor allem jenen winkten, die diesen Schritt gleich mit dem Übertritt zum Katholizismus verbanden. Wenn schon, denn schon. Griechen, die ihre angestammte Inselheimat verließen, wurden durch Italiener ersetzt – wie zweieinhalb Jahrtausende zuvor durch Athener Kleruchen. Rechtsstreitigkeiten wurden fortan durch italienische Gerichte nach italienischem Recht entschieden.

Obwohl sich der Erfolg solcher Bemühungen um Italisierung in Grenzen hielt, hinterließen die rund dreißig Jahre italienischer Besetzung tiefere Narben auf den Inseln als Jahrhunderte osmanischer Herrschaft.

Unverhältnismäßig hart getroffen war die kleine, unscheinbare Insel Leros, deren Naturhäfen Lakki und Agia Marina sowie eine Reihe weiterer Schutz bietender Buchten sie zu einem einzigen großen Marinestützpunkt machten. Typisch, dass den Osmanen dies entgangen war, erst die Italiener darauf kamen. Mit der Verlegung eines Teils der Flotte, dem Bau von Bunkern, Vorratslagern, Munitionsdepots und Magazinen sowie der Anlage von mächtigen Batterien sollte Leros zur wichtigsten italienischen Garnison im östlichen Mittelmeer, zum *Malta der Ägäis* werden. Das setzte Wohnraum für Tausende Soldaten, technisches wie logistisches Personal und deren Angehörige voraus.

In dem winzigen, von Fischern und Schafhirten spärlich bevölkerten Dörfchen Lakki glaubte man den geeigneten Ort für den Bau eines Hafens und den Aufbau einer Stadt nach italienischen Blaupausen gefunden zu haben. Die Kasernen würden auf dem sumpfigen Gelände Temenias auf der anderen Seite der Bucht in einem kleinen Nebenarm der Bucht Platz finden. Da kein Albert Speer zur Verfügung stand, entsandte man zwei römische Architekten, Rudolfo Petracco und Armando Bernabitti, die sich in die Planung und Durchführung des Projektes Lakki teilen sollten.

Eine ganze Stadt aus dem Boden stampfen zu dürfen, muss der Traum eines jeden Architekten und Stadtplaners sein. Stilbildend für das neue Lakki hätte das langgestreckte, zweistöckige Gebäude der Hafenkommandantur von venezianisch-orientalischer Verspieltheit werden können. In den 20er Jahren entstanden, fällt es heute jedem Ankömmling als erstes ins Auge. Doch das sollte nicht sein. Petracca und Bernabitti hatten andere Pläne, so dass die Hafenkommandantur ein architektonischer Fremdkörper blieb.

Die beiden Architekten orientierten sich am letzten Schrei, und das war der 1932 im New Yorker *Museum of Modern Art* aus der Taufe gehobene internationale Stil. Dessen gewagte Mischung aus Bauhaus und Neuer Sachlichkeit, angereichert durch den italienischen Rationalismus, konsequent ins verschlafene Lakki zu transferieren, mochte riskant erscheinen, war den beiden aber den Versuch wert.

Das Ergebnis gibt Petracca und Bernabitti vielleicht nicht unbedingt Recht, kann sich aber sehen lassen und ist den Besuch dieses architektonischen Freilichtmuseums durchaus wert. Es entstand eine weltweit einzigartige Geometrie gerader, schnörkelloser Linien und eleganter Rundungen, die so nur unter Verwendung neuer Baustoffe wie Glas, Stahl und Beton herzustellen war. Die baulichen Prinzipien fanden ihren Widerhall im städteplanerischen Gesamtkonzept. Portolago, wie die Italiener die Stadt aus der Retorte tauften, sollte rund zwanzigtausend Menschen die gleichen Annehmlichkeiten bieten wie eine italienische Stadt vergleichbarer Größe.

So entstanden ein gerundetes Rathaus mit kessem Hut und ein kirchenartiges Grundschulgebäude mit postgotischen Fenstern, Friedenstaube und Arkaden. Die Markthalle hat einen von Säulen umgebenen Innenraum, einen dreistufigen Zylinder und Aus- beziehungsweise Eingänge in allen vier Himmelsrichtungen. Der konventionell viereckige Uhrenturm, im dem sich ein Wassertank befand, darf ebenso als Gegenentwurf zum eigenen Konzept verstanden werden wie die kubische San Lorenzokirche mit ihrem nüchternen Glockenturm. Letztere ist heute längst orthodox umgewidmet, bleibt griechischen Gläubigen dennoch so relativ fremd wie griechischen Juristen das römische Recht.

An der breiten Uferpromenade steht das kombinierte Theater- und Kinogebäude, in dem italienische Laienspielgruppen gastierten und der modernste Projektor ganz Griechenlands die riesigen Filmspulen drehte. Italo-Western gab es noch keine, dafür konnte man vielleicht Don Camillos und Peppones ersten Gehversuchen auf der Leinwand folgen oder die schrillen Auftritte des deutsch-italienischen Führerduos bewundern, das auch nicht bar jeder Komik war.

Wie die zurückgelassene Kulisse eines abgedrehten Films fühlt sich Lakki vor allem um die brütend heiße Mittagszeit an. Dann, wenn keine Menschenseele auf die Straße geht, und Hunde und Katzen ihr zielloses Streunen für einige Stunden unterbrechen. Ein paar Geschäfte des täglichen Bedarfs öffnen und schließen, wann es ihnen passt. Der einzige große Supermarkt lebt von der Kundschaft der Marina. Eine erstaunlich üppig bestückte Konditorei fertigt kitschig bunte Torten für alle Anlässe. Gebäude wie das Hotel *Roma* verfallen, wenn sie nicht, wie zum Beispiel das Kino, mit Hilfe von EU-Geldern renoviert werden. Das ist fast alles, was von Portolago und der faschistischen Großmannssucht übriggeblieben ist.

Nicht, dass es zu den Zeiten des Duce hier wesentlich lebhafter zugegangen wäre. Anstelle der projizierten Zwanzigtausend wohnte nie mehr als ein Drittel davon hier. Die Italiener waren nur schwer davon zu überzeugen, fern der Heimat, weit im Osten ein Garnisonsnest wie dieses zu beziehen, internationale Architektur hin oder her. Die heutige spärliche Einwohnerschaft hat ihren Frieden mit der fremdartigen Architektur gemacht, fühlt sich aber von ihr nicht wirklich abgeholt.

Die offenkundig für militärische Aufmärsche konzipierte breite Uferpromenade wird von der Jugend – entweder hier stationierte Rekruten oder Schüler der Berufsschule – als Rennstrecke zweckentfremdet. Heulende Motoren und kreischende Reifen von Mopeds und getunten Autos künden an vielen Abenden der Woche vom Ablauf der regelmäßigen Wettfahrten. Die Einlieger der ewig im Bau befindlichen Lakki Marina scheint's nicht sonderlich zu stören. Man tut gut daran, sich weit seewärts ein Plätzchen zu suchen.

Ungewöhnlich gut ausgebaut ist auch der Rest des Straßennetzes der Insel. Da und dort passen die Touristenbusse gerade noch zwischen die Häuser einer Ortsdurchfahrt oder sind gezwungen, ihre Vorderfront in einer Haarnadelkurve weit über den Abgrund zu schwenken, dass man am liebsten gar nicht hinguckt.

Der regelmäßig verkehrende Linienbus ist handlicher und klappert die Strecke zwischen Xirokampos im Süden und Partheni im Norden mit einigen fröhlich ausgehupten Zwischenstopps im Laufe einer Stunde ab. Im Sessel direkt hinter dem jungen Fahrer sitzt für gewöhnlich dessen inzwischen in Rente gegangener Vorgänger, dem zu Hause wohl die Decke auf den Kopf fällt. Wenn er dem Jungen keine Ratschläge erteilt, singt er karaokemäßig im Falsetto Buffo die Herz-Schmerz-Lieder mit, die vom Band aus dem Lautsprecher dudeln: *Ich werf' meinen Hut in die Ecke und mach' mit dir, was ich will*, lautet der vielversprechende Refrain des diesjährigen Insel-Hits. Da muss sich Helene Fischer warm anziehen.

## Pavillon Nr. 16

Die Anwesenheit der Italiener auf Leros hatte nicht nur negative Konsequenzen für die örtliche Bevölkerung. Deren traditionelle Einkommensquellen, Fischerei und agrarische Subsistenzwirtschaft, waren versiegt, andere nicht in Sicht. Nun wurden viele männliche Insulaner, die bis dahin tatenlos herumgesessen hatten, über Nacht erst zu Bauarbeitern, dann zu Dienstleistern, die sich der materiellen Bedürfnisse der italienischen Besatzer annahmen. Produziert wurde auf Leros ab sofort nichts mehr, das Tertiärgewerbe entwuchs dem verkümmerten Rest der Wirtschaftsstruktur wie Popeye's Bizeps den übrigen Gliedmaßen des Matrosen. Betrachtet man die gesamtwirtschaftliche Entwicklung Griechenlands seit den 50er Jahren des vorigen Jahrhunderts, so erscheint der Lauf der Dinge auf Leros geradezu als Menetekel.

Was hätte man auch produzieren sollen auf einer militarisierten und malträtierten Insel, die mit Bunkern und Depots gepflastert und von Bomben durchpflügt war? Der Eroberung der Insel durch deutsche Truppen im November 1943 war fast ein Monat erbitterter Kämpfe vorausgegangen. Es würde eine der letzten Schlachten dieses Krieges bleiben, die das Dritte Reich siegreich gestalten konnte. Gleichzeitig die letzte wichtige kriegerische Auseinandersetzung, in der Stukas noch einmal die Lufthoheit für sich beanspruchen konnten.

Erst vor wenigen Jahren entdeckten Taucher das Wrack einer deutschen Maschine auf dem Grund der Hafenbucht von Lakki. Das Skelett des im Cockpit angeschnallten Piloten trug noch die Erkennungsmarke um den Hals. Es gelang den Griechen, seine Hinterbliebenen ausfindig zu machen, so konnten seine sterblichen Überreste heimgeführt und in Deutschland beigesetzt werden.

Die Beherrschung des Luftraumes gab den Ausschlag zugunsten der Deutschen. Sie war nur deswegen möglich, weil die Amerikaner ihre Jagd- und Bombergeschwader aus dem östlichen Mittelmeer abgezogen hatten. Sie hielten die alliierte Landung in Italien für wichtiger als die unerklärliche Versteifung der Briten auf Leros. Das Eiland war schließlich nicht Malta oder Zypern.

Als Leros zusammen mit den anderen Inseln der Dodekanes 1948 an Griechenland fiel, stand sie wie eine arme entfernte Verwandte mit leeren Händen da: zerbombt, zerfurcht, zermürbt, ruiniert und ohne militärische Garnison, der man hätte zuarbeiten können. Immerhin – die Kasernen standen noch und an der peripheren Insellage hatte sich auch nichts geändert. Beides zusammen prädestinierte Leros als Unterbringungsort für Parias, Menschen, die aus verschiedenen Gründen an den Rand der griechischen Gesellschaft gedrängt wurden. Als erste wurden rund 1500 Waisen und Kommunistenkinder hierher verbracht, die als von Krieg und Bürgerkrieg angespültes Strandgut in allen Landstrichen aufgelesen worden waren. In den zu Lehrwerkstätten umfunktionierten Kasernen sollten sie einfache handwerkliche Berufe erlernen und einen Prozess der ideologischen Umerziehung durchlaufen.

Damit erwachte nicht nur der Dienstleistungssektor von Leros zu neuem Leben. Wichtiger noch, eröffnete sich den Insulanern doch erstmals das, was bald zum griechischen Königsweg aus Armut und Arbeitslosigkeit werden sollte, die Übernahme in den Staatsdienst.

Hier brauchte man nun vermehrt Ausbilder, Lehrer, Pedelle, Hausmeister und Küchenpersonal. Und weiß der Himmel wie, Leros lieferte.

Viele der entwurzelten Kinder und Jugendlichen kamen als ethnische Griechen aus Regionen, die nicht zum griechischen Hoheitsgebiet gehörten oder unlängst diesem einverleibt, aber noch nicht integriert waren. Sie brachten ihre Sitten und Gebräuche ein und trugen dazu bei, dem provinziellen Leros etwas kosmopolitischen Glanz zu verleihen. Als der Strom der Neuankömmlinge nach wenigen Jahren versiegte, war es mit der Herrlichkeit vorbei. Zwar stellte sich bald Nachschub ein, aber der war wenig geeignet, Leros zu neuerlichen Höhenflügen zu verhelfen.

Das Gesundheitsministerium in Athen hatte irgendwann entschieden, die lästigen, intensiver Pflege bedürftigen sogenannten *azititoi,* die Unerwünschten, auf Leros zu konzentrieren. Dabei handelte es sich in der Regel um Geistesgestörte und psychisch Kranke, die in anderen Anstalten des Landes als hoffnungslose Fälle galten und sich selbst überlassen waren. Hatten sich im Laufe von zwölf bis vierundzwanzig Monaten nachweislich keine Verwandten um diese Menschen gekümmert, sie besucht oder sich zumindest nach ihrem Zustand erkundigt, ging man davon aus, dass niemand gegen ihre Verbannung nach Leros Einspruch erheben würde.

Aus der Sicht der Behörden war die Insel am Rande der Welt für deren Unterbringung die natürliche Wahl. Die italienischen Kasernen in Lakki und im ehemaligen Sumpfgebiet Temenia standen nach dem Abzug der herangewachsenen und umerzogenen Jugendlichen wieder leer, und eine zwar unqualifizierte aber willige und billige Population örtlicher Arbeitskräfte wartete nur darauf, als Wärter und Pfleger erneut in Staatsdiente treten zu dürfen.

Ganz so zynisch konnte das Ministerium der Öffentlichkeit diese Zusammenhänge natürlich nicht verkaufen. Also griff man zu Scheinargumenten und verwies zum Beispiel auf die vielen, von den Italienern gepflanzten Eukalyptusbäume, deren luftreinigende Wirkung den Kranken besonders gut bekommen würde. Das war zwar Humbug, zeugte aber von einem gewissen Traditionsbewusstsein. Die Heiligtümer des Asklepios pflegten von hohen Bäumen umgeben zu sein, denen man solch reinigende Wirkung unterstellte.

Der Leidensweg der Unerwünschten begann schon bei der drangvollen Enge der an Viehtransporte erinnernden Versendung Hunderter auf einen Schlag. Die Schiffe trafen stets nur nachts in Lakki ein. Die triste Anlegestelle scheint noch heute von den schrillen Schreien und dem dumpfen Stöhnen der verwirrten Kranken und den bellenden Rufen der Empfangskomitees widerzuhallen. Da viele Unerwünschte sich in ihrer mentalen Verkümmerung längst in fiebrige Parallelwelten hinübergerettet hatten, war ihr Sinn für die logistischen Notwendigkeiten solcher Transporte milde gesagt verkümmert. So kamen an Bord zum Beispiel oft unbemerkt ihre Namensschildchen abhanden, die man ihnen umgehängt hatte.

Auf die Frage nach ihrem Namen hätten sie die klassische Antwort des listenreichen Odysseus an den einäugigen Polyphem geben können: *Kanenas* nannte sich der König von Ithaka und ließ damit offen, ob er ein Jemand oder lieber ein Niemand war. Diese schlaue Option war den bedauernswerten Ankömmlingen verwehrt. So blieben sie, des letzten Restes formaler Individualität beraubt, namenlose Nummern.

Begleitende medizinische Dossiers gab es in den seltensten Fällen. Das war irgendwie folgerichtig, denn die hätte auf Leros sowieso kaum jemand lesen können. Noch heute gibt es so gut wie keine Zeitungen auf dieser Insel der Ahnungslosen. Das Wachpersonal belief sich zuletzt auf erstaunliche achthundert Personen. Dass die meisten allenfalls summarisch auf ihre verantwortungsvolle Tätigkeit vorbereitet worden waren, liegt auf der Hand. Wer Schafe hüten kann, wird auch mit gestörten Menschen klarkommen. Das war wohl die Maxime, nach der man das Wachpersonal auch durch Schäferhunde hätte ersetzen können. Die hätten vermutlich mehr Empathie gezeigt. Ganze zwei Ärzte waren ausersehen, sich der Nöte Tausender Manschen anzunehmen, denen man im Grunde den Patientenstatus verweigerte.

Nach dem Motto, ein paar gehen noch, verbannte die Junta der Obristen im Laufe ihrer siebenjährigen Herrschaft Ende der 1960er, Anfang der 1970er Jahre zudem etwa 1500 politische Dissidenten nach Leros. Die perfide Gleichstellung politischen Abweichlertums und psychischer Krankheit hat, wer wüsste das besser als wir Deutschen, ihre eigene totalitäre Tradition.

Als die Junta 1974 endlich abdanken musste, löste man die Dissidentenlager auf. Was, man glaubt es kaum, zu geharnischten Protesten bei den Einheimischen führte. Wiederherstellung der Demokratie und Rechtsstaatlichkeit gut und schön. Alles kein Grund, den Lerioten die Existenzgrundlage zu entziehen.

Ende der 1970er Jahre erschienen da und dort in der griechischen überregionalen Presse erste, weitgehend unbeachtete Artikel über die skandalösen Zustände auf Leros. Erst als sich ausländische Zeitungen und Magazine wie der *Spiegel*, die *Frankfurter Rundschau* und andere Ende der 1980er Jahre des Themas annahmen, begannen bei den zuständigen griechischen Stellen die Alarmglocken zu läuten. *Aussätzige der Neuzeit*, *Vierte Welt* lauteten einige der Überschriften, die unter die Haut gingen. Dem damals gerade erst in den Kreis der Europäischen Gemeinschaft aufgenommenen Griechenland wurden solcher Art

Bloßstellung zunehmend peinlich. Außerdem ist eine negative internationale Presse natürlich Gift für jedes wirtschaftlich vom Tourismus abhängige Land.

Die deutschen Zeitungsartikel bezogen sich vor allem auf die Zustände im berüchtigten *Pavillon Nr. 16* von Temenia, der zum damaligen Zeitpunkt auch in berufenen Kreisen in Griechenland bereits zur Chiffre der Scham geworden war. Hier lagerten und tigerten die sich apathisch einkotenden sogenannten Scheißer, herum, die nackt, verdreckt und verwahrloster als Primaten im Zoo dahinvegetierten. Sie bildeten den kümmerlichen Bodensatz des Elends von Lakki.

Die plötzliche internationale Aufmerksamkeit führte dazu, dass die *Lager der Schande* aufgelöst und die Unerwünschten inzwischen menschenwürdig untergebracht wurden.

Zu moralischem Naserümpfen haben wir wenig Anlass. Unsere Zeit und Welt produziert inzwischen ihre eigenen Unerwünschten in Gestalt der Flüchtlinge, die von den Küsten der Türkei oder Nordafrikas tot oder lebendig unsere europäischen Gestade erreichen. Wenn uns die Geschichte in dieser Hinsicht etwas vermittelt, dann doch die Erkenntnis, dass Gesellschaften, die Flüchtlinge nach Maßgabe ihrer Möglichkeiten bei sich aufnehmen, langfristig Nutzen daraus ziehen – wirtschaftlich, demographisch, kulturell. Wenn die Empathie nicht ausreicht, dann sollte uns Europäer zumindest diese Perspektive dazu bewegen, Kleinmut und Verzagtheit, Hass und Brotneid gegenüber Flüchtlingen zu überwinden. Damit nicht ganz Europa für diese Menschen irgendwann zu einem riesigen *Pavillon Nr. 16* werde.

## Alles auf Zahl

*7. Juni.* Samos von Süden her anzusteuern ist bei weitem nicht so spektakulär wie die Annäherung von Westen, wo man schon kurz hinter der Ostspitze von Ikaria den Gipfel des imposanten 1500 Meter hohen Vigla auszumachen beginnt. Im Frühjahr noch schneebedeckt, könnte man ihn aus der Ferne für eine weiße Wolke über dem türkischen Festland halten. Knapp 40 Seemeilen trennen Leros von Samos, ein beschaulicher Törn, sofern man bei ruhiger Wetterlage früh genug aufbricht. Lässt man sich auf einen späteren Start ein, kann's am Nachmittag zu mühseligem Anstampfen gegen die unangenehm kurzen Ägäiswellen kommen, die eine auf- und niedertanzende Yacht immer wieder ausbremsen. Das möchte ich Klaus und auch mir selbst ersparen.

Als wir in der Evros-Marina ablegen, wetteifern die Straßenlaternen von Lakki noch mit dem einsetzenden Tageslicht. Eine gespenstische Ruhe liegt über der Bucht. Wenn ich die Augen schließe, kann ich das infernalische Geheul der Stukas, das Detonieren der Bomben, das Sperrfeuer der Flak und das Knattern der Maschinengewehre hören. Der Gedanke an unentdeckt gebliebene menschliche Überreste der November-Schlacht 1943 auf dem Grunde der Bucht lässt mich schaudern.

Durch die Enge zwischen der Nordspitze von Leros und der kleinen Insel Lipsi geht es nach Norden. Bei Agathonisi an Steuerbord erreichen uns die ersten Böen von den samischen Höhenzügen. Die haben es in sich. Ich kann mich an eine nächtliche Ankunft in der Bucht von Tigani erinnern, bei der uns die Fallwinde von Thios, vom östlichen Bergmassiv der Insel, noch kurz vor der Einfahrt in den Hafen von Pythagorion erwischten. Der Start in Katapola, Amorgos, war noch ruhig verlaufen. Dann aber legte der Wind mehr und mehr zu, erreichte bei den Fourni-Inseln südlich Ikaria Sturmstärke. Bei Anbruch der Dunkelheit schien er sich im Windschatten von Samos gelegt zu haben. Dann stürzten mit einem Mal katabatische Böen von unversöhnlicher Wucht über uns herein und zerfetzten uns das nicht schnell genug geborgene Großsegel.

Heute sieht alles viel ruhiger aus, wiewohl der Meltemi seinen Winterschlaf beendet haben sollte. Besser, man sieht sich vor. Das letzte Stückchen Weges wurde zwar etwas rau, weil sich die See langsam aufschaukelte, aber Klaus, der fast die ganze Zeit am Steuer stand oder saß, scheint bislang nicht beeindruckt. Traumwandlerisch sicher bugsiert er uns an der uralten abgesunkenen Hafenmole vorbei zum Kai. Die Marina gleich nebendran ist Dauerliegern vorbehalten. Wir machen unter den kritischen Augen des in strahlend weiße Uniform gekleideten Hafenmeisters direkt vor den verführerisch nach Olivenöl und gebratenem Fisch duftenden Tavernen fest.

Die hohen Berge von Samos zwingen die Wolken im Winter dazu, aufzusteigen und ihre mitgeführte feuchte Last abzuwerfen. Die Trinkwasserversorgung war deshalb hier weniger ein grundsätzliches als ein logistisches Problem. Flüsse gibt es auf Samos zwar keine, Quellen und jahreszeitliche Sturzbäche hingegen in Hülle und Fülle. Nur leider nicht immer dort, wo man sie braucht. Also bedurfte das Wasser schon im Altertum des Transportes über Aquädukte, Kanäle oder Rohrleitungen.

Leicht zu warten, haben Aquädukte den Nachteil, für jedermann zugänglich zu sein. Manche Belagerung wurde durch die Vergiftung des Trinkwassers einer ganzen Stadt entschieden. Dessen eingedenk, suchte Polykratos, der Tyrann von Samos, im sechsten vorchristlichen Jahrhundert nach einer Alternative. Das Wasser einer drei Kilometer vom heutigen Pythagorion entfernten Quelle sollte zu den Schöpfstellen im Zentrum geleitet werden, ohne Unbefugten Zugriffsmöglichkeiten zu bieten. Das allein war schon schwer genug zu bewerkstelligen, da hätte es des 225 Meter hohen Hügels, der sich etwa auf halbem Weg zwischen Quelle und Brunnen erhebt, nicht auch noch bedurft. Aber er war nun einmal da, also musste er irgendwie umgangen oder durchtunnelt werden.

Ein von Polykratos bestellter Architekt namens Eupalinos ließ zunächst eine Wasserleitung von der Quelle zum Hügel in die Erde verlegen und mit Schieferplatten tarnen. Dann entschied er sich, durch den Bau eines Tunnels aus der Not eine Tugend zu machen.

Das sagt sich leichter als es war. Von der Untersuchung antiker Bergwerke weiß man, dass Sklaven mit ihren primitiven

Werkzeugen selbst bei relativ weichem Gestein sich pro Tag nur wenige Zentimeter vorarbeiten konnten. An ihrer Arbeitsweise hatte sich seit dem Neolithikum nichts geändert. Dazu bestand schon deshalb kein Anlass, weil an Arbeitskräften selten Mangel herrschte, Zeit häufig eine untergeordnete Rolle spielte und die Humanisierung der Arbeitswelt kein Thema war. So kann es niemanden erstaunen, dass die Erfindung des eisernen Meißels bis zum fünften Jahrhundert v. Chr. auf sich warten ließ.

Im Tunnel auf Samos kamen die Arbeiter im Jahr bestenfalls zehn Meter tiefer ins Gestein. Da es sich um einen Wartungsstollen handelte, wies der zu bauende Gang in etwa Mannshöhe auf und war über einen Kilometer lang. Das schmale Aquädukt lag noch einmal acht Meter tiefer. Das heißt, der Hügel musste grob geschätzt insgesamt von rund 5000 Kubikmeter Kalkstein befreit werden. Bei diesem Tempo hätten folglich weder der Architekt noch der Bauherr den Abschluss der Arbeiten miterlebt. Um Zeit zu sparen, ließ Eupalinos den Tunnel im sogenannten Gegenort-Verfahren, also von beiden Seiten gleichzeitig vorantreiben. Das ging schneller – vorausgesetzt, man traf sich in der Mitte und hämmerte nicht aneinander vorbei.

Man hätte nicht unbedingt darauf wetten mögen, aber das Projekt verlief nach Plan. So präzise grub man aufeinander zu, dass sich im Tunnel von Samos keine Blindstollen fanden, die anderenorts verrieten, dass man bei ähnlichen Vorhaben im Dunkeln gestochert hatte, bis es irgendwann mal passte. Nur ganz am Ende der beiden Gänge, also ziemlich genau unter dem Gipfel des Hügels, knickte man jeweils fast im rechten Winkel ab, um so die theoretische Trefferfläche ein wenig zu vergrößern.

Die Informationslage über den lange verschollenen und erst in den 1970er Jahren wiederentdeckten Tunnel ist dünn. Herodot erwähnt das Bauwerk in seinen Schriften. Leider stand dem Chronisten von Marathon und Salamis der Sinn mehr nach Schlachten als nach Technik. So hielt er es weder zur Befriedigung der eigenen Neugier noch im Interesse nachfolgender Generationen für nötig nachzufragen, wie um alles in der Welt

Eupalinos und die Seinen so präzise hatten vermessen können. In der jeweils richtigen Höhe anzusetzen und unterwegs nicht von der Richtung (335 Grad) abzuweichen, war ja keine Selbstverständlichkeit. Der Tunnel weist zwar da und dort kleine *Hundebeine* auf, die aber allem Anschein nach bewusst in Kauf genommen wurden, um weiche Gesteinsadern zu umgehen. Die hätten sonst zu Einstürzen führen können. Architekten und Ingenieuren folgender Jahrhunderte blieb es vorbehalten, über die Vermessungsweise zu spekulieren.

Grob gesagt entwickelten sich zwei Denkschulen. Die Anhänger der horizontalen Lösung sind der Ansicht, Eupalinos habe sich mit rechtwinkligen Dreiecken in trigonometrischen Schritten einmal um den Berg herumbewegt, so dass er am Ende eine Richtungsvorgabe in Gestalt der Hypotenusen erhielt. Wem das kompliziert erscheint, kann sich vielleicht mit der vertikalen Lösung anfreunden.

Die vertikale Schule hält die obige Vorgehensweise nicht zuletzt wegen der Unebenheiten des Terrains für kaum praktikabel. Viel wahrscheinlicher sei, dass Eupalinos mit einer Serie von Fluchtstäben über den Gipfel hinweg gewandert sei. Manchen leuchtet auch diese Lösung nicht ein, weil Fluchtstäbe schwer in den felsigen Boden zu rammen gewesen wären und eine optische Vermessung Pi mal Daumen zu größeren Abweichungen geführt hätte. Gut, allen kann man es sowieso nicht recht machen.

*8. Juni.* Landvermessung ohne eine profunde Kenntnis der Gesetze ebener Trigonometrie ist schlecht denkbar. Deren erster großer Protagonist war Pythagoras, ebenfalls Sohn der Insel und als solcher ein jüngerer Zeitgenosse des Eupalinos. Dass er diesem mit Berechnungen zur Hand gegangen sei, ist eher unwahrscheinlich. Eher wird den jungen Pythagoras die Arbeit am Tunnel wie die am großen Heratempel zu einigen seiner späteren mathematisch-trigonometrischen Theoreme inspiriert haben.

Als Sohn eines Steinmetzes von einfacher Herkunft, hasste Pythagoras Tyrannen im Allgemeinen und Polykratos, den Alleinherrscher von Samos, im Besonderen. Deshalb kehrte er der Insel seiner Geburt beizeiten den Rücken und begab sich nach Süditalien, wo er sich in der Gegend um den Golf von Tarent eine neue Wirkungsstätte schuf.

Uns gilt der Mann hauptsächlich als Entdecker der trigonometrischen Grundformel, die besagt, dass das Quadrat über den Katheten im rechtwinkligen Dreieck dem Quadrat der Hypotenuse entspricht, $a^2 + b^2 = c^2$. Pythagoras habe vor Freude über diese Entdeckung, so heißt es, eine Hundertschaft Stiere opfern und auf dem Rost grillen lassen, also die als Hekatombe berühmt gewordene Spendierjause inszeniert.

Solche Legenden sind allerdings nur durch Euklid belegt. Er wurde in Sachen Pythagoras ein Mythenschöpfer, wie Platon ein solcher für Sokrates. Von der irrational-mystischen Seite im Persönlichkeitsbild des Pythagoras erfahren wir bei Euklid wenig. Das Studium musikalischer Harmonien brachte Pythagoras darauf, dass ihnen Zahlenproportionen zugrunde liegen. Von da aus ist es nur noch ein kleiner Schritt zum Versuch, den gesamten Kosmos als Ergebnis mathematischer Funktionen zu begreifen und im Wege theosophischer Spekulation nach der Urformel des Seins zu suchen. So oder ähnlich dürfte sein berühmtes Theorem *alles ist Zahl* zu verstehen sein. Träfe das zu, wäre Gott Mathematiker.

Klaus und ich sind am Nachmittag aufgebrochen, uns die Ruinen des zweiten großen Bauvorhabens des Polykrates, die des sogenannten Heraions genauer anzusehen. Die tief stehende Sonne taucht die Landschaft in ein schmeichelhaft sanftes Licht, während die Seebrise das Röhricht hin- und herwogen lässt. Von irgendwoher dringt der scharfe Geruch brennender Holzscheite bis zu uns.

Polykrates‘ kurze Herrschaftszeit, die zehn Jahre schwerlich überschritten haben dürfte, verweist seine Urheberschaft an manchen der ihm unterstellten Projekte in den Bereich nachträglicher Legendenbildung. Allein das Graben des Tunnels könnte ohne weiteres fünfzehn Jahre in Anspruch genommen haben. Ob er die Vollendung des gigantischen Heratempels miterlebt hat, ist ebenso fraglich.

Bei den meisten Ausgrabungsstätten gehört schon ein gerütteltes Maß Fantasie oder das geübte Auge des Archäologen dazu, die ursprüngliche Gestalt von Gebäuden zu rekonstruieren. Im Heraion reicht die einzige wie ein Leuchtturm aufrechtstehende Säule, um sich auszumalen, welch ungeheure Dimensionen dieser einstmals mächtige Tempelkomplex besessen haben muss. Ein riesiges Konglomerat von Altären, kleineren Tempeln, Stoas und unzähligen Statuen, gestützt von nicht weniger als hundert Säulen ionischer Ordnung von jeweils 10,3 Metern Höhe. Ihre mächtigen gegossenen Sockel, vom denen nur noch wenige existieren, waren von Steinmetzen wie Pythagoras' Vater auf riesigen Drehbänken rund geschliffen worden.

Dreißig Jahre nach seiner Fertigstellung wurde der Tempel von persischen Eroberern zerstört. Zwar war geplant, ihn später noch größer aufzubauen, doch es kam nie zur Fertigstellung. Die wurde unter anderem durch den zunehmend versumpfenden Boden erschwert, der unter dem Gewicht der tonnenschweren Fundamente nachgab.

Modernen Architekten und Statiker mag die unbedachte Standortwahl abwegig erscheinen. Sollte den erfahrenen Baumeistern des Altertums die sumpfige Beschaffenheit des Geländes wirklich entgangen sein? Sicher nicht. Sie spielte nur keine Rolle. Heiligtümer der Olympier wie Hera waren der damaligen religiösen Überzeugung zufolge dort zu errichten, wo die Mythologie besonders einschneidende Ereignisse in der Vita der zu huldigenden Gottheit vermeldet: Zeugung, Geburt, schicksalhafte Begegnungen, die Liste war lang.

Hera wurde unglücklicherweise hier, im sumpfigen Gelände bei Pythagorion, unter einem Lygosbaum geboren. Folglich hatte ihr Tempel, dem Zwang des Ortes folgend, genau hier zu stehen. Religiöse Authentizität, nicht architektonische Opportunität entschied über den Standort.

Lygos ist eine ältere Bezeichnung für unseren deutschen Mönchspfeffer oder Keuschbaum, dessen Blätter- oder Blütenextrakt noch im Mittelalter kinderlosen oder mit Menstruationsstörungen behafteten Frauen als Medizin verschrieben wurden. Seine Ähnlichkeit mit Cannabis könnte den Unkundigen dazu verleiten, die Blätter des Lygos zu pflücken, zu trocknen und in einer stillen Stunde auf dem Boot im Tütchen zu rauchen. „Keine gute Idee“, meint Klaus. „Die in der Pflanze enthaltenen Giftstoffe sorgen beim Mann für allgemeine Unpässlichkeit und sexuelle Unlust.“

Weshalb ein solcher Aufwand für Hera, stand die doch im Olymp ganz im Schatten ihres notorisch untreuen Mannes Zeus? Hier auf Samos huldigte man offensichtlich noch der unbestrittenen Königin der Natur und Fruchtbarkeit, als die sie vor ihrer Mesalliance mit Zeus bekannt und berühmt war.

Für die Archäologie war der sumpfige Boden unter dem Heraion ein Gottesgeschenk. Da ihn spätere Baumeister links liegen ließen, haben sich keine weiteren Siedlungsschichten überlagert, die von den Archäologen des Deutschen Institutes von Athen abgetragen werden müssten.

## Wenn die Bäume weinen

*10. Juni.* „Jetzt wo du‘s sagst.“ Klaus unterbricht meinen mit schwerer Zunge vorgetragenen Monolog beim Mittagessen im Schatten der Weinreben, die sich über unseren Köpfen auf der Terrasse der *Drei Brüder* in Pirgi ranken. Eine uralte griechische Einrichtung, die Taverne *Drei Brüder.* Gelegentlich sind’s deren vier. Oder mehr. Mein bisheriger Rekord liegt bei sieben. Auf die *Drei Schwestern* warte ich bis heute vergebens.

Das betörende Aroma von wilden Blumen, Oregano und glühender Holzkohle kokettiert mit dem Bouquet des goldfarbenen Muskatellers in unseren Gläsern. „Bei uns in Bielefeld“, lallt Klaus und lehnt sich weit nach vorn, „haben wir diesen sehr bekannten Steinmetz. Heißt Colombo, der gute Mann, wie der einäugige Kommissar mit dem dicken Hund und dem beigen Oxfam-Mäntelchen. Hab' mir schon mal einen Entwurf für meinen Grabstein von ihm machen lassen. Vom Steinmetz. Nicht vom Kommissar. Sehr hübsch, mit gekreuzten Skalpellen und Äskulapstab. Ist doch auffallend, oder? Colombo? In Bielefeld?"

Ursprünglicher Gegenstand unserer zu diesem Zeitpunkt schon etwas abgeschweiften Erörterungen war die unbekannte Nationalität von Christoph Columbus. Spekulationen darüber schießen schon seit Jahrhunderten ähnlich ins Kraut wie die über den letzten Standort der untergegangenen Insel Atlantis. Ob der Entdecker Amerikas, der Urkunden stets mit *Colom* (Taube) zeichnete, nun Genuese, Katalane, Portugiese, Sarde oder Korse war, ist schon deshalb schwer zu entscheiden, weil die lateinische Welt des ausgehenden Mittelalters keine Nationalitäten in unserem Sinne kannte. Alle waren Brüder und Schwestern in Christo und Todfeinde des Muselmanns, das war's, was zählte.

Beweise und Indizienketten, die zu dem Schluss kommen, dass Columbus in Wahrheit sephardischer Jude, Schotte, Norweger oder Pole gewesen sei, darf man, bei allem Respekt, getrost als absurd vernachlässigen. Warum nicht gleich Deutscher? Präzise an dieser Stelle hatte Klaus mit dem Bielefelder Steinmetz die Katze aus dem Sack gelassen.

Ein Fähnlein zumeist griechischer Aufrechter verortet Columbus' Wiege auf der Insel Chios. Hier in Pirgi, dessen berühmte Kratzputzfassaden Klaus und mich hergelockt haben, steht in der Tat über vielen Türen dieser nicht eben griechisch klingende Name.

Wissenschaftler haben sich dem Phänomen Columbus aus Sicht ihres Fachbereiches zu nähern versucht. Sprachforscher zum Beispiel legten jede noch so banale überlieferte Äußerung des Mannes auf die Goldwaage und kamen zu dem Schluss, dass er ein mit Portugiesisch und genuesischem Italienisch durchsetztes Spanisch gesprochen haben dürfte. Einige Randnotizen, die Columbus in seiner Lieblingslektüre *Imago Mundi* (Bild der Welt) machte, sind angeblich in Griechisch. Vielleicht auch einfach nur so unleserlich, dass sie einem schon wieder Spanisch vorkommen. Unter seiner Besatzung waren nachweislich Griechen. „Na und?“ Klaus scheint nicht überzeugt. „Die fuhren damals doch als gesuchte Seeleute auf fast allen Schiffen. Unser Colombo in Bielefeld hingegen …“ Ich höre gar nicht mehr hin, sehe weinselig Columbus im beigen Mäntelchen in der Karibik an Land steigen und sich mit den Eingeborenen auf Griechisch unterhalten.

Wir haben beim Essen keinerlei Zurückhaltung geübt, die wir später bereuen müssten. Jetzt sind wir auf unseren Holzstühlen mit knapp bemessenen, verdächtig durchhängenden Bastsitzen zusammengesunken wie zwei angeschossene Mafiosi, denen jemand gerade die Rechnung präsentiert hat. Mit den leicht lüsternen, blutunterlaufenen Bulldoggenaugen des alternden Internisten beobachtet Klaus, wie eine Cousine der *Drei Brüder* unseren Tisch abzuräumen beginnt und dabei mehr Decolleté enthüllt, als Klaus‘ Blutdruck zuträglich ist. „Na sas fero ena glyko?“ Dessert? Jetzt? Um Gottes Willen, gut gemeint, aber nein, danke. Noch ein honigtriefendes Baklava und die Erdkruste würde unter uns nachgeben wie der Sumpf unter dem Fundament des Heraions drüben in Samos.

Ich versichere der Frau des Hauses, dass wir bei ihr *die Milch vom Huhn* genossen hätten. Ein schöneres Kompliment kann man einer griechischen Gastgeberin nicht machen. Es bedeutet in etwa, dass sie keinerlei Mühen gescheut hat, uns Köstlichkeiten zu servieren, die es eigentlich gar nicht gibt.

Die rund 65 Seemeilen von Pythagorion rauf nach Chios zogen sich gestern länger als gedacht. An der Seegrenze zwischen Asien und Europa motorten wir durch die Meerenge von Mykali, die im Altertum auch Sieben Stadien genannt wurde. Ein Stadion waren knapp 150 Meter, macht insgesamt rund einen Kilometer. Vorbei an der zur Türkei gehörenden Bayrak Adası (Fahneninsel) führt der Weg. Drüben, an der türkischen

Küste, stellte einst der grausame persische Satrap den von der Folter geschundenen Körper des Polykratos zur Schau. So kamen seine Untertanen auf Samos in den zweifelhaften Genuss, ihn zu sehen und seine Schmerzensschreie zu hören. Die Türken begnügen sich mit einer besonders großflächigen Ausgabe der roten *Ayyıldız* (Mond-Stern) genannten Nationalflagge. In ihrem unruhigen Schatten wirkte der einsame türkische Fischer auf der spiegelglatten See versöhnlich winzig und orientalisch meditativ.

Die geringe Breite der Straße von Mykali nutzen türkische Schleuser immer wieder dazu, Flüchtlinge aus aller Herren Länder mit Schlauchboot, Jetski oder Schwimmnudel auf die Reise zu schicken. Auf Samos angekommen, werden sie in Vathi an der Nordküste vorübergehend interniert. Flüchtlinge betrachtet man auf diesen Routen auch finanziell als vogelfrei und lässt sie für jede Handreichung mindestens das Doppelte des normalen Preises zahlen.

Der illegale Verkehr zwischen türkischer Küste und griechischen Inseln trägt mit dazu bei, dass legales Pendeln von Booten noch stärker als früher von finanziellen und bürokratischen Hürden behindert wird. Das lästige Ausfüllen türkischer Formulare zur Erlangung eines Transit-Logs kann man örtlichen Agenten überlassen. Verursacht aber zusätzliche Kosten, die sich bei nur wenigen Tagen Aufenthalt schwerlich rechnen. Für Klaus wäre der Ruf des Muezzins eine willkommene Abwechslung, aber mir scheint das alles zu viel Aufwand. Döner statt Gyros ist grad so egal wie Hamburger von MacDo oder Wimpy.

Sobald man am Kap Galitsa nach Nordosten dreht, ist der Meltemi oft wie abgeschnitten. Während der Rally sind wir meist im Schritttempo den anderen Booten gefolgt, die sich dicht unter Land halten, um bei Sonnenuntergang und während der Nacht den Abwind zu nutzen. Dafür scheint mir jetzt das Leben zu kurz geworden. Also ließen wir die Segel eingepackt und gaben Mr. Robertson den direkten Kurs auf die Straße von Chios ein, sollte er sich seine Passage doch verdienen.

Im Laufe einer Nachtfahrt hatte ich dort in der Meerenge einmal eine unangenehme Beinahekollision mit einem Frachter, der gegen den Wind geräuschlos von achtern aufgekommen war. Unbemerkt, weil sich die Crew einschließlich Skipper auf die schwach pulsierende Strobelaterne an der Ziellinie vor dem Hafen konzentriert hatte. Nun drohte uns der wie ein Raubtierschatten rasend schnell heranpflügende Brummi gnadenlos zu überrollen. Für meine Nummer, mit der weißen Signalrakete, war es zu spät. Links der turmhohe Rumpf des Frachters fast schon auf Armlänge, rechts die unbeleuchteten Klippen des Inselchens Boğazadası vor der türkischen Küste – wir hatte die Wahl. Eine sofort eingeleitete Katastrophenwende katapultierte uns einmal um die eigene Achse und dann in den Whirlpool des pulsierenden, mahlenden Heckwassers, gerade noch weit genug von den Schrauben entfernt.

Bei unserer gestrigen Ankunft war außer einer fröhlich ihre Dreiecke ins Wasser zeichnenden Jollenregatta kaum jemand unterwegs. Eine leichte Brise trug uns das unverwechselbare Aroma der Mastixbäume zu, wie den kaugummigeschwängerten Atem einer sich durchs geöffnete Fenster ins Wageninnere lehnenden Prostituierten. Der Hafen von Chios ist sehr weiträumig angelegt und hat gerade deshalb seine Tücken für Yachten. Während der Rally hatte man uns an der nördlichen Mole ein windstilles Eckchen reserviert. Die einlaufenden Fähren brauchen aber viel Platz zum Drehen und Ankerwerfen, so dass man es später vorzog, die neue Marina am südlichen Kai anzulegen. Der ist aber bei Nordwind arg exponiert, so dass man gut daran tut, sehr viel Kette zu stecken.

Arm in Arm schwanken wir nach dem ausgiebigen Mittagessen durch die Gässchen von Pirgi und schließen uns kurz einer Gruppe neidisch blickender französischer Touristen an. Essen hat einen hohen Stellenwert für Franzosen. „Wo auch immer die beiden eingekehrt sind, da möchten wir auch hin", steht denen hier auf die Stirn geschrieben. Wir klinken uns lieber wieder aus.

Pirgi gehört zu den ursprünglich rund zwanzig Mastixdörfern, deren Bewohner dank ihres Know-how in der Gewinnung und Aufbereitung des zeitweilig sehr gefragten Produktes bereits im Mittelalter mancherlei Privilegien genossen. Mastixbäume sind eine Untergruppe der Pistazienfamilie. Natürlich findet man sie auch anderswo, aber die Bäume im flachen, fruchtbaren südlichen Teil von Chios produzieren offenbar ein besonders hochwertiges Harz.

Sobald die Bäume das Vorschulalter von fünf Jahren erreicht haben, werden sie zum ersten Mal gemolken. Darauf muss man sie oder besser ihre unmittelbare Umgebung sorgfältig vorbereiten. Rund um den Stamm wird der Boden gesäubert, glattgestrichen und mit Natriumbikarbonat bestreut. Dann kann's losgehen. Die Rinde wird an mehreren Stellen eingeritzt, so dass langsam Harz austritt, den Stamm hinunterläuft und sich am Boden koagulierende Häufchen sammeln.

Eine poetisch veranlagte Seele hat einmal geschrieben, ihm schiene es angesichts der vielen frisch eingeritzten Stämme, als würden die Bäume das berüchtigte Massaker von Chios des Jahres 1822 beweinen. Dabei wurden geschätzt vierzigtausend Männer, Frauen und Kinder von den Osmanen abgeschlachtet. Mindestens noch einmal so viele führte man in die Sklaverei. Die Empörung über diesen barbarischen Akt gebar in Europa die sogenannte philhellenische Bewegung, die viele Intellektuelle, Dichter, Künstler und politische wie militärische Aktivisten mobilisierte. Sogar gekrönte Häupter wie König Ludwig von Bayern erwärmten sich plötzlich für Griechenland, streiften sich Strumpfhose und Fustanella über, schlüpften in die Bollenschuhe und wurden so Teil der Bewegung, die den Boden für die Akzeptanz des gerade entstehenden griechischen Rumpfstaates bereitete. Dessen ungeachtet, hat man manchmal den Eindruck, als läge Westeuropäern, vor allem Deutschen, heute mehr an der Idee von Hellas denn am Lande selbst.

Lassen wir das. Alle vier oder fünf Tage fügt man den Bäumen fünf bis zehn solcher Wunden zu. Dem am Boden verklumpten Harz wird durch das Natriumbikarbonat Feuchtigkeit entzogen. Gleichzeitig soll es damit vor den gröbsten Unreinheiten bewahrt werden. Trotzdem muss es den Winter über weitere Reinigungsprozesse durchlaufen, deren Erfolg vom Geschick der damit beschäftigten Männer und Frauen abhängt.

Obwohl viele seiner ursprünglichen Verwendungszwecke weggefallen sind, erzielt das fertige Produkt von Chios auch in unseren Tagen noch ganz beachtliche Preise. Ein Kilo entspricht dem Jahresertrag von zehn Bäumen. Insgesamt wurden zur Blütezeit der Mastix-Gewinnung rund fünfzig Tonnen ausgeführt. Das reicht für eine Menge Kaugummi und U-Boote. So nennen die Griechen einen Löffel süßer, klebriger, schwer löslicher Mastixmasse, die wie sieben Jahre Pech an allem haftet, was damit in Berührung kommt. Verzückte Kindern tauchen das U-Boot stundenlang in ein Glas Wasser und lecken es dann ab. Generationen von Griechen haben sich als Kinder mit solchen U-Booten an heißen Sonntagnachmittagen bei Oma und Opa auf dem Land oder am Meer ins Nirwana gelutscht.

Da Mastix als Grundstoff unter anderem für die Herstellung bestimmter osmanischer Kosmetika und von Süßigkeiten wie Lukumi erforderlich war, gewährte die Hohe Pforte Dörfern wie Pirgi vielerlei Freiheit. Das Steueraufkommen stand der Schwester des Sultans als Apanage zu, was darauf schließen lässt, dass erkleckliche Sümmchen zusammenkamen. Mit Peanuts respektive klebrigen U-Booten wird man die Dame nicht abgespeist haben.

Trotzdem verschonten die Osmanen die Bewohner der Mastixdörfer beim großen Massaker von 1822 nur vorübergehend. Letzten Endes mussten auch sie, die den Aufforderungen anderer griechischer Inseln, sich dem großen Befreiungskampf anzuschließen, lange widerstanden hatten, ihren Nacken unter dem Krummsäbel beugen.

Gegen die zahlenmäßige Übermacht der Osmanen schützte sie selbst die wehrhafte Architektur ihrer Dörfer nicht mehr, die sich über die Jahrhunderte bei ungezählten Piratenangriffen bewährt hatte. Man nimmt an, dass die Dörfer im 14. Jahrhundert auf Veranlassung der Genueser so ausgeklügelt angelegt und befestigt wurden. Als Konkurrenten und Todfeinde Venedigs mussten die Genueser mindestens ebenso auf ihre Sicherheit bedacht sein wie die Griechen.

Mista zum Beispiel ist mit seinen Außenmauern, den dicht an dicht gefügten Häuschen und seinen vielfach absichtlich in Sackgassen mündenden Sträßchen ein einziges *Labyrinth des Todes*. Die Türen und Fenster der Häuser öffnen nur nach innen, zum Dorf hin. Im Parterre befand sich das Vieh, die Menschen wohnten im ersten Stock. Von dort konnten sie sich bei Angriffen schnell auf die Dächer begeben, um über brückenartige Außengewölbe in den großen zentralen Turm, den schier unangreifbaren Panikraum zu gelangen. Der Turm von Mista musste gegen Ende des 19. Jahrhunderts einer Kirche weichen.

Pirgi hat aufgrund der weitgehenden Zerstörung seiner Außenmauern den ursprünglich wehrhaften Charakter eingebüßt. Dafür demonstriert es seinen früheren Reichtum durch die mit schwarzweißen Sgraffiti verzierten Fassaden. Die Technik solcher Kratzputzfresken gleicht dem normalen Malvorgang, nur eben von hinten aufgezäumt.

Auf eine oder mehrere dunkle Schichten Mörtel wird dicker weißer Putz aufgetragen. Mit dem Schabeisen kratzt der Fassadenkünstler die weiße Schicht stellenweise so wieder ab, dass das darunter zum Vorschein kommende Schwarz sich zum Beispiel zu geometrische Figuren, laufenden Hunden oder anderen Mustern formt. Sie konnten die Architektur der Häuser akzentuieren oder architektonische Narben und bauliche Mängel optisch kaschieren.

Bunte Kratzputzbilder sind schwieriger als schwarzweiße, weil man das Gemälde vom Ende denken und dabei stets das Zusammenwirken aller Farben im Auge behalten und wissen muss, wo sich welcher Farbton verbirgt. Für farblichen Kontrast ist dennoch gesorgt. Reife knallrote Tomaten hängen zum Trocknen in langen Ketten von den Fassaden wie anderswo die Knoblauchzwiebeln. Ihre abschreckende Wirkung auf Vampire ist nicht verbürgt, ihr ausgezeichneter Geschmack schon.

Mit Columbus schließt sich natürlich noch längst nicht der Kreis Prominenter, die auf Chios geboren sein könnten. Niemand Geringerer als Homer soll auf der Insel das Licht der Welt erblickt haben. Obwohl, erblickt ist vielleicht zu viel gesagt. Möglicherweise gehörte er, blind oder sehend, zur Masse levantinischer Zuwanderer, die vom Reichtum von Chios angelockt wurden und ihre Legenden und Mythen aus den Tiefen des kleinasiatischen Raumes mitbrachten.

## Es starb der Herr der Meere

*14. Juni.* Der Tagestörn von Chios nach Mytilene markiert das vorläufige Ende des Zusammenseins mit meinem alten Schulkameraden Klaus auf der *Solskin.* Das stimmt mich traurig, denn im Laufe der letzten Wochen hat er mir ein kostbares Stück Jugend zurückgebracht. Gleichwertig werde ich ihn nicht ersetzen können

Sylviane, eine französische ehemalige Übersetzerkollegin aus Brüsseler Tagen, die sich in den 1990er Jahren in Thessaloniki niederließ, meldete sich gestern Abend telefonisch. Für zwei Wochen könne sie sich freimachen und auf Lesbos zu mir stoßen. Ich war sofort Feuer und Flamme und vereinbarte ein Rendez-vous mit ihr in Mythimna, an der Nordwestecke der Insel. Nautische Erfahrung hat sie kaum mehr als Klaus. Dafür ist sie eine angenehme Gesellschafterin und von zupackendem Wesen.

Dank der frischen ablandigen Brise segeln wir, weiterhin mit dem betörenden Duft der Bergwelt von Chios in der Nase, gemächlich nordwärts. Bald kommt die Meerenge zwischen der wie ein gleichseitiges Dreieck aus dem Wasser ragenden Insel Strovili und dem westlichen Zipfel von Oinoussa in Sicht. Strovili ist keine georgische Bezeichnung, die sich in die Ägäis verirrt hätte, sondern die korrumpierte Form von *strongili*, also rund. Mir erscheint sie eher dreieckig, offenbar eine Frage der Perspektive.

Oinoussa trägt noch den Gattungsnamen von Inseln, die im Altertum für die Qualität ihrer Weine bekannt waren. Als die hiesigen Reben Trauer zu tragen begannen, wanderten die Insulaner ab oder folgten dem Muster anderer Inselpopulationen der Ägäis, aus denen Seeleute und Reeder wurden. So erklärt es sich, dass auf der winzigen Oinoussa die größte Anzahl erfolgreicher und wohlhabender griechischer Flotteneigner pro Quadratkilometer beheimatet ist. Jedenfalls auf dem Papier. Ihr Geld liegt natürlich in der Fremde, und da sie ihm möglichst nahe sein wollen, residieren auch sie längst in irgendwelchen Steuerparadiesen und sind ob ihres diskreten Lebenswandels oft nicht einmal den eigenen Landsleuten namentlich bekannt. Griechischen Finanzämtern sowieso nicht. Und das, obwohl sie sich per griechischer Verfassung schon weitgehende Steuerfreiheit zu sichern wussten. Doch die reichte ihnen offenbar noch nicht. Ihre herausragende Rolle im Befreiungskrieg gegen die Osmanen bleibt davon ebenso ungeschmälert wie ihre Verdienste um den Zusammenhalt der sozialen Struktur in einem Land mit derart zersplitterter Topographie. Ohne den massiven Einsatz unzähliger, zu jeder Tages- und Nachtzeit und in fast allen Wetterlagen verkehrender Fähren hätte dieses Land ein anderes Gesicht.

Nach den gestrigen Ausschweifungen ist Klaus heute wieder die Mensch gewordene Sachlichkeit. Er hat sich bei Nennung des Inselnamens sogleich an den Ausbruch der Vogelgrippe erinnert, die im Oktober 2005 hier grassierte und alsbald auch ihren Weg nach Norden fand. „Hat den Pharma-Unternehmen ordentlich Geld in die Kassen gebracht. War ja eine richtiggehende Hysterie: Pandemie, Untergang der Menschheit, so was verkauft sich gut."

Mytilene liegt mit seiner mächtigen Festung auf der Halbinsel Amali. Die könnte, wie der hier beheimatete Dichter Longos im zweiten oder dritten vorchristlichen Jahrhundert feststellte, bei oberflächlicher Betrachtung auch als Insel durchgehen. Den

Hafen der Stadt beschreibt der osmanische Kapitän und Kartograf Piri Reis in seinem wunderbaren *Handbuch für Seefahrer* (Kıtab-ı Bahriye, 1525) mit der ihm eigenen nautischen Präzision:

> *(Mytilenes) berühmteste Burg ist auf der östlichen Seite der Insel … auf einem steilen Felsenkap errichtet. Zu beiden Seiten des Kaps liegen Hafenbecken. Das nördliche heißt Yeni (neues), besitzt eine nichtmuslimische Festung und ist nach Norden hin offen. Das südliche heißt Eski (altes) und ist gegen alle Winde geschützt. Tief gehende Schiffe können es allerdings nicht anlaufen, da es sehr seicht ist. (Ü. d. A.)*

Was mich betrifft, so habe ich das südliche Hafenbecken nicht in bester Erinnerung. Gut geschützt ja, aber schlecht belüftet. Bei meinem letzten Besuch stank es dort so erbärmlich, als wären wir in einer Kläranlage auf Schiet gelaufen. Auch heute riecht es streng. Wir verlegen uns zweimal, bis wir uns in Luv der übelsten Geruchsquellen befinden und die Luft rein ist.

Das verwirrende Durcheinander der historisch bedingten Namensmehrheit griechischer Inseln sorgt auf Lesbos für eine eher komische Variante. Von alters her sind viele Bezeichnungen für Inseln und deren jeweilige Hauptstadt wenn schon nicht identisch, wie im Falle Samos, so doch weitgehend austauschbar. Der osmanisch-türkische Name von Lesbos lautet Midilli. Mag sein, dass die Osmanen an der für sie schwer aussprechbaren Konsonantenkollision in Lesbos Anstoß nahmen und daher auf Mytilene auswichen. Oder Lesbos, die Insel, nannte sich im Mittelalter vorübergehend Mytolene. Wenn ja, würde die Inselverwaltung diesen historischen Zustand liebend gern wiederherstellen, um sich nicht weiterhin als lesbisch zum Gespött machen zu müssen. Doch eine Änderung der amtlichen Bezeichnung Lesbos für die Insel und Mytilene für den Hafen wäre vermutlich selbst in Griechenland mit gewaltigem bürokratischem Aufwand verbunden.

Wenn vielen die Insel als Hort der Liebe gilt, dann liegt das nicht allein an Sappho, die sich beim Anblick ihres Lesbos ohnehin im Grabe umdrehen würde. Ein Dichterkollege, der besagte Longos, kann ebenfalls gewisse Urheberrechte anmelden. Falls es ihn denn gab: eine auflösende Bedingung, der, wie gesehen, ein Großteil der griechischen Geschichte unterworfen ist.

Longos, also lang, vielleicht auch zu lang, wer weiß, ist möglicherweise gar kein Name, sondern nur der Vermerk eines kritischen Lesers, dem die Lektüre des bukolischen Liebesromans *Daphnis und Chloe*, als deren Autor Longos gilt, auf die Leber schlug. Mit seinem negativen Urteil hätte er lange Zeit allein dagestanden.

Dichter, Komponisten und Maler späterer Jahrhunderte stürzten sich mit großem Eifer auf die Motive des Werkes. Dessen übersichtliche Handlung spielt ausschließlich auf Lesbos und darf insofern als Gegenentwurf des munter ausschreitenden Reiseromans der Zeit gelten. Goethe soll in *Daphnis und Chlo*e vernarrt gewesen sein. Kein Wunder, sein junger Werther hätte gut in das bukolische Ambiente gepasst. Und hätte sich, ägäischer Tradition folgend, irgendwo von einer Klippe in den Tod gestürzt, statt sich zu erschießen.

An einer Stelle scheint der ereignisarme Roman drauf und dran, seine räumliche Beengtheit zu sprengen und die quälende Langatmigkeit der Handlung durch ein wenig *action* anzureichern. Daphnis wird von Seeräubern entführt. Aber bevor jemand unnötig in Wallung gerät: die Piraten kommen nicht weit, bald kann Chloe ihren Daphnis wieder in die Arme schließen.

Eines unterstreicht die Episode jedoch: Freibeutertum als chronische Plage des Mittelmeerraumes war derart gang und gäbe, dass man sich dieses dramaturgischen Vehikels auch in solchen Werken bediente, die dafür gar nicht geschaffen sind. Ohne dass jemand Anstoß daran nahm. Die Piraten gehörten einfach zur mediterranen Familie. Ihre Stammbäume wuchsen bisweilen quer über alle Grenzen und Nationalitäten. Einer der gefürchtetsten Vertreter dieser Zunft hatte sich zum Beispiel, obwohl von Geburt Grieche, zum Islam bekannt und den muslimischen Kampfnamen Chaireddin, etwa Wohl der Religion, zugelegt.

Ob Barbarossa, wie er sich quasi mit Nachnamen nannte, tatsächlich einen ebensolchen roten Bart hatte wie sein älterer Bruder, ist nicht gesichert und auch gleichgültig. Was zählt ist, dass keiner der griechischen Inselbevölkerung mehr Gewalt angetan hat als dieser zum osmanischen Admiral aufgestiegene halbgriechische Emporkömmling und blutrünstige Pirat von paranoid überschießender Brutalität namens Chaireddin Barbarossa.

Dabei muss man dem auf Lesbos geborenen Hızır (der Schnelle), wie er mit Taufnamen hieß, eine vermutlich gestörte Kindheit strafmildernd anrechnen. Sein Vater Jakup stammte vermutlich aus einer ost- oder westeuropäisch-jüdischen Familie, war von seinen konvertierten Eltern im Geiste des Koran erzogen worden und hatte in der osmanischen Elitetruppe der Janitscharen Dienst getan. Das waren skrupellose Mordbrenner, die keinen Sold bezogen, sondern bei jeder Eroberung an vorderster Front kämpften und sich mindestens einen Tag lang an allem bereichern und gütlich tun durften, was sie in der eingenommenen Stadt vorfanden.

Hızırs Mutter kam als Witwe eines griechischen Popen aus einem so diametral entgegengesetzten Kulturkreis, dass man sich fragt, wie die beiden je zueinander gefunden hatten. Orthodoxe Geistliche waren und sind nicht ans Zölibat gebunden. Allerdings setzt eine Heirat ihren weiteren hierarchischen Ambitionen meist ein Ende. Orthodoxe dürfen mit dem Segen der Kirche zweimal heiraten, erst beim dritten Male zieht der Pope die Stirn in Falten. Auf diesen Sachverhalt zielt zum Beispiel der insofern paradoxe Titel eines bekannten griechischen satirischen Romans, *To trito stefano* (Der dritte Kranz) von Tachtsis Kostas.

„Hast du noch Zeit für ein zünftiges Abendessen?“ Klaus, der sich gerade im nahe gelegenen Reisebüro nach Flugverbindungen erkundigt hat, nickt. „Klar, der Flieger nach Frankfurt geht erst morgen um die Mittagszeit. Da können wir noch mal ordentlich zulangen.“ Bis dahin ist Packen angesagt. Die vielen Souvenirs, die Klaus im Laufe der gemeinsamen Segelwochen gesammelt hat, werden ihn voraussichtlich ein kleines Vermögen an zusätzlichen Gebühren kosten. „Ist mir egal. Ein paar handfeste Erinnerungen müssen drin sein."

Nach ersten erfolgreichen Schritten in die wirtschaftliche Selbstständigkeit als Fischer auf Lesbos verlegten sich die Brüder Barbarossa mit ihrer schnell wachsenden Flotte kleinerer Fahrzeuge auf die einträglichere Piraterie. Die Zeit für solche Unternehmungen war günstig, weil von allgemeiner Destabilisierung geprägt. Der endgültige Fall der letzten arabischen Bastion auf spanischem Boden trug dazu ebenso bei wie der Niedergang einer der bedeutendsten Berberdynastien des Maghreb.

Die muslimischen Almohaden, die über Jahrhunderte das Gebiet des nördlichen Afrika diesseits der Sahara beherrscht hatten, verloren in jener Periode rapide an Einfluss. In das klaffende Machtvakuum drängten Piraten mit solcher Wucht, dass sich die Spanier bald gezwungen sahen, ihre mediterranen Handelsrouten durch die Besetzung von Häfen der barbaresken Küste Algeriens und Libyens zu schützen. Was sie mit den dortigen muslimischen Herrschern und Häuptlingen in Konflikt brachte. Die Nordafrikaner wandten sich hilfesuchend an die Hohe Pforte und erkannten dabei zu spät, dass die in der Region ihre eigene Agenda verfolgte.

Zu den Nutznießern dieser unübersichtlichen Gemengelage gehörten skrupellose Glücksritter vom Schlage der Brüder Barbarossa. Nachdem Oruç, der ältere der beiden, im runden Jahr 1500 die Spanier aus Algier vertrieben und sich dort zum König erklärt hatte, zog Hızır ein Vierteljahrhundert später nach. Er sorgte dafür, dass die Piratenhöhle Algier dem osmanischen Reich einverleibt wurde. Die Hohe Pforte zeigte sich erkenntlich und ernannte Chaireddin zum Kapudan Pascha, das heißt zum Oberbefehlshaber der osmanischen Flotte. Damit nicht genug, avancierte Chaireddin zum Sultan von Algier und Beylerbey, war Provinzgouverneur der Ägäis. Keine schlechte Karriere für den Sohn eines Janitscharen und einer Popenwitwe. Dieser Art Laufbahn gab es viele, denn der osmanische Hof war jedenfalls zu dieser Zeit noch bereit, seine Verwaltung nach Kompetenz und nicht nach Geburtshaus oder Ethnie auszurichten. Dem muslimischen Glauben sollte man freilich schon angehören.

Rund drei Jahrhunderte hatte die permanente Konfrontation der mehr oder minder christlichen Seefahrt im Norden des Mittelmeerraumes mit den Piratennestern an dessen Südküsten Bestand. Millionen von Orientreisenden wurde sie zum Verhängnis. Allein zwischen 1530 und 1780 sollen um die neunhunderttausend Personen nach Nordafrika verschleppt und als Sklaven missbraucht oder als Geiseln eingekerkert worden sein. Zu den Opfern gehörte unter anderem auch der spanische Schriftsteller Miguel de Cervantes Savedra, Verfasser des *Don Quijote*. Fünf Jahre lang musste er als Sklave in Algier ein kümmerliches Dasein fristen, bevor sich jemand seiner erbarmte. Seine Erfahrungen legte er in einem Buch mit dem Titel *Los tratos de Argel* (Die Gefängnisse von Algier) nieder.

Erst im 19. Jahrhundert gelang es Briten, Holländern und Amerikanern in zum Teil gemeinsamen Aktionen, die Piratenflotten zu vernichten und der Freibeuterei ein Ende zu setzen. In der Ägäis hielt sie sich am längsten.

Den Griechen wird Barbarossa für alle Zeiten in schlimmster Erinnerung bleiben. Nirgends wütete er so wie hier, metzelte, brandschatzte und versklavte in einem einzigen unerbittlichen und vermutlich persönlich motivierten Rachefeldzug. Der ominöse Wortlaut der offiziellen Nachricht von seinem Tode 1546 steht auf dem Denkmal verewigt, das die Osmanen ihrem Kapudan Pascha, dem Sieger der Schlacht von Preveza, neben dem Istanbuler Seefahrtmuseum errichteten. Nie zuvor oder danach dürfte die Ägäis so vom kollektiven Aufatmen der Inselbewohner widergehallt haben wie bei der Verbreitung dieser heiß ersehnten Nachricht: *Es starb der Herr der Meere.*

Am Abend sitzen Klaus und ich noch eine Weile stumm vor den von summenden Fliegen umkreisten Resten unseres ausgezeichneten Mahles. Selbstvergessen trommeln wir mit den Fingerspitzen den Takt zur auf- und abschwellenden Musik, die in Wellen von irgendwoher zu uns herüber weht. Rasch und beinahe übergangslos senkt sich die Dunkelheit herab.

„Homer.“ Klaus hat dem Wein im mazedonischen Bocksbeutel gut zugesprochen. „Was ist mit ihm?“ „Die Morgenröte gerät bei ihm stets rosenfingrig. Und das Abendrot?“ Klaus lacht und zuckt mit den Schultern. „Schade, dass du morgen wieder in die Zivilisation zurückkehren musst, wirst mit fehlen, alter Freund.“

## Die Schwimmerin (I)

*18. Juni.* Mithymna gilt zwar als die mythische Schwester Mytilenes, doch das Verhältnis der beiden wichtigsten Städte dieses Namens auf Lesbos war nie von geschwisterlicher Liebe geprägt. Eher könnte man von permanentem Zickenkrieg sprechen. An der nordwestlichen Ecke der Insel gelegen, hätte *semper fide* das Motto in Mithymnas Stadtwappen sein können. Im trojanischen Krieg hielt die Stadt in unverbrüchlicher Treue zur belagerten Feste und wurde deshalb von Achill und seinen raufllustigen Myrmidonen aufs Ärgste bedrängt. Im Peloponnesischen Krieg stand Mithymna eisern zu Athen, während die anderen Stadtstaaten der Insel, einschließlich Mytilene, Sparta zugeneigt waren.

Der winzige Hafen des Ortes zu Füßen der Kastro genannten Burg bietet bei schlechten Witterungsverhältnissen nur mangelhaften Schutz. Für einen kurzen Aufenthalt bei ruhiger Wetterlage reicht es aber allemal. Ich will hier auch gar nicht lange verweilen, warte mit der *Solskin* nur auf das Eintreffen Sylvianes, die heute anreist. Klaus schwebte bereits gestern heimwärts, so dass ich ein wenig Luft schöpfen und meinen Gedanken nachhängen kann.

An diesem Ort kreisen sie natürlich um die vielen Flüchtlinge, die in miserablen Schlauchbooten unter Einsatz ihres Lebens von der türkischen Küste aus herüberkommen. Aber auch um die Person Paraskevi Marangoudakis. Ich traf diese bemerkenswerte Frau Anfang des Jahrtausends. Nicht hier, sondern drüben in ihrer Heimatstadt Thessaloniki. Eine vor der Zeit ergraute Frau Mitte fünfzig, in deren Gesichtszügen und Augen sich Zähigkeit und Willenskraft mit tiefer Trauer paaren. Das ist ihre Geschichte in ihren Worten:

Eine ganze Woche waren wir zu acht durch die überrankten kopfsteingepflasterten Sträßchen von Mithymna gestreift: mein Mann Theo, mein Bruder Telli und Schwägerin Effi, samt deren fünfjährigem Sohn Nikos. Mit von der Partie waren außerdem Dimitri, ein Angestellter Theos, dessen Frau Stella und ihr sechsjähriger Sohn Yannis. Und ich natürlich.

An jenem stürmischen Freitagmorgen war es an der Zeit, die *Blue Thunder*, eine Eigenbau-Ketsch meines Mannes, heimwärts Richtung Chalkidiki-Halbinsel zu steuern. Alle mussten wir am darauffolgenden Montag wieder arbeiten, und zwei Tage reiner Fahrtzeit waren für die rund 110 Seemeilen nach Porto Koufo auf dem Sidonia-Finger der Chalkidiki knapp bemessen.

Nachtfahrten wollten wir vermeiden. Besser noch einmal einen kurzen Stopp auf Limnos einlegen, um uns auszuschlafen und am Sonntag in Porto Koufo anzukommen. Die Yacht pflegten wir dort zurückzulassen und mit den zwei Wochen zuvor abgestellten Autos nach Thessaloniki zu fahren. Das war eine seit Jahren eingespielte Routine.

Um 10 Uhr morgens wies der Windmesser der *Blue Thunder* Stärken um die sieben Beaufort aus, wie uns Theo beim Frühstück unter Deck mitteilte. Draußen im Cockpit hätte es uns das Müsli verweht. Oben pfiff der Wind in Böen singend durch das Rigg. Die Äolsharfe. Segler wissen, was damit gemeint ist. Fischer waren keine rausgefahren, immer ein untrügliches Zeichen. Die Vorhersage versprach laut Theo Nachmittagswerte um die acht, im Durchschnitt, wohlgemerkt. In einem weitgehend offen Seegebiet mit großer Streichlänge. Uns Frauen war das nicht geheuer.

Die Männer wischten unsere Einwände vom Tisch. Schließlich hätten sie ähnliche Bedingungen schon bei früheren Gelegenheiten gemeistert, und die *Blue Thunder* sei uneingeschränkt hochseetauglich. Theo steckte einen Kurs von grob 300 Grad ab, der uns zum 55 Seemeilen entfernten Limnos bringen sollte. Anfangs würde uns der Wind auf der Nase stehen, räumte er ein, aber dann würden wir voraussichtlich mit kleiner Segelgarderobe dank des gelatteten Groß hoch am Wind fahren können.

Gesagt, getan. Frauen und Kinder legten Geschirre und die knallroten Feststoff-Schwimmwesten an. Theo hatte an Backbord und Steuerbord Lifeleinen gespannt, in die wir unsere Karabinerhaken einpickten. Mit Maschinenkraft ging es hinaus auf die von glitzernden weißen Schaumkronen bedeckte See. Die Wellen hatten bereits eine beträchtliche Höhe und ließen den Bug der *Blue Thunder* tief eintauchen. In den Wellentälern sahen wir nur noch grünes Wasser um uns herum. Gegen 13 Uhr passierten wir Baba Burnu, den westlichsten Punkt der Türkei und ganz Asiens in weitem Abstand und traten damit endgültig aus dessen Windschatten heraus. Sturm und See drehten glücklicherweise langsam weiter nach Nordost, wurden wohl von der Dardanellen-Enge angefacht.

Die Männer setzten Genua und Groß, beide doppelt gerefft, um dem strapazierten Motor eine Ruhepause zu gönnen und besser zu den Wellen zu liegen. Der Meltemi wurde immer stärker, so dass wir wieder und wieder abfallen mussten. Nur der Erfahrung Theos am Steuer war es zu verdanken, dass wir den Generalkurs wenigstens einigermaßen halten konnten. Eine Stunde später warfen wir den Motor wieder an, um verlorene Zeit wettzumachen und aufgegebene Höhe zurück zu erobern.

Am frühen Nachmittag war die Stimmung an Bord allen Widrigkeiten zum Trotz gut. Wir fühlten uns der Situation einigermaßen gewachsen, hatten unsere Furcht überwunden und sogar unsere Geschirre abgelegt. Vor der türkischen Küste sichteten wir einige Fischerboote, die uns durch ihre bloße Anwesenheit Zuversicht einflößten.

Was hätten wir auch tun sollen, nun, da wir nun mal dort draußen waren. Das ständige Rollen, Schlagen und Stampfen des Schiffes machte uns zu schaffen. Wir drängten uns im Cockpit aneinander so gut es ging mit den unbequemen, sperrigen Westen. Die Männer hatten ihre erst gar nicht angelegt.

Außer Theo, den ich quasi dazu zwingen musste. Wie Schafe im Gewitter saßen wir da und kehrten dem scharfen Wind und Spray der hart gegen die Bordwand trommelnden Wellen den Rücken zu. Die vorbereiteten Sandwiches fanden vorerst keine Abnehmer und blieben im Kühlkasten.

Gegen 14.30 Uhr bemerkten wir den stechenden Geruch versengten Gummis oder Plastiks. Möglicherweise ein Kabelschwelbrand nach Kurzschluss. Theo war ein ausgezeichneter Hobby-Handwerker, nur mit der Elektrik tat er sich manchmal schwer. Zu Hause zog ich ihn oft deswegen auf, wenn wieder mal irgendwas blitzte und knallte und die ganze Wohnung schlagartig abblendete, wie er das nannte.

Theo übergab Telli das Steuer und öffnete das seitlich Luk zum Maschinenraum, um nachzusehen, was es mit dem brenzligen Geruch auf sich hatte. Das war ein Fehler. Die plötzliche Sauerstoffzufuhr ließ, wie mir ein Techniker der Küstenwache sehr viel später erklärte, den zu diesem Zeitpunkt vermutlich schon gefährlich fortgeschrittenen Schwelbrand explosionsartig auflodern. Wir sahen die Stichflamme aus dem Luk schlagen und Theos Kopf und Oberkörper in dichten schwarzen Rauchschwaden verschwinden.

Dann ging alles sehr schnell. Die Flammen breiteten sich aus, als wollten sie alles auf einmal verschlingen. Was sie dann auch taten. Der Cockpitboden unter unseren Füßen wurde heiß, warf Brandblasen und begann zu schmelzen. Überall trat giftiger Rauch aus: durch die Luken, über den Niedergang, aus den Backskisten. Im allgemeinen Chaos hatte Theo seinen Schnurrbart versengt und einige Haare eingebüßt, sonst aber kühlen Kopf bewahrt und die beiden unten auf den Kojen schlafenden Jungen gerade noch rechtzeitig nach oben gezerrt, bevor der Rauch den Weg in den Salon endgültig versperrte.

Die Männer banden das aufgeblasen an Deck liegende Dinghy los und warfen es ins Wasser. Alle sprangen wir hinterher wie von Sinnen. Die jetzt lichterloh brennende Yacht sank vor unseren Augen innerhalb weniger Minuten. Wir waren allesamt im Schock, wie gelähmt, klammerten uns an das Dinghy und starrten ungläubig auf die als Letztes im Meer versinkende Mastspitze, ganz so als erwarteten wir, dass die *Blue Thunder* wie ein tauchender Wal oder ein luftgefüllter Schlauch gleich wieder an die Oberfläche springen würde.

Bei einem Verkehrsunfall hast du die ganze Szenerie vor Augen. Autowracks, Trümmer, Verletzte, Polizei, Rettungswagen, das ganze Pandämonium. Auf See stehst du von einem Augenblick auf den anderen buchstäblich vor dem Nichts, als versage dir die Natur selbst jedes Indiz, das fühlt sich ungleich schlimmer an. Die Welt ist mit deiner Yacht soeben untergegangen, aber nichts, rein gar nichts auf der wogenden See erinnert an die Katastrophe. Alles scheint bestens, als hätte die Yacht nie existiert. Bis auf die paar im Wasser treibenden Menschen. Die plötzliche Einsamkeit des Schiffbrüchigen kennt ihresgleichen nicht.

Nach und nach beruhigten wir uns ein wenig. Dann trat eine kurze Periode der Zuversicht, beinahe Heiterkeit ein. Was sollte passieren? Früher oder später würde uns jemand bemerken und zu Hilfe eilen, die Küstenwache alarmieren. Erst ganz allmählich dämmerte uns, in welch gefährlicher Klemme wir tatsächlich steckten. Das für sechs Personen berechnete Dinghy war zu klein, um uns alle gleichzeitig aufzunehmen. Im Gegensatz zur Rettungsinsel, die wir nicht mehr aus der brennenden Backskiste hatten ziehen können, besaß das Dinghy weder ein Schutzdach gegen Sonnenlicht und Gischt, noch Trinkwasser oder Proviant, geschweige denn Notsignalraketen.

Zwar befanden wir uns am Rande einer Hauptschifffahrtsroute, aber seine graue Farbe machte das Dinghy in diesem Meer weißer Schaumkronen so gut wie unsichtbar. Für das Absetzen eines Notrufes war keine Zeit mehr geblieben. Eine automatische Notrufbake hatten wir nicht. Bis Montagmorgen würde uns zu Hause niemand vermissen. An Kleidung besaßen wir nur das, was wir zum Zeitpunkt des Feuerausbruchs gerade am Leib trugen. Die beiden Jungs steckten sogar noch in ihren Pyjamas. Außer ein paar Dosen Cola und einer Rolle Pringles war nichts zu essen und zu trinken vorhanden. Zwei wie Spielzeug anmutende Plastikruder bildeten unser einziges Antriebs- und Steuermittel.

Theo rief uns zur Ordnung, wir mussten uns organisieren, so gut es ging. Wir legten die Kinder auf den Dinghyboden und bedeckten sie mit der einzigen verfügbaren Ölzeugjacke. Vier Erwachsene verteilten sich auf dem Randwulst, während die beiden anderen sich mit der Lifeline an die Handläufe banden und im Wasser trieben. Alle paar Stunden wechselten die Erwachsenen reihum und gaben den beiden im Wasser jeweils ihre Westen soweit die keine eigenen hatten.

Mit Einbruch der Dunkelheit hatten wir in dieser Neumondnacht keine Chance mehr, die verwirrt durcheinanderlaufenden Wellen der Ägäis rechtzeitig zu parieren, so dass das Dinghy mehrmals kenterte und gegen den heulenden Wind mühsam umgedreht werden musste. Wir hatten eine Heidenangst, dass uns der Sturm das Dinghy aus den Händen reißen und meilenweit verwehen würde. Ab und zu, wenn die berühmte siebte Welle uns auf ihren hohen Kamm hob, konnten wir die Lichter parallel zu unserer Drift nach Norden oder Süden fahrender Frachter erkennen. Unsere Kräfte schwanden zusehends. Das Seewasser schien alle Energie aus unseren Körpern zu saugen.

Paraskevi, siehst das auch? Da drüben! hörte ich plötzlich im Halbschlaf gegen Morgen die keuchende, heisere Stimme Theos am Ohr. Dort drüben! Er wies nach Osten, wo die ersten Vorboten der Morgendämmerung zu erahnen waren. Als das Dinghy beim nächsten Mal von einer höheren Welle der immer noch rauen See angehoben wurde, sah ich tatsächlich gegen den blässlich rosafarbenen Horizont einen dunklen keilförmigen Schatten. Einen schwarzen Hügel, der nach rechts ins Meer abzufallen schien und links auf seinem Buckel gleichsam eine Art Helm trug. Eine unbeleuchtete Felseninsel vielleicht, der erste Lichtblick in unserer nun schon 15 Stunden währenden Leidensgeschichte. Theo reckte sich am Wulst des Dinghys in die Höhe. Dann ließ er sich wieder fallen und flüsterte mir zu, ich müsse dorthin schwimmen. Jetzt, sofort, bevor es zu spät sei.

Ich verstand, was er meinte und dass er damit Recht hatte, auch wenn sich mein Gefühl noch gegen diese verzweifelte Tat sträubte. Wenn wir diesen Moment verpassten, war es aus mit uns. Und wenn einer von uns das Felseninselchen erreichen konnte, um von dort aus irgendwie Hilfe zu holen, dann ich. Nur ich.

Paraskevi hielt kurz inne, um einen Schluck Wasser zu trinken. Ich ertappte mich dabei, wie ich zwischen den ans Glas gekrallten Fingern ihrer rechten Hand nach Schwimmhäuten suchte. Dann setzte sie das Glas wieder hart auf dem Tisch ab und holte tief Luft.

In meiner Jugend gehörte ich zu den besten Schwimmerinnen des Landes. Meine Spezialstrecke waren die 1500 Meter Freistil. Unser Haus in Thessaloniki hatte kaum noch Patz für die unzähligen kleinen und großen nationalen und internationalen Pokale. Die ganze Stadt sprach von mir nur als der Schwimmerin. Aber das war lange her. Die Felseninsel schien weniger als eine Seemeile entfernt unter dem Wind zu liegen, also genau meine Strecke. Nur eben nicht im gechlorten Becken mit glatter Wasseroberfläche, sondern in einer tosenden, wogenden salzigen See. Wenn der Buckel erst querab stand, würde es zu spät sein, die Strömung mich unweigerlich nach Süden abdrängen.

So schwer es mir fiel, einen klaren Gedanken zu fassen, so fieberhaft überschlug ich die Optionen. Mit den Kindern im Schlepptau würden wir die Insel nie erreichen. Sie allein im Dinghy treiben zu lassen, ging gar nicht. Nein, ich war jetzt und hier die einzige Chance und Hoffnung, die wir hatten. Für längere Abschiedsszenen blieb keine Zeit. Also löste ich mit klammen, geschwollenen Händen meine Nabelschnur zum Dinghy, umarmte den immer noch nach versengten Haaren riechenden Theo kurz und innig und warf mich heulend vor Wut und Verzweiflung in das nächste Wellental.

Schon nach wenigen Metern war ich für die anderen in der aufgewühlten See verschwunden. Ich sah mich nicht mehr um, sondern kraulte um mein, um unser aller Leben. Ein ums andere Mal warf ich die Arme weit nach vorn, peitschte die See mit meinen sich verkrampfenden Beinen, riss den Mund mal nach links, mal nach rechts und pumpte in immer kürzeren flachen Schüben Sauerstoff in meine brennenden Lungen. Zwar hatte ich mein letztes Rennen vor nun bald zwanzig Jahren geschwommen, aber die Motorik kam sofort zurück, als habe sie nur in einem sehr langen Winterschlaf gelegen. Nicht aus dem wiegenden Takt kommen, nicht noch mehr Salzwasser schlucken. Und vor allem nicht aufgeben.

Jahrelanges hartes Training bis hin zu Schlägen vom unerbittlichen Coach, der mit Stoppuhr und roter skandierender Trillerpfeife am Beckenrand mitlief, hatten aus mir damals eine Art Roboter gemacht. Das wirkte nach. Der alte Kampfspruch der Spartaner schoss mir durch den Kopf: *Mit dem Schild oder auf ihm*! Wieder und wieder stieß ich ihn aus, ließ ihn zum Rhythmus und Kampflied werden. Leonidas und seine dreihundert Krieger wären stolz auf mich gewesen.

Jede Zelle meines geschundenen, von der Sonne verbrannten und vom Salzwasser wund gescheuerten und an hundert Stellen entzündeten Körpers schien gegen diese Misshandlung aufzubegehren. Das Heulen des Windes, das Zischen und Fauchen des Meeres verwandelte sich in meiner Fiebertrance zum Johlen, Klatschen und Schreien der Menge, die mir, ihrer Olympionikin, frenetisch zujubelte und mich über die letzte Bahn wie auf ihren Händen trug.

Plötzlich schrammten meine verhärteten Oberschenkel äußerst schmerzhaft über etwas Raues, Spitzes und Felsiges. Die Klippen! Ich hatte Klippen erreicht, auf denen mich die See nun zu zermalmen drohte. Eine gnädige Brandungswelle schleuderte mich zur Seite, auf den einzigen winzigen Streifen Sandstrand der ringsum von scharfkantigen, glitschigen und mit Hunderten Seeigeln bewachsenen Felsen umgebenen Insel. Zu Tode erschöpft zog ich mich mit meinen verkrallten Fingern weiter nach oben. Vor Schmerzen stöhnend, wälzte ich mich schließlich auf den Rücken und konnte eine gefühlte Ewigkeit lang nur laut keuchend daliegen. Mein Brustkorb hob und senkte sich mit rasender Geschwindigkeit, wie der Kolben eines überdrehten Einzylinders. Jeden Augenblick würde mein Herz den ungleichen Kampf beenden, dachte ich, als ich hilflos wie eine auf ihren Panzer gedrehte Schildkröte in den flimmernden Sternenhimmel starrte. Der heulende Wind blies mir in den Böen Sandkörner wie Geschosshagel ins Gesicht, in die Augen.

Dann rollte ich mich auf den Bauch, zog die Knie an und versuchte aufzustehen. Nach zwei, drei vergeblichen Anläufen taumelte ich ein paar Schritte nach vorn und blickte im gräulichroten Licht der Dämmerung, vor Kälte am ganzen Körper zitternd, suchend um mich. Zu meiner Rechten erhob sich eine nackte, dem heulenden Sturm trotzende Felswand mit jenem seltsamen Höcker etwa 40 Meter in den Himmel. Direkt vor mir konnte ich die unregelmäßigen dunklen Konturen einer kleinen Höhle ausmachen, zu der ich mich auf allen Vieren schleppte. Direkt neben dem Eingang streifte mein Auge etwas matt Schimmerndes. Eine Plastikflasche, noch halb voll mit lauwarmem Wasser, das ich gierig trank. Schließlich gaben meine Beine unter mir nach und ich plumpste zu Boden. Ein paar Minuten Ruhe würden mich wieder zu Kräften kommen lassen. Bei Tageslicht konnte ich auf mich aufmerksam machen, vielleicht sogar an diesen Teil der Küste von Lesbos schwimmen.

Den zweiten Teil der Geschichte hat der Fischer Vangelis Katsoulis aus Sigri, südlich von Mithymna, damals in die entgegengestreckten Mikrophone von Radio- und Fernsehsendern gesprochen oder sie den sein Haus umlagernden Reportern in die Notizblöcke diktiert.

## Die Schwimmerin (II)

Hätten die jungen Burschen in der Taverne von Sigris mich, den vor fünf Jahren Zugereisten, nicht schon den ganzen Tag über aufgezogen, ich wäre an diesem Spätnachmittag nicht mehr hinausgefahren. Ganz wohl war mir nicht, als ich, bis zum Kinn in

Ölzeug verpackt, meine *Faneromeni* loswarf und aus der Hafenausfahrt bugsierte. Doch ich fand, ich müsste den Leuten von Sigris mal zeigen, wie wir auf Samos die Dinge regeln, Sturm oder kein Sturm. Wer bin ich denn. Und wer sind die. Hab schließlich in der Handelsmarine zwischen Grönland und Kap Horn genug Stürme abgewettert, als dass ich mich von denen zum Narren machen ließe.

Das ruhige Tuckern und Schnurren des Diesels war Musik für meine Ohren. Dennoch, als die *Faneromeni* wild auf den Wellen zu tanzen begann, kaum dass wir die Hafenmole hinter uns gelassen hatten, wünschte ich einen Augenblick lang, meinen Stolz diesmal in einem weiteren Glas Ouzo ertränkt zu haben.

Ich wusste, erst am Südkap von Megalonisi würde es so richtig zur Sache gehen. Dort, wo das Boot aus dem Windschatten treten musste. Ich glaube, ich habe gelacht. Ja, gelacht, als ich in das mitgebrachte Stück Kefalotiri biss. Manchmal vergesse ich die Schwimmweste, aber den harten Kanten Käse nie. „Wenn du schon rausfährst", hatte mir Dimitri, der rotzfreche Sohn des Bürgermeisters unter dem Gelächter der anderen nachgerufen, „dann bring doch ein paar Hummer mit, ich bitt' dich, sei so nett."

Dem Manne konnte geholfen werden. Ein oder zwei Hummer wären die perfekte Trophäe, die ich den anderen bei meiner Rückkehr unter die Nase halten könnte. Dazu musste ich die niedrigen, bei dieser wilden See kaum aus dem Wasser ragenden Klippen in der Verlängerung der Felseninsel ansteuern, die auf den amtlichen Seekarten als Sedousa verzeichnet ist. Wir alle in der Gegend nennen sie nur Kavaloura, wegen ihrer eigentümlichen Sattelform.

Die allmählich hinter Sedousa versinkende Abendsonne bildete einen tiefroten, an den Rändern bereits schwarzgrau verglühten Lichtfächer, der die charakteristischen Konturen der Felseninsel scharfkantig wie in einem Scherenschnitt hervortreten ließ. Mein Cousin auf Samos ist Künstler, verdient sich unter anderem mit solchen Scherenschnitten sein Geld, daher kenne ich sie.

Ich fuhr so vorsichtig auf die Klippen zu, wie die bockige See es zuließ. „Vergiss‘ nie“, sagte mein Vater immer, „der Hummer ist auf dich mindestens so scharf wie du auf ihn.“ Plötzlich, eine falsche Welle hatte das Boot gepackt und mich fast aus dem Steuerstand geschleudert, war mir, als hätte ich aus den Augenwinkeln eine Bewegung auf Kavaloura wahrgenommen. Meine Augen sind längst nicht mehr so gut wie früher. Wenn mich jemand fragt, ob ich eine Brille brauche, sage ich nur: „Nein, höchstens zum Lesen, Autofahren, Kochen, Kino, Nähen, Netze flicken, solchen Sachen.“ Die Fernsicht ist noch gut und das Sichtfeld nicht eingeschränkt. Hat mir der Optiker in Mytilene neulich noch bestätigt.

Da! Wieder eine Bewegung! Kein Zweifel. Jemand stand oder kniete auf Kavalouea, etwa in der Mitte des Felsenkamms, und winkte mir hektisch mit einer Fahne oder einem Fetzen Stoff zu.

Wir Fischer machen auf der Insel manchmal Pause, wenn sich der Fang hinzieht oder schlechtes Wetter aufkommt. Legen an, setzen uns in den Schatten der kleinen Höhle und nehmen einen Imbiss. Für alle Fälle lassen wir stets etwas Trinkwasser dort, man kann ja nie wissen. Vielleicht war jemand zu Schaden gekommen und hatte Kavaloura ohne Boot nicht mehr verlassen können. An die Küste zu schwimmen wäre viel zu weit und bei unseren Strömungen lebensgefährlich.

Vielleicht ja auch irgendein Illegaler, den seine Schlepper dort mit anderen zurückgelassen hatten. Da war Vorsicht geboten. Wenn sich eine ganze versteckt lauernde Meute auf einmal in mein Boot stürzen würde, dann gut‘ Nacht. Ich schaltete meinen Scheinwerfer ein, justierte ihn etwa auf die erforderliche Höhe und steuerte direkt gegen Wind und Welle auf das Inselchen zu.

Die Person hatte sich wohl inzwischen über den abschüssigen Felsen nach unten gehangelt. Ich bugsierte die *Faneromeni* ganz sachte knapp neben den Fuß der Insel, an dem die Wellen donnernd zerschellten. Als ich noch etwa hundert Meter vom Ufer entfernt war, hatte ich die Person ganz kurz im Scheinwerferkegel. Dann sprang sie zu meinem Entsetzen in die pechschwarzen Fluten. Ich dachte schon, mein Gott, das war's und bekreuzigte mich dreimal. Dann sah ich sie wie einen Delphin kurz auftauchen, wieder eintauchen, kurz auftauchen, alles in halsbrecherischer Geschwindigkeit. Noch nie hatte ich einen Menschen so schnell schwimmen sehen.

Kaum hatte ich mich von meiner Überraschung erholt, als sie auch schon die *Faneromeni* erreicht hatte und sich mit beiden Händen an die Steuerbordseite des Rumpfes krallte. Ich ließ das Boot mit der Person im Schlepp ein wenig von den Klippen wegtreiben, bevor ich das Steuer festzurrte und nach vorn ging.

Erst als die Person mit meiner Hilfe ins Boot plumpste, erkannte ich, dass es sich um eine Frau handelte. Ich bin nicht abergläubisch, das dürfen sie mir abnehmen. Aber in diesem Augenblick dachte ich, eine jener Nymphen aufgefischt zu haben, die in diesen Karibik-Filmen herumspuken und ahnungslose Seeleute mit sich in die Tiefe reißen. Vielleicht gar Kalypso selbst, Gott steh' meiner Seele bei.

Dann sah ich im Lichtkegel, dass die Frau am Ende ihrer Kräfte war, völlig fertig. Von der hatte ich nichts zu befürchten. Nur mit einem zerlumpten T-Shirt und durchlöcherten, vom Salz weiß gefärbten und zerfressenen Shorts bekleidet, die schwarzen Haare vom Seewasser verfilzt. Vermutlich hatte sie schon Seepocken am Körper. Das Gesicht war von der Sonne übel verbrannt. Arme und Beine voller verkrusteter und offener Schürfwunden. Keuchend und krächzend, wild gestikulierend, rief sie mir etwas zu, das ich nicht sofort verstand. Musste ich auch nicht. Wie Schiffbrüchige nach Stunden oder Tagen im Wasser aussehen, wusste ich von der Handelsmarine. Wenn die vor mir auf der Sitzbank zusammengesunkene Frau nicht sehr schnell ärztliche Hilfe bekam, würde sie mir im Boot an Entkräftung sterben. Ich gab Vollgas und steuerte auf die tanzenden Lichter von Sigri zu.

Unterwegs legte ich meine Ölzeugjacke um die Frau und kramte Wasser und etwas Proviant unter der Bank hervor. Aber sie war nicht mehr ansprechbar, vermutlich in Ohnmacht gefallen.

Im Schlaf stieß sie immer wieder Wortfetzen aus, die ich erst später in einen sinnvollen Zusammenhang bringen konnte. Etwas wie Donner und Feuer, als hätten die Blitze des Zeus sie da draußen getroffen. Dabei konnte die Frau noch von Glück sagen, eine Viertelstunde später und ich hätte sie auf der stockdunklen Insel nicht gesehen. Hätte ich sie rufen gehört? Sicher nicht. Mehr als ein müdes Krächzen gaben ihre ausgetrockneten Stimmbänder nicht her, und selbst wenn, hätte der Wind ihre Schreie erstickt. Kavaloura wäre ihr Grab geworden.

Das Ende ihrer Geschichte gehört wieder Paraskevi.

Von meinem Bett im Einzelzimmer der Uniklinik von Thessaloniki konnte ich durch die halb geschlossenen Läden hindurch einen Zipfel des Golfes erblicken, der so etwas wie mein Kinderzimmer gewesen war. Wie oft hatte ich meinen Eltern einen Heidenschreck eingejagt, wenn ich plötzlich weit draußen schwamm und tauchte. Ein alter Turnlehrer erkannte als erster mein Talent fürs Schwimmen und überredete meinen konservativen Vater, mich bei einem Verein anzumelden. Nicht viele Griechen konnten damals schwimmen. Mädchen und Frauen schon mal gar nicht. Meine heimische Konkurrenz war also bescheiden. Wenn die anderen nach der Schule in die Stadt gingen oder abends abfeierten, zog ich in der Halle oder draußen meine Bahnen, Kilometer um Kilometer. „Gott hat dir dieses Talent in die Wiege gelegt. Zahl‘ es ihm gefälligst zurück und mach‘ was draus“, pflegte mein Coach zu sagen.

Die Wunden, von denen mein Körper übersät war, heilten im Laufe der zwei Wochen, die ich im Hospital verbrachte, fast völlig ab. Jeden Morgen und Abend verabreichte man mir Beruhigungstabletten und Schlafmittel. Meine Ankunft in Sigri hatte großen Tumult ausgelöst. Der ganze Ort war auf den Beinen. Vangelis, mein Retter, hatte mit seinem Handy die Ambulanz aus Mithymna herbeizitiert. Kein Rettungswagen, eine primitive Ambulanz, die gelegentlich auch als Leichenwagen Dienst tat, wenn sich eine Familie keinen richtigen leisten konnte.

Ich wollte da erst gar nicht rein. Musste doch dafür sorgen, dass man sofort aufbrach, die anderen zu suchen. Doch man gab mir eine Injektion und ich war weg.

Der Hafenmeister, das erfuhr ich später, hatte sich mit der Küstenwache abgesprochen. Die empfing mich im Krankenhaus von Mytilene und ließ sich den Hergang des Seenotfalles der *Blue Thunder* von mir schildern, so gut ich konnte. Natürlich war ich außer mir wegen des Zeitverlustes, so empfand ich es jedenfalls. Ich wolle, dass die Männer sich sofort auf den Weg machten. Doch die blickten nur skeptisch drein und flüsterten miteinander. Und sie hatten vollkommen Recht. In der Dunkelheit wäre eine Suchaktion völlig sinnlos gewesen, das wurde mir später auch klar. Man konnte alles vorbereiten, auf der Karte das Suchgebiet markieren, mehr nicht.

Küstenwache und Marine, so berichtete das Fernsehen, hatten auf der Grundlage von Paraskevis fragmentarischem Bericht, der Wetterlage der letzten Tage und der damit erfahrungsgemäß verbundenen Meeresströmungen den ungefähren Weg des Dinghys von Kavaloura in umgekehrter Richtung bis zur vermutlichen Unfallstelle rekonstruiert und die so erhaltene Kurslinie nach Süden verlängert. So war man in der Lage, ein möglichst kleines Suchgebiet zu definieren, mit dem man am Morgen aus der Luft und im Meer begann. Hätte das zu nichts geführt, wäre das Suchgebiet Stück für Stück erweitert worden.

Doch dazu kam es nicht. Irgendwann hatte der Dienst tuende Stationsarzt Paraskevi schonend mitgeteilt, dass leider außer ihr niemand die Katastrophe überlebt hatte. Die Leichen der fünf Erwachsenen und zwei Kinder waren, wie von den Sachverständigen vorausberechnet, in den Gewässern nördlich der Insel Psara treibend geborgen worden. Wie die nachfolgende gerichtsmedizinische Untersuchung erbrachte, hatten die Erwachsenen noch bis zum Morgen nach der Nacht gelebt, in der Paraskevi von Vangelis geborgen worden war. Einer der Männer wies Schürfwunden an den Händen auf, die vermuten lassen, dass er vergeblich versucht hatte, bei Psara an Land zu kommen. Die Kinder waren zum Zeitpunkt der Rettung Paraskevis mit Sicherheit nicht mehr am Leben.

Uns allen ist irgendein Talent gegeben, richtig?

Paraskevi betrachtete ihre zitternden Hände.

Nur, was nützt das. Ich bin auf Kavaloura eingeschlafen, verstehst du, eingeschlafen! Alles meine Schuld, sie hätten alle gerettet werden können. Wie soll ich damit leben?

In manchen Nächten drischt Paraskevi im Traum wieder auf das Meer ein, pflügt durch die mannshohen zischenden und rollenden Wellen und lässt sich vom frenetischen Geschrei der Menge ziehen. Auch Theo und die anderen im Dinghy sind dabei, jubeln ihr zu, spornen sie an. Nur noch diese eine Bahn! Die Zuschauer springen wie elektrisiert von ihren Sitzen auf, die Kampfrichter starren gebannt auf ihre Stoppuhren. Noch einmal reißt Paraskevi alle Kräfte zusammen, ringt mit aufgerissenem Mund mal nach links, mal nach rechts nach Luft und schlägt wie wild mit den Beinen. Dann werden die sieben im Dinghy mit einem Mal aschfahl. Das Gummiboot treibt davon, wird kleiner und kleiner, bis es nur noch ein schwarzes Pünktchen am glutroten Horizont ist. Paraskevi. In Thessaloniki ist sie für immer *die Schwimmerin.*

## Robinsons Rückkehr

*20. Juni.* „Es war einmal – es war kein Mal.“ Sylviane lacht und zeigt mir die offenbar frisch geweißten Zähne. Sie reist häufig nach Istanbul und kennt diese orientalische Märchenformel. Auf die griechische Geschichte angewandt, wäre sie dem rätselhaften Stamme der Pelasger wie auf die Fahnen geschrieben.

Schon von antiken Geschichtsschreibern oft und gern bemüht, wurden sie im Laufe der Jahrhunderte zu einer Art mobiler Einsatztruppe. Wann immer Historiker mangels verfügbarer Quellen mit ihrem Latein am Ende waren, riefen sie die Pelasger zu Hilfe. Eine nur spärlich dokumentierte Invasion aus dem Norden? Wenn das mal nicht die Pelasger waren! Eine unbekannte Streitmacht aus Kleinasien fällt über Chios her? Mit hoher Wahrscheinlichkeit die Pelasger! Eine Belagerung durch marodierende Irreguläre? Die Pelasger – topp, die Wette gilt!

Wer sich hinter diesem Etikett verbirgt, weiß kein Mensch. Eine Theorie besagt, dass es sich um einen ungenauen (sic) Sammelbegriff für alle nichtgriechischen Völker unbekannter Herkunft und Kultur handelt. Völker, die sich noch eine Weile in den von Griechen beherrschten Gebieten halten und für Verwirrung sorgen konnten. Bis die Griechen Ernst machten und sie endgültig aus ihrem Machtbereich vertrieben. Ab sofort lag die Verwirrung bei den Historikern.

Zu den pelasgischen Rückzugsräumen gehörte möglicherweise auch die Insel Limnos oder Lemnos auf Höhe der Dardanellen, die ich mit Sylviane an diesem Morgen von Mithymna aus erreichen will. Die Kollegin traf gestern mit einiger Verspätung ein, musste auf ihr Gepäck warten, fand lange kein Taxi – was alles so passiert, wenn man es am wenigsten brauchen kann.

Die Wettervorhersage klingt günstig. Das sollte sie auch, denn gegen den Meltemi nach Norden zu bolzen ist Mord. Groß verändert hat sie sich nicht, die gute Sylviane. Gertenschlank unter ihrem jugendlichen Bubikopf, trotz ihrer fünfzigplus Lenze, stets aufgekratzt und ansprechbar. Kein Wunder, bei dem Hobby. Sie ist nämlich die Pina Bausch des Tangos. Hat schon die halbe Welt im zackigen Rhythmus dieses Tanzes bereist und an allerlei Turnieren, Seminaren und Workshops teilgenommen. Vor kurzem erst kehrte sie aus Helsinki zurück. Helsinki? „Aber ja, die Finnen lieben Tango." Schwer vorstellbar. Andererseits, soll es ja auch Flamenco tanzende Holländerinnen geben.

Zum Segeln reicht es bei ihr meist zeitlich nicht. Obwohl ich sie vor vielen Jahren auf einer Yacht kennenlernte. Wie eigentlich auch den größten Teil meines übersichtlichen Bekanntenkreises. Eine Zeitlang sah es so aus, als könnte aus unserer

Freundschaft mehr werden. Doch das zerschlug sich bald. Meine Ungeschicklichkeit beim Tangotanzen vielleicht, wer weiß. Geheiratet hat sie nie oder besser noch nicht, die Powerfrau aus Lyon. Die Messlatte vielleicht so hoch gelegt, dass viele biegsame Männer im Limbo darunter wegtauchen konnten.

Unsere Freundschaft blieb jedoch bestehen. Dann und wann treffen wir uns in Thessaloniki, an das ich immer gern zurückdenke. Manchmal auch in Athen oder Istanbul oder wir fahren ein paar Kreise durchs Wasser, wie es sich gerade so ergibt. Ihre nautische Belastbarkeit hat Grenzen. Gegen den Nordwind hochzukreuzen wäre für sie keine Qual, für mich kein Vergnügen. Vier bis fünf Beaufort jedoch sollten für uns beide machbar sein, mit Maschinenunterstützung, versteht sich. Bis Moudros auf Limnos sind's 55 Seemeilen, da müssen wir uns ranhalten.

Die Pelasger. Was immer sie so trieben, Schlag bei den Frauen hatten sie damit offenbar kaum. Die notgeilen Burschen von Limnos mussten sich eines Tages bis nach Attika begeben, um sich Frauen dort zu *borgen*. Sehr zum Missfallen nicht nur der attischen Männer, sondern auch von Artemis, deren heiliger Stätte die ihr gerade huldigenden Frauen entrissen und nach Limnos entführt wurden. Die Athener gürteten umgehend ihre Lenden und riefen die Götter um Gerechtigkeit an.

Die Pelasger ahnten, was auf sie zukam und griffen zu einem so radikal wie verzweifelt anmutenden Mittel. Wie um das Geschehene ungeschehen zu machen und alle nach Limnos weisenden Spuren der Entführung zu verwischen, töteten sie die geraubten Frauen und die mit ihnen gezeugten Kinder. Die Untat ging als erster limnischer Frevel in die Annalen ein.

Alsbald verdorrten den Pelasgern die Früchte auf den Feldern, wie die Hoden zwischen den Beinen. Das Vieh kollabierte auf den Weiden und der Schoß der einheimischen Frauen wurde unfruchtbar. Als ob die mit solchen Männern nicht schon genug gestraft gewesen wären. Das eilends konsultierte Orakel von Delphi riet den Pelasgern, sich den Forderungen der Athener zu beugen und ihnen die Insel im Wege des Schadensersatzes ohne Wenn und Aber auszuhändigen.

Die Pelasger willigten ein, stellten jedoch eine seltsame Bedingung. Das athenische Schiff, das als erstes von der Insel Besitz ergreifen wolle, müsse die Insel von attischem Boden aus im Laufe von vierundzwanzig Stunden erreichen, anderenfalls sei der Handel verwirkt.

Das war arglistig und beweist, dass die Pelasger nicht auf den Kopf gefallen waren. Von ihren Raubzügen auf attischem Boden wussten sie aus Erfahrung, dass Athen die gestellte Bedingung nur erfüllen konnte, wenn das entsandte Schiff den kürzesten Weg wählte. Der führte vom Kap Sounion, dem letzten attischen Vorposten, zwangsläufig durch den sogenannten Kafireas, eine gefürchtete Meerenge zwischen den Inseln Euböa im Norden und Andros im Süden. Der Kafireas war schon bei günstigen Witterungsbedingungen ob einer nach Süden gerichteten starken Strömung für Ruderer so gut wie unpassierbar. Bei Nordwind jenseits der vier Beaufort, wie er im Sommer üblich ist, würden sich die besten Athener Riemenartisten einen Wolf rudern und doch am Kafireas scheitern. Genau so kam es dann auch.

Jahrhunderte später, als die Pelasger längst vom Antlitz der Erde getilgt waren, erinnerte sich ein gewisser Athener Feldherr namens Miltiades jenes inzwischen verjährten Rechtsgeschäftes. Er stattete eine moderne Triere mit Eliteruderern aus, denen er empfahl, Limnos in der gesetzten Zeit zu erreichen oder erst gar nicht nach Athen zurückzukehren. Geht doch! Unter bösgläubiger Berufung auf die Tilgung des limnischen Frevels ließ Miltiades sich die Insel auf dem sprichwörtlichen silbernen Tablett reichen.

Die *Solskin* kommt gut voran, muss ja auch nicht durch den Kafireas. An Steuerbord kann ich mit dem Fernglas Kap Baba mit seiner 1725 von den Osmanen errichteten Festung Babakale (Papas Burg) im Dunst gerade noch ausmachen. Kurz hinter diesem westlichsten Kap des asiatischen Kontinents beginnt der Einfluss der Dardanellen, die den Nordost beschleunigen.

Vorsichtshalber lege ich ein Reff in Groß und Genua und harre der Dinge, die da kommen. Die stäbige *Hallberg Rassy* ist so leicht nicht zu beeindrucken, Sylviane nicht leicht unterzukriegen. Sie steht unten am Herd und kocht uns ein Süppchen. Aus dem Radio dröhnt die Musik ihrer mitgebrachten Tango-CD.

Homers geringschätzige Meinung vom Tango wurde nur noch von seiner abgrundtiefen Verachtung für Limnos übertroffen:

> *Lemnos ist der armseligste Fleck auf Erden. Niemals nähert sich ihr ein Seemann freiwillig. Es gibt keine geeigneten Landungsstellen und keine Gelegenheit, Waren zu tauschen. Es fehlt jeder Umgang mit Sterblichen.*

Ein in seinem dezidierten Duktus recht erstaunliches Urteil, wenn man bedenkt, dass der Barde blind war und die Insel also nicht mit eigenen Augen gesehen hatte. Er legt diese vernichtenden Worte dem Argonauten Philoktet in den Mund. Der ist allerdings auch alles andere als unvoreingenommen. Kraft eines üblen Streiches seines Gefährten Odysseus musste er nämlich rund zehn Jahre in völliger Einsamkeit in einer limnischen Höhle dahinvegetieren. Da kann man schon mal die Geduld verlieren und verbal über das Ziel hinausschießen

Nach einem Schlangenbiss hatte sich sein Fuß in eine einzige übelriechende eitrige Wunde verwandelt, deren Anblick die Krieger auf dem Wege nach Troja ebenso nervte wie Philoktets weibisches Wehklagen. Odysseus gelang es vermittels einer List, wie sonst, den angeschlagenen Helden, der vor allem als exzellenter Bogenschütze geschätzt wurde, auf der Insel zwischenzulagern.

Selbst wenn Limnos so trostlos gewesen wäre, wie Homer uns glauben machen will, hätte allein ihre günstige strategische Lage nahe den Dardanellen sie erheblich aufgewertet. Sowohl für die Argonauten auf dem Weg zum sagenhaften Kolchis und dem goldenen Vlies als auch für die Achäer unterwegs zu den

Schlachtfeldern vor Trojas Mauern war Limnos ein unumgänglicher Boxenstopp.

Für die Beziehung zwischen den Geschlechtern allerdings scheint das Eiland Gift. Die Pelasger waren nicht die Letzten, die das erfahren mussten. Die Frauen eines späteren griechischen Nachfolgestammes auf Limnos wurden mit fauligem Mundgeruch gestraft, weil sie den Aphroditekult in frevelhafter Weise vernachlässigt hatten. Ihre Männer holten sich daraufhin thrakische Frauen aus Nordgriechenland, wer wollte es ihnen verdenken. Sie waren auch nicht hübscher, konnten aber ausatmen, ohne dass die Vögel um sie herum tot vom Ast fielen.

Der Vorgang stimmte die einheimischen Frauen, mit Verlaub, noch eine Spur stinkiger. Anstatt sich bei den Thrakierinnen zu erkundigen, was man so gegen Mundgeruch tun kann, brachten sie in einer impulsiven Überreaktion die Männer der Insel um. Machten sie erst volltrunken, schleppten sie zu einem hohen Uferfelsen und stießen sie hinab. Ex und hopp, sozusagen. Das war der zweite limnische Frevel.

Als die Argonauten etwas später arglos Limnos ansteuerten, trafen sie auf ein kleines Heer sexuell ausgehungerter Frauen. An sich kein Unheil, wenn da nicht dieser eklige Mundgeruch gewesen wäre. Die Limniotinnen versprachen den Argonauten, sie für die Weiterfahrt gebührend zu versorgen. Unter einer Bedingung. Die Männer müssten alle Frauen und geschlechtsreifen Mädchen eine bestimmte Zeit sexuell beglücken. *Alle* war im Vertragsentwurf kursiv und fett gedruckt.

Die Argonauten, auch schon eine Weile unterwegs, ließen sich auf den Handel ein und wurden so zu den Stammvätern bildhübscher Limnioten. Ohne Mundgeruch.

So weit, so gut. Bleibt die Frage, was die Frauen von Limnos den Argonauten anzubieten hatten. Außer ihren durch schlechten Atem doch arg geminderten sexuellen Reizen, versteht sich.

Bewegt man sich beim Quellenstudium geistig ein wenig weiter nach Osten, so stößt man früher oder später auf das bemerkenswerte, 1525 von dem osmanischen Admiral Piri Reis verfasste *Handbuch für die Seefahrt* (Kıtab-ı Bahriye). Hierin nennt der Admiral die Insel *ilimli*, also mild, sanft. Dabei kann es sich um eine im Mittelmeerraum stets naheliegende Verballhornung des griechischen Namens handeln. Zumal die Osmanen ihn aus griechischem Munde vermutlich immer mit dem weiblichen Artikel gehört haben dürften, der allen Inseln gemein ist. *I Limnos* ist dann nicht weiter von *ilimli* entfernt als, sagen wir, *is tin poli* (in die Stadt) von *Istanbul*.

Andererseits, würde ein so auf Akkuratesse bedachter Seefahrer und Kartograph wie Piri Reis die sicher von Vorgängern übernommene Bezeichnung *sanft* unkommentiert lassen, wenn die Inseltopographie das nicht hergäbe? Wohl kaum. Und in der Tat: mit der geringen Gesamthöhe, den in Wellen sanft an und absteigenden runden Hügeln und weiten Ebenen ist Limnos ein auffälliger Gegenentwurf zu den sich ausnahmslos schroff und steil aus dem Meer erhebenden ägäischen Inseln.

Wüst war sie schon zu Homers Zeiten ganz und gar nicht. Als Robinson Crusoe der Antike hätte es Philoktet wahrlich schlechter antreffen können. Eruptionen des Inselvulkans Moschlos aus den Kindertagen der Erde hatten fruchtbare Asche auf Limnos regnen lassen. Die sorgte dafür, dass frühe Siedler hier Obst, Getreide und Wein in großen Mengen anbauen konnten. Und gerade ein Piri Reis wird sich unschwer daran erinnert haben, dass Limnos im Zuge der fortschreitenden osmanische Eroberung Kleinasiens für das eingekesselte Byzanz zur unverzichtbaren Kornkammer aufgestiegen war.

In seinem Handbuch beschreibt der Admiral die Insel grob zusammengefasst als quadratisch, praktisch, gut. Allerdings müsse man sich vor den Untiefen und Klippen der Ostküste hüten, die seien schon vielen Schiffen zum Verhängnis geworden. Hier wie anderenorts fügt er seinen ganz auf die Bedürfnisse von Nautikern zugeschnittenen Schilderungen Karten bei, die den heutigen Navigator irritieren dürften, weil sie wechselweise gesüdet, genordet oder geostet sind. Doch daran gewöhnt man sich rasch und kommt bald nicht umhin, diese Zeichnungen trotz einer gewissen Grobschlächtigkeit für ihre Übersichtlichkeit zu schätzen.

Solche Perfektion stellt sich nicht ohne weiteres ein. Piri Reis steht vielmehr in der Tradition der sogenannten *Periplous*. Das sind nautische Fahrtenbücher, wie man sie schon seit dem vierten Jahrhundert v. Chr. kennt. Im Mittelalter entwickelten sie sich zu immer besseren, zuverlässigeren *Portolani*, die entgegen ihrer Gattungsbezeichnung weit mehr enthielten als reine Hafenbeschreibungen.

Oftmals wurden die Texte solcher Bücher in gebundener Sprache verfasst, weil man auf die gedächtnisstützende Wirkung gereimter Zeilen setzte: *Gib Acht, in Limnos' Osten, schon viele Schiffe rosten*, wäre ein fiktives Beispiel. Derart eingefahren war diese Reimroutine, dass Piri Reis das Bedürfnis verspürte, sich bei der Leserschaft für seine ganz in Prosa gehaltenen Texte zu entschuldigen. Dieser kleine Makel schien ihm aber wegen der Ausnahmestellung seines Werkes, deren er sich durchaus bewusst war, hinreichend gerechtfertigt:

> *Nie zuvor wurde ein so nützliches Buch geschrieben und (dem Sultan) geschenkt. Ich besuchte blühende Stätten wie in Trümmer liegende Orte, untersuchte Häfen, Gewässer, Riffe und Untiefen entlang der Küsten des Mittelmeeres und der vorgelagerten Inseln, zusammen mit Kemal Reis (seinem Onkel) und anderen Kämpfern des Islam. (Ü. d. A.)*

Falsche Bescheidenheit war seine Sache nicht. Sein Hang zur Hybris und eine gewisse Eigenmächtigkeit wurden ihm letzten Endes zum Verhängnis. Wirklich gegen den Stachel gelöckt, wie seine Neider ihm angesichts einer etwas unglücklich verlaufenen Seeschlacht vorwarfen, hatte er nicht. Doch wann immer die Hohe Pforte Unbotmäßigkeit oder Verrat witterte, war sie ohne Ansehen der Person mit drakonischen Strafen sehr schnell bei der Hand. Nach Piris aus heutiger Sicht übereilter Hinrichtung 1555 wurde sein Handbuch zur Verschlusssache. Offenbar fürchtete die Hohe Pforte, die darin enthaltenen kartographischen Informationen könnten kriegswichtig werden und dürften unter keinen Umständen in unbefugte Hände fallen. Also versteckte man das Werk irgendwo in den Katakomben des

Sultanpalastes, wo dieses wunderschön kalligraphisch verzierte bibliophile Kleinod die Jahrhunderte verschlief und erst bei Aufräumarbeiten in den Archiven des Topkap□ im Zuge der Abwicklung des Sultanats 1929 eher zufällig entdeckt wurde.

Endlich kommt die Einfahrt in den Golf von Moudros in Sicht, der die Insel in zwei ungleich große Stücke schneidet. Im Laufe des Ersten Weltkrieges nutzten die Engländer ihn vorübergehend als Flottenstützpunkt. Hier ankerten im Rahmen des Gallipoli-Feldzuges Kriegsschiffe ebenso wie die zum Hospitalschiff mutierte *Britannic*, deren Schwesterschiff *Titanic* der White Star Line zu diesem Zeitpunkt bereits im Nordatlantik auf dem Meeresgrund lag.

Viele tödlich verwundete ANZACs, also australische und neuseeländische Soldaten, denen der Australier Peter Weir in seinem Streifen *Gallipoli* ein filmisches Denkmal setzte, fanden in der fruchtbaren, heilkräftigen limnischen Erde ihre letzte Ruhestätte.

Ein kleiner Knick nach Osten, und die Pferdeinsel Alogonisi bleibt an Backbord. Wir sind im Hafen von Moudros. Sylviane stellt sich beim Anlegen noch etwas linkisch an. Mundgeruch hat sie nicht, soviel steht fest. Mein Blick schweift über den unspektakulären Ort, der 1930 zum Schauplatz der Unterzeichnung jenes Waffenstillstandsabkommens wurde, das die Kapitulation des osmanischen Reiches besiegelte. So endet gelegentlich die Geschichte stolzer Imperien wie sie begann, im Staub eines winzigen Fleckens ohne Mission oder Bedeutung.

Zehn Jahre, nachdem Odysseus den bedauernswerten Philoktet hier abgesetzt hatte, war der Kampf um Troja immer noch nicht entschieden. Wenn die Achäer diesen unseligen Krieg irgendwann für sich entscheiden wollten, brauchten sie geschickte Bogenschützen wie ihn. Odysseus war Meister im Spannen seines für normal Sterbliche nicht benutzbaren Geräts. Das war im Ruhezustand vermutlich zur verkehrten Seite gebogen und musste vor Gebrauch mit viel Kraft und Geschick zurückgespannt werden. Als bester Schütze hingegen galt der auf Limnos darbende, nachtragende Philoktet. Ihn zu besänftigen und buchstäblich zum Schlachtfeld zu tragen, bedurfte es, wir ahnen es bereits, einer neuerlichen List des Königs von Ithaka.

## Ein Fleckchen England

Am Morgen des 23. Juni wende ich erleichtert den Bug der *Solskin* erstmals seit der Etappe von Hydra nach Chania, Kreta, wieder nach Süden. Ab jetzt ist wohlgefälliges Surfen mit entrollter Genua angesagt, je nach Stärke des Meltemi. Heute weht er gegen Mittag, beim Verlassen des Golfes von Moudros, schon sehr kräftig.

Die Tage mit Sylviane auf Limnos waren kurzweilig und interessant. Die Tangokönigin ist auch am Steuer eines Wagens kaum zu bremsen. Auf Alonnisos in den nördlichen Sporaden fuhr sie mal einen Jeep auf einem immer schmaler werdenden abschüssigen Trampelpfad zum Meer soweit hinunter, dass wir das Fahrzeug fast nicht mehr hätten wenden können und um ein Haar steckengeblieben wären. Was übrigens auf den Inseln durchaus häufiger vorkommt. Manche Bauern verdienen sich ein Zubrot damit, Mietwagen in Not an den Haken ihres Traktors zu nehmen und wieder nach oben auf die Straße zu ziehen.

Die ab sofort einzuschlagenden Kursrichtungen kommen auch Sylviane sicher entgegen. Nach dem mühsamen Gestampfe rauf nach Limnos war sie zuletzt schon etwas grün um die Nase. Allerdings kann ich mich an Situationen erinnern, als gerade nachfolgende Wellen Mr. Robertson, den Autopiloten, immer mal wieder zu unerklärlicher Aufgabe zwangen. Da er sich in solchen Fällen in aller Stille empfiehlt, als sei es ihm selbst peinlich, muss man ein wachsames Auge auf ihn haben. Mehrmals wurde ich plötzlich von wild flatternden und knatternden Segeln aus dem Sekundenschlaf gerissen.

Auf halbem Wege nach Agios Efstratios, das sich schon kurz nach dem Abschied von Limnos deutlich wie ein Eselsrücken am Horizont abzeichnet, bringt zu Sylvianes Begeisterung eine Hundertschaft Delphine das Wasser zum Schäumen. Möwen, Seeschwalben, Kormorane und allerlei andere Meeresvögel halten sich auf den Schwingen des Meltemi dicht über Wasser und stoßen wieder und wieder auf die panisch vor den Delphinen wegspringenden und fliegenden Fische herab.

Fasziniert von dem Spektakel, vergessen wir einen Augenblick lang alles um uns herum. Sylviane ist drauf und dran, ins Wasser zu springen, um bei der Jagd auf Beutefische mitzumachen. Die nassen, glitzernden Leiber der durcheinander flitzenden Delphine, das wilde Schlagen weißen Gefieders, das Klatschen aufgepeitschten Wassers und von spitzen Vogelschreien vibrierende Luft lässt auch mich unkontrolliert brüllen und jauchzen vor Begeisterung.

Dann senkt sich blitzschnell wieder der Vorhang über die Szenerie. Die Jagdgesellschaft ist vorübergezogen. Noch einige wenige Meilen, und wir sind im Hafen am nordwestlichen Ende der kleinen, von einem Gebirgszug in Nordsüdrichtung durchzogenen Insel.

Benannt nach dem heiligen Eustratios ist sie wenig mehr als ein Felsbrocken in der Nordägäis. Eustratios hatte im achten christlichen Jahrhundert Papst Leo III. beim sogenannten Bilderstreit die Stirn geboten und Byzanz fluchtartig verlassen müssen. Gut, eine einzelne Person mit kleinem geistlichem Hofstaat mochte hier Platz finden. Schwer nachvollziehbar hingegen, dass sich auf diesem Felsen zwischen 1928 und 1963 rund siebentausend politische Dissidenten zusammengedrängt haben. Kein Mensch kümmerte sich um sie, so dass sie ihr Überleben in der Verbannung selbst organisieren mussten.

Unliebsame Personen auf entlegenen Inseln zu entsorgen, war schon im Altertum, wie am Beispiel des Polykrates zu sehen, häufig geübte Praxis. Offenbar getreu dem Motto, was damals gut war, kann heute nicht schlecht sein, gab der Kreter Eleftheris Venizelos, Ministerpräsident und Verfechter der Idee eines Groß-Griechenlands, auch hierin den modernen Vorreiter. Mit Hilfe eines eilig verabschiedeten Sondergesetzes seiner Regierung wurden unter anderem Kommunisten hierher in die Sommerfrische geschickt. So konnten sie unter ähnlich unwirtlichen Bedingungen wie Nobile, Amundsen oder Scott in windumtosten Zelten und wackligen Hütten über die Diktatur des griechischen Proletariats sinnieren. Die gesellschaftlichen Verhältnisse im weitgehend vorindustriellen Griechenland hatten Marx und Engels vermutlich nicht im Blick, als sie das kommunistische Manifest schrieben.

Die Metaxa-Diktatur der Jahre 1936 bis 1941 lag zwar nicht auf Venizelos' ambitionierter Linie, fand jedoch Gefallen an dessen Vorliebe für Verbannung. So verschiffte sie ihre Dissidenten ebenfalls nach Agios Efstratios. Als die ersten deutschen Landser im April 1941 hierherkamen, muss ihnen die Szenerie irgendwie vertraut vorgekommen sein. Mit Worten wie „KZs sind ja euer Ding" übergaben die griechischen Wärter ihnen die Gefangenen zu treuen Händen. 33 Männer sollen allein während der Kriegsjahre hier Hungers gestorben sein. 33 zu viel, gewiss, aber im Grunde erstaunlich wenig, wenn man sich die extreme Kargheit der Insel einerseits und die Situation der darbenden Bevölkerung im ganzen Land während der italo-deutschen Besatzung andererseits vor Augen hält.

Der Jubel auf Agios Efstratios über den Rückzug der Deutschen 1944 war kaum verhallt, da nahm man die Insel, diesmal im Gefolge des Bürgerkriegs, als *Lager für die disziplinierte Lebensweise Verbannter* wieder in Gebrauch. Der in seiner Umständlichkeit die eigene Verlogenheit signalisierende Titel war die einzige nennenswerte Neuerung. *Arbeit macht frei* hätte hier, wo man sich allenfalls mit Treibholzsammeln und Schlangenjagd die Zeit vertreiben konnte, noch zynischer geklungen. Von den drei Inseln mit solchen Gefangenenlagern – Makronissos, Giaros und Agios Efstratios – war dieses gottverlassene Eiland vermutlich die hoffnungsloseste. Der Lyriker Giannis Ritsos und der Komponist Mikis Theodorakis, der unlängst seinen 90. Geburtstag feierte, sollen zu den prominentesten Insassen gehört haben.

Lange werden wir Efstratios' karge Gastfreundschaft nicht in Anspruch nehmen. Aber ohne den Zwischenstopp müssten wir bis Linaria ganz im Süden der Insel Skyros eine Nachtfahrt einlegen, auf die weder Sylviane noch ich besonders erpicht sind. Dann schon lieber hier in einem freien Winkel des Hafens vor Anker dümpeln und der Verbannten gedenken.

Woran sich der zwischen Monarch und Kirche ausgetragene sogenannte Bilderstreit im Einzelnen entzündete, ist nicht bekannt. Man nimmt an, dass Kaiser Leo III. aus seiner Heimat Syrien die dort tief verwurzelte Ablehnung jedweder sakralen Bildhaftigkeit mitbrachte, die später den Islam allgemein charakterisieren sollte. Tatsache ist jedenfalls, dass die Feindschaft zwischen Ikonenverehrern und Ikonenzerstörern im Laufe seiner Herrschaftsperiode an Unversöhnlichkeit gewann.

*24. Juni.* Agios Efstratios gleitet am frühen Morgen schnell achteraus. Erneut nur mit der ausgerollten Genua taumelt die *Solskin* bei achterlichem Wind zwischen gurgelnden und zischenden Wellenbergen südwärts. Bis zur Nordspitze von Skyros mit ihrem Flugfeld ist es nicht sehr weit. Doch um in den Hafen zu gelangen, müssen wir die Insel halb umrunden und uns vor allerlei Klippen und Felseninselchen hüten, was den Tagestörn um einiges verlängert. Als Mr. Robertson sich vor etwa einer Stunde eine seiner unvermittelten Auszeiten nahm, griff Sylviane nach dem Ruder. Sie hat sich so weit eingelebt, dass sie die phasenweise wild schlingernde *Solskin* ganz ordentlich auf Kurs halten kann. Es macht ihr sichtlich Spaß, die unruhig nach links und rechts gierende Yacht an die Kandare zu nehmen.

Skyros ist eine gespaltene Insel. Geographisch gehört sie noch zum Archipel der Nördlichen Sporaden, wie Alonnysos, Skopelos oder Skiathos. Obwohl sie von denen weiter entfernt ist als von Euböa, mit der zusammen sie eine Verwaltungseinheit bildet. In Topographie und Vegetation erinnert der Norden von Skyros an die grünen, bewaldeten nördlichen Sporaden, während ihr flacher, trockener Süden den Besucher bereits auf die kahleren Kykladen einzustimmen scheint.

Schon im Dunstkreis der Insel, die uns mit einem vom Meltemi irgendwann regelrecht zerlegten Windrotor begrüßt, beobachte ich kritisch die Genua. Der Segelmacher Antonis hat zwar in Piräus ganze Arbeit geleistet, allzu oft flattern sollte sie dennoch besser nicht. Jedes Killen eines Segels setzt dessen von der dauernden UV-Strahlung ohnehin beanspruchtem Gewebe stark zu. Sobald ich wieder andere Kurse anlegen kann, werde ich sie wohl gegen die Fock tauschen. Bis dahin muss sie eben durchhalten.

Zwischen Skyropoula und Ennia hindurch geht es um die Südspitze von Valaxa. Bevor wir einlaufen können, müssen wir auf die gerade ablegende Fähre warten. Erst als sie mit ruhig und kraftvoll pulsierender Maschine die Hafenbucht von Linaria verlässt, steuern wir den Kai im inneren südlichen Hafenbecken an, wo wir neben einer Charteryacht längsseits gehen dürfen.

Ein erster Rundblick zeigt mir, dass sich so viel nicht verändert hat seit meinem letzten Besuch im Jahr 1996. Damals kamen wir des Nachts von Osten. Die funkelnden Lichter des Ortes oben in den Bergen leuchteten in der Dunkelheit wie ein unbekanntes Sternbild und sie waren deutlich früher zu sehen als der praktisch auf Meereshöhe stehende Leuchtturm im Süden. Es war dies das Jahr des gefährlichen Konfliktes um die Grenzziehung bei einigen winzigen obskuren Inseln der Dodekanes. Was das lange, in Richtung Dardanellen ziehende Geschwader von Kriegsschiffen erklärte, das wir auf Höhe des Kafireas vorbeiziehen lassen mussten. Ob es sich um griechische oder türkische handelte, war in der stockfinsteren Nacht nicht zu erkennen gewesen. Unheimlich kam uns die Schleichfahrt in jedem Fall vor, weil die Schiffe keine Positionslaternen gesetzt hatten und wie Schatten aus dem Hades vorüberglitten.

Der Streit um Imia, so hieß das größere der beiden Inselchen, berührte Skyros auf der westlichen Seite der Ägäis natürlich nicht. Die Kämpfe um Gallipoli 1915 hingegen schon, wenn auch in weit geringerem Maße als Limnos. Ab und zu galt es auch hier, britischen Landsern ihre letzte Ruhestätte zu bereiten. Der prominenteste unter den auf Skyros Beigesetzten ist ohne Zweifel der englische Dichter Rupert Brooke.

Sein Name wird deutschen Lesern wenig sagen. Selbst literarisch interessierten Landsleuten ist er nur wegen dreier patriotischer Zeilen seines in Sonettform gegossenen Vermächtnisses *Der Soldat* bekannt:

*Sollte ich fallen, denkt über mich nur dies,*
*dass es auf fremdem Feld ein Fleckchen Erde gibt,*
*das für immer England ist. (Ü. d. A.)*

Auf den ersten Blick leicht anmaßend wirkende Zeilen, die auch aus der Feder eines Rudyard Kipling stammen könnten und die Todesahnung eines jungen Rekruten zum Ausdruck bringen. Ich bin fest entschlossen, diesem Fleckchen englischer Erde, sprich dem Grab Rupert Brookes, an einem der nächsten Tage meine Reverenz zu erweisen.

Von berühmten Persönlichkeiten verfasste Nachrufe gehören zur Tradition der altehrwürdigen Londoner *Times.* Im Falle Rupert Brookes ließ niemand geringerer als Sir Winston Churchill es sich nicht nehmen, den Dichter und sein lyrisches Werk zu würdigen. Ob der sich über die prominente Anteilnahme gefreut hätte, steht dahin. Churchill glorifiziert Brooke als leuchtendes Beispiel für einen schwärmerischen jungen Geist, der aus glühender Liebe zu König und Vaterland in den Krieg gezogen sei.

Bei nüchterner Betrachtung kommen einem Zweifel an Sir Winstons Gutgläubigkeit. In die Schlacht um Gallipoli zogen weniger junge begeisterte Engländer als junge entgeisterte ANZACS. Das waren schlecht ausgebildete Rekruten aus Australien und Neuseeland, die mit diesem Konflikt, einem Herzensanliegen Churchills, nicht das Geringste zu schaffen hatten. Kein Wunder, dass sich ihre Motivation in Grenzen hielt. Ihnen gegenüber standen die Türken unter Kemal, die auch mit deutscher Hilfe um ihren Heimatboden, ihren ethnischen Anspruch und den Bestand ihres sich am Horizont abzeichnenden jungen Staates kämpften. Mehr Motivation geht nicht.

Die unglückselige Operation wurde durch einen gravierenden Fehler bei der Landung der ANZACS in der falschen Bucht eingeleitet und geriet zu einem gigantischen militärischen Fehlschlag für die Briten. Vergleiche mit dem von Kipling poetisch erhöhten, ähnlich schlecht beleumundeten Angriff der leichten Reiterbrigade im Krimkrieg ein halbes Jahrhundert zuvor wurden damals schon angestellt. Churchills politischer Karriere hätte das militärische Fiasko um ein Haar ein vorzeitiges unrühmliches Ende gesetzt.

So oder so eigneten sich Rupert Brookes Beitrag zum Krieg und die bizarren Begleitumstände seines Todes nicht für eine Ode auf jugendlichen Heldenmut. Als schwärmerischer Geist hatte er sich freiwillig zur Marine-Infanterie gemeldet. Die Schlachtfelder von Flandern hatte er gesehen, aber dort keinen einzigen Schuss abgefeuert. Im Gefolge des englischen Mittelmeer-Expeditionskorps war er zur Einstimmung auf Gallipoli nach Ägypten gelang, wo er erst einen Hitzschlag erlitten hatte und dann von einer Mücke gestochen worden war. Eine allergische Reaktion oder eine Sepsis hatten ihm an Bord eines französischen Hospitalschiffes den Rest gegeben. Nicht gerade der Stoff, aus dem Heldenepen geformt werden.

Seine propagandistische Instrumentalisierung *post mortem* hat Rupert Brooke nicht zu verantworten, wenngleich sein Gedicht eine Steilvorlage dazu gab. Als *jingoist*, also bornierten Nationalisten darf man ihn sicherlich nicht bezeichnen. Dafür war er in jungen Jahren schon viel zu weit in der Welt herumgekommen. Mehrfach hatte er auch Deutschland bereist, beherrschte unsere Sprache ebenso wie Italienisch oder Französisch. Ein englischer Kosmopolit, der seine Sexualität in beiden Lagern auslebte und dessen Sonette schwärmerischer Ausdruck seines überbordenden jugendlichen Lebensgefühls waren.

Mit seinen Augen betrachtet, hatte sein vorzeitiges Ableben bei Skyros durchaus Sinn. Angst und Abscheu vor dem Altern verbinden ihn aufs engste mit dem Jugendwahn der antiken

Griechen. Was die ihren Göttern am meisten neideten, war deren Zeitlosigkeit. Und schließlich, da gibt Sylviane mir Recht, hält das Lebensende für die meisten von uns Schlimmeres bereit, als eine letzte Ruhestätte in einem schattigen Olivenhain auf einer windumbrausten griechischen Insel der Ägäis.

## Götterpfade

*27. Juni.* Rund 60 Seemeilen auf Süd-Südost-Kurs liegen heute vor uns, bis zum Hafen von Batsi auf Andros. Die Genua habe ich mit Sylvianes Hilfe während unseres Aufenthaltes in Linaria, Skyros, gegen die Fock getauscht. Allein hätte ich mich schwergetan. Um die Genua bergen zu können, muss man sie ganz ausrollen. Wenn dann eine plötzliche Bö ins Segel greift und man lässt es nicht schnell genug los, geht man mit dem Schothorn in der Hand über Bord. Das sieht für unbedarfte Umstehende zwar nach Slapstick aus, macht auf Fachleute aber einen verheerenden Eindruck.

Genua ausrollen, die Furlerleine blockieren, das Fall fieren, das Tuch nach unten zerren und falten, dazu bräuchte man allein auf sich gestellt die acht Arme einer indischen Gottheit. Aber Sylviane kann ordentlich zupacken, wenn man ihr genau erklärt, was man vorhat.

Als Französin weiß sie trefflich über das Essen zu schwadronieren, selbst kochen zu müssen war ihr jedoch stets ein Gräuel. Erst in jüngerer Zeit, nachdem sie einen peruanischen Waisenjungen adoptierte, den sie bei einem ihrer globalen Tango-Ausflüge kennengelernt hatte, legt sie öfter in der Küche Hand an.

Jetzt haben wir rund zwölf Stunden Zeit, die Widerstandsfähigkeit der Fock zu testen. Mit dem schnell wachsenden Abstand vom Windschatten der Südküste der Insel bläht sich das Segel bis zum Bersten. Hoffentlich halten die ausgeleierten Lippen der Schotwinsch das wie eine Gitarrensaite gespannte Tau.

Bei kräftigem achterlichem Wind eine wild peitschende Schot bändigen zu müssen, kann äußerst schmerzhaft werden.

An Steuerbord voraus taucht die Nordküste der langgestreckten Insel Euböa auf. So hell und freundlich, wie sich ihre Küste jetzt darbietet, ist sie nicht immer. Die Venezianer wussten, warum sie sie *Negroponte* nannten. Im Jahre 480 v. Chr. schluckte sie mir nichts dir nichts einen Teil der persischen Eroberungsflotte. Während die dreihundert Krieger des Spartanerkönigs Leonidas das gewaltige Heer der Perser an den schmalen Heißen Pforten des Thermopylenpasses aufhielten, griffen die Trieren der Athener die persische Flotte bei der Enge von Artemision an. Das taktische Kalkül war zu Wasser und zu Lande gleichermaßen erfolgversprechend. Die von den Griechen besetzten Engstellen sollten die Perser daran hindern, ihre zahlenmäßige Überlegenheit auszuspielen. Die erkannten natürlich die Absicht und ergriffen Gegenmaßnahmen. Rund vier Dutzend persische Schiffe erhielten den Befehl, den Athenern durch die Umrundung von Euböa in den Rücken zu fallen. Doch an der hafenlosen, wenig einladenden Nordküste der Insel wurden die Trieren von einem Sommersturm überrascht, dem sie nicht lange standhielten. Die Dreireiher hatten schon bei geringem Seegang Mühe, die Balance zu wahren. Starkwind und Brandungswellen an dieser Küste bereiteten in späteren Jahrhunderten selbst ausgewachsenen Großseglern Probleme.

Leider gilt auch hier, dass archäologische Tauchgänge keine Ergebnisse erbrachten. Die Trieren mussten sich beeilen, hatten mit Sicherheit keinerlei Ballast an Bord. Die Klippen schlugen sie zu Kleinholz, das dann mit der Strömung irgendwo antrieb, von den Einheimischen aufgelesen, getrocknet und verfeuert wurde. So ging ein Teil der persischen Flotte indirekt in Rauch auf.

Ab dem frühen Nachmittag können wir den ersten wichtigen Wegepunkt nach Sicht ansteuern. Zusammen mit dem Kap Matapan der südlichen Peloponnes und Kap Sounion ist Kap Kafireas an der Südostspitze von Euböa eines der berüchtigtsten Drehkreuze des gesamten Mittelmeers. Das verrät erneut der venezianische Name des Vorgebirges, *Cabo duro*. Aus dem schwierigen wurde im Laufe der Jahrhunderte ein korrumpiertes goldenes Kap (*Cabo d'oro*). Die Meerenge am Kap gegen die vorherrschenden Nordwinde zu passieren, blieb nach wie vor ein Ding der Unmöglichkeit. Selbst mit Motorkraft müssen Fahrzeuge hier gelegentlich passen und vor Anker auf besseres Wetter hoffen. Sonst würden sie im Kafireas nicht nur zum Stillstand kommen, sondern seitlich vertrieben werden und auf den Felsen enden.

Die je nach Großwetterlage schwierigen Verhältnisse sind ein Grund dafür, dass viele Segler Andros meiden. Ein zweiter Grund war lange Zeit die an Xenophobie grenzende geringe Aufgeschlossenheit der Inselbevölkerung gegenüber Fremden. Der Reichtum vieler hier beheimateter und begrabener Reeder verführte zu einer gewissen Selbstgenügsamkeit, die des Massentourismus' nicht bedurfte.

Ich komme stets gerne hierher, versuche aber, es nach Möglichkeit so einzurichten, dass ich mich aus nördlicher Richtung annähern kann. Andros war meine allererste Kykladeninsel. Damals, Anfang der 1980er Jahre, kam ich nicht auf einer Yacht, sondern mit der Fähre von Rafina aus. Und schon damals hatte ich vor dem *Cavo d'Oro* gewaltigen Respekt. Kurz zuvor war nämlich eine andere Fähre derselben Linie während eines Wintersturmes zwischen Rafina und Gavrion, dem Fährhafen von Andros, an der Westküste gescheitert. Kaum hatte sie auf ihrem Ostkurs den Windschutz von Euböa verlassen, wurde sie von der vollen Wucht des Sturms erfasst und auf die Steuerbordseite gelegt, was zu ihrem Untergang führte.

Wir müssen die Meerenge diagonal durchqueren und hart am Leuchtturm des *holzfressenden* Kaps Kafireas vorbei auf das Kap Nikolaos von Andros zuhalten. Wind und Strömung packen die *Solskin* und drücken sie mit Gewalt nach Süden. Da heißt für Sylviane, entschlossen gegenzusteuern, denn jede Kabellänge, die wir hier an Höhe verlieren, müssen wir jenseits des *Cabo d'Oro* mühsam wieder reinholen.

Und es gelingt. Während ich versuche, ein wackliges Foto vom spektakulären Leuchtturm am Kap Fassa zu schießen, treibt die *Solskin* auf die Nordwestecke von Andros zu, hinter der gleich Gavrion und die Marina von Batsi liegen. Der Fassa-Leuchtturm hat die größte Nenntragweite aller griechischen Leuchtfeuer. Das ist der Bedeutung des Kaps an der Meerenge genauso geschuldet wie der beachtlichen maritimen Tradition der Insel.

Die Einfahrt nach Gavrion wird von einigen Felseninseln blockiert, zwischen denen man schon genau navigieren muss. Mir ist der weiträumige, laute, von den Abgasen der Autos, LKW und Busse verpestete Fährhafen nicht sehr sympathisch. Lieber lassen wir die Felseninseln links liegen und steuern Batsi an, wo uns Odysseas längsseits an den immer noch ziemlich unfertig wirkenden Zementkai winkt. Keine Ahnung, ob er wirklich so heißt oder sich den Namen selbst verliehen hat. Eine gewisse Bauernschläue kann man ihm jedenfalls nicht absprechen. 15 Euro möchte er sofort nach dem Festmachen einkassieren, „alles inbegriffen: Strom, Wasser, Bootsreinigung."

Ich zahle die Liegegebühr im sicheren Bewusstsein, dass Odysseas' umfassendes Angebot nicht ganz ernst gemeint ist. Soll mir recht sein, denn an das Teakdeck der *Solskin* lasse ich ungern bereitwillige aber laienhaft harte Besen schwingende Helfer. Wie viele Andrioten hat Odysseas in jungen Jahren als Matrose die Häfen der ganzen Welt gesehen und in Hamburg und Bremerhaven auch ein paar Brocken Deutsch gelernt. Die Frauen von Andros, in der Seidenzucht bewandert, verdingten sich währenddessen oft bei osmanischen Herrschaftshäusern entlang der kleinasiatischen Küste bis hinauf zur Stadt, sprich Istanbul.

Batsi hat sich seit den 1980er Jahren radikal gewandelt. In meiner Erinnerung war es ein kleines, nichtssagendes Dorf mit etwas Strand und wenigen, aber sehr sympathischen Einwohnern, zumeist Alte und Frauen. Als ich damals meine Frau und die drei kleinen Töchter für eine Woche hier parkte, um in Athen meiner Dolmetscherarbeit nachzugehen, dachten die Frauen von Batsi, dass ich meine Familie wenn nicht für immer, so doch für längere Zeit verlassen hätte. Da meine Frau kein

Griechisch sprach und die Leute von Batsi kein Deutsch oder Englisch, hielt sich das Missverständnis eine ganze Woche lang. Die Frauen in Schwarz nahmen sich rührend der *Halbwaisen* an. Selbst auf Korfu, meiner bis dato einzigen griechischen Insel, hatten wir so viel herzliche Anteilnahme nicht erlebt. Mit meiner Rückkehr klärte sich alles auf. Irgendwie schienen mir die Frauen von Batsi sogar fast ein wenig enttäuscht.

Unter den Kykladen nimmt Andros gleich mehrfach eine Sonderstellung ein. Zum einen durch ihre Größe. Die meisten Kykladen sind zu klein, als dass sie, von anderen Sandortnachteilen einmal abgesehen, eine nachhaltige wirtschaftliche, kulturelle und politische Struktur und Identität herausbilden könnten. Andros und die noch etwas größere Naxos bilden da Ausnahmen.

Ihre Lage im Norden und ihre topographischen Besonderheiten, wie sehr hohe Bergzüge, mächtige Hänge und breite Talsenken, sorgen auf Andros im Herbst und Winter für genügend Feuchtigkeit. Die wird dankbar absorbiert und in Form von Quellen und sogar Flüsschen wieder abgegeben. Windmühlen braucht man daher nicht, wenn es auch an Wind weiß Gott nicht mangelt. Das Mahlen von Getreide wurde einst von bis zu hundertfünfzig Wassermühlen übernommen, auch das ein Alleinstellungsmerkmal.

Kein Wunder, dass Menschen sich bereits in der geometrischen Epoche, also zwischen etwa 1200 und 700 v. Chr., hier häuslich niederließen. Auf dem Felsplateau einer winzigen Halbinsel namens Zagorá, kaum mehr als ein zur Insel hin geneigtes Vorgebirge, fanden griechische und australische Archäologen die Reste einer Siedlung aus dem zehnten Jahrhundert v. Chr. Wobei sich das Adjektiv geometrisch nicht auf die Form und Struktur der Siedlung, sondern allein auf die Muster der Töpferware bezieht. Die sind im Wesentlichen für die relativ genaue Datierung verantwortlich.

Da die Siedlung hundert Jahre später schon wieder aufgegeben und das Plateau nie wieder bebaut wurde, konnten sich die Archäologen ein ausgezeichnetes Bild von der ursprünglichen

Gestalt der Siedlung machen. Das eine oder andere Geheimnis behält sie bis auf Weiteres für sich.

Der markierte Fußweg nach Zagora führt von der Straße kurz hinter der Gabelung nach Andros Stadt fast zwei Kilometer auf einem sehr engen Pfad abwärts über Stock und Stein. Festes Schuhwerk ein Muss! Bei einem Blick über die Terrassen, auf denen man früher vor allem Getreide anbaute, könnte man den Eindruck gewinnen, als verendeten die kurzen runden Wellen der See nicht am Strand, sondern setzten sich ungebrochen zu Lande fort.

*Zagora* ist zweifellos ein Name slawischen Ursprungs. Da er so viel wie *jenseits der Berge* bedeutet, dürfte er dem Ort von Menschen verliehen worden sein, die aus dem Norden über das Gebirge der Insel hierhergekommen waren: von der Krim über das Schwarze Meer, vom Bosporus und von den Dardanellen vielleicht?

Man nimmt an, dass sich die Siedlung auf dem Plateau zu einer Handelsniederlassung entwickelte. Dagegen spricht allerdings das Fehlen von eindeutig als Magazine identifizierbaren Gebäuderesten ebenso wie der merkwürdige Mangel an Straßen oder Gassen. Die Häuser standen dicht an dicht, etwa wie diejenigen der Mastix-Dörfer von Chios. Um von A nach B zu gelangen, musste man praktisch über die Höfe und durch die guten Stuben von Haus zu Haus gehen. Die Ursache dieser Bauweise dürfte auch die gleiche wie auf Chios gewesen sein: Schutz vor Feinden, zu denen angesichts der exponierten Lage von Zagorá auch die Unbilden der Witterung gehörten.

Dass man sich überhaupt diese Stätte ohne eigene Quellen und ohne fruchtbaren Boden ausgesucht hatte, könnte bedeuten, dass man sich möglicherweise hier auf der Insel nicht willkommen fühlte und Zuflucht zu einem wenig einladenden und von den anderen Inselbewohnern gemiedenen Felsen suchte. Das würde auf zugezogene slawische Flüchtlinge deuten.

Geborgenheit suchende Zuwanderer gab es im späteren Verlauf der Geschichte von Andros einige, doch die kamen nicht von der Krim, sondern vom Balkan, vor allem aus dem Süden Albaniens. Arvaniten, die sich ursprünglich im schwer zugänglichen Gebiet des Kafireas auf Euböa niedergelassen hatten, setzten nach der Eroberung von Konstantinopel durch die Osmanen vermehrt nach Andros über, wo sie sich sicherer fühlten.

Den Osmanen kam es gelegen. Alles, was dazu angetan war, die kulturelle, sprachliche und religiöse Geschlossenheit der unterworfenen griechischen Bevölkerung zu lockern, hießen sie willkommen. Doch die Arvaniten wussten sich anzupassen, nahmen den orthodoxen Glauben an und beschränkten sich in den beiden von ihnen bewohnten Dörfern auf die Pflege ihrer Sprache, einer vielfach kontaminierten Spätform des Illyrischen. Außerdem benötigte die erstaunlich große Handelsflotte der Insel mit ihren rund zwanzig weltweit agierenden Reedern ständig Besatzungen. Die Arvaniten, die sich ja schon auf Hydra als Seeleute einen Namen gemacht hatten, kamen da gerade recht.

Ursprünglich wohl aus dem Weizen- und Seidenhandel hervorgegangen, erreichte die Flotte im 18. und 19. Jahrhundert derartige Ausmaße, dass Besucher der Insel nur Frauen, Kinder und alte Männer antrafen. Das war selbst noch in den 1980er Jahren bei meinem ersten Besuch so. Da allerdings weniger wegen der Seefahrt als wegen der massiven Auswanderung. Heute erinnert die Statue des unbekannten Seemannes in der Hauptstadt Chora an diese nautische Vergangenheit.

Die Insel hat allen Grund, diesem Gewerbe dankbar zu sein, denn es sorgte für nachhaltigen Wohlstand. Nirgends in der Ägäis wird man so viele ziegelgedeckte zweistöckige Häuser mit allerlei neoklassizistischen Verzierungen finden wie hier auf Andros. Oder einen mit nautischen Motiven aus naxischem Marmor gespickten Friedhof wie den von Chora. Auch das historische Museum gehört zu den modernsten des Landes.

Ein letztes sympathisches Alleinstellungsmerkmal von Andros bilden die Wanderpfade, die bestens vom hiesigen Kulturdezernat ausgewiesen wurden. Mit einer Gesamtlänge von fast hundert Kilometern führen sie den Wanderer praktisch kreuz und quer über die Insel und entrücken ihn zugleich jeglicher profanen Hektik. Von einer labenden Quelle geleiten sie ihn zum nächsten Kirchlein, vom stille Andacht bietenden Kloster zur sich plötzlich ausbreitenden sandigen Bucht oder zu den Ruinen einer jüngeren Ausgrabungsstätte. Über windige Höhen, durch schattige Täler, entlang hüfthoher mörtelloser Mauern, denen in kurzen Abständen senkrecht oder in Dreiecksform eingelassene Schieferplatten (*stimata*) zusätzlichen Halt verleihen. So oder ähnlich hat man schon vor Jahrtausenden gebaut.

Wer Zeit und Lust hat, kann sich vorzugsweise im Frühjahr, wenn die Zitronen-, Orangen-, Feigen-, Apfel- oder Granatbäume blühen, die Insel zu Fuß erschließen. Begegnungen mit Naturgöttern sind nicht garantiert, aber auch nicht auszuschließen. Mir erscheinen die uralten Wege, die von den schlurfenden Sandalen ganzer Heerscharen von Bauern, Hirten und Pilgern geebnet wurden, schlechthin als Götterpfade. Ziegen gleich springen wir Sterblichen über Bach, Stock und Stein, erklimmen rasch noch diesen Hügel oder jenen Berghang, bis wir uns plötzlich in völliger Abgeschiedenheit und dröhnender Stille irgendwo im Herzen des Mythos wiederfinden.

Das ist dann vielleicht der magische Moment der Begegnung mit Dionysos, dessen weinseliges Gelächter uns aus einer Höhle entgegenschallt. Oder mit Artemis, deren Flüstern im Laub des vom Wind knarrend gebogenen Geästs der Kastanien, Platanen oder Weiden den Altvorderen als Orakelspruch galt.

Beim Flügelschlag des Hermes sollte man allerdings aufmerken. Dem stets zuvorkommenden Götterboten mit dem Caduceus ist nicht über den Weg zu trauen, geleitet er doch Sterbliche bevorzugt in das dunstige Düster der Unterwelt, die hier wie auf allen Inseln geheime Zugänge hat.

## Die Äolsharfe

*30. Juni.* Beim Bäcker von Batsi stehe ich am Morgen für eine Bougatsa an. Die fettige, mit Pudding gefüllte und mit Puderzucker und Zimt bestreute Blätterteigpastete ist eine kulinarische

Delikatesse aus Nordgriechenland, die sich in jüngerer Zeit den Weg nach Süden gebahnt hat. Ich verfiel ihr bei einem längeren Studienaufenthalt in Thessaloniki. Serviert wird sie in kleinen Gabelbissen, die sich leicht vernaschen lassen, bevor der schwer wieder zu entfernende Puderzucker wie pulvriger Neuschnee auf der Hose landet.

Während ich mich anschicke, unter den Zweigen einer ehrwürdigen Platane meine Süßspeise mit reichlich Kaffee hinunterzuspülen, kaut Sylviane auf ihrer Müslimischung – Nüsse, Mandeln, Rosinen, Haferflocken und tote Fliegen, wie sie selbst scherzhaft sagt. Am Nebentisch hören wir einen jungen Mann um die fünfundzwanzig einem mäßig interessierten Gesprächspartner sein Leid klagen. Offenbar hat er die erste Fähre Richtung Tinos in aller Herrgottsfrühe verpasst und muss nun bis zum Nachmittag auf die nächste warten. Die Schnellfähre ist ihm offenbar zu teuer.

Ich biete ihm an, seinen Rucksack auf die *Solskin* zu schwingen und uns bis zum Hafen von Tinos zu begleiten, der als nächstes auf meinem Reiseplan steht. Alexis, so stellt er sich vor, überlegt nicht lange und schiebt seinen Stuhl mitsamt Rucksack an unseren Tisch. Sylviane, die während ihres jetzt fast fünfjährigen beruflichen Aufenthaltes in Thessaloniki ausgezeichnet Griechisch gelernt hat, fragt dem jungen Mann sogleich ein Loch in den Bauch. Er stammt von hier, ist Student der Theologie in Athen, zurzeit in Semesterferien, und möchte auf Tinos einen alten Lehrer besuchen, der ihn beizeiten auf die theologische Schiene gesetzt hat. Ich zeige ihm meine *Solskin* am anderen Ende des Hafenbeckens. Sie scheint ihm zu gefallen. Noch ein paar kleinere Einkäufe, und wir sind so weit.

Alexis ist noch nie an Bord einer Yacht gewesen, woraus er im Gespräch kein Hehl macht. Kaum steigt er vorsichtig über die Reling, kommen mir Zweifel. Was, wenn er sich verletzt oder gar über Bord geht und ertrinkt? Bis Tinos-Hafen sind es zwar nur dreißig im Prinzip ungefährliche Meilen, aber ich habe miterlebt, wie erfahrene Crewmitglieder bei glatter See und völliger Flaute an Deck stürzten und sich lebensgefährlich verletzten. Ich frage ihn, ob er wenigstens schwimmen kann, was er unsicher um sich blickend bejaht. Rechne ich damit, dass die Yacht unterwegs sinkt? Nein, war nur so eine Frage. Eine Unfallversicherung hat er auch nicht.

Jetzt ist es sowieso zu spät. Ich kann ihn ja nicht gut wieder an Land setzen. Was soll's, die Wettervorhersage ist günstig, der Meltemi wird heute allenfalls an den fünf Beaufort kratzen. Ich weise Alexis kurz in die Geheimnisse des verwirrenden Tauwerks der *Solskin* ein und lege mit Odysseas' und Sylvianes Hilfe ab.

Der Hafenmeister entschuldigt sich in aller Form dafür, dass die Stromversorgung im Laufe der letzten Tage und Nächte immer mal wieder ausgefallen sei, aber das bin ich von anderen griechischen Inseln gewohnt. Zur Sicherheit schalte ich bei längerer Abwesenheit und nachts den Kühlschrank als gefräßigsten Verbraucher ab, dann kann eigentlich nichts passieren.

Rasch motoren wir aus der Marina in die Bucht, wo Sylviane und ich das Großsegel setzen. Alexis sieht uns dabei vom Cockpit aus interessiert zu. Je weniger er sich bewegt, desto besser. Jetzt noch die Fock ausgerollt, und schon können wir den Perkinsdiesel wieder zur Ruhe legen. Die Fahrt wird voraussichtlich etwas ruckhaft vonstatten gehen, erkläre ich Alexis, denn die Fallwinde von den Höhenzügen der Inseln Andros und Tinos haben ihren eigenen Rhythmus.

Die nördliche Ägäis ist ärmer an Inseln als die südliche und stellt dem Meltemi daher eine große Streichlänge (fetch) zur Verfügung. Die nutzt der Wind weidlich aus und legt an Stärke zu, bis er auf die Mauer prallt. Das ist die Kette der drei dicht an dicht stehenden, hoch aufragenden nördlichen Kykladen Andros, Tinos und Mykonos. Hier fegt er durch die schmalen Meerengen zwischen den Inseln und klettert dort, wo kein Durchkommen ist, die steilen Hänge empor. Auf seinem Weg nach oben verliert er Feuchtigkeit, erwärmt sich und bildet auf den kalten Gipfeln die typischen Sahnehäubchen, die den Seefahrern hier immer schon Starkwind ankündigten. Dann stürzt er sich gut erholt und um ein paar Beauforts stärker die Leeküste der Inseln herab.

Alexis nickt und zieht sich mühsam die Schwimmweste über, die ich ihm ausgehändigt habe. Wir machen ganz ordentlich Strecke. Ich lasse Alexis unter den kritischen Augen von Sylviane erste Erfahrungen am Steuer sammeln und bereite uns ein zweites Frühstück. Da er keinen Kompasskurs halten muss, sondern dem Küstenverlauf folgen kann, kommt Alexis ganz gut zurecht, wenngleich er im Eifer immer etwas übersteuert. „Lass' das Boot einfach laufen", ermuntere ich ihn, „es weiß selbst, wo's langgeht."

Die *Solskin* kann man noch bei Starkwind mit zwei Fingern steuern. In den Böen legt sie sich leise grummelnd wie ein schlecht träumender Hund auf die Seite und beschleunigt ohne Sonnenschuss auf sechs, sieben Knoten. Wellen bilden sich so dicht unter der Küste kaum. Während Andros an Backbord vorübergleitet, erläutert Alexis uns beiden westlichen Ungläubigen einige Eckpunkte der Orthodoxie. Dabei legt er seine erstaunlich hohe Stirn in Dackelfalten und reißt ab und zu die Augen weit auf, als sei der Heilige Geist in ihn gefahren.

Die orthodoxe Kirche in Griechenland, Bulgarien, Serbien oder Russland, so Alexis, ist national-autokephal organisiert, wird nicht zentral von einem Ort und nicht von einem Oberhaupt gelenkt wie die katholische. In Istanbul residiert zwar von alters her der sogenannte Ökumenische Patriarch. Doch dessen Regentschaft ist mit der des Papstes nicht zu vergleichen, sondern erstreckt sich lediglich auf zersplitterte Randgemeinden. In Bezug auf Dogmen und Litanei gelten in der Orthodoxie allein die Beschlüsse der sieben ökumenischen Konzile zwischen 325 und 787, daher ja auch die Bezeichnung Rechtgläubigkeit. Sylviane und ich blicken uns mit leeren Augen an, tun aber so, als hätten wir die Beschlüsse auf Abfrage parat.

Die Riten des orthodoxen Gottesdienstes sind byzantinischen Ursprungs. Musikuntermalung durch Instrumente wie die Orgel kennt man nicht, modernistisches Gitarrenklimpern schon gar nicht. Die gregorianischen Gesänge, die mich in Russland sehr beeindruckt haben, werden ausschließlich a capella vorgetragen. Bei der Besichtigung einer ziemlich zerfallenen Kirche irgendwo in der russischen Steppe wurde ich einmal Zeuge, wie vier Seminaristen plötzlich spontan in Gesang ausbrachen und aus dem Stand ohne Stimmgabel den richtigen Ton trafen.

Mein Interesse an Alexis' Ausführungen hält sich in Grenzen, das von Sylviane ist eher vorgetäuscht, da kenne ich sie gut genug. Klar, wer selbst keinerlei religiöse Überzeugung hegt, tut sich in puncto Toleranz leicht. Ganz ist das Thema Religion allerdings auch für mich nicht durch. Immerhin wurde ich von meiner rheinischen Mutter als Katholik erzogen und habe mich tapfer durch Kommunion und Firmung gekämpft. Das legt man nicht einfach ab wie eine im Bund zu eng gewordene Pumphose. Außerdem wird verbissen vertretene Agnostik leicht zur Ersatzreligion.

Folglich habe ich es mir zur Gewohnheit gemacht, mich in kritischen Lebensphasen konfessionell abzusichern und mich durch gelegentliche Kerzenopfer bei den zuständigen Instanzen in Erinnerung zu bringen. Das mag man als schamlosen Opportunismus empfinden, aber ich denke, nichts ist lebensfeindlicher, als unversöhnliche Konsequenz in allen Dingen, die übernatürlichen eingerechnet.

Beim Dysvaton, der Meerenge zwischen Andros und Tinos, haben wir etwa die Hälfte der heutigen Strecke geschafft. Der Name erinnert an das Avaton der Asklepien und bedeutet so viel wie schwer passierbar. Der Wind ist derselbe wie im Kafireas zwischen Andros und Euböa, aber die Höhe der Berge nimmt ab und die Strömung bleibt beherrschbar.

Tinos ist insgesamt nicht so gewaltig wie ihre Nachbarin im Norden. Per Luftlinie gemessen, bildet sie mit ihrer Nord- und Südküste von jeweils rund fünf Seemeilen Länge ein gleichschenkliges Dreieck. Was ihr fehlt, sind die breiten Ebenen wie auf Andros. Vielmehr ist sie überall so abschüssig wie das Deck der *Solskin.* Egal, wo man sich aufhält, wäre es von Vorteil, wenn das Talbein eines Senn der x-ten Generation Almbewirtschaftung etwas länger wäre als das Hangbein. Aufgrund der topographischen Eigenart musste das primitive Verkehrsnetz durch serpentinenförmige Trampelpfade ergänzt werden, was Tinos den Anstrich einer von Hand gemachten Insel eintrug, wie es ein Reisender einmal ausdrückte.

Frühere Bezeichnungen von Tinos lassen ahnen, dass die Insel viele Quellen besaß, aber auch von Schlangen aller Arten verseucht war. Süßwasser ist heute so rar, dass Tinos' alter, unter anderem noch von Aristoteles verwendeter Name *Hydroussa* (die Wässrige) heute ähnlich albern klingt wie auf der knochentrockenen Hydra.

Der Schlangen nahm sich Poseidon an, obwohl Kammerjägerei nicht zu seinem Job gehörte. Doch da die Insel als persönliches Eigentum des Aiolos gilt, darf man davon ausgehen, dass Poseidon dem Gevatter im Winde einen kleinen Liebesdienst erweisen wollte. Der launischste und mürrischste der Götter dirigierte einen Schwarm Störche zur Insel, die mit den Reptilien im Nu aufräumten. Aus Dankbarkeit errichteten die Tinioten dem Gott eine riesige Tempelanlage, von der freilich nichts mehr übrig ist. Wahrscheinlich glitt sie irgendwann bei einem Erdbeben den Hang hinab. Wie fast alles auf diesem unebenen Eiland.

Als ob Aiolos seinen überkommenen Rechten Tag für Tag neu Geltung verschaffen wollte, lässt er vor allem in Hafennähe seinen meteorologischen Blasebalg im Akkord arbeiten. Der Vorhafen von Tinos ist der Haarfön der Ägäis, was wir beim Einlaufen deutlich zu spüren bekommen. Es fetzt nur so von den Höhen, dass Alexis, da bin ich mir sicher, das eine oder andere Stoßgebet zum Himmel sendet.

Unser Anlegemanöver hat unter diesen erschwerten Bedingungen schon etwas Professionelles, so gut klappt das Ankern und Rückwärtsfahren mit Schwung gegen die Böen. Alexis tut es sichtlich leid, die *Solskin* verlassen zu müssen, bevor er uns von den Vorzügen der Orthodoxie nachhaltig überzeugen konnte. Jetzt, wo er die Handhabung einer Yacht im Griff zu haben glaubt, wäre er gerne noch ein Stückchen weitergefahren. Mir ist es angesichts der Risiken lieber so.

Unser erster Weg führt uns hinauf zur Wallfahrtskathedrale auf dem Hügel über dem Hafen. Sylviane kennt die Szenerie aus ihrer Heimat, wo sie von den Eltern mehrmals nach Lourdes geschleppt wurde. Wir gehen nicht auf der Kriechspur der Büßerinnen und Büßer, obwohl sie uns angesichts unseres bisherigen Lebenswandels auch gut zu Gesicht stünde. Lieber halten wir uns in der Mitte der verblüffend breiten Straße, die wie ein sinnloses Stück Stadtautobahn nach oben führt. Nur wenige Male im Jahr, vor allem zu Mariä Himmelfahrt, ist die Straße voll ausgelastet. Nicht durch Fahrzeuge, sondern durch Zehntausende Pilger, die aus allen Landesteilen hierher nach Tinos kommen, um die feierliche Marienprozession zu verfolgen, Votivgaben (tamata) zu bringen, Gelübde abzulegen und die Ikone der Gottesmutter zu küssen, wenn sie denn bis zu ihr durchdringen.

Die allgemeine Unwegsamkeit der Insel und ihre zahlreichen venezianischen Befestigungen, einschließlich dem Xoburgokastell auf dem Gipfel des höchsten Berges, machten Tinos zu einer schier uneinnehmbaren Festung. Generationen von osmanischen Heerführern bissen sich daran die Zähne aus. Da die zunehmend isolierten Venezianer keine Veranlassung sahen, Tinos freiwillig aufzugeben, blieb die Insel ein halbes Jahrtausend unter ihrer Herrschaft.

Wenn Korfu das Auge der Serenissima an der Straße von Otranto war, dann bildete Tinos bis 1715 den aufmerksamen Wachtposten in der Ägäis. Die Kommunikation war durch die Brieftauben gewährleistet, die man auf Tinos züchtete. Wurden sie zum Fliegen zu alt, landeten sie im Kochtopf.

Aus dieser Zeit rühren die pittoresken Taubenhäuser mit ihren verspielten, als geometrische Muster gestalteten Schlupflöchern in den oberen Stockwerken. Da sich die Taubenhäuser auf dem privaten Grund und Boden von Leuten befinden, die Tinos nicht ganzjährig bewohnen, sind sie der kollektiven Fürsorge der Insulaner entzogen und verfallen zusehends. Oder werden zusammen mit dem umliegenden Terrain als Baugrund verkauft und weichen Ferienbungalows und Sommerhäusern. Eine speziell zu diesem Zweck gegründete Organisation nahm mittlerweile den ungleichen Kampf auf und leitete eine Renaissance der Taubenzucht auf Tinos ein.

Die unsichtbare Wand zwischen Katholizismus und Orthodoxie scheint durchlässiger als jene zwischen Islam und Christentum. Viele Griechen wurden während der langen venezianischen Präsenz zu konfessionellen Grenzgängern und konvertierten zum katholischen Glauben. Nicht unbedingt auf ewig, aber solange es Vorteile mit sich brachte. Ihnen gesellten sich nach und nach versprengte Katholiken sowohl aus Kleinasien als auch von der Peloponnes oder aus Attika hinzu. Auf dem venezianischen Tinos und einigen Nachbarinseln waren sie von den Muslimen besser abgeschirmt als in ihrer angestammten Heimat. Religiöse Toleranz mag zu den herausragenden Charakterzügen der Griechen gehören. Ganz reibungslos gestaltete sich das Nebeneinander der Glaubensrichtungen dennoch nicht. Das lag unter anderem schon an der Größenordnung. Lange Zeit hielten sich Orthodoxe und Katholiken auf Tinos zahlenmäßig die Waage. Einiges deutet sogar auf ein gewisses päpstliches Übergewicht. So gab es in orthodoxen Kirchen, in denen die Gläubigen dem Gottesdienst stehend zu folgen pflegen, Podeste mit Bänken für katholische, in der Messe häufig kniende oder sitzende Besucher. Wann immer gemeinsame Gottesdienste anstanden, sang man die Liturgie zunächst auf Latein, dann erst auf Griechisch.

Soziale Konflikte traten immer dann zutage, wenn sich Orthodoxe in Verteilungskämpfen von den Franken dank deren venezianischer Freunde benachteiligt fühlten.

In diese von gelegentlichen Spannungen gekennzeichnete Gemengenlage platzte 1823, mitten im Befreiungskampf gegen die Osmanen, die Nachricht vom Fund einer wunderwirkenden Marienikone an einem Strand von Tinos. Einem achtzigjährigen Mann und einer wesentlich jüngeren Nonne war die Gottesmutter mehrmals im Traum erschienen und hatte ihnen übereinstimmende Hinweise auf die Fundstelle gegeben. Das fügte sich insgesamt ausgezeichnet, denn mit dem Ikonenfund schlug die notleidende Orthodoxie, mit Verlaub, gleich zwei Fliegen mit einer Klappe. Der allmählich überbordende und wenig revolutionsbereite Katholizismus wurde in die Schranken verwiesen und erste Ermüdungserscheinungen der griechischen Befreiungskämpfer vertrieben. Denn ein Marienbildnis ist keine gewöhnliche Ikone.

Für die Orthodoxie haben Ikonen jeder Art einen höheren Stellenwert als Heiligenbilder für den Katholizismus. Sie sind rigoros an festen Normen ausgerichtete, kirchlich geweihte Darstellungen, die der individuellen Phantasie des Künstlers wenig Raum schenken und insofern als Fortsetzung des Gottesdienstes mit anderen Mitteln gelten können. Ihr Kanon von Gestik, Mimik, Farbgebung und Beschriftung geht auf Byzanz zurück. Daher rührt ihre formale Strenge, die sich auch unvoreingenommenen Betrachtern sofort mitteilt und sie in ihren Bann zieht. Sie mögen sich dessen nicht bewusst sein, werden aber spüren, dass sie nicht nur mit einer oder einem Heiligen kommunizieren, sondern der ungebrochenen Tradition vieler Jahrhunderte in die Augen blicken.

Dazu trägt ganz wesentlich die unveränderlich frontale Draufsicht der Ikone bei. Die absichtlich verzerrte, an naive Malerei erinnernde Perspektive kennzeichnet bildliches Beiwerk wie Teile von Landschaften oder von Innenräumen als Nebensächlichkeit. Nichts darf ablenken, die intime optische Zwiesprache zwischen Figur und Gläubigem stören.

Der meist goldene Hintergrund symbolisiert den Himmel. Antlitz, Mimik und Gestik sollen beim Betrachter jene Eigenschaften und christlichen Tugenden evozieren, die die Heiligen repräsentieren. Und schließlich die Initialen. Sie sind unerlässlich zur Identifizierung – nicht des Künstlers, sondern der dargestellten Heiligenfigur.

Zentrum für Ikonenmalerei in venezianischer Zeit war nicht Tinos, sondern Kreta. Dort vermischten sich Züge der italienischen Renaissance vorteilhaft mit kretisch-byzantinischen Maltechniken. Aus dieser Tradition gingen Künstler wie Michail Damaskinos oder Dominikos Theotokopoulos hervor, den wir als El Greco kennen.

Marienbildnissen kommt aus mindestens zwei Gründen ganz besondere Bedeutung zu. Die Gottesmutter ist die zentrale Frauenfigur einer durch und durch von Männern beherrschten Religion. Das allein macht sie einzigartig. Zudem nimmt ihr Bildnis in orthodoxen Kirchen einen konstitutiven Rang ein. Als Eckstein einer jeden Ikonostase hat sie Anspruch auf den ihr allein reservierten Platz. Wie die Figuren des Schachspiels um den König, so gruppieren sich die Bildnisse der Ikonostase um das Marienporträt.

Die hölzerne Wand trennt das Kirchenschiff (*naos*) vom sakralen Altarraum, der in etwa mit der katholischen Sakristei vergleichbar ist. In großen orthodoxen Kirchen weist die Ikonostase mehrere Etagen auf. Je höher man nach oben blickt, desto rangniedriger werden die abgebildeten Heiligen. Zwischen Nord- und Südtür am linken und rechten Rand der Ikonostase befindet sich die mittige sogenannte Königstür, durch die allein der Pope ins Allerheiligste schreiten darf. Das Mysterium gehört schließlich zum festen Bestand einer jeden Liturgie, die auf sich hält.

Unmittelbar links von der Königstür prangt stets die Ikone der Gottesmutter. Statuen kennt die Orthodoxie nicht. Was Wunder, werden sie doch in Griechenland mit heidnischem Polytheismus assoziiert. Hat man sich erst einmal an den strengen Aufbau des Innenraums orthodoxer Kirchen gewöhnt, kommt man sich im schöpferischen Überfluss katholischer Kirchen geradezu verloren vor.

Wie alljährlich, schickte man sich am Morgen von Mariä Himmelfahrt 1940 an, die zum Schutz vor feuchten Kussmündern mit Silberblech beschlagene Marienikone von Tinos feierlich durch die Stadt zu tragen. Da ertönten kurz hintereinander drei Detonationen. Das auf der Insel Leros stationierte italienische U-Boot *Delfino* war unbemerkt und ungehindert bis vor die Tore von Tinos gefahren und hatte aus seiner getauchten Position heraus drei Torpedos auf den leichten griechischen Kreuzer *Elli* abgefeuert. Zur Feier des Tages lag dieses Schiff, feierlich über die Toppen geflaggt, im Außenhafen vor Anker und war eigentlich nicht zu verfehlen.

1913 in New York gebaut und ursprünglich für chinesische Kunden bestimmt, war die *Elli* von den stets auf solche Schnäppchen erpichten Griechen erworben worden. Ihr neuer Name erinnerte an eine der beiden entscheidenden Seeschlachten der Balkankriege und hatte insofern einen besonders emotiven Klang für die Griechen.

Zwei Torpedos waren am unbeweglich verharrenden Schiff vorbeigerauscht und hatten ein Stück Kaimauer versenkt. Der dritte Torpedo traf. Als sich eine Kesselexplosion hinzugesellte, war das Schicksal der *Elli* besiegelt. Das Schiff sank innerhalb von Minuten. Die meisten Besatzungsmitglieder waren wegen der Prozession an Land, so dass es nur neun Todesopfer zu beklagen gab.

Die Aktion sollte den Griechen offenbar demonstrieren, dass es Mussolini mit der Besetzung Griechenlands ernst war. Der damalige Ministerpräsident Metaxas spielte das Ereignis in der Hoffnung herunter, Griechenland würde nicht in den Zweiten Weltkrieg gezogen werden wie in den Ersten. Vergeblich. Ende Oktober 1940 begannen Mussolinis Truppen einzumarschieren. Weit kamen sie zunächst nicht. Die Griechen setzten den Faschisten entschlossenen Widerstand entgegen, so dass die darauf logistisch unvorbereiteten Truppen den Winter über im Pindusgebirge festsaßen und dort ihr kleines Stalingrad erlebten.

## Die rosarote Wundertüte

*3. Juli.* Kein Satiriker im Olymp oder anderswo hätte den geokonfessionellen Vierklang gelungener arrangieren können. Hier Tinos, eine orthodoxe Pilgerstätte, das Lourdes Griechenlands. Dort Delos, das Ziel der Wallfahrten im antiken Hellas. Gegenüber Syros, das Zentrum des Katholizismus in der griechischen Diaspora. Mitten dazwischen, die interkonfessionelle Dekompressionskammer, der Hort des Lasters und der Verruchtheit, das alte Seeräuberrefugium und die moderne Opiumhöhle Mykonos.

Von Tinos Hafen ist die neue Mykonos-Marina nur einen guten Steinwurf entfernt. Kurz nach dem Ablegen wird die *Solskin* noch im Vorhafen von gewaltigen Böen erfasst, die Ortsunkundige leicht dazu veranlassen können, schleunigst wieder an den Kai zurückzufahren, um besseres Wetter abzupassen. Da können sie lange warten. Mir ist dieser Bluff des Windgottes Aiolos von früheren Besuchen vertraut und er verfängt nicht mehr. Es genügt nämlich, sich ein paar Meilen von Hafen und Küste zu entfernen, dann geht dem Meltemi die Puste aus. Das können wir allerdings heute nicht, sondern müssen uns im Gegenteil an die Küste schmiegen, wo uns weitere Fallböen auflauern.

An Backbord voraus erhebt sich das Kap Armenistis, seit dem verheerenden Untergang des britischen Dampfschiffes *Volta* 1887 mit einem ansehnlichen Leuchtturm versehen. Bauherr des Leuchtfeuers mit beachtlichen zweiundzwanzig Seemeilen nomineller Tragweite war dieselbe französische Gesellschaft *Colas & Michel*, die auch für den Leuchtturm auf Akrotiri, Santorin, verantwortlich zeichnete.

Die Böen treiben die *Solskin* im Laufe von knapp zwei Stunden nach Mykonos hinüber, wo ich die Einfahrt in die neue Marina suche. Eine gerade anlegende Schnellfähre weist den Weg. Im Windschatten eines vertäuten Kreuzfahrtschiffes können wir die Segel bergen und direkt hinter dem Heck der Schnellfähre nach Backbord in die Marina einbiegen. Der Wind lässt immer noch nicht nach.

Hoffentlich klappt das Anlegemanöver im ersten Anlauf, sonst vertreibt es uns auf die Ketten der am gegenüberliegenden Pontonfinger liegenden Yachten.

Ein kahlköpfiges, muskulöses Faktotum in speckigem Overall und Handfunkgerät winkt uns in eine Parklücke. Sieht hier so der Hafenmeister aus? Was ist aus den weißen Uniformen geworden? Immerhin, sein fehlendes Haupthaar scheint die alte Legende teilweise zu bestätigen, der zufolge die männlichen Bewohner der Insel Glatze tragen und habgierig sind. Letzteres erfüllt allerdings den Tatbestand übler Nachrede, denn Liegegebühr verlangt niemand von uns.

Der Mann im Overall greift mit einer Hand nach Sylvianes Luvleine und macht sie ruckzuck an Land fest. Ich bewege mich nach vorn, um den Ankerstatus zu überprüfen. Die Kette bleibt auch dann straff gespannt, nachdem ich ein, zwei Meter über die Winde hereingenommen habe. Alles bestens. Die Leeleine am Heck ist inzwischen ebenfalls belegt.

Wie viele andere in Angriff genommene Bauvorhaben in Griechenland wartet auch dieser Marina- und Kreuzfahrt-Komplex aus nicht weiter ersichtlichen Gründen seit Jahren auf seine Fertigstellung. Der Bauplatz macht den Eindruck, als hätten die Arbeiter die ersten Vorzeichen eines kurz bevorstehenden Vulkanausbruchs verspürt, hätten alles stehen und liegen lassen und seien davongeeilt. Der Meltemi wirbelt uns trockenen Staub in die Augen. Fast könnte man sich irgendwo am Suezkanal wähnen. Der Hafenmeister im Overall scheint in Wirklichkeit der örtliche Elektriker zu sein. Jedenfalls macht er sich sofort wieder an einigen Kabel-Enden zu schaffen, die hier und da wie Luftwurzeln aus dem Boden schießen.

Immer noch besser als der alte Hafen, wo man zwar auf Tuchfühlung mit dem Ort ging, die Yachten aber so prekär lagen, dass sie sich durch den Schwell schwungvoll einfahrender und mit Volldampf auslaufender Fähren immer wieder das Heck an den groben Zementklötzen aufschlugen. Hatte man zu viel Kette gesteckt, konnte es einem passieren, dass die nachts im Hafen geparkten Fährschiffe über dem Anker lagen. Dann musste man sich am nächsten Morgen mit dem Ablegen etwas gedulden.

Einem mythischen Muskelprotz mit allerdings langer Haarpracht wird ein ähnlich energisches Einschreiten nachgesagt wie dem Elektriker. Herakles soll Titanen gleich im Dutzend hinter dem Ofen hervorgelockt und ähnlich mitleidlos abgeschlachtet haben wie eine Bäuerin Hühnchen rupft. Die vielen auf der Insel herumliegenden Felsbrocken werden als Hoden der bedauernswerten Riesen betrachtet.

Steinerne Hoden? Da möchte man nicht Titan sein. Abgetrennte und sich verselbständigende männliche Geschlechtsteile sind eherner Bestand vieler unappetitlicher griechischer Ursprungsmythen. Insofern erscheint es nur konsequent, wenn schon im Altertum junge Hooligans gerne nachts Poleis unsicher machten und männlichen Standbildern den Penis abschlugen. Graffiti-Spraydosen gab es ja noch nicht. Von dieser gewalttätigen Herakles-Episode rührt ein griechisches Sprichwort her, das damals wie heute Geltung beanspruchen kann. Sinngemäß lautet es: *Was du auf Mykonos nicht findest, brauchst du anderenorts nicht zu suchen.* Eine Wundertüte, gegen die sich die Büchse der Pandora bestenfalls als Überraschungsei ausnimmt.

Am alltäglichen Durcheinander, das einen hier umfängt und ungern wieder loslässt, haben auch die unübersichtlichen verwinkelten engen Gässchen Schuld. Wie ein im Rausch gezeichnetes Nähmuster durchziehen sie den Hauptort und Hafen. Im Nu hat sich Sylviane auf der Suche nach einem Souvenir für ihren Adoptivsohn in diesem riesigen Freiluftbazar verloren. Macht nichts, früher oder später wird sie, mit sich wölbenden Einkaufstüten beladen, vom Menschengewühl wieder ausgespuckt werden.

Die strahlend weißen Kykladenhäuschen mit ihren buntbemalten Türen und Fensterrahmen sowie blumengeschmückten Balkonen sehen einander viel zu ähnlich, als dass sie Orientierungshilfe bieten könnten. Gleiches gilt für das Heer der winzigen Kapellen und Kirchen. Für die Griechen, die keine Kirche passieren können, ohne sich mehrmals zu bekreuzigen, bedeutet das eine Menge Fingerübungen. Man sagt, Seeräuber hätten für diesen Überfluss als Rückversicherung und Investition ins Jenseits gesorgt. Wer hätte dafür mehr Verständnis als ich, mit meinen gelegentlichen halbherzigen Kerzenopfern. Zu einer Kapelle hat es bei mir noch nicht gelangt. Für die kurze, stille Andacht *to go* reicht der Platz im Innern der Kirchlein. Klingelbeutel passen schon nicht mehr rein, also muss draußen gebettelt werden. Von Ikonostasen erst gar nicht zu reden. Gut, dass die Gläubigen stehen, sonst ginge hier gar nichts. Wenn noch Weihrauch ins Spiel kommt, müssen die Türen geöffnet werden, sonst gerät die Gemeinde ins Halluzinieren.

Wer in den 1960er oder 1970er Jahren nach Mykonos kam, traf hier nicht nur jede Menge Hippies, sondern auch viele Prominente aus allen Teilen Europas und Übersee. In vielen Taverne hängen angegilbte Fotos aus jenen Tagen, denen eines gemeinsam ist: ein merkwürdiger storchenähnlicher Vogel scheint sich unablässig in den Vordergrund gedrängt und kokett in die Objektive geschielt oder, je nachdem, leicht angefressen ob der Missachtung im Hintergrund geschmollt zu haben.

Das ist oder besser war Petros I., dessen Aufstieg vom Findelkind zum Maskottchen der Insel die urbane Legende schlechthin von Mykonos bildet. Im Oktober 1955 bemerkte der örtliche Fischer Adonis Charitopulos draußen auf See einen seltsamen Vogel ihm unbekannter Spezies offenbar verletzt und desorientiert im Wasser treiben. Er sammelte ihn auf und nahm ihn mit auf die Insel. Freunde rieten ihm, das unbekannte Wesen dem Theodoris vorbeizubringen, der am Ortsrand in einer Kate hauste und als besonders tierlieb und zoologisch sachkundig galt.

So geschah es. Theodoris erkannte sofort, dass es sich um einen Pelikan handelte, den er bis zu diesem Zeitpunkt nur auf Abbildungen gesehen hatte. Pelikane sind Vögel, die sich allen körperbaulichen Widrigkeiten zum Trotz aus der brodelnden Vorzeit der Erde in die Gegenwart herübergerettet haben.

Groß, plump und schwer gleichen sie der lange ausgestorbenen Dronte und waren vom lieben Gott eigentlich nicht dazu ausersehen, sich in die Lüfte zu erheben. Doch seit sie der Arche entstiegen, überlisten sie tagtäglich den Herrn, indem sie beim Start mit ihrem Fahrwerk erstaunlich weite Strecke im Eiltempo übers Wasser watscheln, bis sie sich genügend Auftrieb verschafft haben und schwerfällig abheben, gleich einer Boeing 747.

Einmal in der Luft, scheinen sie über ihre Flugtauglichkeit selbst überrascht, biegen den Hals und legen den gewaltigen Schnabel auf ihre Brustfedern, was ihnen einen Ausdruck eitler Selbstgefälligkeit verleiht. Auch ihre Jagdmethode ist spektakulär. Die ersten Pelikane, die ich in der Karibik erleben durfte, erschreckten mich zu Tode, weil sie nur Zentimeter neben der vertäuten Yacht wie Medizinbälle ins Hafenbecken klatschten. Bei genauerer Betrachtung stellt man jedoch fest, dass sie das Tauchen ähnlich dem Fliegen vortäuschen. Nur der Schnabel geht unter Wasser, und der prall gefüllte Schnabelsack wird durch das Zurückbiegen des Halses geleert: Wasser zu Wasser, Fische in den Magen.

Angesichts ihrer komplizierten und aufwändigen Flugtechnik begeben sich viele Arten erst gar nicht auf jahreszeitliche Wanderschaft oder legen nur kurze Strecken zurück. Aber was wäre eine Regel ohne Ausnahme? So wird zum Beispiel berichtet, dass rosa Pelikane von der Donaumündung im Herbst nach Afrika aufbrechen, wo einige dem Vernehmen nach auch ankommen. Im Frühjahr kehren sie wieder ans Schwarze Meer zurück und haben den Daheimgebliebenen zweifellos viel zu erzählen.

Vielleicht gehörte der von Adonis gerettete junge Pelikan zu dieser Spezies der Vielflieger, war mit den Kollegen nach Süden aufgebrochen und hatte mit Triebwerkschaden in der Ägäis notlanden müssen. Ein schräger Vogel wie er hätte sich dafür keine bessere Insel aussuchen können als Mykonos.

Nun galt es, einen Namen für das Tier zu finden. Priscilla wäre nicht schlecht gewesen. Doch Theodoris erinnerte sich eines lieben Freundes, der im Krieg von den Deutschen exekutiert worden war. Theodoris hatte damals das Gelübde abgelegt, einem seiner Kinder im Gedenken an den Freund dessen Vornamen zu geben. Da ihm kein Nachwuchs vergönnt war und die Aussichten auf Kindersegen sich in seinem Alter stündlich verdüsterten, nannte er den Pelikan Petros.

Die beiden wurden auf Anhieb ziemlich beste Freunde. Egal, ob auf dem Markt, beim täglichen Nachmittagsspaziergang oder abends in der Taverne, stets sah man sie vereint, ein Herz und eine Seele. Während Theodoris in seiner Makkaronade oder seinem Moussaka stocherte, verschwand Fisch auf Fisch in Petros unersättlichem Schnabelbeutel. Der Tsipouro zum Nachspülen ging wie üblich aufs Haus, und da sich auch

Theodoris den einen oder anderen Ouzo zu genehmigen pflegte, wankten die beiden zur Gaudi der Einheimischen wie der Touristen einträchtig über die Promenade heimwärts.

Irgendwann hatte sich Petros überfressen und musste, völlig außer Puste, seinen nachmittäglichen Ausflug auf der nahen Nachbarinsel Tinos unterbrechen, deren Bewohner das Tier nicht mehr herausrücken wollten.

Der zentralägäische Horizont stand in Flammen. Beschimpfungen übelster Art machten die Runde. Die obszöne sogenannte mountza, das verächtliche Zeigen des geöffneten Handtellers mit abgespreizten Fingern, eigentlich Schiedsrichtern und Polizisten vorbehalten, hatte Hochkonjunktur. Der Bezirksgouverneur aus der Provinzhauptstadt Ermoupolis musste sich höchstpersönlich nach Tinos begeben, um zwischen den Streithähnen zu vermitteln. Selbst einige prall mit Drachmen gefüllte Briefumschläge sollen die Besitzer gewechselt haben.

Schließlich kehrte Petros wie ein glorreicher Kriegsveteran im Triumphzug nach Mykonos zurück. Die Glocken läuteten – sehr viele Glocken sehr vieler kleiner Kapellen. Überall war festlich geflaggt, der Bürgermeister hielt eine zu Herzen gehende Ansprache auf dem Platz am Hafen. Kurz, der Tag des Kriegsendes 1945 war Dreck gegen das, was auf dem Inselchen zehn Jahre später abging.

Als Petros in der Folge immer melancholischer wurde und dem abendlichen Tsipouro hemmungslos zuzusprechen begann, zerbrach man sich auf Mykonos den Kopf über die mögliche Ursache seiner Depression. Lange brauchte man nicht zu suchen. Ein Pelikan im besten Mannesalter ohne Weibchen kommt eben ins Grübeln, keine Frage.

Hilfe nahte in Gestalt von Jackie Kennedy, die 1963, im Jahr der Ermordung des Präsidenten, Mykonos einen Besuch abstattete und sich möglicherweise damals schon von Onassis trösten ließ. Als sie von Petros‘ Liebeskummer erfuhr, sandte sie nach ihrer Rückkehr gleich ein Pärchen Pelikane aus dem sumpfigen Louisiana auf die Reise. Nicht auf eigenen Flügeln, nein, im Frachtraum eines Flugzeugs.

Warum gleich ein Pärchen, wo Petros sich doch nach einem Weibchen verzehrte, steht dahin. Vielleicht waren der First Lady flotte Dreier sozusagen in Fleisch und Blut übergegangen. Über die Originalität der Namensgebung, Alfonso und Omega, in Anspielung auf die Bibel, muss man gar nicht erst diskutieren. Louisiana ist eben nicht Mykonos und guter Geschmack nicht die Sache der Amerikaner. Das Ägäisklima, der dauernde Nordwind und der Touristenrummel setzten den beiden wohl so sehr zu, dass sie das Zeitliche segneten, bevor Petros zum Zuge gekommen war.

Eine französische Filmgesellschaft startete wenig später noch einmal einen Versuch, Petros eine Partnerin, mit Verlaub, unterzuschieben, doch auch dieses Experiment ging letztlich schief.

Ein weiterer Pelikan landete versehentlich auf Andros, wo man für solcherlei Albernheiten so gar keinen Sinn hat und Touristen bis vor kurzem am liebsten von hinten sah. Die Andrioten verwiesen das Tier umgehend an Mykonos, wo es sich auch bestens mit Petros anfreundete. Pech nur, dass Demos sich mit fremden Federn geschmückt hatte und in Wirklichkeit ein Männchen war.

1985 erwies sich als schlechtes Jahr für Pelikane. Der inzwischen betagte Petros war inzwischen dem Verkehr auf der Insel so wenig gewachsen wie dem mit seinesgleichen. Er wurde von einem Auto erfasst und erlag wenig später seinen Verletzungen. Böse Zungen munkelten von verkapptem Freitod. Tiefe Trauer breitete sich über Mykonos. Die Flaggen wehten auf Halbmast, die Glocken läuteten, Messen wurden gelesen, der Bürgermeister hielt eine zu Herzen gehende Ansprache auf dem großen Platz.

Drüben auf Tinos hatte man derweil die Sache mit dem Pelikan nicht aus den Augen verloren. Sicher, einmal im Jahr kamen Zehntausende Pilger auf die Insel. Aber die verzehrten nur ihren mitgebrachten Ziegenkäse, tranken Quellwasser und lagerten im Freien. Am Tage nach Mariä Himmelfahrt suchten sie schnell wieder das Weite. Nicht eben die Traumkundschaft des tiniotischen Hotelgewerbes.

Es galt mithin, die *berühmteste unbekannte* Kykladeninsel mit ihren fünfzig Dörfern jenseits der Marienikone dem Fremdenverkehr schmackhaft zu machen. Tauben gut und schön, aber die gurrende Ratten der Lüfte haben die meisten auch zu Hause. Und wenn man Petros nicht behalten durfte, warum sich dann nicht einen eigenen Pelikan leisten?

So betrat Marko die Bühne von Tinos. Und wünschte sich bald, er hätte Miami, Florida, nie verlassen. Angeblich von einem Fremden mit Migrationshintergrund vergewaltigt, durfte er sich fortan zur eigenen Sicherheit nur unter strenger Bewachung in der Stadt und auf der Insel bewegen. Das hält der stärkste Pelikan nicht lange aus. Markos Tod setzte den Pelikan-Experimenten von Tinos vorerst ein Ende.

Auf Mykonos feiert Petros übrigens inzwischen in der vierten oder fünften Generation fröhliche Urstände. Wie bei James Bond: das Personal welkt dahin, die Legende lebt. Theodoris ruht seit vielen Jahren als Ehrengast im Pelikan-Olymp.

## Der Bund

*6. Juli.* Kein Besuch von Mykonos ist komplett ohne einen Ausflug zur verbotenen Museumsinsel Delos mit ihren Ruinen, den Zeugnissen Jahrtausende währender kultischer Verehrung, aber auch Zeugnissen schnöden antiken Kommerzes.

Bei ruhigem Wetter konnte man sich früher mit seiner Yacht durch den schmalen Spalt zwischen Delos und der Nachbarinsel Rhineia zwängen und irgendwo an der westlichen Küste von Delos den Haken werfen. Ich hatte mir angelegentlich eines solchen Besuches eine kleine Ankerbucht namens Fournos ausgesucht, in der ich die 50-Fuß-Yacht auf geringer Wassertiefe mit Bug- und Heckanker gegen plötzlich aufkommenden Starkwind sichern zu müssen glaubte. Das erwies sich zwar als überflüssig, denn im Monat Mai wird die Ägäis eher von Flauten heimgesucht. Aber ich hatte der Crew bewiesen, dass ich solche Manöver beherrschte. Richtig kompliziert wird es ja auch erst, wenn man die beiden Anker auch noch miteinander vermuren muss, wozu es allerdings in der Ägäis nie kam. Wir brauchten im Übrigen keine Stunde, um in der Windstille am eigenen Leibe zu merken, warum man der Bucht den eigenartigen Namen Ofen gegeben hat.

Wozu solche Umstände. Ich lasse die *Solskin* vor Anker nicht gerne unbeaufsichtigt und kann Sylviane nicht gut zumuten, vor Delos Wache zu schieben. Also nehmen wir das Ausflugsschiffchen, das noch Platz für uns hat. Campen ist auf Delos streng verboten. Selbst die griechischen Wächter und die französischen Archäologen, die dort ständig beschäftigt sind, hausen wie Strafgefangene in ganz bescheidenen Zementwürfeln mit Fensterchen, die kaum ausreichen dürften, die sich während des Tages drinnen sammelnde Hitze zu vertreiben. Seeseitig patrouilliert die Küstenwache mit ihren schnellen halbfesten Schlauchbooten, ganz so, als hüte sie noch heute den tonnenschweren Silberschatz des Attischen Seebundes.

Fast ohne nennenswerte Gebäude und praktisch jedweder Vegetation beraubt, gibt es auf der Insel so gut wie keinen Schatten. Daher tut man gut daran, hier entweder sehr früh am Morgen oder erst spät am Nachmittag aufzukreuzen.

Eine junge griechische Kunststudentin namens Chariklia führt unsere kleine multinationale Touristengruppe in holprigem Englisch durch die Stolpergässchen der Ruinen. Noch am Anleger von Delos stellt sie uns die erste Fangfrage, warum ihre Vorfahren unserer Meinung nach ausgerechnet Delos als Sitz des Heiligtums ausgewählt hatten. Während sie ihren Sonnenhut festhält, dessen breite Krempe im Meltemi flattert wie die Flügel eines angeketteten Raubvogels, blickt sie triumphierend in die schweigsam grübelnde Runde.

Die Altvorderen stellten sich die Kykladeninseln bekanntlich als kreisförmig (kyklos) angeordnet vor, daher der Name. Ein Blick auf die Karte zeigt, dass dem nicht wirklich so ist, es sei denn man mogelt, gönnt dem Kreis ein paar Dellen und lässt einige der peripheren Inseln unter den Tisch fallen. Aber selbst wenn sie auf einer makellosen Kreislinie angeordnet wären, würde nicht Delos den Mittelpunkt bilden. Die Insel Paros ein ganzes Stück weiter südlich wäre eine deutlich heißere Kandidatin.

Den geographischen Kenntnissen und Vorstellungen griechischer Seefahrer der Antike war im Detail nicht immer zu trauen. Als Küstenfahrer navigierten sie auf Sicht, ohne Log, ohne Kompass, nur mit primitivem Handlot, das bei den beachtlichen Tiefen der Ägäis sowie den vielen steilen Inselküsten oft verzweifelt nach Grund gesucht haben wird. Die Sicht kann im Sommer durch die verdampfenden Wassermassen über der Ägäis erheblich behindert werden. Außerdem war den Seeleuten vermutlich die Auswirkung unterschiedlicher Luftdrucklagen auf die geschätzte Entfernung unbekannt. Bei niedrigem Druck erscheinen Küstenlinien oder Inseln näher, als sie es tatsächlich sind. In der Dunkelheit ebenso.

Die Erinnerung ist eine treulose Konkubine. Ich weiß nicht, wie oft ich mir schon absolut sicher war, bei der Annäherung an eine Küste oder Insel diese oder jene topographische Konstellation wiederzufinden, nur um wenig später feststellen zu müssen, dass sich die Dinge doch anders verhielten.

Vieles mag infolgedessen dazu beigetragen haben, den damaligen Seefahrern vorzugaukeln, Inseln könnten sich nicht nur frei bewegen, sondern sich gelegentlich auch den Blicken ganz entziehen. Delos trieb es der Legende zufolge dank ihrer erstaunlichen Mobilität lange Zeit besonders bunt und musste von Poseidons Dreizack am jetzigen Standort fixiert werden. Erst da wurde sie zur Sichtbaren und konnte der schwangeren Leto als Stätte der bevorstehenden Niederkunft dienen.

Zurück zu Chariklias Frage. Welche Besonderheiten besaß das Inselchen, mit denen es sich Göttern wie Menschen empfahl? Chariklia hat ihre Standardantwort parat: das einzigartige Licht und das Mikroklima der Insel. Ein kräftig gebauter älterer Bayer hinter mir macht sich zur Stimme unseres kollektiven Zweifels. „Jo mei, wor des wirkli aso?" Sylviane und ich können nicht an uns halten und grinsen vergnügt in die mikroklimatische Sonne. Ein prächtiger Titel für ein umfassendes Kompendium der antiken Geschichte, „Jo mei …"

Ich Klugscheißer weiß es natürlich auch nicht. Eine relativ mittige Position in der Südägäis, die dafür sorgte, dass das letzte Stück der Anreise für Pilger aus aller Herren Länder in etwa gleichermaßen lang und beschwerlich war? Außerdem eine Topographie wie im gezeichneten Inselwitz: ein Berg, eine Ebene, ein See, ein Fluss, eine Palme. Das atmete göttliches Ebenmaß und beherrschte Sachlichkeit. Hier konnte man übersichtlich planen und bauen, ohne sich den Launen eines unebenen, schroffen Geländes anpassen oder sich durch einen ewig vor Nässe triefenden Regenwald durchboxen zu müssen. Nur der Mückenplage musste man Herr werden.

Die Bildung eines Attischen Seebundes mit Zentrum auf dem weit von Athen entfernten Delos im fünften vorchristlichen Jahrhundert war überraschend und insofern ein paradoxer Vorgang, als dessen satzungsmäßiges Ziel bereits zum Zeitpunkt seiner Gründung praktisch erfüllt war. Gut, man konnte sich nicht sicher sein, dass die besiegten Perser nicht doch noch einmal gegen die vom Bund zu schützenden kleinasiatischen ionischen Stadtstaaten mobilmachen würden. Sehr wahrscheinlich war das aber nicht. Und was heißt da *ionisc*h? Oder anders gefragt, wie konnte diese Bezeichnung von der östlichen auf die westliche Seite der Region wandern, denn unter *ionische Inseln* verstehen wir nicht Samos, Chios oder Lesbos, sondern Korfu, Levkas, Kefalonia oder Zakynthos.

Die Bezeichnungen für das, was wir heute Griechenland und griechisch nennen, gingen im Altertum ziemlich durcheinander. In Ermangelung eines Sammelbegriffes traten einzelne Stämme als *pars pro toto* ein: Achäer, Aioler, Dorer und andere. Ionier gehörten nicht zum ursprünglichen ethnischen Repertoire. Homer, geographisch vermutlich selbst Ionier, hätte auf die Frage Hölderlins, ob *Ionien blühe* nur verständnislos mit den Schultern gezuckt und gemurmelt: „Sieh halt selbst nach." Als erster scheint der Dichter Aischylos den Begriff ionisch ein halbes Jahrtausend später verwendet zu haben. In seiner Tragödie *Die*

*Perser* geht es zwar vorrangig um die Folgen der Niederlage von Salamis für die dem Untergang geweihte persische Königsdynastie. Aber die war eng mit dem Schicksal der kleinasiatischen griechischen Pufferstädte verknüpft. Gegründet waren die vermutlich von zugewanderten Ioniern schon zu Beginn des elften Jahrhundert v. Chr.

Angesichts der großen Bedeutung, die kleinasiatische griechische Städte wie Milet, Halikarnassos, Smyrna und andere für Handel, Kultur und Wissenschaft erlangten, war es nur folgerichtig, dass die Ionier speziell für die Menschen im nahen kleinasiatischen Raum bald stellvertretend zu Griechen schlechthin wurden. Und bis heute geblieben sind: das türkische *yunan* etwa ist eine Korrumpierung von *ionisch.*

Vor diesem Hintergrund erklärt sich auch die zunächst verwirrende Wanderung dieser Bezeichnung nach Westen. Sie ist gar nicht so neuen Datums, wie man denken könnte: Herodot nennt bereits die ganze Adria den *ionischen Golf.* Das ist aber nicht in unserem modernen Sinne gebietsspezifisch gemeint. Herodot will im Grunde *griechisch* sagen und greift als Mensch mit Wurzeln in Kleinasien nach dem dort gebräuchlichen Vorläufer ionisch. Die begriffliche Verengung von ionisch und dessen Verwendung nur mehr auf die westlichen Regionen Griechenlands ist das Ergebnis folgender Jahrhunderte. Umgekehrt nannten die Griechen des Mittelalters übrigens oft abwertend vieles *fränkisch*, was für unser Verständnis *westeuropäisch* ist.

Chariklia hat uns währenddessen in die Einkaufsstraße von Delos mit ihren Werkstätten und Läden geführt und stellt ihre zweite Fangfrage: Was könnte in diesem Laden verkauft worden sein? Erneut betretenes Schweigen. Sie deutet auf eine wie von Schnittspuren übersäte steinerne Platte. Messerspuren, ein Fleischer! „Vielleicht aach an Chirurg?" Der schwitzende Bayer blickt ob seines Brüllers triumphierend in die Runde, doch diesmal bleibt ihm unser zustimmendes Nicken versagt. Fleischer klingt einfach plausibler.

Die politisch alerten und militärisch ambitionierten Athener hatten erkannt, dass sie durch ihre postulierte mythische Affinität zu den kleinasiatischen Ioniern zweierlei erreichen konnten. Als deren angebliche Schutzmacht würden sie ihre forcierte Aufrüstung legitimieren. Zugleich schufen sie sich einen ethnischen Popanz, den zu schlagen die eigentliche Zielsetzung des Bundes war. In einem für Stammesfehden jederzeit empfänglichen Milieu diskreditierten sie die Spartaner als anmaßende Nachfahren reingeschmeckter Dorer. So wurde der Attische Seebund, eine Art NATO der Antike, zum Vehikel für den Aufstieg Athens zur regionalen Großmacht.

Kernstück und Rückgrat der Allianz war die athenische Flotte. Deren Unterhalt und stetige Erweiterung verschlang Unsummen. Die Trieren, mit denen Themistokles bei Salamis die Perser geschlagen hatte, waren noch vom Ertrag der attischen Silberminen finanziert worden. Diese Quelle war inzwischen fast versiegt. Also bat man die Mitglieder des Bundes zur Kasse, was einer Revolution gleichkam. Tributzahlungen hatte es bis dato im griechischen Raum nicht gegeben. Insofern, als die meisten Mitglieder jedoch alles in allem viel weniger zahlten, als sie für die eigene Verteidigung sonst hätten aufwenden müssen, ballten sie die Faust in der Tasche. Beitrittsabkommen wurden dadurch besiegelt, dass man einen Erzklumpen ins Wasser warf. Solange der am Meeresboden ruhte, würde das Abkommen seine Gültigkeit haben.

Die Beiträge konnten in Form von Geld oder Sachleistungen, sprich Schiffe und Mannschaften, erbracht werden. Da die meisten kleineren Inseln und Stadtstaaten Geldbeiträge vorzogen, stärkten sie nicht nur die ohnehin kampferprobte, gut funktionierende Athener Flotte, sondern beraubten sich dadurch der Instrumente eigener Verteidigungsbereitschaft. Weitsicht geht anders.

Organisatorisch-logistische Basis der Allianz wurde Delos, weshalb man auch vom Delischen Seebund sprach. Dort auf dem Inselchen fand die jährliche Mitgliederversammlung statt, in der jede Polis eine Stimme hatte. Und dort wurde die mit umgerechnet rund zehn Tonnen Silber gefüllte Truhe des Bundes aufbewahrt. Die Akropolis wäre dafür vermutlich geeigneter gewesen. Aber das hätte den bitteren Beigeschmack Athener Hegemonialansprüche gehabt. Delphi ging erst recht nicht, denn das war zum materiellen wie spirituellen Sammelpunkt der dorischen Spartaner geworden.

Bevor man sie auch als religiöses Zentrum in Gebrauch nehmen konnte, musste man die Insel Delos einer Säuberung unterziehen. In einem Tempel sterben galt bei den Griechen als Frevel, ging gar nicht. Bestattungen in Tempelnähe waren tabu. Die Gräber einer ganzen Insel auszuheben, um sie von ihren Toten zu befreien, stellte allerdings auch unter Berücksichtigung solcher Zusammenhänge einen ungewöhnlich massiven Eingriff dar. Und war doch nur der Anfang.

Im Rahmen zweier weiterer Säuberungen, deren letztere zeitlich schon in den Peloponnesischen Krieg zwischen Athen und Sparta hineinragte, untersagte man nicht nur das Sterben, sondern auch das Geborenwerden auf Delos. Schwangere Frauen kurz vor der Niederkunft mussten Delos verlassen. Es war, als hätte man jede Erinnerung an die Befristung menschlichen Seins ein für alle Mal auslöschen wollen.

„Ein außerordentlich verwerfliches Vorgehen", ruft Chariklia, die über jene rigorosen Praktiken immer noch empört scheint. In der Tat müssen solch Maßnahmen umso grotesker erscheinen, als die Insel ja ihre Existenz und ihren illustren Status göttlicher Niederkunft und Geburt verdankte.

Chariklia führt uns inzwischen durch die heilige Straße mit dem einseitigen Löwenspalier. Von den ursprünglich sechzehn jeweils aus einem Block naxischen Marmors gehauenen Figuren stehen noch sieben. Als Teil der Leto geweihten Anlage blicken sie, inzwischen stark verwittert, mit aufgerissenen Mäulern in Richtung ausgetrocknetem See. Die zum Letoon pilgernden Gläubigen gingen nicht dort an Land, wo man uns abgesetzt hat. Sie kamen vielmehr von der Skardanabucht im Norden, wo die Schiffe ankerten. Von dort wandelten sie nach Süden. Damit die weiter entfernten Löwen den Ankömmlingen nicht perspektivisch winzig erschienen, mussten sie größer gehalten sein als ihre nördlichen Kollegen.

„Jo mei, da hot's aber in Afrika ganz andere Exemplare." Damit hat er wieder Recht, der Bayer. Die Tiere wirken entschieden unterernährt. Ihre kleinen Köpfe mit kreisrunden Pausbäckchen erinnern an gähnende Putten. Mähnen Fehlanzeige. Die länglichen dürren Körper lassen die wenig imponierenden Kätzchen ausgemergelt erscheinen. Die Rippen sind wie schlaffe Gürtel fast bis aufs Hinterteil verrutscht und die Schwänze kringeln sich wie die von Schweinen.

Selbst die halb hockende, halb sitzende Haltung ist merkwürdig artfremd und lässt die Tiere wie Seehunde aussehen, die darauf warten, dass ihnen der Dompteur die Bälle zum Jongliere zuwirft. Das alles macht den Eindruck einer nicht wirklich gelungenen Kopie ägyptischer Modelle und ist jedenfalls meilenweit entfernt von den Löwen am Tor der Burg von Mykene.

Nach etwa einem Vierteljahrhundert ließen die Athener die Maske fallen, holten die Truhe des Seebundes heim auf die Akropolis und unterdrückten brutal alle Versuche von desillusionierten Mitgliedern, die sich im Krieg gegen Sparta befindende Allianz aufzukündigen.

So musste man den eigenen Verbündeten bald so viel Aufmerksamkeit widmen wie dem Feind. Etwa sechzig Athener Trieren patrouillierten als Bereitschaftsdienst jederzeit durch die Ägäis, um aufsässige Inseln zur Raison zu bringen. Massenhinrichtungen und der Versklavung weiter Bevölkerungsteile folgte in aller Regel das Einsetzen eigener Inspektoren sowie die Ansiedlung bäuerlicher Kleruchen. Delos glitt in die absolute Bedeutungslosigkeit zurück.

Bis Händler und Kaufleute das kommerzielle Potenzial des für Tauschzwecke ideal gelegenen Inselchens erkannten und nutzten. Über Nacht wurde Delos zum bevorzugten Umschlagplatz und Freihafen für Waren jeder Art, einschließlich der überall dringend benötigten Sklaven. Händler, Handwerker, Künstler, Lehrer und Abenteurer strömten auf die Insel, um hier ihr Glück zu suchen und zu Reichtum zu gelangen. „An die deißigtausend Menschen wohnten und arbeiteten damals in der Stadt", ruft Chariklia und amüsiert sich über unsere ungläubigen Gesichter. Dabei hat sie Recht. Es genügt, sich eine Luftaufnahme von Delos anzusehen, um zu erkennen, dass in der Tat ausreichend Platz vorhanden war für die Bevölkerung von, sagen wir, Schwäbisch Hall.

An einem einzigen Tag konnten Tausende Sklaven den Besitzer wechseln. Ein grausames Geschäft, das Partner und Familien auf immer und ewig voneinander trennte. So mancher Sklave, ehemals Bewohner einer unbotmäßigen Insel, mochte bei seinem kurzen, entwürdigenden Versteigerungsauftritt mit Bitterkeit der goldenen Zeiten gedacht haben, die er als freier Bürger und Teilnehmer an den orgiastischen Delien verbracht hatte. Solche Feiern fanden einmal pro Jahr statt und zogen Pilger wie Vergnügungssüchtige aus praktisch allen Teilen des heutigen Griechenlands und Kleinasien an.

Chariklia hat ihr Programm für heute abgespult und geleitet uns zurück zum Hafen von Mykonos. Gern hätte ich mich noch ein wenig beim Abendessen mit ihr unterhalten, doch sie scheint in Eile, da kann man nichts machen. Strammen Schrittes läuft sie mit wehendem Röckchen und flatternder Hutkrempe die Uferpromenade entlang und ist alsbald im Gewirr der Gassen verschwunden.

## Die schwarze Witwe

*8. Juli.* Von Mykonos bis Ermoupolis, der Hauptstadt der Insel Syros, sind es gerade mal achtzehn Seemeilen nach Westen, die man bei Meltemi in drei Stunden locker zurücklegen kann. Im Laufe des gestrigen Tages, den wir zum Teil auf Delos verbrachten, trafen viele Charteryachten in der Marina von Mykonos ein, um dort Crew-Wechsel abzuwickeln. So etwas bringt immer mächtig Unruhe mit sich. Also will ich Sylviane beim Abendessen zu einem frühen Start überreden, renne damit aber offene Türen ein. „Seit ich Julien in Thessaloniki habe, bin ich sowieso immer spätestens um sechs auf den Beinen. Der Junge hält mich gewaltig auf Trab." Na dann!

Julien ist ihr inzwischen achtjähriger Adoptivsohn. Bis sie ihn zu sich nach Griechenland holen konnte, musste sie einen jahrelangen Papierkrieg und zwei Prozesse durchstehen. Aber so schnell gibt die Dame nicht auf. Als ihre Arbeitgeberin, eine EU-Agentur für berufliche Bildung, von einem Tag auf den anderen von Berlin nach Thessaloniki zog, war sie die einzige Beschäftigte der multinationalen Belegschaft, die sich darauf einließ und mitzog. Ohne Griechisch-Kenntnisse, ohne zu wissen, was auf sie zukommen würde. Aber sie biss sich durch, lernte die Sprache, machte ihre Arbeit, schuf sich einen Freundeskreis. Nur im Bereich Liebe und Ehe hatte sie kein Glück, daher die Adoption.

Glücklicherweise erweist sich die Ankerkette trotz der dicht an dicht schaukelnden Yachten als frei, so dass wir ohne Probleme von den Pontons freikommen und im Vorhafen das Großsegel setzen können. Ein paar Minuten müssen wir noch in Wartestellung wie beim Regattastart aufundabsegeln, bis die Fähre auf der anderen Seite der Pier die Leinen losgeworfen hat. Dann können wir die Fock ganz entrollen und Gas geben.

Die frühe Startzeit war auch deshalb gut, weil wir auf diese Weise die Sonne bei unserer Ankunft in Ermoupolis noch im Rücken haben werden. Mir ist der weiträumige, geschäftige Hafen zwar vertraut, aber trotzdem, gegen eine tief stehende Sonne einlaufen zu müssen, ist nie wirklich ein Vergnügen. Sylvianes Probezeit an Bord endet hier. Ich lasse sie im Salon noch etwas dösen und gebe Mr. Robertson den Kurs ein.

„Warum legst du dir eigentlich keinen Bordhund zu?" Sylviane steckt den Kopf ins Cockpit. Das habe ich in der Tat schon oft erwogen. Eine sanfte Labradorhündin wie Bella, die fünfzehn Jahre lang Mitglied unserer Familie war und Wasser über alles liebte. Ein ständiger Mitsegler, der aufs Wort gehorcht und keine Widerrede kennt, ist eine verlockende Alternative. Pfote gegen Körbchen. Andererseits spricht zu viel dagegen. Artgerechte Tierhaltung zum Beispiel.

Der Meltemi enttäuscht mich nicht, ist allenfalls ein wenig zu forsch. Das heißt gleich doppelt reffen, damit die *Solskin* weiter halbwegs aufrecht durch die Fluten pflügen kann.

Kaum haben wir die Reste des zweiten Frühstücks beseitigt, sind wir auch schon auf Höhe des imponierenden Leuchtturmes von Ermoupolis. Mr. Robertson hat Kurs gehalten. Das zwischen 1834 und 1844 von I. Erlacher errichtete knapp 30 Meter hohe Gebäude überragt alle anderen Leuchttürme in Griechenland. Was weniger mit Gefahren für die Schifffahrt zu tun hat als mit den ehemals hoch gesteckten Ambitionen der Insulaner.

Im Wettstreit mit Nafplion um die Hauptstadtwürde des jungen Staates wurde der Turm zum permanent gehobenen Finger des vermeintlich Klassenbesten. Architektonisch ist der Steinturm ein Bruder des zur selben Zeit entstandenen aber nur knapp halb so hohen Leuchtturms der Bouboulina-Insel Spetses. Das im Parterre des Turms integrierte Wärterhäuschen war für ägäische Verhältnisse eine ebensolche Neuerung wie das rotierende Feuer in knapp 70 Meter Höhe. Zwar hat das eine eher durchschnittliche nominelle Tragweite von nur zwölf Seemeilen, was seinen überwiegend symbolischen Wert unterstreicht. Aber im Volksmund hielt sich lange das Gerücht, demzufolge das Leuchtfeuer von Ermoupolis in klaren Nächten noch im zehnmal so weit entfernten Izmir zu sehen sei. Das entsprang offensichtlich der Gefühlslage vieler der heimatvertriebenen kleinasiatischen Griechen, die es hierher verschlagen hatte, während liebe Freunde und Verwandte in Smyrna zurückgeblieben waren.

Gemessen am Geltungsbedürfnis von Ermoupolis ist dessen Hafeneinfahrt überraschend unscheinbar. Rechter Hand wird sie von einer flachen befeuerten Steinaufschüttung gekennzeichnet, die bei Seegang kaum noch auszumachen ist. Nachts hier bei schlechter Wetterlage ohne Ortskenntnis einzulaufen, ist nicht angeraten, zumal die niedrigen Molenfeuer vom Lichtermeer der Stadt geschluckt werden.

Dafür hat man im Hafenbecken Platz genug, die Segel zu bergen und den Anker klar zu machen – vorausgesetzt, man stört keine Fähre. Als Frachthafen hat Ermoupolis längst seine Bedeutung verloren. Die Ablösung der Segel- durch die Dampfschifffahrt sowie die Eröffnung des Kanals von Korinth spielten Piräus in die Hände und führten zum Niedergang von Ermoupolis. Seine Rolle als Drehkreuz für den ägäischen Fährverkehr hat der Hafen allerdings bewahrt – zum Nachteil der Yachten, die an der nördlichen Pier festmachen, aber wirtschaftlich uninteressant sind.

Hier gilt es, sehr viel Kette zu stecken, auf die Gefahr hin, am Morgen der Abfahrt trotz der Geräumigkeit des Hafenbeckens in Kettensalat verstrickt zu sein. Das wäre das kleinere Übel, denn der gewaltige Schwell der mit hoher Geschwindigkeit einlaufenden Mammutfähren wird von den Kaimauern an allen vier Seiten des quasi geschlossenen Beckens derart aufgeschaukelt, dass der Veitstanz der Yachten minutenlang anhält.

Die *Solskin* hat stolze 80 Meter Kette aus galvanisiertem Eisen aufzuweisen; mit viel weniger sollte man in der Ägäis auch nicht unterwegs sein. Stahlketten sind glatter und rutschen daher leichter durch die enge Öffnung über dem Kettenkasten, brechen aber auch leichter unter Belastung, weiß der Himmel warum. Der Ankergrund in Ermoupolis ist meterdicker Schlick, in dem sich der Haken ohne Probleme festkrallt.

Der Nachteil eines hinreichend großen Heckabstandes vom Kai: das als Gangway dienende Brett ruht schiffs- wie landseitig auf nur wenigen Zentimetern Holz. Da wird der Gang über die Planke zur echten Mutprobe. Im vollen Landgangsornat vor den gut aufgelegten Gästen einer Taverne ins Hafenwasser zu plumpsen, ist so ärgerlich wie peinlich. Brieftasche und alle wichtigen Papiere sollten stets in wasserdichten Plastiketuis oder Ähnlichem mitgeführt werden.

Die Unverkennbarkeit des immer wieder prachtvollen Panoramas von Ermoupolis liegt natürlich in der Doppelung seiner beiden sich den Hang hinaufziehenden Stadtteile. Mark Twain, der einmal hier Station machte, nannte Ermoupolis etwas despektierlich aber treffend die *Stadt mit den beiden Titten.* Bei der Vielzahl der Länder und Städte, die unsere amerikanischen

Freunde im Laufe ihrer Europareisen absolvieren, ist eine solch grobe Charakterisierung als Gedächtnisstütze sicher hilfreich.

Bei etwas differenzierterer Betrachtung fallen sogleich Unterschiede ins Auge. Linker Hand folgt der Blick den Häusern des bereits 1207 im Gefolge des fehlgeleiteten Vierten Kreuzzuges errichteten katholischen Stadtteils Ano Syros bis zur hoch oben thronenden Kathedrale. Dass es sich um den ursprünglichen Siedlungskern handeln dürfte, lässt die steile Pyramidenstruktur ahnen, die den Bewohnern Rückzugs- und Zufluchtsräume bei Überfällen umherstreifender Piraten bot.

Unter der mehrhundertjährigen venezianischen Herrschaft nahmen viele Inselbewohner den katholischen Glauben an, behielten aber ihre griechische Muttersprache bei. Katholiken von anderen griechischen Inseln gesellten sich nach und nach hinzu und ließen sich zumeist als Bauern nieder. Dass der äußerst karge Boden des felsstarrenden Syros für landwirtschaftliche Zwecke wenig geeignet war, spielte keine Rolle. Andere Inseln waren auch nicht viel fruchtbarer. Hier wirtschafte man wenigstens im Gefühl relativer Sicherheit und Geborgenheit im Kreise Gleichgesinnter in Christo.

Flucht und Vertreibung standen Pate bei der Gründung des eigentlichen erst seit 1826 Ermoupolis genannten Stadtteils rechter Hand. Verglichen mit Ano Syros, geht der erkennbar in die Breite, weil er mehrere Wellen nachdrängender Flüchtlinge aufnehmen musste.

Eine erste Gruppe überwiegend orthodoxer Flüchtlinge von den Dodekanes-Inseln sowie vertriebene ethnische Griechen von der kleinasiatischen Küste gelangten im Gefolge des Aufstandes gegen die Osmanen ab 1821 an die Küste von Syros. Das lag nicht zuletzt daran, dass die katholischen Griechen von Ano Syros sich mit den Osmanen soweit arrangiert hatten, dass sie von ihnen kaum drangsaliert wurden. Im Windschatten der Katholiken konnten sich die orthodoxen Flüchtlinge um den Hafen scharen und erste primitive Behausungen wie Zelte und zusammengeschusterte Holzbaracken errichten. Die Initialzündung für den Bau von Ermoupolis bestand in der Errichtung einer ersten Kirche 1824, um die herum mehr und mehr Steinhäuser entstanden.

Die neue Stadt erhielt ihren programmatischen Namen auch deshalb, weil sich die meisten Flüchtlinge mit Hermes, im Zweitberuf Gott der Diebe und Kaufleute, identifizieren konnten, hatten sie doch im engen Austausch mit der Levante vom dortigen Handel und Wandel gelebt. Das Know-how und die berufliche Erfahrung vor allem der Kaufleute von der Insel Chios war eine wertvolle Mitgift der Flüchtlinge. Ihr Wissen und Können führte im Verein mit der bereits vorhandenen, vor allem an Schiffbau und Schiffsreparatur orientierten industriellen Grundstruktur zu rasantem wirtschaftlichem Aufschwung und Wohlstand.

Der syrianische Reichtum vergangener Tage lässt sich bis heute leicht an den inzwischen zu Amtsstuben umfunktionierten Herrschaftshäusern im neoklassischen Stil ablesen. Ano Syros, so wird man feststellen, wenn man den beschwerlichen Aufstieg nicht scheut, hat dem nichts Vergleichbares entgegenzusetzen. Das eindrucksvolle Zentrum auf Hafenniveau wird vom marmorgepflasterten Miaoulisplatz beherrscht. Dessen Prunkstück ist das 1898 eingeweihte, vom deutsch-griechischen Architekten Ernst Ziller errichtete Rathaus. Aber auch das üppige marmorne Denkmal des Admirals und Seehelden des Befreiungskampfes Andreas Miaoulis atmet den Geist verblichener Größe und enttäuschter Hoffnungen.

Nirgendwo sonst in Griechenland hatte man zur Hoch-Zeit von Ermoupolis Gelegenheit, an einem so reichhaltigen kulturellen Leben und Treiben teilzunehmen. Egal, ob Theater, Konzerte, Aufführungen und Manifestationen jedweder Art – Ermoupolis ließ die Puppen tanzen.

Zur urbanen Atmosphäre dieses Ortes, der mich immer wieder in seinen Bann zieht, gehört auch die traditionelle Funktion des Hafengebietes als Nachrichtenbörse. Mit den Schiffen, die regelmäßig hier anlegten, gelangten stets die jüngsten Neuigkeiten in den Hafen. Bis heute finden Touristen Zeitschriften vom Tage in ihrer eigenen Sprache vor.

Der Gipfel des örtlichen Komforts, zumindest aus Seglersicht, waren die einzigen öffentlichen Duschen der Ägäis. Sie sind auch jetzt noch hinter einem der ersten Bögen der langen Reihe von ehemaligen Magazinen zu finden und stehen für die Kehrseiten der turbulenten Gründerjahre.

Hygiene wurde schnell ein vitales Anliegen in Ermoupolis. Mit der orthodoxen Besiedlung im Laufe des 19. Jahrhunderts wucherten rund um das Hafenbecken bald Kneipen, Cafés, Imbisse, Bordelle und Spelunken wie Unkraut. Immer wieder kam es zu Epidemien,wie Typhus, Gelbsucht und Pocken. Tuberkulose, andere Mangelleiden und Geschlechtskrankheiten gehörten, zumal in den ärmeren Bevölkerungsschichten auf den Inseln, sowieso zu den permanenten Gottesgeißeln. Fließendes Wasser, unverzichtbarer Bestandteil jedweder Hygienebestrebungen, war eine Seltenheit. Ermoupolis hatte es und bekam irgendwann auch seine öffentlichen Duschen. Deren Verwalterin in jüngeren Jahren war die schwarze Witwe.

Daphne, so hieß sie mit Vornamen, war eine stattliche, hoch gewachsene Frau mit pechschwarzem, da und dort von grauen Strähnen durchzogenem Haar, rabenschwarzen Augen und einem türkischen Erker von Hakennase. Als ich ihr zum ersten Mal begegnete, stand sie im Schatten des Torbogens eines alten, zum öffentlichen Bad ausgebauten Hafenmagazins. Mir kam sie vor wie eine Abgesandte der Atropos, die hier auf mich wartete, um mir mitzuteilen, dass mein Lebensfaden bedauerlicherweise sein Ende erreicht hat.

Ungeduscht und ungeölt den Hades zu betreten ist Frevel. Also umgarnte ich die Dame so gut es ging verbal und erhielt letztlich mein Ticket. Nicht zum Hades, nur zur Dusche. So, wie sie aussah, wäre sie als Protagonistin einer verworrenen Tragikomödie des Euripides durchgegangen. Bis auf den redseligen grünen Papagei, der über ihrer rechten Schulter auf einer Stange saß, den linken Fuß von einem silbernen Kettchen gehalten.

Klytemnästra mit Papagei wäre für heutige Theaterregisseure einen Versuch wert. Die Altvorderen jedoch waren borniert genug, die Dramen ihrer besten Dichter so zu spielen, wie sie geschrieben waren. Bis auf wenige Ausnahmen gelangten sie jeweils nur ein einziges Mal zur Aufführung, was ihre astronomische Anzahl erklärt. Papageien kamen damals nicht vor, nicht einmal in den *Vögeln* des Aristophanes. Pelikane, wenn's sein muss vielleicht, aber keine Papageien.

Daphne wies mir die nach oben offene Duschkabine zu. Quer über die ungekachelten, nackten Kabinen liefen angerostete Wasserrohre. Ein kleines Industriemuseum, im Stile der Weiß- und Schwarzkauen der Zeche Rote Erde. Für ägäische Verhältnisse ein unglaublicher Luxus, dessen Genuss allein den Zwischenstopp geboten erscheinen ließ. Besonders angesichts einer verständnisvollen Wächterin, die auch dann beide Augen zudrückte, wenn sich mal ein Pärchen unter dem anzüglichen Pfeifen des Papageis in dieselbe Kabine verlief.

Daphnes Mann, ein weißgelockter Rentner, ließ sich im Hafen selten blicken. Er war wesentlich älter, scheute den weiten Weg hinunter zum Wasser, erst recht den Rückweg bergauf und starb relativ früh an einem Herzinfarkt. Kein Wunder, bei so wenig Bewegung. Von da an trug sie, wie in Griechenland üblich, nur noch Schwarz und hatte jedenfalls bei mir ihren keineswegs bös gemeinten Spitznamen weg.

Stets gut drauf war sie weiterhin, hatte immer irgendeine schlüpfrige Anekdote auf Lager, die selbst mich erröten machte. Regelmäßig erkundigte sie sich nach der politischen Lage in *Europa* und gewährte mir so mancherlei Einblicke in die grauenhaften Jahre der faschistischen Besetzung der Stadt und der Insel.

Im Gegensatz zu den südlichen Sporaden und der Dodekanes-Gruppe, die als Possedimento schon so gut wie italienisches Staatsgebiet geworden waren, fielen die Kykladen erst 1941 in italienische Hand. Um auch sie dem griechischen Festland zu entfremden und der Verfügungsgewalt des an ihnen sowieso nur mäßig interessierten Athens zu entziehen, verhängten die Faschisten unter dem Stichwort *Distacco* (Abkoppelung) eine weitgehende Blockade der Kykladen. Handel und Wandel, Kapitalverkehr und alle Formen der Kommunikation wurden eingeschränkt oder völlig unterbunden. An die Stelle überkommener und eingespielter Versorgungswege sollten italienische Ersatzleistungen in Gestalt von Lebensmittelrationen treten. Von deren unregelmäßiger Lieferung waren nach amtlichen Statistiken im Jahre 1941 rund hundertvierzig tausend Menschen auf den Inseln abhängig.

Im ungewöhnlich harten Winter 1941/42 brach dieses labile und durch Korruption und Vetternwirtschaft verzerrte Versorgungssystem zusammen. Es kam sowohl auf dem griechischen Festland als auch auf den Inseln zu einer ausgedehnten Hungersnot, von der das wenig fruchtbare Syros in besonders starkem Maße betroffen war. Die orthodoxen Städter in Ermoupolis beschuldigten die katholischen Bauern, Lebensmittel zu horten und auf dem schwarzen Markt zu verkaufen, was freilich nie belegt werden konnte. Alte, längst vernarbt geglaubte Wunden im problematischen soziokonfessionellen Gefüge rissen wieder auf.

Als man im Jahre 1984 auf dem orthodoxen Friedhof von Ermoupolis eine Gedenktafel für die angeblich achtausend Todesopfer der Hungerkatastrophe enthüllte, nahm man dies zum Anlass einer polemisch geführten Diskussion über die Frage, inwieweit die ungeheuerlich hoch anmutende Zahl zutrifft. Doch selbst wenn es sich, wie ernst zu nehmende Historiker behaupten, tatsächlich um die Hälfte gehandelt haben sollte, wäre das immer noch ein gewaltiger Aderlass für eine so kleine Insel.

Irgendwann Ende der 1990er Jahre kam ich wieder nach Ermoupolis, und Daphne wartete nicht mehr im Torbogen. Sie hatte das Zeitliche gesegnet, den Papagei vermutlich mit ins Grab genommen. Wann immer ich Ermoupolis ansteuere, höre ich ihre von schrillen Vogelschreien unterbrochene einschmeichelnde Altstimme und sehe ihr schiefes Lächeln mit der lückenhaften Reihe gelblicher Zähne vor meinem geistigen Auge.

„Kann ich mal Ihre Schiffspapiere sehen?“ Ein dünnes, hohes Stimmchen reißt mich aus meinen Tagträumen im Cockpit der vertäuten *Solskin*. Sylviane klingt nicht so piepsig und ist außerdem zum Einkaufen gegangen. Ich wende den Blick von den Ankermanövern eines gerade einlaufenden Charterbootes ab. Auf dem Kai steht eine junge Dame in knappen Shorts, so um die zwanzig. Ihr weißer Zwergpudel mustert mich mit zusammengekniffenen Augen und zieht sich dann grummelnd in den Schatten eines geparkten Wagens zurück. Die beiden erinnern mich stark an Reese Witherspoon und ihren Zwergpinscher in *Legally Blond*.

„Kommen Sie zur Abrechnung bitte in mein Büro." Das Mädchen hat Humor. Offenbar verkörpert sie die im Rahmen der Finanzkrise gesundgeschrumpfte Restbelegschaft des Hafenbüros und soll im Rahmen einer Arbeitsbeschaffungsmaßnahme die Dokumente der eintreffenden Yachten prüfen und die Liegegebühr einkassieren. Dazu hat sie unter einem der Sonnenschirme des Cafés gleich am Kai ihr Kontor aufgeschlagen, mit dem weißen Pudel als Vorzimmerdame.

Rasch blättert Popy, als die sie ihr schmales Namensschildchen ausweist, durch meine Unterlagen und berechnet nach einer komplizierten Formel, in die wahrscheinlich Bootslänge und Anzahl der Besatzungsmitglieder ebenso eingehen wie Inflationsrate und Lebenshaltungsindex, das Liegegeld. Zwei Euro fünfzig lautet das Ergebnis einer fast halbstündigen Berechnung. Wahnsinn. Da sage noch einer, die Griechen kriegten den Hals nicht voll. Wo in Europa, was sage ich, wo in der Welt, würde sich jemand die Mühe machen, solche Beträge zu errechnen und zu kassieren? Das wiegt ja noch nicht einmal die Dose Schappi für den Pudel auf, geschweige denn das Gehalt der Kleinen, wenn sie denn eines bezieht. Falls nicht, steht sie zumindest schon mal mit einem Fuß im Staatsdienst. Der Pudel wird irgendwann auf Drogenschnüffler umsatteln müssen.

## Wie ein Blatt im Wind

*10. Juli.* Das musste ja so kommen! Heute Morgen hat's mich wieder einmal erwischt. Als wir beim Ablegen Meter um Meter der rasselnden Kette über die Winde in den Kasten am Bug zurückholen und die *Solskin* schon mitten im Hafenbecken treibt, gerät der Mechanismus plötzlich ins Stocken. Unglaublich, dass es jemand in diesem weiträumigen Hafenbecken geschafft hat, seinen Anker über meine Kette zu werfen. Da hilft nichts, ich muss nach vorne. Allein kann Sylviane das nicht bewältigen. Nur gut, dass der auffrischende Meltemi die Yacht vom Kai wegdrückt, umgekehrt wäre misslich.

Wenn wenigstens jemand an Bord der *Beneteau,* die ihren Anker so schlampig geworfen hat, bereits wach wäre, könnte er seine Kette etwas fieren, um mir die Arbeit zu erleichtern. Dort regt sich aber nichts. Ich könnte das Nebelhorn erschallen lassen, aber damit würde ich Gerechte wie Ungerechte wecken. Hand über Hand ziehe ich die Kette gegen das Gewicht des fremden Ankers nach oben. Das muss schnell gehen, bevor die *Solskin* vom Wind gedreht wird und das ganze Ankergeschirr auf Spannung kommt. Dann könnte nur noch Arnie Schwarzenegger helfen. Endlich gelingt es mir mit Sylvianes Hilfe, einen kurzen Tampen unter den fremden Anker zu schlingen und an Bord zu belegen. Meine eigene Kette fiere ich, bis sie von dem fremden Anker klar ist und löse dann den Tampen, so dass der Stein des Anstoßes wieder auf Tiefe geht.

Geschafft, dank der großzügigen Dimensionen des Hafenbeckens sind wir frei. Noch ist keine Fähre in Sicht, ich kann in aller Ruhe meinen Anker vom Schlick befreien und verstauen. Das Großsegel brauchen wir nicht. Der Kurs zum dreißig Meilen entfernten Hafen von Naxos ist Südsüdost oder Evronotos, wie die Griechen sagen, da lassen wir uns mit der Fock runtertreiben.

Gaidouronisos mit ihrem Prestige-Leuchtturm gleitet an Backbord vorüber. Auf ihrer südlichen Leeseite liegen bei Starkwind oft größere Frachter vor Anker und warten auf günstigere Bedingungen für die Weiterfahrt nach Norden. Abends kommen ihre Besatzungen dann manchmal mit großen Schlauchbooten volltrunken an Land und mischen die Bars am Hafen auf. Heute liegt dort keiner, obwohl der Wind bereits ordentlich die Muskeln spielen lässt. Das kleine kahle Inselchen

Aspronisi mit seinen Klippen bleibt an Steuerbord, die befeuerte Untiefe Nata an Backbord. Navigatorisch keine besondere Herausforderung, zumal man die Umrisse der beiden Lungenflügel der Ägäis, Naxos links und Paros rechts, bereits deutlich ausmachen kann.

Die Meerenge zwischen den beiden Inseln wirkt wie eine Luftröhre. Im Norden strömt der Wind ein, pfeift durch die sich verjüngende Straße und wird beschleunigt und, durch die Aromen der Inseln angereichert, im Süden wieder ausgestoßen. Ähnlich wie in manchen gefürchteten Tidengewässern des Atlantiks wie im Alderney Race kommt es durchaus vor, dass kleinere Yachten auf ihrem Weg nach Osten oder Westen von der Meerenge regelrecht angesaugt werden und gegensteuern müssen.

Ich setze einen Kurs auf den Felsbrocken von Ovriokastro an der Nordostspitze von Paros ab, in dessen Verlängerung der Hafen von Naxos liegt. Dann darf Mr. Robertson wieder übernehmen. „Wenn du dir eine Insel aussuchen könntest, auf der du deinen Lebensabend verbringen müsstest, was käme dann in die engere Wahl?" Sylviane wird mich auf Naxos verlassen und die Fähre nach Athen besteigen. Dort trifft sie sich mit ihrem Söhnchen und der Schwester, die sich des Jungen angenommen hat, solange Sylviane an Bord war.

Auf ihre Frage weiß ich unmittelbar keine Antwort. So gern ich von Insel zu Insel segle, so wenig kann ich mir vorstellen, auf irgendeiner von ihnen wohnen zu bleiben. Der Insulaner ist ein besonderer Typus Mensch, das oft von obskuren, jahrzehntealten Fehden vergiftete Geflecht sozialer Beziehungen schwer durchschaubar engmaschig gestrickt. Da tut man sich als Außenstehender sehr schwer, akzeptiert zu werden. Auch Sylviane brauchte Jahre, bis sie in Thessaloniki einigermaßen angekommen war. Und das ist eine kosmopolitische Großstadt, kein verwunschenes kleines Dorf oder eine isolierte Insel.

„Skiathos! Das wäre meine Insel." Kann ich verstehen. Nicht weit von Thessaloniki, leicht mit der Schnellfähre zu erreichen und recht pittoresk. „Wäre mir zu klein, zu nichtssagend. Ich bin Großstadtmensch, brauche meinen animalischen Komfort.

Und deutsche Zeitungen, für den politischen Diskurs. Lese seit einem halben Jahrhundert regelmäßig die SZ. Die meisten Inseln sind Refugien der Ahnungslosen." „Gibt's doch alles im Internet." „Sicher, aber meine Generation ist auf Papier geboren, verstehst du nicht."

Zwei Stunden später muss ich Sylviane bitten, ihre Teetasse mit nach oben zu nehmen und Mr. Robertson abzulösen. Wir sind am Ovriokastro angelangt und sollten einen kleinen Haken um die Felsformation schlagen. Der Wind hat weiter zugelegt und lässt die *Solskin* durch die See geigen. Recht voraus grüßt bereits das Wahrzeichen des Hafens von Naxos, das zum Emblem der Kykladen geworden ist – die sogenannte *Portara.*

Prestigebauten waren beliebte Mittel der Selbstdarstellung griechischer Tyrannen des siebten und sechsten Jahrhunderts. Auf Samos setzte Polykrates den monumentalen Hera-Tempel in die sumpfige Landschaft. Auf Naxos wollte der Tyrann Lygdamis sich nicht lumpen lassen und errichtete ein mindestens ebenso anspruchsvolles Heiligtum. Wozu hatte man schließlich Marmor im Überfluss, leicht zu gewinnen noch dazu, oben, im übersichtlichen Tagebau des Gebirges. Als Standort dieses Wunderwerkes zeitgenössischer Architektur wählte er die kleine Insel Palatia, die heute durch einen schmalen Isthmus mit dem Festland verbunden ist.

Erneut würden moderne Statiker den Baugrund als ungeeignet bezeichnen. Zwar ist der Fels tragfähig, weist aber beträchtliche Neigung auf. Sie verläuft von Nordost nach Südwest und erforderte umfangreiche Stützmaßnahmen, die das Projekt verzögert und verteuert haben dürften. Doch wie beim Hera-Tempel von Samos kam es nicht auf die Bodenbeschaffenheit an, sondern allein darauf, in welcher Beziehung der Ort zur Gottheit stand. Welcher Gottheit weiß man nicht. Manche Archäologen vermuten einen Dionysostempel. Das läge insofern nahe, als der Gott von Wein, Weib und Gesang sich auf Naxos bekanntlich liebevoll der von Theseus schmählich im Stich gelassenen Ariadne annahm. Historiker sehen eher Apollon als Hausherrn.

Spätestens während der dreieinhalb Jahrhunderte venezianischer Präsenz auf Naxos müssen die Bewohner der Insel den zu diesem Zeitpunkt bereits zerbröckelnden Tempel nahezu restlos abgetragen haben. Wie zum Hohn ließen sie das Westportal fast unversehrt stehen. Fehlt nur noch die eingeritzte Botschaft: *Dann spekuliert mal schön!*

Stoff dazu war genug vorhanden. Die Position der Portara lässt darauf schließen, dass der Tempeleingang entgegen den damaligen Gepflogenheiten nicht im Osten, sondern im Westen, also seeseitig lag. Weshalb? Sicher nicht aus Bequemlichkeitsgründen. Vielleicht um vorüberfahrende Schiffe anzulocken? Vielleicht ging es gar nicht anders wegen der Schräge des Grundes?

Welche Funktion hatten die vier massiven Beulen oder Bossen am Tor? Zu Erleichterung des Transportes solcher Bauteile konnten sie wenig beitragen, weil zu kurz und rund. Und wieso liegt die Schwelle des Portals einen ganzen Meter über dem Bodenniveau? Sind die Gläubigen damals nicht würdevoll in den Tempel geschritten sondern hineingekraxelt wie Ziegen?

Den heutigen Naxiern kann es egal sein. Ihr eher nichtssagender Hafen wird vom weithin sichtbaren Portal erheblich aufgewertet. Ausgesprochen gern laufe ich Naxos nicht an. Wind und ewiger Schwell schaukeln den engen Hafenschlauch oftmals sehr ungemütlich auf, es sei denn, man findet ein Plätzchen an der nördlichen Pier. Doch die ist meist von Polizei, Küstenwache oder Fischerbooten mit Arabisch parlierenden Besatzungen doppelt und dreifach belegt. So auch heute, wie ich mich bei einer kurzen Hafenrundfahrt überzeugen kann.

Dann bleibt eben wieder mal nur ein Liegeplatz direkt bei der Einfahrt, an deren rechter Seite es sehr schnell flach und felsig wird. Immerhin kann ich mit dem Heck zum Wind liegen, so dass der zwangsläufig kurze Kettenlauf ausreicht. Die *Solskin* kommt neben einer klassischen alten Holzketsch mit lauter Schwaben an Bord zur Ruhe. Den Dialekt meiner Heimat höre ich sofort heraus und lausche ihm eine Zeitlang gerne. Immerhin habe ich die drei ersten Jahre meines Lebens in Altensteig verbracht, jene Jahre also, von denen man behauptet, sie seien die prägendsten. Den schwäbischen Dialekt der Gegend muss ich schon im Mutterleib vernommen haben.

Auf einer Reliefkarte macht Naxos, die größte Kykladeninsel, den Eindruck eines feuchten, vom Wind über die Ägäis gefegten Lindenblattes, das hier die erigierte Scham des liebestollen Dionysos wenigstens teilweise bedeckte. Die Mittelrippe – des Blattes, nicht des Dionysos – wird von einem eindrucksvollen durchgehenden Höhenzug in Nordost-Südwest-Ausrichtung gebildet, deren höchste Gipfel alle anderen im Kykladen-Archipel übertreffen. Nach Osten fallen die Seitenrippen des Blattes steil ab, nach Westen senken sie sich gemächlicher dem Meer zu.

Seeleuten wird sofort die ungastliche Küstenlinie der Insel unangenehm auffallen, da sie kaum Buchten und keinerlei Naturhäfen bietet. Das mag zu jener charakteristischen Nabelschau der Bewohner beigetragen haben, die sich lieber mit der Landwirtschaft und dem Abbau von Marmor und Schmirgel befassten als mit Fischerei und Seefahrt. Nicht dass Naxos aufgrund der topographischen Gegebenheiten ein natürliches Zentrum der Landwirtschaft gewesen wäre. Wasser gab es ausreichend, aber große Teile der Insel weisen eine nur durch Terrassenanbau zu bewältigende Neigung auf. Breite Talflächen wie etwa auf Andros fehlen. Da und dort gibt es fruchtbare schmale Hochebenen, die sich aber nur mühsam wirtschaftlich nutzen lassen.

Die noch heute spürbare Introvertiertheit der Inselbevölkerung ist womöglich auch eine Folge traditioneller Selbstgenügsamkeit. Im Gegensatz zu allen anderen Kykladeninseln, die irgendwann im Laufe ihrer geschichtlichen Entwicklung total verwaisten, blieb Naxos zu jeder Zeit und in allen Teilen besiedelt. Diese erstaunliche Kontinuität lässt sich unter anderem aus den Bezeichnungen der Ortschaften, Berge und Kaps schließen, die auf Naxos noch einen heidnisch-archaischen Klang haben. Der mit rund tausend Metern höchste Berg zum Beispiel heißt *Zas*, eine korrumpierte Form von Zeus, der auf Naxos aufgewachsen sein soll. Solche Bezeichnungen stehen in deutlichem Gegensatz zu den Toponymen anderer Kykladen, bei denen die Bibel meist Patin stand, wie zum Beispiel die allerorten anzutreffenden Berggipfel *Prophet Elias* oder *Pantokrator* (Allmächtig*er)*.

Dass man hier vom Tourismus nicht viel hielte, wäre eine unzulässige Übertreibung. Dennoch, schon der lieblose Hafen machte jahrzehntelang den Eindruck, nur widerwillig und ganz sicher nicht für Fremde erbaut worden zu sein. Die Mehrheit der Insulaner weigert sich standhaft, den kleinen, nur für Inlandsverkehr geeigneten Flugplatz auszubauen. Das touristische Füllhorn der, Ryan, Virgin oder Germanwings dieser Welt überlässt man gern dem nahen Mykonos. Auf Naxos dürfte zudem der ewig präsente scharfe Nordwind der Sommermonate Strandleben und Badefreuden schmälern. Jeden zweiten Tag eine neue Luftmatratze kaufen zu müssen, weil Söhnchen oder Töchterchen die alte vom Meltemi aus der Hand gerissen und Richtung Kreta verblasen wurde, macht keinen Spaß.

Kontinuität der Besiedlung bedeutet nicht unbedingt Linearität der Entwicklung. Vielmehr teilt Naxos das wirtschaftliche und machtpolitische Auf und Ab anderer Kykladen. Doch auch im Angesicht von Widrigkeiten setzten die Naxier auf Originalität. Als erstes Mitglied des Attischen Seebundes lehnten sie sich zum Beispiel im fünften Jahrhundert v. Chr. gegen die Tributpflicht auf – und zahlten den Preis.

Der Fall war umso tiefer, als die Naxier bis zum Jahrhundert zuvor auf dem benachbarten Delos tonangebend gewesen waren. Das lag nicht zuletzt an ihren Kenntnissen und Fertigkeiten in der Bearbeitung von Marmor. Kein Zufall, dass Naxier die Gerste Großplastik der europäischen Kulturgeschichte in Gestalt einer lebensgroßen Darstellung der Artemis schufen. Die wurde im Übrigen – Ungeheuerlichkeit – der Göttin von einer naxischen Frau namens Nikander geweiht. Erstmals in der europäischen Kulturgeschichte wird eine Göttin hier als Wesen in Menschengestalt, als Frau wie du und ich dargestellt. Was die Frau im gewagten Umkehrschluss gottgleich erscheinen ließ, eine Revolution nicht nur griechischer Denkungsart.

Naxier waren es erneut, die uns erste freistehende Monumentalstatuen bescherten. Die sogenannten Kouroi, voll im Saft stehende junge Männer, entwuchsen vermutlich ägyptischen Vorbildern. Ihre unnatürlich steife Haltung – aufrecht, symmetrisch, frontal, den Betrachter anblickend, mit angelegten Armen und zu Fäusten geballten Händen – entspricht den Darstellungen der Pharaonen. Einschließlich des da und dort angedeuteten Ausfallschritts des linken Beines, der den Figuren Halt verlieh.

Das war auch nötig, denn im Gegensatz zu den ägyptischen Statuen, die im Rücken abgestützt wurden, können die Kouroi auf eigenen Beinen stehen. Außerdem sind sie unbekleidet. Die freizügige Darstellung der männlichen Nacktheit ist ein weiteres Verdienst griechischer, insbesondere naxischer Bildhauerkunst. Auf die Darstellung halb oder ganz entblößter Frauen musste Mann noch fast so lange warten wie Frau auf ihre bürgerlich-politische Gleichstellung.

Der Kult körperlichen Ebenmaßes, ja leiblicher Vollkommenheit hatte auch seine Kehrseiten. Missgebildete Kinder, wie der klumpfüßige Ödipus, wurden ausgesetzt und den Wölfen überlassen. Körperliche Mängel signalisierten charakterliche Schwäche. Die sprichwörtliche Verkörperung war der hässliche Thersites (etwa: Frechdachs), ein homerischer Querulant und begabter Demagoge, der es als Gegenspieler von Agamemnon fast geschafft hätte, die kriegsmüden Achäer zum Abbruch der allem Anschein nach erfolglosen Belagerung Trojas zu bewegen. Wozu in Anbetracht der allgemeinen Kampfesmüdigkeit vielleicht auch nicht so viel Überzeugungskraft gehörte.

Einen noch sprechenderen Namen hatte Efialtes (Albtraum), der bucklige spartanische Verräter, der Leonidas und dessen Getreuen bei den Thermopylen in den Rücken fällt, indem er den Persern eine geheime Passage durch die Heißen Tore weist. Seine moderne literarische Entgegnung ist Victor Hugos Quasimodo, der bucklige, hasenschartige Glöckner von Notre Dame. Der sein Wissen um die Architektur der Kathedrale in den Dienst einer akut vom Scheiterhaufen bedrohten *Hexe* stellt

Die Stigmatisierung körperlicher Gebrechen macht auch vor den Göttern nicht halt. Hephaistos, Gott der Vulkane und der Schmiede, lahmt auf einem Bein und wird, wenn auch nicht nur deshalb, hochkant aus dem Olymp geworfen. Erst Hippokrates begann mit der Enttabuisierung körperlicher Mängel und Leiden.

Im Fall der Kouroi war man vom Prädikat vollkommen noch meilenweit entfernt. Die Proportionen sind oft leicht verfehlt. Der Kopf fällt beispielsweise zu groß aus, weil die perspektivische Rücksichtnahme übertrieben wurde. Die Oberschenkel sind zu kurz und zu dick, weil sie die Last des Oberkörpers tragen müssen. Anatomische Einzelheiten wie Sixpacks, Schulterblätter oder Wirbelsäule wurden nicht modelliert, sondern aufgezeichnet. Erst im fünften Jahrhundert v. Chr. erstellte der Bildhauer Polyklet von Argos eine Art Kanon der körperlichen Proportionen.

Eine bemerkenswerte Besonderheit der Kouroi ist ihr schwer zu deutendes archaisches Lächeln. Man nimmt an, dass es den immer größer werdenden Mannsbildern das *böhze-Onkels-Image* nehmen sollte. Mag sein. Doch die wenig Dynamik ausstrahlende Steifheit der Figuren sowie fehlende Körperspannung signalisieren weniger Introvertiertheit als Bedrohlichkeit.

Für mich hat das Lächeln melancholische, fast faustische Qualität. Es scheint mir der Einsicht in die grundsätzliche Vergeblichkeit menschlichen Eiferns zu entspringen, die manchem von uns schon in jungen Jahren dämmert. Vielleicht ist dies des Rätsels Lösung, dass ein jeder in das Lächeln hineinlesen möge, was ihm behagt.

Vom Café auf der Hafenpromenade blicke ich hinaus auf den Fähranleger, der sich schon wieder mit wartenden Fahrzeugen und kofferbewehrten Passagieren zu füllen beginnt. Sylviane wirkt erschreckt ob des Gedränges, ist aber erst morgen früh an der Reihe. Zwischen Fähranleger und Taverne baumelt ein gutes Dutzend zum Trocknen aufgehängter Kalamare wie auf der Wäscheleine. Ihre abstehenden Tentakel weisen wie Kompassrosen in alle Himmelsrichtungen, während sich die ersten bereits auf dem Grill krümmen. Es riecht nach Holzkohle und Spiritus. Man isst die Kalamare hier auf der Straße, wie bei uns eine Portion Bratwurst mit Fritten.

Der Wind hat um kein Jota nachgelassen. Die *Solskin* schaukelt im wilden Rhythmus des Schwells der Hafeneinfahrt. So kenne ich sie, stets an den Leinen ruckelnd und ziehend, wie ein ungeduldig dem Gassi gehen entgegenfiebernder Hund. Verstanden habe ich ihre auffallende Feinfühligkeit trotz stolzer acht Tonnen Eigengewicht noch nie. Eine ziemlich massige Matrone, die beim geringsten Seegang lasziv mit den Hüften wackelt. Die Palmwipfel drüben beim runden Pavillon verneigen sich bei jeder Bö ruckhaft wie betende Juden an der Klagemauer. Bäume wachsen nicht in den Himmel, das haben sie mit Skulpturen gemein.

Der sogenannte *Koloss* der Naxier, eine Apollostatue von etwa neun Metern Höhe, aufgestellt am See von Delos, bildete den Scheitelpunkt des naxischen Größenwahns. Aus einem einzigen Block gehauen, mitsamt Fundament, das allein schon siebzig Tonnen wog. Wie man das Ungetüm von der einen Insel zur anderen geschafft hat, bleibt ein Rätsel. Wahrscheinlich profitierte man von den Erfahrungen ägyptischer Spediteure. Denkbar wäre zum Beispiel eine Aufhängung der liegenden Statue zwischen mehreren Schiffen, die den gewichtsverringernden Auftrieb des Wassers nutzte.

Als bei einem Sturm die eherne Palme, eine Nachbildung des Baumes, an den sich Leto bei der Geburt des Apollo gelehnt haben soll, gegen den Koloss stürzte, fiel der ebenfalls um. Klassischer Fall von Dominoeffekt. Doch die Statue wurde aufgerichtet und dürfte bis in mittelalterliche Zeit auf Delos gestanden haben. Christoforo Bondelmonte, der erste westeuropäische Reisende in der Ägäis, beschreibt in seinem 1414 verfassten *Buch der Inseln des Archipels* nur die herumliegenden Trümmer des Kolosses, dem ein ähnliches Schicksal beschieden war wie der *Nike von Samothrake*: Bruchstücke der Anatomie sind als Opfer archäologischer Sammelwut über halb Westeuropa verstreut oder blieben bis heute verschollen.

1625 scheint der Kopf Apollos noch vorhanden gewesen zu sein. Ein venezianischer Verwaltungsbeamter sägte das Gesicht ab und sandte es nach Hause an die Lagune, wo es vermutlich den nächsten Maskenball zieren sollte, jedoch nie ankam. Ein Engländer namens Simon soll 1672 den restlichen Kopf, die Hände und die Füße entfern haben, Verbleib unbekannt. Ein weiterer Engländer, der ehrenwerte Kapitän J. Murray, stellte 1819 ein Fragment mit vier Zehen dem Museum seines Vertrauens zur Verfügung. Ein Großteil der restlichen Glieder dürfte den Weg in die Kalköfen gefunden haben.

Wer sich ein Bild vom ungefähren Aussehen des Kolosses machen möchte, sei auf den größten der drei unvollendeten Kouroi auf Naxos verwiesen. Er liegt in Apollonas, unweit vom Hafen, und besitzt mit über zehn Metern Länge in etwa die Dimension der Statue auf Delos. Da er beim Transport zerbrach, ließ man den Kouros dort zurück, wo er sich noch heute befindet.

Der Duft der geräucherten Kalamare dringt zu uns herüber. Zeit fürs Mittagessen. Heut‘ Abend besuchen wir dann noch ein Kammerkonzert oben im Kastro. Kein eingesprungener Sirtaki, auch kein wirbelnder Tango, sondern die klassische griechische Variante mit Bouzouki oder Mandoline, Lyra, der kratzigen Kurzgeige, Toumbi, dem Schafsfelltambour, und Gajda, der griechischen Sackpfeife. Doch, doch, die gibt es wirklich. Das volle Programm, einschließlich alkoholischem Kaltgetränk. Ein würdiger Abschluss für meine Freundin Sylviane.

## Der Schildbürger

*13. Juli.* Die sympathischen schwäbischen Stegnachbarn, die Sylviane und mir schon beim Anlegen halfen, springen mir auch jetzt bei, als sie sehen, dass ich allein an Bord bin und Anstalten mache, Anker auf zu gehen. Die Hallberg-Rassy 36 hat offenbar viele Freunde in der Welt, und obwohl ich Dialekte nur schlecht nachahmen kann, haben mir die Nachbarn den gefühlten Schwaben abgenommen. Sie wollen im Laufe des Vormittags mit ihrer *Irene*, einer wunderschön gepflegten Holzyacht, weiter nach Ios. Da schaue ich wahrscheinlich später vorbei. Jetzt geht's für mich erst einmal nach Paroikia, der Hauptstadt der gegenüberliegenden Insel Paros, die die Schwaben zuletzt angelaufen haben.

Sylviane wäre gern länger geblieben. Doch sie möchte ihre Schwester nicht über Gebühr in Anspruch nehmen, und der kleine Julien ist ohne seine Adoptivmutter ganz traurig. Obwohl sie fast jeden Abend mit ihm telefoniert hat.

Muss ich also den Rest des Törns wohl allein bestreiten. Der Weg nach Paroikia ist etwas umständlich, da man sich zunächst aus der Meerenge zwischen Naxos und Paros freisegeln muss. Ich kenne das noch von früheren Gelegenheiten und weiß, dass man, an der Nordostspitze von Paros angekommen, versucht ist, trotz der dort zuhauf vorhandenen Klippen und Untiefen die Kurve zu schneiden. Das sollte man tunlichst bleiben lassen. Zumal, wenn man als gemütlicher Fahrtensegler unterwegs ist, steht der Zeitgewinn in keinem vertretbaren Verhältnis zum Risiko. Wind und See können jede Yacht mit technischen Problemen im Nu auf die Felsen treiben, an denen sich die Gischt der Ägäis spektakulär bricht und den Sonnenstrahlen als Prisma zur Bildung kleiner Regenbogen dient.

Hat man dieses Hindernis überwunden, ist der verbleibende Teil des kurzen Törns ein Spaziergang. Bei der Felseninsel Gaidouronissos öffnet sich die weite Bucht, an deren Scheitel das kleine Naoussa liegt. Ein malerischer Ort, wie aus einem Werbeprospekt geschnitten, wenn auch mit nur wenigen Liegeplätzen. Der berühmte griechische Wein dieses Namens kommt allerdings nicht von hier, sondern vom makedonischen Flecken gleichen Namens. Gute Reben gedeihen aber auch auf Paros.

Die Backstagsbrise nach Südwest genießen Mr. Robertson und ich mit Groß und Fock in gewohnter Manier, so dass ich die Füße hochlegen kann. Aber Vorsicht, blindes Vertrauen der Besatzung in ihren Autopiloten kann teuer zu stehen kommen.

Bestimmte Seezeichen oder charakteristische Felsformationen wurden von der Schifffahrt immer schon bevorzugt als Wegepunkte angesteuert. Davon legen die zahlreichen Beulen neuralgischer Tonnen etwa im Ärmelkanal ebenso Zeugnis ab wie die häufigen Kollisionen früherer Jahre mit Feuerschiffen in chronisch nebligen Seegebieten des Nordatlantiks. GPS und Autopilot haben riskante Gepflogenheiten nicht ausmerzen können, sondern im Gegenteil einer gefährlichen Abstumpfung und blindem Technikvertrauen Vorschub geleistet.

Wenn man aus nordöstlicher Richtung kommt oder nach Nordost will, kann man den Hafen von Paroikia weder direkt anlaufen, noch auf direktem Weg hinter sich lassen. Er liegt tief in einer runden, fast geschlossenen Bucht, in die man erst rein- beziehungsweise aus der man auf der Rückfahrt erst mal rauskommen muss. So übernahm im Laufe der Jahrhunderte eine der südlichen Huk der Paroikiabucht vorgelagerte Felsengruppe namens *Portes* (Tor) für ein- wie auslaufende Schiffe die Funktion eines Wegepunktes. Ich finde, die Felsen gleichen weniger einem Tor, als vielmehr einem aufgeschlagenen Buch, einer Chronik der Havarien dieser Gegend.

Als die Fähre *Express Samina* am späten Abend des 26. September 2000 bei rauer See genau auf die Portes zuhielt, entsprach das also der üblichen Routine. Kurz vor Erreichen der etwa 25 Meter hohen, beleuchteten Felsen dreht man in die Bucht. Dazu muss sich allerdings jemand auf der Brücke befinden und das Manöver rechtzeitig einleiten. An diesem schicksalhaften Abend herrschte auf der Brücke jedoch gähnende Leere. Der Kapitän schlief, das restliche Personal verfolgte am Fernseher die Übertragung eines wichtigen Fußballspieles.

So kam es zur ungebremsten Kollision der Fähre mit den Felsen. Das Schiff nahm Wasser, krängte nach Backbord und versank in nur 45 Minuten über den Bug zwei Seemeilen vor der Küste.

Lebensrettende zwanzig Minuten verstrichen ungenutzt, wohl in der vergeblichen Hoffnung, die Lenzpumpen könnten es mit den einströmenden Wassermassen aufnehmen. Endlich alarmierte man die Küstenwache. Im Verein mit Rettungskräften auf Fischerbooten vom nahen Paroikia hatte sie große Mühe, die Schiffbrüchigen aus der groben See zu bergen. Hubschrauber und Schiffe eines britischen Flottenverbandes, der ganz in der Nähe Manöver fuhr, beteiligten sich an der Rettungsoperation. Für zweiundachtzig der fünfhundert Passagiere kam indes jede Hilfe zu spät.

Es war das alte Lied. Niemand hatte die Passagiere in die Handhabung der vorhandenen Rettungsmittel eingewiesen. Im Stockdunkeln, nach der Kollision, hätte man die vermutlich auch nicht schnell genug gefunden. Rettungsboote konnten wegen der Krängung und aus anderen technischen Gründen nicht zu Wasser gelassen werden. Die Besatzungsmitglieder hatten alle Hände voll damit zu tun, sich selbst in Sicherheit zu bringen.

Dem Unglück folgten weitere menschliche Dramen. Ein Beamter der Hafenbehörde von Paroikia starb am Abend vor Aufregung an Herzversagen. Mit der Unfalluntersuchung betraute Sachverständige zogen sich aus dem Verfahren zurück, nachdem sie Morddrohungen erhalten hatten. Der Direktor der für den Betrieb der Fähre verantwortlichen Reederei sprang aus dem Fenster im neunten Stock seines Bürogebäudes in Piräus. Als Ansteuerungshilfe hatten die Portes erst einmal ausgedient.

Auch ich lasse sie lieber weit an Steuerbord, und sei es aus Pietät gegenüber den Opfern des auf etwa 40 Metern Tiefe liegenden Wracks der *Express Samina.* Ähnlich wie Livadi auf Serifos ist die Bucht von Paroikia fast kreisrund. Das hat, jedenfalls während der Meltemisaison den Nachteil, dass der einfallende Wind wie Heißluft in der Trommel eines Wäschetrockners verwirbelt. Als ich vor Jahr und Tag an der Pier von Paroikia längsseits lag, wehte die griechische Nationale am Heck der Charteryacht nach Steuerbord, während die beiden Club-Pennants unter der Backbordsaling nach Backbord flatterten. Schwell stand hier auch nicht zu knapp.

Eingedenk dieser wenig ermutigenden Erfahrungen lege ich die *Solskin* vor Anker und Heckleinen, was mir dank meiner frühen Ankunft auch nicht allzu schwer fällt. Noch ist ein wenig Platz vorhanden, aber in ein paar Stunden dürfte das ganz anders aussehen.

„Wenn aus Nachbarn Freunde werden" heißt es in einer häufig ausgestrahlten Bierreklame. Dumm nur, dass Nachbarn, egal ob Individuen oder ganze Völker, selten Freundschaft schließen Oft sind sie sich sogar spinnefeind. Das gilt auch und vielleicht gerade für streitbare griechische Nachbarn. Wenn zwei prosperierende Inseln so dicht beieinander liegen wie Paros und Naxos, kann man getrost sein Geld darauf verwetten, dass nicht alles eitel Sonnenschein ist.

Im Laufe ihrer Geschichte bekriegten die beiden sich häufig genug bis aufs Blut. Nach einem ihrer zahlreichen Scharmützel blieb neben anderen Gefallenen ein gewisser Archilochos auf dem Schlachtfeld zurück. Kenner der Werke von Friedrich Dürrenmatt wird der Name etwas sagen. So heißt nämlich der spießige Protagonist der Prosakomödie *Grieche sucht Griechin* (1955). Die bedenkliche phonetische Nähe des Namens Archilochos zum deutschen Lieblingsschimpfwort ist von Dürrenmatt gewollt und passt zu seinem Antihelden.

Mit dem antiken Archilochos hat das aber wenig zu tun. Der war schon zu Lebzeiten, im siebten Jahrhundert v. Chr., ein bekannter Dichter, an dem sich die Geister schieden. Bewunderer wie Kritiker seiner und späterer Generationen setzten ihn gern auf eine Stufe mit Homer. Wohlgemerkt, in seiner dichterischen Bedeutung, nicht in seinem Stil und erst recht nicht in seinem Habitus. Als Poet war der jambische Archilochos eher der genaue Antipode des Meisters der epischen Hexameter. Wo dieser nicht müde wird, das blutige Schlachtgetümmel vor Troja in grellen Farben zu schildern und den Heldenmut der kämpfenden Recken zu glorifizieren, wird der Spötter Archilochos von den weit weniger heroischen Seiten menschlicher Charaktere angezogen. Seine Erfahrung lehrt ihn, in allen Wechselfällen des Lebens Maß zu halten:

> *... weder überschäumend in der Freude, noch in der Trauer am Boden zerstört, lerne den Rhythmus zu würdigen, der unser Leben in seinen Bahnen hält.*

Viel ist von seiner Vita nicht überliefert, alles andere hätte auch überrascht. Nur wenige seiner Werke blieben erhalten, genügen aber, um auf Parallelen zur ähnlich unkonventionellen, wenngleich beileibe nicht so sarkastischen Sappho zu stoßen. Beiden gemein ist die Lossagung vom Diktat der epischen und dramatischen Musen zugunsten der eigenen Individualität. Noch ist das nicht das postmodern gespaltenen Ich auf der ewigen Suche nach seinem Platz in der Welt, aber doch schon das selbstbewusst seiner subjektiven Sicht der Dinge vertrauende Ich. Wie wenig Archilochos auf die Konventionen und Tabus seiner Zeit gab, illustriert sein Umgang mit einer mythischen Tradition, die ihm als Berufssoldat vertraut war: der des Schildes.

Schwert, Schild und Lanze gehörten schon vor Troja zur Grundausrüstung eines griechischen Hopliten oder Infanteristen. Dem Schild als Verteidigungs- wie als Angriffswaffe, Lebensretter wie Projektionsfläche der eigenen Zugehörigkeit kam ganz besondere Bedeutung zu. Allein in der *Odyssee* finden sich drei Bezeichnungen für unterschiedliche Arten und Formen. Alle waren sie aus Holz, mit Metall umkleidet oder bedeckt. In der runden Ausführung gab es sie klein und handlich, damit man mit ihnen nach dem Feind schlagen konnte. Oder so groß, dass sie zwar den Oberkörper zum Beispiel vor Pfei len schützten aber auch schwer zu schwenken waren und sich in einen unangenehmen Windfang verwandeln konnten. Die Varus-Schlacht, um ein Beispiel aus neuerer Zeit zu geben, soll für die Römer unter anderem deshalb so katastrophal ausgegangen sein, weil die Legionäre bei einem plötzlich aufkommenden Unwetter mit Sturmböen ihrer eigenen Schilde nicht mehr Herr wurden.

Eine stilistische Besonderheit im Design stellten die wie eine Acht geformten Dipylonschilde dar, wie man sie später nannte. Sie bestanden aus Ochsenhaut, die auf einen Holz- oder Metallrahmen gespannt war. An den Seiten befanden sich zwei tiefe, halbrunde Einbuchtungen, die die Handhabung des Stoßspeeres erleichterte. Schilde ohne solche Einbuchtungen mussten beim Zustoßen verkantet werden und gaben dann einen Teil des Oberkörpers frei. Der von Homer ausführlich beschriebene Schild des Achill scheint von dieser Art gewesen zu sein. Leicht, doch robust, groß, doch immer noch handlich, genau das, was das Herz eines Nahkampfexperten begehrte.

Die Spartaner stellten den Schild mit dem berühmten griechischen L (Lambda) für Lakonien in den Mittelpunt eines martialischen Kultes. Zogen die spartanischen Männer in den Krieg, riefen ihnen ihre Frauen und Mütter nicht etwa nach: Junge, komm‘ bald wieder!, sondern skandierten schrill: *I tan i epi tas.* Was so viel bedeutet wie *mit deinem Schild oder auf ihm* – aber auf gar keinen Fall ohne ihn. Denn der Verlust des Schildes konnte nur bedeuten, dass Sohne- oder Ehemann Fahnenflucht begangen und sein lästig gewordenes Attribut weggeworfen hatte, um dem Ort des Grauens schneller entfliehen zu können.

Den Spötter Archilochos, in Sparta *persona non grata*, wie man sich denken kann, nicht gern gesehen, fochten solche Gepflogenheiten nicht an. Freimütig gesteht er in einem Jambus, seinen Schild bei dieser oder jener Gelegenheit zurückgelassen zu haben. Sicher tut‘s ihm leid, aber nicht etwa wegen der damit verbundenen Entehrung, sondern wegen des materiellen Verlustes: Was soll‘s, dem glücklichen Finder sei‘s gegönnt, kauf‘ ich mir halt bei nächstbester Gelegenheit einen neuen.

Dem Manne war nichts heilig. Seinen Speer bezeichnete er durchaus realistisch als Fleischspieß. Der kultischen Verehrung des Ebenmaßes der Glieder vermag er nichts abzugewinnen. Warum solle er etwas gegen einen buckligen Heerführer einzuwenden haben, solange der in der Schlacht seinen Mann stehe – und sei es auf O-Beinen. Die nordgriechische Insel Thasos, auf deren Goldvorkommen die Parier ein begehrliches Auge hatten, bezeichnet der zeitweilig dort stationierte Archilochos wenig galant als sterbenslangweilig. Seine Heimat Paros öde ihn an, weil sie *nichts als Feigen und Seefahrt* kenne. Der beißende Spott des Archilochos' – des Dichters, nicht des dümmlichen Protagonisten von Dürrenmatt – ist es wohl, den der Schweizer Dramatiker in seiner bizarren Prosakomödie reklamiert. Doch, mit Verlaub, die Schweiz ist nicht Sparta. Wenn man nach einem legitimen geistigen Nachfahren des Archilochos sucht, drängt sich ein Landsmann Dürrenmatts auf, der Praliné-Soldat Bluntschli aus G. B. Shaws *Helden* (*Arms and the Man*).

Getreu der Erkenntnis, dass im Zyniker ein enttäuschter Idealist steckt, bietet Archilochos dem Leser gelegentlich auch seine weiche, selbstironische Flanke. In der Abkehr von fragwürdigem Heldentum und der freimütigen Schilderung persönlicher Gefühle und Befindlichkeiten nähern sich die dichterischen Umlaufbahnen der taghell strahlenden Sappho und des Archilochos einander an.

Irgendwie passend, dass ein Freigeist wie er, der von der spitzen Feder lebte, aber auch eine scharfe Klinge zu führen wusste, durch das Schwert umkam. Zugleich ein Beweis dafür, dass er bei allem Spott und Hohn kein Feigling war. Tröstlich schließlich die ausdrückliche Wertschätzung seiner Poesie durch keine Geringere als die delphische Pythia. Sie versagt dem Naxier, der den Antilochos auf dem Gewissen hatte, den erheischten Orakelspruch, weil der Naxier einen Liebling der Musen getötet habe.

Da sein Ruhm im Laufe der folgenden Jahrhunderte stetig wuchs, hätte man eigentlich davon ausgehen dürfen, dass Archilochos auf der berühmten marmornen Chronik von Paros einen Ehrenplatz einnehmen würde. Dabei handelt es sich um eine Marmorstele aus der Mitte des dritten Jahrhunderts v. Chr., auf der wie in einer Excel-Tabelle die Chronologie der griechischen Geschichte ab der mythischen Gründung Athens (rund 1600 v. Chr.) bis etwa zum Tode Alexanders des Großen dargestellt ist.

Wenn in der besagten Chronik auffallend häufig nicht auf parische, sondern auf attische Archonten und Könige Bezug genommen wird und einschneidende Begebenheiten auf der Insel gänzlich unerwähnt bleiben, verstärkt das einen bestimmten Verdacht. Es ist nämlich anzunehmen, dass der unbekannte Autor sich bei Erstellung seiner Chronik in erster Linie auf Athener Quellen gestützt hat. Insofern kann man es ihm nicht zum Vorwurf machen, dass er Mythischem mehr Raum schenkt als geschichtlich Verifizierbarem. Das war vermutlich durch seine Quellen vorgegeben und zeigt erneut, dass die beiden Geschwister der Historiographie im Altertum ein Herz und eine Seele waren.

Marmor für die Gestaltung von Artefakten wie die Zeitstele hatte man auf Paros in Hülle und Fülle. Nach Ansicht vieler sogar den besten Griechenlands. Nur musste er im Gegensatz zum naxischen Marmor mühsam unter Tage abgebaut werden. Daher stammt vermutlich seine Bezeichnung *Lychnitis,* von den primitiven Öllämpchen, die den Bergleuten in den steil nach unten abfallenden Stollen Licht gaben.

Möglich aber auch, dass mit Lychnitis der hohe Grad an Transparenz an den Rändern der Marmorstücke gemeint war, der diese Gesteinsart auszeichnet. Bildhauer stellte er vor eine schwierige Aufgabe, die nur von Könnern wie Praxiteles ästhetisch zufriedenstellend bewältigt wurde. Seine Hermes-Statue von Olympia sowie die Nike von Samothrake und vor allem die Aphrodite von Milos gehören zu den unvergleichlichen Kunstwerken aus parischem Marmor.

Mein einsamer Spaziergang durch Paroikia führt mich auch heute zur *Katapoliani*, dem mehrschiffigen byzantinischen Kirchenkomplex nur wenige Schritte vom Hafen entfernt. Der Legende zufolge soll Helena, nicht die von Troja, sondern die von Konstantinopel, bei einer Reise ins Heilige Land hier auf Paros Station gemacht und den Bau einer Kirche angeregt haben.

Im Laufe der ersten Hälfte des sechsten Jahrhunderts habe Kaiser Justinian Helenas Wunsch endlich erfüllt, heißt es. Einer seiner profiliertesten Architekten, der sich schon beim Bau der gewaltigen Agia Sofia von Konstantinopel ausgezeichnet hatte, soll dieses Konglomerat aus Hauptkirche, zwei Kapellen und Baptisterium im byzantinischen Stil errichtet haben.

Obwohl hinter all dem Fragezeichen stehen, entwickelte sich die Kirche in der Folge zu einem ähnlich bedeutenden Marien-Wallfahrtzentrum wie die Basilika von Tinos. *Kirche der Madonna mit den hundert Pforten*, so ihr voller Name im Volksmund, weist überschlagsmäßig nicht einmal die Hälfte an Toren und Türen auf. Vielleicht hat der Volksmund es nicht so mit Zahlen.

Was sollte Helena – falls sie denn wirklich einmal auf Paros war – und später Justinian dazu veranlasst haben, hier mitten in die Einöde einer halb verwaisten Kykladeninsel einen solchen Mammutbau aus dem Boden zu stampfen? Und wenn tatsächlich illustre Baumeister vom Range derer der Agia Sofia am Werk waren, wo sind ihre Pläne, Skizzen und Berechnungen geblieben, wieso gibt es kein kircheneigenes Archiv?

Egal, wer für ihren Bau letztlich verantwortlich war, an der Existenz der Katapoliani ist so wenig zu zweifeln wie an der Pracht ihres Aussehens. Mit ihrem kunstvoll verspielten Äußeren, ihrer eindrucksvollen Akustik und dem aromatischen Dreigestirn Weihrauchfirnis, Styraxbalsam und Kerzenwachs betört sie die Sinne des Besuchers.

## Schwarzes Gold

*16. Juli.* „*Efcharistó polí*, vielen Dank auch." Ich winke dem Fischer freundlich zu, weil er mir ungefragt die Heckleinen zugeworfen hat. Der äußere Kai von Paroikia ist so dicht bepackt mit Segelyachten, dass ich mich schnell vom Acker mache. Der Anker meldet sich ratternd und klappernd vom Bugkorb, Mr. Robertson und ich sind so weit.

Ich muss heute den frühen Vogel geben, weil die vor mir liegende Etappe zu den längeren des Törns gehört. Nach Adamas auf der Insel Milos führen von hier aus zwei Wege, ein riskanter und ein sehr riskanter.

Ich könnte, eng an die Küste von Paros geschmiegt, durch die Klippen südlich der Portes in Richtung der sehr schmalen Meerenge zwischen Paros und Antiparos segeln. Am nördlichen Ausgang der Straße würde ich mit Südkurs auf das befeuerte Felseninselchen Salango zuhalten. Das unscheinbar wirkende Eiland hat sich in den 1960er Jahren als Dorado für Archäologen entpuppt, indem es unvermutet die Reste der ältesten Siedlung der Kykladen freigab.

Wäre Salango damals schon die Insel von heute gewesen, hätten sich die neolithischen Siedler vermutlich nicht dort niedergelassen. Der Anschluss ans öffentliche Verkehrsnetz wäre katastrophal gewesen. In jenen Tagen aber war Salango noch eine Landzunge und trug zur festen Verbindung zwischen den heute getrennten Inseln Paros und Antiparos bei. Der Ort mit dem seltsam nach dem amerikanischen Wilden Westen klingenden Namen blieb über viele Jahrhunderte bewohnt. Nicht von *Yul Brynner und den glorreichen Sieben*, sondern von einfachen steinzeitlichen Bauern, Fischern und Handwerkern, die jede Menge Tonscherben hinterließen. Seit den 1960er Jahren werden sie von fleißigen und geschickten Händen in mühevoller Kleinarbeit zu Tongefäßen zusammengesetzt. Primitive kleine Skulpturen traten ebenfalls zutage, wie etwa ein auf den steinzeitlichen Kykladen sehr verbreitetes Fruchtbarkeitsidol, eine extrem fettleibige Frauengestalt mit riesigem Hinterteil. Bis zu den ansprechenderen Maßen der Aphrodite von Milos war noch einiges an Weg zurückzulegen.

Bei Salango teilt sich das Fahrwasser. Ein extrem enges Nadelöhr führt westlich zwischen der Küste von Antiparos und der Felseninsel Remmatia hindurch. Eine zweite, nicht wesentlich breitere Passage östlich von Remmatia verläuft nach Süden. Bei ruhigem Wetter und guter Sicht, heißt es im nautischen Handbuch, könne man diese Durchfahrten getrost in Angriff nehmen. Ähnlich wie in der Karibik, sollte man jedoch eine Person am Bug stehen haben, die verdächtige Farbveränderungen des Wassers unverzüglich meldet.

Nach so viel Abenteuer steht mir heute nicht der Sinn. Besonders ruhig ist das Wetter sowieso nicht, und eine Person, die ich am Bug platzieren könnte steht mir leider nicht zur Verfügung. Sylviane hat schon vor einigen Tagen auf Naxos die Fähre nach Piräus bestiegen. Also entscheide ich mich für Plan B, das heißt, die Portes zu umrunden und dann auf Südwestkurs zu gehen. Die zweite Phase des heutigen Törns mit den unterschiedlichen Passagen zwischen Milos, Kimolos und Pölyagos wird unter Umständen noch kompliziert genug. Da kann ich auf den lebensgefährlichen Slalom durch die parischen Schären gut verzichten.

Eigentlich hatte ich Ios als nächstes auf der Liste, aber allmählich wird die Zeit knapp. Ich muss schauen, dass ich West mache.

Der Meltemi spielt einigermaßen verrückt in der Bucht von Paroikia, so dass ich bis zu den Portes mit der Maschine fahre. Erst beim Felsentor setze ich die Fock und lasse die *Solskin* nach Südwesten geigen. Die Agios-Spiridonos-Inseln führen mir vor Augen, dass eine Rundfahrt durch die Ägäis einem Crashkurs in orthodoxer Hagiographie gleichkommt. Am Ende kennt man die prominentesten Heiligen der Ostkirche besser als die der römischen und nimmt unter anderem erstaunt zur Kenntnis, dass zum Beispiel Irene, die hier überall anzutreffen ist, im Westen keinerlei sakrale Prokura hat.

Jetzt noch Kavouras und Diplo abhaken, das war‘s zunächst. Die Westküste von Antiparos ist rein und problemlos. Zeit, Mr. Robertson das Steuer zu überlassen. Die Fock hält sich tapfer, aber sobald ich wieder in Piräus bin, sollte ich mir bei Antonis eine neue besorgen, zumal die von der karibischen Sonne versengte Genua auch längst jenseits von Gut und Böse ist.

Despotiko und Strongilo sind die letzten Inseln des Miniarchipels um Antiparos. Jetzt bleiben wir für eine Weile in freiem Seegebiet, lassen die Südspitze von Sifnos, der Insel mit den alten Silberminen, an Steuerbord.

Ich nutze die Muße, mein Logbuch nachzutragen. Die ganze letzte Woche habe ich mich diesbezüglich etwas gehen lassen. Schließlich ist das Logbuch ein amtliches Dokument, wichtig für den Fall einer Kollision zum Beispiel. Oder bei einem Mann-über-Bord-Manöver. Obwohl beides wenig wahrscheinlich ist. Wie an fast allen anderen Tagen herrscht kaum Verkehr auf der Ägäis. Die überwiegende Zahl der in Marinas versammelten Yachten dümpelt ungenutzt vor sich hin und muss von dienstbaren Geistern aufwändig gepflegt werden, um nicht im Nu zu verrotten. Totes Kapital, Vehikel für Geldwäsche, so sinnlose wie sündhaft teure Anschaffung gelangweilter Zeitgenossen, die solcher Statussymbole bedürfen. Gut für Yachtindustrie, Werften und Ersatzteilhändler, Makler und Handwerker, den ganzer Rattenschwanz von Leuten, die nicht auf, sondern von Yachten leben. Banken, nicht zu vergessen.

Am frühen Nachmittag stehen wir nordöstlich der Meerenge zwischen Kimolos im Nordwesten und Polyagos im Südosten. Als Ansteuerungspunkt bietet sich die Insel Agios Efstathios an, eine Namensvetterin der KZ-Insel in der Nordägäis, auf der Sylviane und ich einen Abend und eine Nacht verbrachten.

Kaum haben wir das befeuerte Inselchen erreicht, geht es im Zickzackkurs auf etwa zweihundertsechzig Grad zur Straße zwischen Milos und Kimolos Richtung Akradia-Inselgruppe. Eine gute Gelegenheit, das Großsegel zu setzen und Geschwindigkeit aufzunehmen, damit die *Solskin* noch bei Tageslicht ankommt. Aber zwei Reffs müssen sein, denn von den Höhen rollen immer wieder harte Böen wie Lawinen auf uns herab. Ungastliche Steilküsten wechseln ab mit lauschigen Buchten und weiß getünchten kleinen Ortschaften. Schade nur, dass ich allein bin und ein Großteil meiner Aufmerksamkeit der Karte widmen muss.

Bei den Akradias kann ich nach Süden abbiegen und dann ganz allmählich nach Südosten in die breite Kaldera von Milos einschwenken. Bizarre Felsformationen gleiten wie stumme Totems vorüber, Statuen gleich, die zur Warnung und Abschreckung ins Wasser gepflanzt scheinen. Hoch oben auf dem

Kamm der Caldera liegen die strahlend weißen Häuschen von Plaka wie über Nacht gefallener Pulverschnee.

Adamas, der Haupt- und Fährhafen von Milos, versteckt sich hinter einer Huk und ist daher erst spät zu sehen. Fast könnte man glauben, in die falsche Bucht eingebogen zu sein, wäre da nicht die Reihe der berühmten *Syrmata*, deren Parade ich gerade abnehme. *Syrmata* nennen die Hiesigen jene bunt bemalten hölzernen Fischerhäuschen, die direkt an der Wasserlinie stehen und so gebaut sind, dass ihr Parterre im Winter als Bootsgarage dienen kann. Eines von mehreren Alleinstellungsmerkmalen der Insel. Jedenfalls habe ich dergleichen Häuserreihen nirgendwo sonst in der Ägäis gesehen.

Im rötlich schimmernden Licht der bereits tief stehenden Sonne berge ich die Segel und bereite den Anleger vor. Die Luft ist rein, keine ein- oder auslaufende Fähre zu sehen. Bei einer mitternächtlichen Ankunft vor Jahren musste ich geschlagene neunzig Minuten warten, bis nicht weniger als drei aufeinanderfolgende Fähren ihre Manöver beendet und den Hafen verlassen hatten. So dicht, wie man hier am Fährkai liegt, bleibt wenig Spielraum.

Im Augenblick ist weit und breit kein Schiff zu sehen. Ich lasse den Anker fallen und klemme die *Solskin* zwischen zwei stattliche *Beneteaus*, deren Besitzer, vom Rasseln meiner Kette alarmiert, das Abendessen stehengelassen haben und mich beim Manövrieren misstrauisch beäugen. Schließlich nicken sie mir anerkennend zu und machen meine Heckleinen fest, bevor sie wie Erdmännchen wieder unter Deck verschwinden.

Ein langer Tag geht zu Ende. Das Fehlen einer Biminiplane hat mir wieder einmal Sonne satt beschert, die Hitze meinen Körper ausgelaugt. Jetzt muss ich erst einmal Flüssigkeit zu mir nehmen, bis die Tanks wieder gefüllt sind. Zwar fasse ich beim Start jedes Mal den festen Vorsatz, ausreichend Wasser zu trinken, verschwitze ihn aber regelmäßig, weil es unterwegs andauernd etwas zu tun gibt.

Der Aufenthalt in Paroikia war entspannend. Viel besichtigen musste ich nicht, da ich das meiste von früher kenne. Stadtmauer, Burgberg und Basilika bleiben noch eine Weile so wie sie sind. Wenn es eine thematische Verbindung zwischen Paros und Milos gibt, dann die des Gesteins, das über die Jahrhunderte beiden Inseln ansehnliche Einnahmen und Wohlstand sicherte: schneeweißer Marmor auf Paros und pechschwarzer Obsidian auf Milos.

Eines der berühmtesten aus parischem Marmor hergestellten Werke wurde hier auf Milos gefunden: die *Venus*, oder besser *Aphrodite von Milos*.

Die rund zwei Meter hohe, aus zwei miteinander verbundenen Blöcken bestehende, etwa eine Tonne wiegende Statue stellt die Göttin der Liebe dar, dass darf als gesichert gelten. Alles andere sind historische Näherungswerte. Angefangen bei ihrem ursprünglichen Aussehen. Da ihre Arme bis heute nicht gefunden wurden, weiß man nicht, ob sie etwas in den Händen hielt und wenn ja, was. Bei ihrer Ankunft im Louvre 1821 hatte man die Arme zunächst einsetzen wollen. Davon kam man glücklicherweise wieder ab und beschränkte die kosmetischen Reparaturen auf ein Stückchen Nase, die Oberlippe und den großen Zeh des linken Fußes.

Wann genau die Statue entstand und wer sie fertigte, ist auch nicht überliefert. Die eleganten Körperverwindungen und der eindrucksvolle Faltenwurf des Chitons legen jedoch nahe, dass hier kein Anfänger am Werke war. Deshalb geht man auch in Analogie zu vergleichbaren Kunstwerken wie die *Venus von Arles* davon aus, dass die melische Statue die Arbeit eines kleinasiatischen Künstlers aus dem dritten oder zweiten Jahrhundert v. Chr. ist.

Die Darstellung weiblicher Reize konnte bizarre Wirkung auf Männer zeitigen. Die im Gegensatz zur Aphrodite gänzlich nackte *Venus von Knidos* des Bildhauers Praxiteles etwa war von solch unwiderstehlicher Schönheit, dass sich ein offenbar gestörter junger Mann sexuell an ihr vergangen haben soll. Seitdem prangt auf der Statue aus Lychnitis ein ominöser Fleck, der sich dank der besonderen Körnigkeit des parischen Marmors mit herkömmlichen Mitteln nicht entfernen lässt. Eine Aufgabe für den Tatortreiniger.

Auch der zyprische König Pygmalion soll sich in eine von ihm selbst aus Elfenbein gefertigte Frauenstatue verliebt haben. Galatea, wie man sie später nannte, trat als Blumenverkäuferin Eliza Doolittle modernisiert in G. B. Shaws Komödie *Pygmalion* ihren Siegeszug auf den Bühnen der Welt an.

Zum Zeitpunkt des Fundes der melischen Aphrodite, kurz vor dem Ausbruch des griechischen Befreiungskrieges, gehörte Milos noch zum osmanischen Reich. So war die Statue drauf und dran, nach Istanbul verschifft zu werden und, wie andere Statuen vor und nach ihr, unterwegs spurlos zu verschwinden. Aufgrund der beherzten Intervention des französischen Botschafters bei der Hohen Pforte gelangte die *Venus von Milo* jedoch in den Louvre. Entdeckt wurde die Statue nicht unten, in der Hafengegend von Adamas, sondern oben bei Plaka, dem nichtssagenden Hauptort. Dessen Hauptfunktion bestand darin, den Bewohnern der Insel bei Piratenangriffen als Refugium zu dienen.

Verglichen mit dem tagtäglichen Auftrieb ihrer vulkanischen Schwester Santorin, ist das Leben auf Milos erfreulich unaufgeregt. Was auch damit zu tun haben mag, dass der letzte Vulkanausbruch der Insel aus einer Zeit datiert, wo hier noch Dinosaurier frei herumliefen. Ganz so erloschen wie es scheint, ist das Feuer des Vulkans freilich nicht. Viele heiße Quellen und Fumarole an Land und unter Wasser lassen Milos wie ein kleines Island erscheinen.

Die Lavaströme dürften seinerzeit hier schneller erkaltet sein als auf Santorin. Das hat unter anderem zur Bildung des glasartigen Obsidian-Gesteins geführt, dem vor der Bronzezeit als Material zur Herstellung von Werkzeugen und Waffen ein sehr hoher Handelswert eignete. Allein in den Resten der neolithischen Siedlung von Salango bei Paros fand man Hunderte solcher Stücke schwarzen Goldes, die als Pfeilspitzen, Messerklingen oder auch als Schmuck Verwendung fanden.

Milos war nicht der einzige Ort Europas, an dem Obsidian abgebaut wurde. Auf Sizilien, Sardinien und der einen oder anderen Äolischen Insel existierte er im Überfluss. Dennoch reichte das Vorkommen auf Milos aus, der Bevölkerung für lange Zeit sichere Einkünfte zu gewährleisten. Erst mit dem Siegeszug der Kupfer-Zinn-Legierung Bronze hatte der Waffen-Obsidian weitgehend ausgedient.

Die Taverne an der Ecke serviert ausgezeichnete *Keftedakia*, kleine Fleischbällchen mit Fetakern in Tomatensauce. Der örtliche Rotwein ist bescheiden, doch der Durst zwingt's runter. Erschöpft aber zufrieden strecke ich die Beine von mir und lasse mich von der gut gemeinten Bouzouki-Musik einlullen. Das war ein langer Tag, fast am Ende eines noch längeren Törns und ich bin seit dem Start im Mai auch nicht jünger geworden. Noch ein halbes Hundert Meilen nach Norden, Richtung Kea, vermutlich mit Maschine, das packt die betagte *Solskin* locker. Leichter wäre es, mit Halbwind nach Westen abzulaufen, wo Hydra und die südliche Peloponnes in etwa genauso weit entfernt sind wie Kea im Norden.

Ihre vorgeschobene Position im Gürtel der westlichen Kykladen und ihre daraus resultierende Nähe zur Peloponnes wurden Milos im fünften vorchristlichen Jahrhundert zum Verhängnis.

## Um Kopf und Kragen

Viel hat Plaka, der Hauptort von Milos, weiß Gott nicht zu bieten, insofern passt der etwas lieblose Name, den Plaka mit zig anderen Inselhauptstädten teilt. Irgendwie merkt man solchen Siedlungen die ursprüngliche Zufluchtstätte immer noch an. Es ist, als blieben sie auf ewig Provisorien. Immerhin gewährt die privilegierte Lage auf dem Kamm der Kaldera an vielen Stellen einen atemberaubenden Rundblick auf die Insel und ihre natürliche Hafenbucht, die Milos während des Zweiten Weltkrieges als Sprungbrett nach Kreta für Deutsche wie Alliierte zur heiß begehrten Beute machte. An guten Tagen kann man von Plaka aus sogar die Umrisse von Hydra und von der Peloponnes sehen. Die von Piräus hingegen eher nicht.

Aus den Augen, aus dem Sinn? Nicht für das eifersüchtige Athen. Während einer kurzen Kampfpause mitten im Verlauf des Peloponnesischen Krieges muss der prüfende Blick des Athener Oberbefehlshabers auf eine primitive Karte der Ägäis gefallen sein. Die meisten darauf verzeichneten Inseln waren als Mitglied des Attischen Seebundes rot eingefärbt. Nur Milos, eine frühere Kolonie der Spartaner, war weiß. Die Insel hatte einmal zum Seebund gehört, sich dann aber losgesagt und für neutral erklärt. So hoffte sie, sich mit Unterstützung ihrer ehemaligen Kolonialherrin Sparta ohne lästige Tributzahlungen aus der Affäre ziehen zu können.

Erstaunlich lange hatte Athen das hingenommen. So wichtig war Milos strategisch gesehen auch nicht, dass man unverzüglich hätten einschreiten müssen. Jetzt, da schon fünfzehn Jahre verstrichen waren und Athen hohe Verluste an Menschen, Material und Finanzen erlitten hatte, suchte man nach bislang ungenutzten Reserven. Ein Athener Flottenverband mit rund dreitausend Bewaffneten machte sich auf den Weg nach Süden.

Die dann folgenden Ereignisse sind Gegenstand einer stilisierten Darstellung des wichtigsten Chronisten des Peloponnesischen Krieges. Thukydides diente selbst als freilich wenig erfolgreicher Athener General in diesem Krieg, der peloponnesisch heißt, obwohl er so gut wie überall ausgefochten wurde, nur nicht auf der Peloponnes. Aber Stadtstaaten und Gebiete auf der Halbinsel bildeten nun einmal den hauptsächlichen Streitgegenstand zwischen Athen und Sparta. Thukydides machte seine Aufzeichnungen, während der Krieg noch im Gang war. Leider bricht er seine Berichte vor dessen Ende ab, obwohl er den Krieg überlebte. Im Gegensatz zu seinem älteren Vorbild Herodot, mit dem er als Begründer der Geschichtsschreibung in einem Atemzug genannt wird, hinterfragt Thukydides die Handlungsweise seiner Protagonisten, der führenden Feldherren der Zeit. Er interessiert sich für Hintergründe und politische Motive ebenso wie für die militärisch-strategischen Schachzüge und gewährt uns auf diese Weise Einblick in die Zusammenhänge. Massaker beschönigt er nicht, sondern schildert sie als das, was sie waren: grausame, blutrünstige Gemetzel. Wo immer er sich der strikten Neutralität des Historikers bedient, gewinnt er an Unmittelbarkeit und Eindringlichkeit. So liest er sich moderner als Herodot.

In den Mittelpunkt seines Milos-Berichtes stellt Thukydides ein Zwiegespräch, das in dieser Form wohl nie stattfand. Gleichwohl wurde der *melische Dialog* dank seines paradigmatischen Charakters zu einem der berühmtesten Kapitel abendländischer Geschichtsschreibung.

Die Ausgangslage als Anlass und Hintergrund war den damaligen Lesern gewärtig. Athen will Milos einnehmen und die Insel endlich dem Attischen Seebund angliedern. Gewaltlos, wenn möglich. Belagerungen waren zeitraubend und banden Kräfte, die an anderer Stelle fehlten. Nur deshalb ließ man sich überhaupt auf den Dialog mit den militärisch à prori weit unterlegenen Insulanern ein. Unklar ist zunächst die Motivlage. Die strategische Bedeutung von Milos war in der Zwischenzeit nicht gewachsen, und viel zu holen war hier auch nicht. Gestiegen aber war der Unmut der Athener. Deren Freund-Feind-Denken ließ Neutralität nicht zu – *tertium non datur*, entweder oder, werden die Römer das später in eine ihrer bewundernswert konzisen Sentenzen kleiden.

Mit anderen Worten, es ging in der Causa von Milos ums Prinzip. Athen war so wenig gewillt, weiße Flecken auf der Landkarte zu belassen wie das organisierte Verbrechen lose Enden, sprich lästige Zeugen duldet. Würde man den Meliern ihren Willen lassen, so könnten sich andere Inseln ermutigt fühlen, ebenfalls gegen den Stachel zu löcken.

Die Melier lassen die Athener Abgesandten nicht in die Stadt, sondern empfangen sie an der Ringmauer. Ein Affront, über dessen Grund man nur mutmaßen kann, da Thukydides sich diesbezüglich ausschweigt. Offenbar sind die melischen Notablen nicht daran interessiert, den Athenern Gelegenheit zu bieten, die Verteidigungsbereitschaft ihrer Bevölkerung durch überzeugende Argumente und verlockende Angebote zu schwächen. Ein erster Fleck auf ihrer vorgeblich weißen Weste argloser Gutgläubigkeit.

Der sich nun entfaltende Dialog beschreibt die gedankliche Grauzone, in der Staatsraison und machtpolitisches Kalkül die Prinzipien antiken Rechts- und Demokratieverständnisses als naive Illusionen entlarven. Das begründet seine Zeitlosigkeit.

Das Verlangen der Athener, ihnen Milos bedingungslos auszuliefern, empfinden die Vertreter der melischen Oligarchen nachvollziehbar als himmelschreiende Unbilligkeit. Sicherlich hätten sie, die Melier, den zahlenmäßig überlegenen und kampferprobten Athener Truppen wenig entgegenzusetzen. Doch das ändere nichts an der Tatsache, dass deren bevorstehender Übergriff ohne rechtliche Handhabe erfolge.

Mag sein, entgegneten die Athener. Aber was bitte ist Recht ohne Macht? Recht, das sich nicht durchsetzen lässt, ist ein Nichts. *Der Stärkere*, belehren sie die Melier, *tue was er könne, der Schwächere ertrage, was er müsse.* In diese eingängige Formel kleidet Thukydides das Wesen dessen, was uns als Realpolitik vertraut ist.

Unlängst hatten die Athener selbst in der Situation der Melier gesteckt. Ein zahlenmäßig überlegenes persisches Heer forderte von den griechischen Inseln und Stadtstaaten Wasser und Erde als Zeichen der Unterwerfung. Mit welchem Recht? Dem des Stärkeren. Das hatte den Athenern zur Lehre gereicht.

Wenn sich die Melier nicht auf das Recht berufen konnten, blieb ihnen nur das Prinzip Hoffnung. Wie Wellington in Waterloo auf die rechtzeitige Ankunft der Preußen, setzen die Melier auf Entsetzung durch die Spartaner.

*Hoffnung in allen Ehren*, belehren sie daraufhin zynisch die Athener, *sie ist wohl eine willkommene Trösterin in der Gefahr, doch leider von Natur aus blind für die Wirklichkeit.* Und die besteht in diesem Falle vor allem im berechtigten Kalkül der Athener, dass Sparta einen Teufel tun würde, seine Truppen zu gefährden, nur um dieser unbedeutenden ehemaligen Kolonie zu Hilfe zu eilen.

Die Melier lassen sich immer noch nicht überzeugen und suchen Zuflucht bei den Göttern. Der Olymp werde niemals zulassen, dass ihnen derartiges Unrecht widerfahre. Außerdem müsste den Athenern doch selbst daran gelegen sein, gute Beziehungen zu allen Inselbevölkerungen zu unterhalten, statt deren Hass auf sich zu laden.

*Im Gegenteil*, klären die Athener sie auf. *Deren Hass diene ihnen als Beweis ihrer Macht und sei ihnen insofern höchst willkommen.* Macht, so wird George Orwell das einmal formulieren, realisiert sich nicht abstrakt, sondern in ihrer rücksichtslosen Ausübung. Hass quittiert und bestätigt sie.

Den Meliern gehen schließlich die Argumente aus. Nachgeben wollen sie dennoch nicht. Also bleibt den abziehenden Athener Gesandten nur, ihren Heerführern zu berichten und die Belagerung vorzubereiten. Wer nicht hören will, muss fühlen. Zwar gelingen den Meliern einige verzweifelte Ausfälle, aber nachhaltig sprengen können sie den Belagerungsring nicht. Und das Warten auf Sparta erwies sich als vergeblich.

Als Hunger und Resignation mehr und mehr Opfer fordern, fallen Stadt und Insel den Athenern in den Schoß. Es folgt die angekündigte Strafe. Alle männlichen wehrfähigen Einwohner werden getötet, Frauen und Kinder versklavt und das Land an Kleruchen verteilt. Wer dem Massaker entkommt, darf auf den Ausgang des Krieges hoffen. Am Ende trügt die blinde Hoffnung nämlich nicht. Für Athen resultiert die rund dreißigjährige mörderische Auseinandersetzung in einer vernichtenden Niederlage.

Der große Tragödiendichter Euripides hat mit seinem etwa zur gleichen Zeit verfassten Stück *Die Troerinnen* eine Art dramatischen Kommentar zu den Lehrsätzen des melischen Dialogs geliefert. Immer wieder spielte der schon in der Antike auch in den Reden großer Rhetoren eine herausragende Rolle und wird bis auf den heutigen Tag häufig dann bemüht, wenn es im öffentlichen Diskurs um Begriffe wie Staatsraison, Recht ohne Macht oder Realpolitik geht.

*20. Juli.* „Soll ich auf dich warten?" Der Taxifahrer schaltet sein Autoradio etwas leiser und blickt mich fragend an. Danke, nein. „Aber abholen kannst du mich, in etwa vier Stunden." Er blickt auf seine Uhr. „Könnte sich mit der Ankunft der Fähre überschneiden. Ich geb' dir meine Karte, Handy hast du ja ..." Spricht's, schlägt die Beifahrertür von innen zu und fährt mit quietschenden Reifen davon.

Nachdem er in der nächsten Kurve verschwunden ist, stehe ich mutterseelenallein beim Weiler Stavroudaki, im südöstlichen Teil der Insel Kea, und bereite mich auf einen langen Abstieg zum Meer vor. Nach dem lauten Gedudel aus dem Radio hat diese plötzliche Stille und Leere etwas Bedrückendes. Dort unten, in etwa zwei Kilometer Entfernung, warten die Ruinen des alten Karthäa, eine der am bezauberndsten gelegenen Ausgrabungsstätten der Ägäis. Vor Jahren war ich schon einmal dort unten und weiß, dass der Aufstieg zurück mörderisch ist. Doch es hilft nichts, ich muss diesen magischen Ort wiedersehen.

Die Fahrt von Adamas, Milos, bis herauf in den Norden von Kea war unangenehm holprig für die *Solskin* und mich. Der unablässig harte Nordwind machte das Vorwärtskommen unter Maschine gegen Wind und Welle so mühsam, dass ich beschloss, trotz meiner relativen Zeitnot eine Pause einzulegen. So verbrachte ich die Nacht in der Bucht von Megalo Livadi, Serifos, wie in einem Freilichtmuseum aus den Tagen der hiesigen Eisenerzförderung. Überall in diesem ägäischen Kiruna gemahnen rostige Kräne, ausgepumpte Kompressorenleichen und durchlöcherte Förderwagen an bessere Zeiten. Nicht sehr lauschig, hier vor Anker zu liegen, aber sicher wie in Abrahams Schoß, jedenfalls bei Nordwindlage.

Am Tage darauf stampften wir beiden weiter, immer gegenan, Meter für Meter die Westküsten von Kythnos und Kea entlang, bis endlich der weiße kleine Leuchtturm auf dem Kap Agios Nikolaos auftauchte und der scharfe Geruch von Liebstöckel in die Nase stieg. Geschafft! Willkommen im *Maggi Kochstudio*!

Wozu der ganze Umstand des Hochbolzens nach Kea? Nennen wir es Traditionsbewusstsein. Als ich in den 1980er Jahren meine ersten Ausflüge in die Ägäis machte, legte ich, von Piräus kommend, hier auf Kea den ersten Halt ein. Dann hatte ich den schier endlosen Saronischen Golf hinter mir und durfte mich im Gefühl sonnen, nach knapp fünfzig Seemeilen in den Kykladen zu sein. Mit anderen Worten, Kea ist mir ans Herz gewachsen. Deshalb finde ich es passend, meine diesjährige Rundreise hier enden zu lassen. Sicher, ich muss dann noch zurück bis zum Piräus, aber das ist schon mehr ein Epilog.

Der Weg durch die Schlucht hinab zum Meer ist nicht sehr deutlich ausgeschildert. Muss auch nicht sein. Wer sich die Mühe macht, bis hierher zu laufen oder zu fahren, weiß schon, wo's langgeht. Verirren kann sich eigentlich auch keiner, solange er auf dem Pfad bleibt. Dann und wann stolpere ich die hölzernen Stufen wackliger Treppen hinunter, anschließend wieder über Stock und Stein, wie in einem ausgetrockneten, von hohem Schilf umstandenen Flussbett.

Die Bucht von Agios Nikolaos ist einer der sichersten Naturhäfen der gesamten Ägäis, wenngleich der Meltemi während der Saison schon mal die Ankerketten der Yachten durcheinanderwirbeln kann. Ein doppelter Naturhafen obendrein. Nach Süden hin erstreckt sich Livadi mit seinem Fähranleger, einigen Fischerbooten und, soweit Platz vorhanden, Yachten in Reih und Glied.

Gutes Stichwort. Einige der Obristen der Militärjunta waren hier in Livadi mehrere Wochen lang inhaftiert, bevor man sie in ein Athener Gefängnis überführte. Sicher nur Einbildung, aber jedes Mal, wenn ich nach Kea komme, erscheint es mir, als ringe Livadi immer noch mit dem dumpfen Erbe der Militärdiktatur.

Geradeaus geht es in die Bucht von Vourkari mit Korissia, der kleinen Ortschaft, die seit dem Altertum den Hafen für die oben auf dem Berg gelegene Hauptstadt Ioulis abgibt. Hier finden sich die meisten Yachten ein und gehen entweder an den

Kai, der von einer Doppelreihe kleiner Restaurants und dem einen oder anderen Laden gesäumt wird oder werfen in der Bucht auf wenigen Metern Wassertiefe Anker.

Wenigen Crews wird bewusst sein, dass sich jenseits des kleinen Kirchleins der Heiligen Irene am gegenüberliegenden Ufer der Bucht eine frühsteinzeitliche Siedlung befindet. In den 1960er Jahren wurde sie von dem Deutschen Welker entdeckt und von Amerikanern aus Massachusetts, die die Schürfrechte erworben hatten, behutsam ausgegraben. Das Gelände gehörte damals einer Gesellschaft, die Dampfschiffe auf dem Weg nach Istanbul oder Piräus mit Kohle versorgte. Sie zeigte sich aufgeschlossen und stellte die inzwischen verschwundenen Kohlemagazine unweit des Leuchtturms als Lagerräume für die Funde zur Verfügung.

Die vier Städte Keas waren weit über die Insel verstreut. Vielleicht ist das der Hauptgrund, warum sie sich nie zu einer jener T*etrapolis* zusammenschlossen, wie sie sich auf Ägina oder Kefalonia bewährt hatten. Alle vier Städte auf Kea blieben ohne Tuchfühlung, wie verfeindete Verwandte. Sie konnten es sich offenbar leisten, waren wohlhabend genug, ihre eigenen Münzen zu prägen. Unterschiedliche Tiermotive repräsentierten die Orte: die Biene stand für Koressia, der Tintenfisch für Ioulis, der Delphin für Karthäa und die Eule für Poiessa.

Ob es hier Schlangen gibt? Ich bemühe mich, auf dem letzten Stück des einsamen Weges nach unten möglichst hart aufzutreten, um Giftschlangen wie die Hornviper rechtzeitig zu verjagen. Sollen ja vibrationsempfindlich sein. Der Biss einer Hornviper oder einer Kreuzotter ist für gesunde Erwachsene nicht tödlich. Unangenehm allemal, weil stark entzündungsgeneigt, wie übrigens auch der Biss ungiftiger Schlangen. Wenn man dann auch noch den ganzen Hang hinaufkraxeln muss, um Hilfe zu holen, kann der angegriffene Kreislauf eines älteren Menschen schon mal zusammenbrechen. Vielleicht sollte ich ein Liedchen anstimmen. Hören Schlangen gut? Kobras scheinen doch Sinn für Musik zu haben. Oder sie sind doch stocktaub und lassen nur die Bewegung der Flöte nicht aus den Augen.

Vier Städte auf einer Insel überschaubarer Größe wie Kea, das klingt nach Übervölkerung. Sicher, in den Tälern und Schluchten sprießt noch heute zum Teil üppiges Grün, und auf den Terrassen wogten früher vermutlich die prallen gelben Getreideähren im Wind. Trotzdem, die natürlichen Ressourcen waren knapp. Darauf deutet der seltsame, nur auf Kea anzutreffende Brauch des sozialindizierten Suizids.

Damit die Nahrung für alle reichte und es nicht zu blutigen Verteilungskämpfen kam, gingen die Alten auf Kea vielfach freiwillig in den Tod – heißt es. Entweder sie leerten einen Schierlingsbecher oder sie stürzten sich von einer Klippe. Angeblich freiwillig, nicht in Einhaltung irgendeines unmenschlichen Gesetzes, wie etwa auf Sardinien in alter Zeit. Ein gewisser sozialer Druck dürfte aber schon ausgeübt worden sein. Und sei es nur das klassische Mobbing-Instrumentarium: Getuschel, schiefe Blicke, versehentliches Anrempeln oder anzügliche Bemerkungen.

Ich bin angekommen. Immer noch mutterseelenallein, aber auch ohne Begegnung mit Schlangen. Der Ausblick von der Tempelterrasse oder was noch von ihr übrig ist, lässt sich nur schwer beschreiben. Der Meeresboden der Ägäis ist in byzantinischer Zeit spürbar abgesunken, und die stetig anrollende See hat Teile des Geländes unterspült. Trotzdem kann man sich noch eine ganz gute Vorstellung vom alten Karthäa machen, das übrigens als einzige der vier Städte Keas nach Osten blickte.

Fast alle Ortschaften und Häuser sind nach Westen ausgerichtet, schauen erwartungsfroh nach Attika und Athen. Den anderen Kykladen im Osten und Süden zeigen sie die kalte Schulter. Dafür übte die Meerenge des Kafireas im Norden dank des intensiven Schiffsverkehrs eine umso größere Anziehungskraft aus. Viele Athener haben auf Kea ihre Sommerresidenzen errichtet, andere sind gerade dabei. Kaum eine Fähre, die nicht Massen von Baumaterial beim Anleger von Livadi ausspuckt. Schwere, schwankende LKW rollen über die ächzende metallene Rampe und verschwinden im Innere der Insel. Immer wieder trifft man unterwegs auf abenteuerlich überladene Gefährte mit Brettern, Ziegeln oder Marmorplatten. Von See aus betrachtet, wirken viele der halbfertigen, skelettartigen Bauten schon wieder wie Ruinen. So ist auch hier das unvermeidbare Ende schon im Anfang angelegt, ganz wie im Epos oder in der wesensverwandten Tragödie.

Der Name Karthäa soll phönizischen Ursprungs sein und Stadt bedeuten. Von urbaner Atmosphäre ist in dem Flecken nichts zu spüren. Die übernatürliche Stille wird vom Plätschern der Wellen und vom Rauschen des Meeres untermalt. Kein Vogelzwitschern, selbst die gefiederten Freunde scheinen bereit, die magische Stimmung zu respektieren. Man kann an einem der magischsten Orte der Ägäis reglos sitzen und dem Flüstern der Jahrtausende lauschen oder die Odyssee anstimmen. Nichts, was Karthäas Mauerreste nicht schon gehört hätten.

Die Abfassung einer irgendwie passenden *Ode an die Stille* wäre eine leichte Aufgabe für Simonides gewesen, einen kanonischen Dichter des sechsten oder fünften Jahrhuderts v. Chr. Er kam zwar nicht von Karthäa, sondern aus Ioulis. Sonst weiß man nicht sehr viel, weder über ihn selbst noch über seine Poesie. Außer, dass er einer der ersten griechischen Dichter gewesen sein dürfte, die ihre Dienste gegen Bezahlung anboten: Bares für Gereimtes. Und dass seine Spezialität im Schreiben einprägsamer Epigramme und einfühlsamer Nachrufe bestand. Ob er tatsächlich jene berühmten Zeilen auf der Stele bei den Thermopylen zum Lob der dreihundert spartanischen Kämpfer um Leonidas verfasst hat, ist allerdings nicht gesichert:

> *Wanderer, kommst du nach Sparta, verkünde dort, du habest uns hier liegen gesehen wie das Wort es befahl.*

Wort und Gesetz waren im damaligen Rechtsempfinden und Sprachgebrauch identisch. Seitdem hat sich vor allem die Politik um die fein säuberliche Trennung der beiden verdient gemacht.

Mir galt Simonides stets als eine Art Schutzpatron meines früheren Berufsstandes. Soll er doch die mnemotische Technik der *Paläste der Erinnerung* erfunden haben. Darunter versteht man die Technik subjektiver Verbildlichung von Begriffen, Konzepten oder Zahlen, die man über einen kürzeren oder längeren Zeitraum im Gedächtnis behalten möchte – oder muss. Man ordnet solche Memorabilia in seiner bildhaften Vorstellung dem imaginären Mobiliar eines Palastes zu. Jede Datei hat ihr eigenes Zimmer. Bei Bedarf und auf Abruf durchläuft man die verschiedenen Räume und konvertiert das Mobiliar wieder in Begriffe, Namen oder Zahlen.

Ob Homer eine derartige Technik bereits kannte oder gar benutzte, ist nicht überliefert. Dass die Gedächtniskultur zumal vor der Herausbildung einer griechischen Schrift sehr hoch entwickelt gewesen sein muss, lässt sich nachvollziehen. Der mündliche Vortrag ganzer Epen, und sei es auch über mehrere Tage, käme einer Gedächtnisleistung gleich, derer in unserer Zeit nur wenige professionelle Schauspieler fähig sein dürften.

Der exzentrische Heinrich Schliemann verlangte bekanntlich von den griechischen Bewerberinnen um die freie Stelle der Frau an seiner Seite, dass sie die *Ilias* auswendig rezitieren konnten. Die siebzehnjährige Sofia Engastromenou soll dazu in der Lage gewesen sein und deshalb den Zuschlag erhalten haben. Ihre jugendliche Frische und ihr hübsches Äußere dürften die Entscheidung des alten Genießers zumindest nicht erschwert haben.

Halfen im erzählenden Teil der *Ilias* die Gesetze der gebundenen Sprache dem Gedächtnis auf die Sprünge, so fiel auch dieses mnemotische Element beim sogenannten Schiffskatalog weg. Das ist eine lange Liste, in der Homer alle am Kampf um Troja auf griechischer Seite beteiligten Stadtstaaten und Inseln aufzählt. Mit dem Namen des Anführers, der Flottenstärke und der Anzahl der aufgebotenen Krieger. Ob und inwieweit diese Angaben den Tatsachen entsprachen oder lediglich ein Mittel der Glaubhaftmachung darstellen, wer weiß das. Ohne Grund wird der Erzähler sein Publikum mit solchen Aufzählungen nicht gelangweilt haben wollen

Auffällig ist jedoch, dass Homer sich stets auf die Musen beruft, wo für das Gedächtnis doch eigentlich deren Mutter, die Göttin Mnemosyne zuständig war. Dieses Detail könnte uns einen aufschlussreichen Einblick in Homers Erzähltechnik gewähren. Denkbar wäre, dass er seine Vorträge weniger als Rezitationen denn als Akte beständiger Fortschreibung betrachtete, im Rahmen derer er die Texte variierte und weiterentwickelte. Nur eine solche Technik würde vom Beistand der Musen profitieren, als deren Sprachrohr Homer sich sah.

Es ist Zeit, mich von Karthäa loszureissen und den schweißtreibenden Rückweg anzutreten. Ein letzter Blick auf die Ruinen. Wer weiß, ob wir uns in diesem Leben wiedersehen. Mit dem Rollator möchte man sich diesen Fußmarsch nicht antun.

Oben angekommen, stehe ich schweißnass und ausgepumpt auf der Straße, wie ehedem Herakles am Scheideweg, und versuche verzweifelt, mit meinem Handy den Taxifahrer von Livadi zu erreichen. Das Netz ist hier etwas prekär, beschert mir nur momentane Verbindung. Ein zufällig des Weges kommender motorisierter Einheimischer wäre jetzt, an diesem einsamen Scheideweg, sehr genehm. Selbst einem Ritt auf dem harten Rücken eines Maultieres wäre ich nicht abgeneigt.

Kreuzwege im wörtlichen oder übertragenen Sinne sind beliebte emblematische Orte der Entscheidung in der griechischen Dichtung. Ödipus zum Beispiel trifft an einem Kreuzweg die falsche Entscheidung, Herakles die richtige.

Die leicht moralinsaure Fabel vom Muskelprotz Herakles am Scheideweg zwischen lasterhaftem Leben mit schnellem Erfolg oder tugendhaftem Wandel bei mühsamen Aufstiegsperspektiven stammt von dem sophistischen Rhetor Prodikos, einem weiteren berühmten Sohn der Insel Kea. Jünger als Simonides, war auch er dem Geld in inniger Liebe zugetan, muss am hiesigen Klima gelegen haben.

Der Begriff *Sophist* bezeichnet zu Prodikos' Zeiten nicht viel mehr oder weniger einen Menschen, der sich im Besitz besonderer Kenntnisse wähnt und sich nicht scheut, sie gegen Entgelt unter die Leute zu bringen. Eine Frühform des modernen Unternehmensberaters, könnte man sagen.

Prodikos, bei dem selbst Sokrates Nachhilfestunden genommen haben soll, hatte es sehr mit der Bedeutung der Worte und hier besonders mit der Abgrenzung bedeutungsgleicher Begriffe oder Homonyme wie, sagen wir *zanken* und *streiten.* Solche Doubletten versuchte Prodikos auf subjektive und insofern untaugliche Weise zu differenzieren.

Klarheit der Sprache ist ein weites Feld und oft gestellte Forderung, zum Beispiel an den Gesetzgeber. Jeder Beruf entwickelt seinen eigenen Jargon, wer wüsste das besser als Seeleute, deren Begriffsapparat aus historisch-technischen Gründen ganze Wörterbücher füllt.

Andere Berufsgruppen schaffen sich bewusst lexikalische Nischen und freimaurerhafte Kodizes, um auch sprachlich unter ihresgleichen zu bleiben.

Zu denen, die die sprachliche Unklarheit zum Prinzip erheben, gehören Politiker und Dichter. Die einen, um wie in einer russischen Matrjoschka in der These gleich diskret die Antithese zu verpacken – weiß man denn, wie die morgigen Umfrageergebnisse ausfallen? Die anderen, um durch sprachliche Mehrdeutigkeit Bilder zu evozieren, die schwer fassbaren Sinngehalt transportieren und über den vordergründigen Text hinausweisen.

Lewis Carroll, der britische Mathematiker und Nonsense-Dichter, lässt in seinem Buch *Durch den Spiegel,* einen zerbrechlichen Gevatter des Prodikos zu Worte kommen. Das sprechende Ei Humpty-Dumpty, von der unerbittlichen kindlichen Logik der Protagonistin Alice in die Enge getrieben, kann sich im Streitgespräch nur noch mit der semantischen Notbremse aus der Affäre ziehen*: Wenn ich ein Wort gebrauche, dann bedeutet es genau das, was ich will, dass es bedeutet.* So und nicht anders geht Sophismus. Das Geld hätte Sokrates besser anlegen können.

Endlich hebt jemand das Telefon ab. *Egine*, antwortet der Taxifahrer auf meine Bitte, mich in diesem gottverlorenen Bergland von Kea möglichst bald wieder abzuholen. *Egine* heißt so viel wie *gemacht*, oder, wie die Engländer sagen, *consider it done.* Mehr als *sobald ich Zeit finde, vielleicht, falls sonst nichts dazwischen kommt* sollte man dem Wort aus dem Munde eines Griechen nicht unterstellen. Ähnlich beim Italiener. Sobald der sagt, *mach' dir keinen Kopf*, ist es höchste Zeit, sich richtig Sorgen zu machen. Es geht dem Südländer um das Vermeiden des harschen Nein, das als äußerst unhöflich empfunden wird. Was kann er dafür, wenn naive Nordeuropäer jedes Wort auf die Goldwaage legen.

Ich puste noch einmal ordentlich durch. Karthäa gut und schön, aber der tägliche Weg zum nächsten Supermarkt war ein Killer für die Altvoderen.

Keine Stunde später taucht der schwarze Mercedes hinter einer Biegung auf. Der Fahrer entschuldigt sich. Musste erst ein paar Passagiere abholen und zum Fähranleger bringen. Da jeder Kilometer auf den gewundenen Straßen von Kea etwa drei oder vier normalen Kilometern gleichkommt, dauert das eben. Wer hier ungeduldig auf das Gaspedal tritt, für den stellt man früher oder später eine jener winzigen, vogelhausartigen Kapellen mit Foto und Öllämpchen auf, die überall am Rand griechischer Straßen an Verkehrsopfer erinnern. Oder, im günstigen Fall, Himmel und Herrgott für die wundersame Bewahrung vor dem Verkehrstod zu danken. Manche der Kirchlein sind so ansprechend gestaltet, dass Auto- oder Mopedfahrer in den Abgrund gerauscht sind, weil sie sich im Vorüberfahren definitiv zu lange danach umgesehen haben. So hat jeder noch so gut gemeinte Brauch seine Kehrseite.

Die Sonne steht schon irgendwo über der Akropolis. Egal, noch eine Adresse auf der Insel muss ich aufsuchen, koste es, was es wolle.

Am Stadttor von Ioulis setzt mich der Fahrer ab. Piraten oder feindliche Truppen, die im Altertum hier eindrangen, hatten ein doppeltes Problem. Das Tor ist extrem eng und ließ kaum mehr als zwei Hopliten gleichzeitig durch. Und ortsseitig knickt der Weg unmittelbar nach rechts ab. Selbst wenn man es durch das Tor geschafft hatte, stand man mit dem Rücken zur Wand und gab eine ausgezeichnete Zielscheibe für die Verteidiger ab.

Die Hitze des Tages hat nachgelassen, mein klatschnasses Hemd ist halbwegs getrocknet, und meinen Durst kann ich unterwegs an einer Quelle bei der Friedhofsmauer am Ortsausgang löschen. Der gewundene Weg führt immer am Rande einer tiefen von Bäumen und Sträuchern überwucherten Schlucht entlang. Eine kleine Gruppe Einheimischer kommt mir aus Richtung Friedhof entgegen. Die Frauen tragen Schwarz. Ein Pope, auch in Schwarz, schreitet hinterdrein und hält die Bibel wie einen Stapel lauwarmer Steinofenpizzen vor der Brust. Nach Jause sieht mir das allerdings nicht aus. Vielmehr wurde wohl eines unlängst Verstorbenen gedacht. Ich ziehe meinen Strohhut zum Gruß, trete diskret beiseite und lasse den kleinen schwarzen, schweigenden Trupp passieren.

Dann bin ich am Ziel. Durch ein leise quietschendes gusseisernes Tor geht's ein paar Stufen hinab, und ich stehe vor dem wie ein Wachhund ausgestreckten Löwen von Kea, einer aus dem Schiefergestein der Insel gefertigten Figur, vielleicht ein Probeexemplar, das später in Marmor ins Reine gehauen werden sollte. Rund sechseinhalb Meter lang, knapp drei Meter breit und eineinhalb Meter hoch.

Einzigartig in den Kykladen und der Ägäis, ist er das Wahrzeichen der Insel und mein heimlicher Talisman. Kaum ein Törn in die Ägäis, an deren Beginn ich nicht den Löwen aufgesucht hätte, um ihm den Kopf zu tätscheln und ihn mir und meinem Vorhaben gewogen zu machen. Nicht dass ich abergläubisch wäre. Aberglaube bringt Unglück.

Die Besonderheit dieses Löwen beruht auf seiner Anatomie, ebenso auf seiner Pose und seiner Mimik. Das mähnenlose Tier weist nicht die typische Körperspannung des erbarmungslosen Jägers der Savanne auf. Beim besten Willen nicht. Vielmehr liegt es so unendlich entspannt da wie eine Angorakatze, die gerade ihre Milch aufgeleckt hat und nun auf Besuch vom Sandmännchen wartet. Das Maul des Löwen ist nicht aufgerissen wie das des Leus im Vorspann der Metro-Goldwyn-Meyer Filme, sondern geschlossen. Die Lippen verziehen sich nicht gerade zum Kussmündchen, aber der Ansatz eines archaischen Lächelns ist deutlich sichtbar. Wundert mich, dass noch niemand dem Löwen Lippenstift aufgetragen hat.

Für mich ist das kein Löwe, sondern ein entfernter Verwandter der Cheshire-Katze in Lewis Carrolls *Alice in Wonderland*. Sie hockt auf einem Ast an einer Wegscheide im traumhaften Wunderland und blickt mit der unendlichen Weisheit ihrer Gattung im doppelten Sinne auf Alice herab. Auf die Frage der Kleinen, welchen der verschiedenen Pfade sie einschlagen solle, entgegnet das kluge Tier mit nachsichtigem Lächeln: *Kommt nicht unwesentlich drauf an, wo du hinwillst.* Dann verschmilzt sie diskret mit dem Hintergrund und lässt nur ihr sybillinisch-sprichwörtliches Lächeln ohne Katze zurück.

Ein wenig macht die unvollendete Statue den Eindruck des Werkstückes eines Berufsanfängers, der offensichtlich ägyptischen Vorbildern nacheiferte, es aber irgendwie nicht auf die Reihe brachte. Ursprünglich ruhte der Löwe drei Meter weiter oben auf seinem Sockel. Heftige Winterregen im Verein mit einem kleineren Erdbeben ließen ihn den Hang hinuntergleiten bis an die heutige Stelle, wo man ihn sicherheitshalber festzementierte. Ich fürchte, dass er sich trotzdem eines Tages ganz vom Hang verabschiedet und in die Schlucht hinabkullert. Auf seinem Weg nach unten wird er möglicherweise das eine oder andere Schaf überrollen und auf diese unkonventionelle Art seinem Ruf als Raubtier doch noch Ehre machen.

## Der Teich Siloah

*24. Juli.* Mine oder Torpedo? Zweieinhalb Seemeilen nordwestlich von Keas Kap Agios Nikolaou, das die *Solskin* unter Vollzeug passiert, liegt das Wrack der *Britannic* auf knapp hundert Metern Tiefe. Das Schwesterschiff der *Titanic* war kurz nach seinem Stapellauf zu Beginn des Ersten Weltkrieges requiriert, mit rotem Kreuz auf weißem Rumpf als Hospitalschiff gekennzeichnet und im Gallipoli-Feldzug eingesetzt worden. Es sollen rund sechzehntausend verwundete Soldaten auf der *Bri-*

*tannic* von den Dardanellen nach England zurückgelangt sein. Bis sie vor ziemlich genau hundert Jahren am 21. November 1916 in der Straße von Kea unter nie ganz geklärten Umständen versenkt wurde.

Die Frage, von wem oder durch was blieb über ein halbes Jahrhundert unbeantwortet, weil die Tauchtechnik sich erst langsam in solche Tiefen vortasten musste. In den 1970er Jahren kamen schließlich Sauerstoff-Helium-Gasmischungen auf, mit Hilfe derer Pioniere wie Jacques Cousteau das Wrack der *Britannic* erreichen konnten.

Nachdem der Franzose den auf seiner Steuerbordseite liegende Schiffsrumpf aufgespürt und mit einem Kleinst-U-Boot gescannt hatte, tauchten seine Männer und er mehr als sechzig Mal mit schweren, sperrigen Flaschen auf dem Rücken zur *Britannic* hinunter. Am Wrack angekommen, blieben ihnen jeweils nur etwa fünfzehn Minuten für ihre Untersuchungen, auf die sie sich oben an einem maßstabsgetreuen Modell gewissenhaft vorbereitet hatten. Nur so gelang es ihnen, im Inneren des Wracks die Übersicht zu behalten. Das Auftauchen vollzog sich in zwei Etappen. Auf halbem Weg wartete eine Dekompressionskammer, in der die Taucher mehrere Stunden eingepfercht verbringen mussten, um die tödlichen Gasblasen in ihrem Blut abzubauen. Nicht zuletzt für den damals schon nicht mehr ganz jungen Cousteau eine körperliche Leistung, die Bewunderung abringt.

Als Gäste hatte sich der Franzose Überlebende der *Britannic* an Bord seiner *Calypso* eingeladen. Unter ihnen befand sich die damals sechsundachtzigjährige schottische ehemalige Krankenschwester der *Sheila* Macbeth-Mitchell. Im Gegensatz zu ihren Schicksalsgenossen war sie der Ansicht, dass die *Britannic* nicht torpediert, sondern Opfer einer Mine geworden sei.

Und das, obwohl für die Torpedo-Theorie vor allem der Umstand zu sprechen schien, dass die Überlebenden sich darin einig waren, nicht eine, sondern zwei Detonationen gehört zu haben. Das klang nach einem Torpedofächer mit zwei Treffern.

Andererseits wurden U-Boote im Ersten Weltkrieg hauptsächlich als Minenleger eingesetzt. Da die Straße von Kea in Verlängerung des Cabo d'Oro zu den verkehrsreichsten Wasserstraßen des Mittelmeeres gehört, kam es hier zu einer ständigen Abfolge von Verminung, Räumung und neuerlicher Verminung.

Cousteau, der unter anderem den Schiffssextanten der *Britannic* als Souvenir an die Oberfläche brachte, zog aufgrund seiner eigenen Beobachtungen den Schluss, dass die *Britannic* wohl in der Tat auf eine vermutlich deutsche Mine gelaufen war Die zweite Detonation führte er auf eine Folgezündung des Kohlestaubs zurück, der in Bunker und Maschinenraum von Dampfschiffen fein verteilt hoch explosive Wolken bildete.

Ein Glück, dass die *Britannic* zum Zeitpunkt des Unglücks auf dem Weg nach Gallipoli war und deshalb noch keine Verwundeten an Bord hatte. Zu den dreißig zu beklagenden Todesopfern wäre es im Übrigen vermutlich auch nicht gekommen, wenn der Kommandant nicht vergeblich versucht hätte, das über den Bug sinkende Schiff wie einen verirrten Wal auf den Strand von Kea zu setzen. So hoben sich die riesigen, noch für Vorwärtsfahrt drehenden Schrauben der *Britannic* aus dem Wasser und wurden zu tödlichen Mahlwerken. Bereits herabgelassene und mit Schiffbrüchigen besetzte Rettungsboote gerieten in den Sog der Schrauben und wurden von ihnen zermalmt.

Wie gefährlich das Cabo d'Oro und die Straße von Kea auch im Zweiten Weltkrieg waren, zeigen weitere Wracks in Inselnähe. Etwa dasjenige des italienischen Passagierschiffes *Città die Trieste*, 1941 vom britischen U-Boot *HMS Torbay* versenkt. Oder das des französischen Truppentransporters *Burdigma,* ex *Kaiser Friedrich*, der im selben Jahr auf eine Mine lief.

Für Yachten wie die *Solskin* kann das Passieren der Meerenge zwischen den Inseln Kea und Makronisos an Tagen wie diesem auch ohne Minengefahr unruhig werden. Unabhängig von der Windrichtung, zieht an Keas Westküste eine stramme Strömung nach Norden. Wird die von einem frischen Nordwind gegen den Strich gebürstet und gesellt sich im Norden Keas noch die nach Süden setzende Strömung aus dem Cabo d'Oro hinzu, ist auf kleineren Fahrzeugen heftigste Schaukelei angesagt. Das Großsegel hätte ich besser nicht gesetzt, da der Meltemi fast achterlich einfällt. Das Segel jetzt allein bergen zu wollen, wäre mit einigem Umstand verbunden. Bis zum Südkap von Makronisos, wo der Spuk dann erfahrungsgemäß schlagartig ein Ende hat, ist es nicht weit. Also berge ich stattdessen die sinnlos flatternde Fock und lasse die *Solskin* weiter geigen. Eine Bullentalje wäre angebracht. Da sie aber auf der Hallberg nur an der gerade weit an Backbord außenbords fast die Wellen küssenden Großbaumnock platziert werden darf, lasse ich es lieber sein. Besser eine Patenthalse, als sich unter diesen Umständen weit aus dem schlingernden Boot zu lehnen.

Makronisos an Steuerbord hieß im Altertum *Helen*a, weil die legendäre Schöne mit Paris auf dem Weg von Sparta nach Troja hier Station gemacht haben soll. Der vielversprechende Name täuscht. Makronisos gehört zu den drei über die Ägäis verstreuten griechischen Teufelsinseln. Spätestens ab dem zwölften Jahrhundert v. Chr. wurde sie zum bevorzugten Rückzugsraum von Piraten, die immer wieder die attischen Küsten und umliegenden Inseln mit ihren Raubzügen und Brandschatzungen heimsuchten.

Als den Piraten endlich auch in der Ägäis das Handwerk gelegt war, begann die Karriere der Insel als Quarantänestation, Gefangenen- und Flüchtlingslager. Während der Balkankriege wurden Tausende gefangener türkischer Soldaten hier bis zum Friedensabkommen unter primitivsten Bedingungen zusammengepfercht.

Dass man mit dem Feind nicht besonders zartfühlend umging, lässt sich noch nachvollziehen. Was Makronisos jedoch zum eigentlichen Schandfleck auf der griechischen Weste macht, sind die unbeschreiblichen Qualen, die man hier eigenen Landsleuten zufügte.

Zu Beginn der zwanziger Jahre mussten ethnische Griechen der kleinasiatischen und Schwarzmeerküste in Massen ihre Heimat verlassen und wurden vom Mutterland unter anderem auf Makronisos in Erstaufnahmelagern empfangen, wie man heute sagen würde Viele der zehntausend Flüchtlinge verließen die Insel nicht mehr lebend. Willkommenskultur auf Griechisch.

Ähnlich erging es den Tausenden und Abertausenden Kommunisten und militärisch wie zivil unsicheren Kantonisten, die im Gefolge des Bürgerkrieges hierher verbracht wurden. Zum Zwecke der ideologischen Umerziehung auf Makronisos interniert, wurden sie gefoltert und häufig genug systematisch zu Tode gepeinigt. Die unvergessene Melina Merkouri sorgte in ihrer Eigenschaft als Kulturministerin dafür, dass Makronisos 2004 in Gänze zum *Denkmal der Schande* erklärt wurde. Von diesem Augenblick an durften keinerlei Veränderungen mehr an den noch vorhandenen Einrichtungen vorgenommen werden.

Endlich hat die *Solskin* die befeuerte Südspitze von Makronisos umrundet, ich kann auf Nordwestkurs gehen und die Fock wieder setzen. Wie ein heimatlicher Leuchtturm grüßt von Ferne bereits der Poseidon-Tempel von der Höhe des Kap Sounion. Die zwölf dorischen Säulen, die dem Kap zu venezianischer Zeit den Namen *Cabo Colonna* eintrugen, sind durch den Dunst nur schemenhaft zu erkennen. Beim Näherkommen wirkt der Tempel höher und schlanker als der vergleichsweise untersetzte Aphaia-Tempel auf Ägina.

Dieser optische Eindruck ist auf das ungewöhnliche Länge-zu-Breite-Verhältnis von Säulen und Tempel zurückzuführen. Anstelle der normalen Relation 1:4 oder derjenigen des Parthenon der Akropolis (1:5) weist der Poseidon-Tempel ein Verhältnis von 1:6 auf, was den Tempel optisch deutlich streckt. Ganz aus naxischem Marmor entstanden, war die Krönung des Tempels ein kolossales Standbild Poseidons aus Bronze, das leider irgendwann eingeschmolzen wurde. Wahrscheinlich zur gleichen Zeit wie die Akropolis begonnen, wurde der Tempel des Meeresgottes jedoch nie ganz vollendet, weil die Perser ihn bei ihrem Marsch auf Athen 480 v. Chr. in halbfertigem Zustand zerstörten.

Auf die Gefährlichkeit des Seegebietes um Kap Sounion weist die Anzahl und Qualität der im und beim Tempel gefundenen Votivgaben ebenso wie die symbolische Legende vom

Athener König Ägeos. Er soll sich vom Kap ins Meer gestürzt haben, als er das Schiff seines Sohnes Theseus mit schwarzen Segeln aus Kreta zurückkehren sah. Dabei hatte der Sohn in Knossos und auf Naxos nur so viel um die Ohren gehabt, dass er das vereinbarte Zeichen – weiße Segel für Leben, schwarze für Tod – glatt vergessen haben muss. Aus dem Labyrinth hatte Theseus mit Ariadnes Hilfe herausgefunden, im *Palast der Erinnerung* verlief er sich.

Schiffbrüche hat das Kap reichlich gesehen. Beileibe nicht alle wurden so kunstvoll literarisch verarbeitet wie der Untergang der *Britannia* im Jahre 1760. An Bord befand sich unter anderem der Schiffsjunge William Falconer, der miterleben musste, wie die *Britannia* im Sturm bei Kap Sounion in Seenot geriet. Obwohl die Besatzung erst die Kanonen über Bord rollte und schließlich sogar die Masten kappte, kam die *Britannia* nicht mehr von der Küste frei, trieb auf die Klippen und sank vor dem Kap.

Falconer legte seine Erinnerungen sehr viel später in einem erzählenden Gedicht nieder, das er sachlich und unspektakulär *Der Schiffbruch* betitelte. Neben der dramatischen Sprache sind die vielen Erläuterungen in Form von Fußnoten bemerkenswert, in denen der Autor seiner Leserschaft den Aufbau, das Rigg und die Funktionsweise eines Segelschiffes des 18. Jahrhunderts erläutert. So ist es als kleine nautische Enzyklopädie auch von seefahrthistorischem Interesse.

Sounion mit seinen legendären Sonnenuntergängen genießt bei vielen Yachties große Beliebtheit als erste oder letzte Station im Saronischen Golf. Aber es hat seine Tücken. Ich meide das Kap, seitdem ein Bekannter seine Yacht dort in einer stürmischen Nacht verlor. Ähnlich wie im Hafen von Hydra, waren auch hier mehrere Reihen von Booten hintereinander verankert. Als plötzlich nachts Starkwind aufkam, hielten die Anker im steil abfallenden Grund nicht und das Geschwader kam ins Treiben. Ganz dicht unter der Küste liegend, hatte sich mein Bekannter in Sicherheit gewähnt, nun aber keinerlei Chance, seine blockierte Yacht freizubekommen. So zerschellte sie auf den Klippen, ohne dass Menschen zu Schaden kamen.

Der Poseidontempel bleibt achteraus, die attische Riviera hat uns wieder. Mondäne Wohn- und Bade-Vororte Athens wie Vouliagmeni und Glyfada gleiten vorüber. Was den Gesamteindruck stört und das Herz des zurückkehrenden Seglers bedrückt, ist der gelbbraune *nefos*, die berüchtigte Wolke von Staub- und Abgaspartikeln, die schwer auf Piräus, Athen und dem nördlichen Saronischen Golf lastet. Alles Mögliche hat man versucht, sie nachhaltig zu verbannen, nichts hat wirklich gefruchtet. Athen muss mit der Wolke leben. Noch zwei Untiefen namens Myrminga (Ameise) und Agios Kosmas, auf denen, man glaubt es kaum, trotz Betonnung einige Yachten gelegentlich enden, dann ist die Einfahrt von Kalamaki Marina erreicht.

Meine Periegese auf Hellas‘ nassen Pfaden endet hier. Morgen früh kommt die *Solskin* aus dem Wasser und bezieht frühzeitig ihr Winterlager. Der August im Mittelmeer ist mir zu heiß, zu stürmisch, zu verbrannt.

Die Ägäis, meine Ägäis, ist der *Teich Siloah* unserer abendländischen Zivilisation, die uns irgendwie alle zu Griechen macht. Wir alle, Kreter wie Pleter, kehren immer wieder gern zu ihren unsicheren Gewässern und launischen Winden zurück, als hätten wir dieses kleine Meer mit seinen Archipelen der Zeit in unseren Genen wie Lachse den Flusslauf ihrer Geburt.

Was hat die Ägäis nicht schon alles erlebt, welch beschwerliche Pilgerfahrten *mancherlei Völker mit vielerlei Sprachen* mit angesehen. Wiege der Demokratie, gewiss, aber auch Hort der Tyrannei. Heimstatt legendärer Hochkulturen wie Schauplatz abscheulicher Barbarei und endlosen Chaos'. Kein Ort einfacher Bilder und wohlfeiler Lösungen, wie uns das Höhlengleichnis des Platon lehrt.

Aber bei alldem ist und bleibt Siloah ein Teich, kein Ozean. Die *Solskin* fremdelt in der drangvollen Enge dieser tückischen See. Als rechtmäßige Tochter des Okeanos drängt sie hinaus in die Welt jenseits der Pfeiler des Herakles. Dorthin, wo der Wind sich nicht wie ein ausgehungertes Raubtier von staubigen

Felshängen auf den arglosen Seefahrer stürzt, um wenig später wieder in dunstig feuchtwarmem Stupor zu erstarren. Dorthin, wo die Etesien dem Segler mit der verlässlichen Stetigkeit eines Uhrwerks wehen. Wo der tiefe, ruhige Atem des Ozeans im Takt mit dem Herzen des Seefahrers schlägt. Deshalb, im nächsten Jahr, auf nach Atlantis, in die Schöne Neue Welt jenseits des Horizonts.

# GLOSSAR

**Achterlicher Wind:** Achtern ist alles, was sich hinter dem Ruderstand befindet. Achterlicher Wind ist demgemäß Rückenwind.

**Achterstagsbrise:** Der Mast einer Yacht wird nach vorn und hinten durch zwei dicke, straff gespannte Drahtseile gestützt, die sogenannten Stage. Das Vorstag ist am Bug verankert und läuft von dort hoch zur Mastspitze oder kurz darunter. Seine zweite Funktion ist es, als Träger des Vorsegels zu dienen, heutzutage meist in Form eines Furlers, mit dessen Hilfe das Vorsegel um das Vorstag gewickelt und bei Bedarf ausgerollt wird.

Das Achterstag ist am Heck verankert und verläuft von dort zur Mastspitze. Im Gegensatz zum Vorstag ist das Achterstag regulierbar über eine direkte oder hydraulisch unterstützte Kraftübertragung. Bei Am-Wind-Kursen wird die Mastspitze leicht nach hinten gebogen, so dass das Vorsegel möglichst flach gezogen wird. Bei achterlichem Wind löst man die Spannung, damit das Vorsegel möglichst bauchig bleibt. Eine Achterstagsbrise ist ein leichter Rückenwind.

**Am Wind**: Am Wind befindet sich eine Segelyacht, wenn der Wind in möglichst spitzem Winkel schräg von vorn einfällt. Je spitzer der Winkel, desto höher läuft die Yacht am Wind. Normale Yachten schaffen nicht mehr als etwa 40 Grad. In diesem Grenzbereich verliert die Yacht natürlich an Geschwindigkeit, sie segelt ja fast schon gegen den Wind. Am Skipper zu entscheiden, was für ihn in der Situation wichtiger ist, die Höhe oder die Geschwindigkeit. Preisgegebene Höhe kann unter Umständen kaum noch wettgemacht werden.

**An die Kette legen**: Die nautische Form des dinglichen Arrests, der amtlichen Beschlagnahme einer Yacht im Hafen als hoheitlicher Akt, etwa, weil die Liegegelder nicht bezahlt wurden oder weil der Verdacht auf Drogen- oder Menschenschmuggel besteht.

**Anker auf gehen**: Seemännisch für den Anker lichten, also hochholen, damit die Yacht abfahren kann.

**Anleger:** Die Yacht im Hafen oder in einer Marina an den Kai oder Ponton legen und vertäuen. In Nordeuropa überwiegt das längsseitige Anlegen entlang dem Kai oder Ponton mit Hilfe von Vor- und Achterleinen. Zwei über Kreuz gelegte Springs sollen das seitliche Verrutsche der Yacht verhindern. Sind Kai oder Ponton besetzt, legen sich die Neuankömmlinge neben bereits vertäute Yachten in etwa ihrer eigenen Größe. Solche sogenannten Päckchen können in besonders beliebten Häfen bis zu zehn Boote umfassen, soweit es die Hafen- oder Fahrwasserbreite zulässen. Im Mittelmeer überwiegt die griechisch-römische Anlegeweise vertikal zum Kai oder Ponton. Die eintreffende Yacht dreht in gebührendem Abstand dem Kai den Rücken zu, wirft Anker und fährt rückwärts an den Kai, wo sie mit ihren Heckleinen festmacht. Diese Anlegeweise ist zwar platzsparend, aber mit zahlreichen Unsicherheitsfaktoren belastet: Seitenwind, schlechter Haltegrund, zu kurze Ankerkette usw., deshalb geht man in den meisten Marinas dazu über, den Anker durch Mooringleinen zu ersetzen. Das sind dicke Taue, deren eines Ende am Kai und das andere an einem Gewicht, z. B. einer dicken, auf dem Grund liegenden Kette befestigt ist. Die eintreffende Yacht fährt erneut rückwärts an den Kai, übernimmt die Mooringleine, belegt sie an der Bugklampe und macht die beiden Heckleinen fest. Anlegemanöver sind stets Augenblicke höchster Konzentration, da hierbei viel Schaden an der eigenen wie an anderen Yachten angerichtet werden kann. Das Geheimnis ist sorgfältige Vorbereitung und klare Aufgabenteilung.

**Anpreien**: das Anrufen eines Fahrzeugs per UKW-Sprechfunk oder auf anderem Weg, z. B. mit dem scherzhaft Flüstertüte genannten Sprachrohr.

**Aufbrummen**: So nennt man das Auffahren einer Yacht auf Klippen oder Sandbänke. Ursachen: fehlerhafte Navigation, unbekannte oder ungewöhnlich heftige Strömungen, in seltenen Fällen auch kartografische Unzulänglichkeiten.

**Backbord**: die linke Seite des Schiffes, in dessen Fahrtrichtung gesehen.

**Backskiste**: Kofferraum der Yacht links oder rechts unter den Cockpitsitzen. Hier sind meist sperrige Teile wie Dinghy, Rettungsinsel, Schwimmwesten oder nörgelnde Kinder u. ä. verstaut. Schwimmwesten gehören auf See grundsätzlich nicht unter Deck, da man sie dort im Falle eines Brandes nicht erreichen kann.

**Belegen**: eine Leine am Decksklampen festmachen. Klampen sind massive, im Deck an den Seiten verankerte Blöcke mit zwei nach außen gebogenen Hörnern. Das Ende einer Leine wird achtförmig mehrmals um die beiden Hörner geschlungen und mit einem sich selbst bekneifenden Kopfschlag arretiert.

**Besteck**: arithmetische oder zeichnerische Koppelnavigation. Im Zeitalter satellitengestützter Navigation weitgehend überflüssig, aber zur Kontrolle oder als Notbehelf praktische Alternative. Bei der zeichnerischen Lösung auf der Seekarte werden letzte sichere Position, Kurs, Geschwindigkeit und ggf. Versetzung durch Strömung oder Wind eingezeichnet und alle 30 oder 60 Minuten durch ein neues Besteck gekoppelt. Eine mit Vorsicht zu genießende Methode, die aber z. B. an Bord von getauchten U-Booten gang und gäbe ist: vgl. *Die Jagd auf Red October*. Die englische Bezeichnung *to giss* ist nicht ohne Grund mit *guesswork*, Raterei, verwandt.

**Bénéteau**: französische Bootswerft, die vor allem Charteryachten herstellt.

**Bilge**: Hohlraum im untersten Teil des Rumpfes, in dem sich alles was an Abwaser, Spritzwasser und sonstigen Flüssigkeiten wie Treibstoffüberschüsse oder Ölreste durch Undichtigkeiten aller Arten auftritt und von der Bilgepumpe oder Absaugvorrichtungen in Marinas entsorgt wird.

**Bimini**: baldachinartiger Sonnenschutz, der sich über den hinteren Teil des Cockpits einer Yacht und vor allem den Steuerstand erstreckt.

**Bug**: der vordere Teil eines Schiffes oder einer Yacht. Früher hielt man besonders scharf geschnittene Buge, wie man sie auf

Fotos alter Kriegsschiffe sieht, für schnell. Nach dem Zweiten Weltkrieg fand man heraus, dass Bugwuste zu einer besseren, treibstoffsparenden aquadynamischen Verteilung des auf den Bug treffenden Wassers führen, weshalb moderne Frachter alle mit Bugwulsten fahren.

**Bullentalje**: vgl. unter Wende.

**Catgut**: aus verschiedenen Naturdärmen hergestelltes Material, das in der Medizin zum Vernähen von Wunden Verwendung findet, weil es sich unter der Wirkung körpereigener Enzyme nach wenigen Tagen von selbst auflöst.

**Clubpennants**: kleine dreieckige Wimpel mit den Farben und Wappen des Segelklubs, dem der Eigner angehört. Sie dürfen nach dem Flaggenreglement nur auf der Backbordseite gesetzt werden. Die Steuerbordseite ist der Höflichkeitsflagge reserviert. Das ist eine kleine Ausgabe der Nationalfahne desjenigen Landes, in dessen Hoheitsgewässern sich die Yacht gerade befindet. Das Setzen von Flaggen der Nationalität von an Bord befindlichen Personen ist eine ignorante Unsitte von Chartercrews und ein eklatanter Verstoß gegen die Flaggenetiquette. An Feiertagen flaggen Schiffe gern über die Toppen, wobei die Flaggen in einer festgelegten Reihenfolge an einer langen Leine vom Bug über den/die Masttopp/s zum Heck aufgezogen werden.

**Dinghy**: das aufblasbare Beiboot einer Yacht.

**Echolot**: ist ein Instrument zur Bestimmung der Wassertiefe. Früher benutzte man Handlote, die aus einem Bleigewicht in Tropfenform an einer langen Leine bestanden. Die Leine war in regelmäßigen Abständen gekennzeichnet. Im Boden des Bleigewichtes befand sich ein mit Wachs gefülltes Loch, das durch die Anhaftungen beim Aufprall des Bleigewichtes eine Bodenprobe nach oben bringen sollte. Die Bodenbeschaffenheit – sandig, schlammig, muschelig, bewachsen usw. – gab durch einen Abgleich mit der Seekarte Aufschluss darüber, ob man sich tatsächlich am gegisste Ort befand. Das kann das moderne Echolot nicht leisten. Dafür ist es durch das Absenden eines Impulses und der Messung der Zeitspanne, die ergeht, bis dessen Echo wieder empfangen wird, schneller und präziser. Allerdings muss man zur richtigen Auswertung wissen, wo genau der Impulsgeber angebracht ist.

**Fall**: so nennt man die Leinen, mit deren Hilfe die Segel gesetzt also hochgezogen und geborgen also herabgelassen werden.

**Fener**: Leuchtturm. So heißt ein Stadtteil von Istanbul.

**Fieren**: eine Leine lockern, zum Beispiel um ein straff gespanntes Segel zu entlasten oder bauchiger zu machen.

**Fluke**: der gebogene Teil eines Ankers, mit dem er sich in den Boden eingräbt oder an Felsen verhakt.

**Fock**: das kleinere Vorsegel, mit dessen Hilfe die Segelyacht auf Kreuzkursen fährt. Die Genua ist hierfür zu bauchig. Auf mehrmastigen Segelschiffen heißt der vorderste Mast dementsprechend Fockmast.

**Fumarole**: vulkanische Dampfaustrittsstelle

**Gaffelsegel**: viereckiges Segel, das an zwei Spieren befestigt ist, unten am Baum und oben an der kleineren, manchmal gebogenen Spiere, der sogenannten Gaffel. Heute außerhalb Hollands und Englands kaum noch üblich, da schwer handhabbar und langsamer als ein dreieckiges Großsegel. Außerdem liegt der Segelschwerpunkt bei ausgebaumter Gaffel völlig außerhalb des Bootes, was zu unangenehmem Geigen führt.

**Galeasse**: eine Weiterentwicklung der geruderten Galeere. Neben Rudern besaß die Galeasse dreieckige Lateinersegel an mehreren Masten und war daher schneller, wenn auch nur begrenzt manövrierfähig.

**Genua**: eine einmastige Segelyacht wird in der Regel von zwei Segeln angetrieben, dem dreieckigen Vorsegel und dem ebenfalls dreieckigen Großsegel. Letzteres liegt in Ruhestellung gefaltet oder gerollt auf dem sogenannten Baum und wird bei Bedarf am Mast hochgezogen (gesetzt). Bis in die 50er Jahre dachte man, der Vortrieb würde in erster Linie vom Großsegel gewährleistet, das nicht nur so hieß, sondern tatsächlich viel größer war als das Vorsegel. Als man nicht zuletzt durch intensivierte Regattatätigkeit herausfand, dass in Wahrheit das

Zusammenspiel von Vor- und Großsegel die Hauptrolle spielt, schnitt man das Vorsegel allmählich immer größer und bauchiger. Ergebnis war die das Großsegel an Fläche übertreffende Genua, so genannt, weil sie bei einer Regatta in der Bucht von Genua erstmals eingesetzt worden sein soll.

**Gisen**: vgl. unter Kurs.

**GPS**: *Global Positioning System*, satellitengestütztes Navigationssystem, das laufend die wichtigsten Daten wie Position, Geschwindigkeit, Kurs usw. meldet und ggf. auch speichert. Das System braucht dazu freien, unverzerrten Empfang von mindestens drei Satelliten. Theoretisch könnten die Positionsangaben noch präziser sein, doch die Amerikaner, Eigner des Systems, behalten sich diesen Grad der Genauigkeit für militärischen Zwecke vor.

**Halber Wind**: Windeinfall ziemlich von der Seite, seemännisch: querab. Das ist die von den meisten Seglern bevorzugte Windrichtung, weil sie sowohl Groß- als auch Vorsegel voll zur Geltung bringt und somit für eine hohe Geschwindigkeit sorgt. Ziel ist es, die Yacht stets so aufrecht wie möglich zu halten, damit ein Maximum an Segelfläche vom Wind erfasst wird.

**Hallberg-Rassy**: eine renommierte Yachtmarke schwedisch-bayerischer Produktion

**Halse**: siehe Wende

**Hohe Pforte**: die Hohe Pforte ist ein Prachttor in Istanbul, durch das Gesandte an den Hof des Sultans gelangten. Im Laufe der Zeit begann das Tor für den Palast und schließlich für das osmanische Herrschaftssystem insgesamt zu stehen, ähnlich dem Elysée für den Hofstaat des französischen Präsidenten.

**Hopliten**: von griech. *oplo*, Waffe, wobei das behauchte *o* am Wortanfang durch das deutsche *h* wiedergegeben wird. Hopliten waren ursprünglich allgemein Bewaffnete; sie wurden durchBedeutungsverengung später zu einer Art Infanteristen.

**Huk**: kleineres Kap, Vorsprung in der Küstentopografie, der bei entsprechender Wetterlage ein wenig Windschutz bieten kann.

**Ikonoklast**: griechisch Bilderzerbrecher, also Bilderstürmer, der mit der bildlichen Darstellung Gottes und der Heiigen in Fehde liegt.

**Kaiki**: massive hölzerne Ausflugsboote für größere Touristengruppen, von den Türken Gülets genannt. Ihre Besegelung ist zumeist nur Dekoration.

**Katabatische Winde**: von griech. *katavazo* (herabsteigen). Topographisch ist das Mittelmeer einem riesigen, von hohen Gebirgszügen gesäumten See vergleichbar. Vor allem seine nördlichen Küsten werden deshalb von entsprechend heftigen, überfallartig auftretenden Fallwinden heimgesucht: vom Mistral im Golf von Lyon, der Bora in der Adria und vom Meltemi in der Ägäis. Die Enge der Ägäis im Verein mit der ungewöhnlichen Vielzahl hoher Inseln mit eigenem Mikroklima und schroffen Kaps, an denen die Windstärke jäh zunimmt und der Wind brüsk seine Richtung ändert, macht diesen Abschnitt des Mittelmeers segeltechnisch besonders anspruchsvoll.

**Katharsis**: Reinigung. Gibt in der Tragödientheorie eine Antwort auf die Grundsatzfrage, wieso der Zuschauer aus der Tragödie überhaupt ästhetischen Genuss zieht: wegen der reinigenden Wirkung des Endes.

**Ketsch**: Die Klassifizierung von Segelyachten nach der Art ihrer Besegelung oder ihrem Rigg ist eine Wissenschaft. Eine einmastige Segelyacht wird Sloop genannt. Hat sie zwei Masten, kommt es auf deren relative Höhe an. Ist der hintere Mast niedriger als der vordere, handelt es sich um eine Ketsch. Im umgekehrten Fall oder bei gleicher Höhe der Masten um einen Schoner. Die (sehr seltene) Yawl ist eine Sonderform der Ketsch und hat ihr Steuerruder hinter dem extrem niedrigen hinteren Mast. Der Vorteil einer Ketsch gegenüber einer Sloop liegt darin, dass die Ketsch mit niedrigeren Masten erst später reffen muss und insofern bei Starkwind schneller ist. Die variabelste Riggform besitzt der Schoner, eine karibisch-amerikanische Erfindung.

**Kette stecken**: Eine ankernde Yacht wird nicht so sehr von ihrem Anker, als vom Gewicht ihrer flexibel auf Zug reagierenden Ankerkette an Ort und Stelle gehalten. Je ungünstiger die Ankerbedingungen – Bodenbeschaffenheit, Wind, Seegang usw. – desto mehr Meter Kette muss der Skipper stecken, also ins Wasser lassen.

**Klarieren**: seemännischer Ausdruck für Ordnung an Deck schaffen, die Leinen aufrollen und verstauen usw.

**Knoten**: Maßeinheit für die Geschwindigkeit eine Schiffes, entspricht einer Seemeile pro Stunde. Knoten genannt, weil man früher zur Messung eine in regelmäßigen Abständen mit Knoten markierte Leine achtern auslaufen ließ und die innerhalb einer bestimmten Zeiteinheit durchlaufenden Knoten zählte. Heutzutage erledigen dies sogenannte Logs, die mit Hilfe kleiner, am Rumpf angebrachter Rädchen die Geschwindigkeit der Yacht messen. Da sie dem verzerrenden Einfluss der Strömung ausgesetzt sind, geben sie allerdings nur die relative Geschwindigkeit an, eben die in Relation zur Eigenbewegung des Wassers, die in Gezeitengewässern erheblich sein kann. Auskunft über die wahre Geschwindigkeit eines Schiffes geben daher allein satellitengestützte GPS-Systeme. Durch den Abgleich der beiden Daten erhält man die augenblickliche Stärke der – mitlaufenden oder entgegenkommenden – Tide.

**Kompass(rose)**: In der Seefahrt finden Magnet- und Kreiselkompass Verwendung, letzterer aufgrund der aufwändigen Technik nur auf größeren Schiffen. Scheibe und Nadel des Magnetkompasses liegen im Gegensatz zum primitiven Wanderkompass schwingungsgedämpft in einer Flüssigkeit, ähnlich der sogenannten Schütteldome, wie sie als Kinderspielzeug oder Briefbeschwerer beliebt sind. Die Einteilung der Kompassrose wurde im Laufe der Geschichte rationalisiert. Lange Zeit war es üblich, die 360 Grad des Vollkreises in 32 Striche von jeweils 11,25 Grad einzuteilen und jedem Strich einen eigenen Namen zuzuordnen, die der Rudergänger kennen musste. Die quadrantale Einteilung der Rose in vier Sektoren à 90 Grad wurde von der heute allein üblichen Unterteilung in 360 Grad abgelöst.

**Konnotation**: Neben ihrer vordergründigen Bedeutung transportieren viele Begriffe unterschwellig historische, religiöse, soziale oder anderweitig bedingten Botschaften, die oft nur

Muttersprachlern bewusst sind. Deutsche Beispiele wäre etwa Anschluss. Besonders anfällig für die Herausbildung solcher Konnotationen sind Sprachen wie Englisch oder Türkisch, die ihr Vokabular aus zwei ganz verschiedenen Quellen beziehen. Völlig bedeutungsidentische Wörter sucht die Sprache durch Eliminierung oder Differenzierung als unwirtschaftlich zu vermeiden.

**Krängung**: seemännische Bezeichnung für die Schlagseite eines Schiffes.

**Krimpender Wind**: Wind, der seine Richtung ändert. Dreht er zurück, also etwa von Ost auf Nord, ist eine Verschlechterung der Wetterlage zu erwarten.

**Kreuzen**: füher auch lavieren genannt. So hoch eine Segelyacht auch an den Wind gehen mag, direkt gegen den Wind kann sie nicht an. Will sie dennoch einen in Luv liegenden Hafen ansteuern, muss sie einen Zickzackkurs einschlagen, der es ihr ermöglicht, dergestalt auf Umwegen ans Ziel zu kommen.

**Kurs**: die Abbildung der Oberfläche einer dreidimensionalen Kugel auf einer zweidimensionalen Karte ist nicht ohne Verzerrungen möglich. Jede Anwendung muss sich diejenige Verzerrung aussuchen, die die meisten relativen Vorzüge auf sich vereinigt. Der entscheidende Vorteil der in der Seefahrt benutzten Karten Gerhard Mercators liegt in ihrer Winkeltreue. Durch sie lässt sich der Kurs als Gerade zwischen der Schiffsposition und dem Zielort leicht zeichnerisch darstellen oder absetzen und ein numerischer Wert als Winkel am Schnittpunkt zwischen dieser Geraden und einem Meridian ablesen.

**Lee**: so nennt der Seemann die dem Windabgekehrte Seite des Schiffes.

**Lenzpumpe**: anderes Wort für Bilgepumpe

**Luv**: die dem Wind zugekehrte Seite des Schiffes

**Metazentrum**: der errechenbare Schwerpunkt eines Schiffes oder einer Yacht. Je höher das Metazentrum, desto geringer die Gewichtsstabilität und umso größer die Krängungsneigung des Schiffes.

**Nenntragweite**: die theoretische Entfernung in Seemeilen, bis zu der ein Leuchtfeuer auf See sichtbar wäre, wenn der Einfluss sichtbehindernder Faktoren wie die Erdkrümmung, witterungsbedingte Sichtverhältnisse u. ä. neutralisiert werden könnten. Die Nenntragweite eines Leuchtfeuers ist in den Seekarten und darüber hinaus in nationalen Leuchtfeuerverzeichnissen zwingend anzugeben.

**Notioi**: griechische Bezeichnung für Südwinde. Auf einer griechischen Kompassrose bedeutet die Abkürzung *N* nicht Nord, sondern Süd.

**Palstek**: Seemannsknoten, mit dessen Hilfe eine nicht rutschende Schlinge geformt wird, die beim Anlegen über einen Pfahl geworfen werden kann.

**Planken**: die das hölzerne Deck eines Schiffes bildenden Bretter, vergleichbar mit denjenigen einer Theaterbühne.

**Rah**: die Segel tragende Querstange am Mast. Üblich sind vier bis sechs solche, nach oben hin kürzer und dünner werdende Querstangen pro Mast. Einige sind fest mit dem Mast verbunden, andere können hochgezogen und herabgelassen werden. Tragen alle Masten Rahen, handelt es sich um ein Vollschiff, ist der jeweils hinterste Mast mit einem Gaffelsegel versehen, um eine Bark.

**Reff**: etymologisch mit raffen verwandt. Bei plötzlich auftretendem Starkwind muss der Segler die Möglichkeit haben, schnell die Segelfläche zu verringern. Während er das Vorsegel auf einer modernen Yacht einfach ein Stück weit einrollen kann, muss der Segler das Groß auf andere Weise reffen. Die dafür vorgesehenen Reffsysteme sind vielfältig. Im einfachsten Falle wird das Groß ein wenig herabgesenkt und neu fixiert. Das ist zwei-, maximal dreimal möglich, dann muss das Groß ganz geborgen und ggf. durch ein winziges sogenanntes Trysegel ersetzt werden.

**Rigg**: so bezeichnet man die Gesamtheit aller für Segelzwecke an Bord einer Yacht oder eines Segelschiffes vorhandenen Aufbauten wie Mast, Stage, Wanten und allerlei Beschläge. Die

Kategorisierung von Segelfahrzeugen nach ihrem jeweiligen, unendlich variablen Rigg beherrscht nur der Fachmann.

**Saling**: Querstrebe zur Spreizung und Spannung der Wanten am oberen Mast. Auf Segelschiffen tragen solche Salings regelrechte Aussichtsplattformen.

**Schmetterling**: Bei achterlichem Wind gerät das Zusammenspiel von Vor- und Großsegel aus den Fugen, so dass man sich entweder für das eine oder das andere entscheiden muss. In der Regel birgt man das Großsegel und treibt mit der bauchigen Genua vor dem Wind. Oder man baumt die Genua mit einer Spiere zu einer Seite aus und dreht den Baum des Großsegels zur entgegengesetzten Seite. Gelingt das, so segelt man den sogenannten Schmetterling. Da die Yacht gleichzeitig von nachlaufenden Wellen angehoben und bewegt wird, lässt sich diese labile Segelstellung meist nicht lange durchhalten.

**Schothorn**: Einmal gehisst, werden Segel von Leinen manipuliert, die man Schoten nennt. Sie sind an einer mit Metallring verstärkten Art Öse im Segel befestigt, dem sogenannten Schothorn.

**Sch'tis**: So nennt man nordfranzösische Dialektsprecher im restlichen Frankeich vor allem wegen ihrer eingefügten Zischlaute. Im Verhältnis zu griechischen Sprechern auf anderen Inseln oder auf dem Festland zeichnen sich Kreter durch ähnliche Palatalisierungen aus.

**Schotwinsch**: vgl. Winsch

**Schwell**: Die See ist so gut wie nie ganz ruhig. Vorüberfahrende Schiffe oder schnell durchziehende kleine Tiefdruckgebiete sorgen auch bei Windstille für Wellen, die bis in den hintersten Winkel eines Hafens kriechen und auf See ein unangenehmes Schlagen der Segel verursachen können.

**Schwoj**: Eine vor Anker liegende Yacht liegt nicht völlig unbeweglich still, sondern dreht sich mit Wind und Strömung im Kreis um den eigenen Anker. Man sagt sie schwojt. Da der Schwojkreis jeder Yacht einen anderen Radius hat, muss man beim Ankerwerfen den Kreis unmittelbarer Nachbarn in Betracht ziehen.

**Seemannschaft**: Sammelbegriff für alle in der praktischen Yacht- bzw. Schiffsführung erforderlichen Kenntnisse und Fähigkeiten mit Ausnahme von besonderen Spezialisierungen, wie zum Beispiel Navigation, Funkwesen oder Maschinenkunde.

**Seemeile**: definiert als eine Bogenminute auf dem Großkreis. Großkreise sind solche Kreise, deren Mittelpunkte mit demjenigen der Erde zusammenfallen, also Äquator und beliebiger Meridian. Numerisch berechnet sich die Seemeile anhand der Formel 42.000 Kilometer (Erdumfang am Äquator) dividiert durch 360 Grad mal 69 Minuten, ergibt 1,82 Kilometer. Kurze Entfernungen werden in Zehntel-Seemeilen gemessen, die man Kabellänge nennt. Entfernungen in der Binnenschifffahrt werden in Kilometer gemessen und auf weißen viereckigen Schildern an Flussufern usw. angezeigt.

**Segeltragezahl**: Ausdruck für den Quotienten aus Segelfläche und Verdrängung, also Gewicht einer Segelyacht. Wichtiger Parameter für die konstruktive Geschwindigkeit.

**Serenissima**: alter Beiname für Venedig, die Erlauchteste, deren voller Name *Serenissima Repubblica di San Marco* war.

**Sonnenschuss**: Segelyachten sind in der Regel so konstruiert, dass sie unter Segeln am Wind fahrend stets nach Luv gieren. Ist der Rudergänger unaufmerksam, schießt die Yacht plötzlich in den Wind, alle Segel killen und alle Leinen und Beschläge klappern und schlagen, aber mehr passiert meist nicht. Genau mit dem Bug im Wind liegend, verliert die Yacht schlagartig an Fahrt. Wäre sie stattdessen leegierig, was seltener vorkommt, könnte sie kentern. Das jähe Ziehen nach Luv nennt man scherzhaft Sonnenschuss. Vollführt man ein solches Manöver absichtlich, um die Yacht abrupt abzubremsen, spricht man von Aufschiesser.

**Spill**: andere Bezeichnung für die vorn am Bug angebrachte, auf größeren Yachten elektrisch betriebene Ankerwinde, mit deren Hilfe die bis zu 100 Meter lange Ankerkette und letztlich auch der Anker wieder an Bord gehievt werden.

**Spinnaker**: das meist bunt bemalte Ballonsegel, das bei achterlichem Wind die Genua ersetzt. Vielen weniger erfahrenen

Seglern graut davor, weil beim Setzen und Bergen des Ballons einiges schiefgehen kann. Bei Regatten jedoch alternativlos.

**Stäbig**: so nennt man eine relativ schwere, auch bei heftigen Seegang noch ruhig im Wasser liegende und kurstreue Yacht. Das Gegenteil wäre eine ganz anders gebaute, leichte und nervös auf jede Welle und Winddrehung reagierende Rennyacht.

**Steuerbord**: die rechte Seite des Schiffes, in dessen Fahrtrichtung gesehen. Vor der Erfindung des zentralen Steuerruders wurde das Schiff mit einer Art an der Bordwand befestigtem Paddel gesteuert.

**Stoa**: ursprünglich die Bezeichnung einer Säulenvorhalle, einer Art Wandelgang nahe der Agora Athens. Später gab sie ihren Namen einer von Zenon von Krition gegründeten Philosophenschule. Die sehr naturverbundenen Stoiker bemühten sich, Weisheit durch innere Ausgeglichenheit und Unerschütterlichkeit zu erlangen.

**Surf**: In der Verdrängungsfahrt können Segelyachten ihre konstruktive Rumpfgeschwindigkeit aus physikalischen Gründen nicht überschreiten. Begrenzt wird sie von der Länge der Wasserlinie des Rumpfes. Deshalb wird der Rumpf moderner Yachten meist so gebaut, dass er Surfbrettern mit langen schlanken Kielen gleicht. Denn nur im Surf überwinden sie diese vorgegebene Hemmschwelle. Ältere Yachten mit rundem, bauchigem Rumpf und gemäßigtem Langkiel gelangen nur schwer ins Surfen, setzen dafür aber bei rauer See sehr viel ruhiger in die Welle ein und weisen weniger Tiefgang auf.

**Swan**: eine sehr edle finnische Yachtmarke

**Tampen**: Bezeichnung für ein kurzes Tau oder eine Leine

**Trimmen**: das richtige Verteilen von Ladung und Gewicht an Bord eines Bootes oder Schiffes. Taucht der Bug oder das Heck des Rumpfes zu tief ein, ist das Fahrzeug vertrimmt. Die Folgen sind Kurslabilität, geringere Geschwindigkeit und Kenterung in extremen Fällen.

**Tsibouki**: eine griechische Pfeifenart mit langem Stiel. Im griechischen Slang Bezeichnung für Fellatio.

**Twist**: Die Windverhältnisse am Mastfuß einer Yacht sind nicht identisch mit denjenigen nahe der Mastspitze. Beim Regulieren des Großsegels wird dem durch eine leichte Verdrehung des oberen Teils Rechnung getragen. Man kann diesen sogenannten Twist beim Betrachten der Rahen eines Segelschiffes studieren. Die obersten Rahen eines Mastes werden stets näher am Wind sein als die unteren. Sobald die oberen Rahsegel zu killen beginnen, muss der Rudergänger abfallen, damit das Schiff keinen Sonnenschuss vollzieht, der zum Mastbruch führen würde.

**Überführung**: fällt an bei fabrikneuen Yachten, die zum Eigner transportiert werden müssen, oder bei Charteryachten, die wechselweise im Mittelmeer und in der Karibik betrieben werden, oder bei Yachten, deren Eigner keine Zeit oder keine Lust haben, ihre Yacht selbst über weite, offene Seestrecken vom einen Einsatzort zum anderen zu fahren. Da Überführer meist pauschal entgolten werden, tun sie häufig alles, um sowohl Treibstoff als auch Hafengelder zu vermeiden.

**Vermuren**: ein Schiff so an zwei Anker legen, dass es sich in Tidengewässern regelmäßig um 180 Grad drehen kann, ohne sich in den eigenen Ankerketten zu verheddern. Schwieriges Manöver, im Rahmen dessen zwei Anker in einem Winkel von etwa 90 Grad am Bug ausgebracht und ihre beiden Ketten mit Hilfe einer Art drehbaren Wirbelschäkels miteinander verbunden werden. Das bloße Ausbringen zweier Anker zur besseren Haltekraft in tidenunabhängigen Gewässern nennt man Verkatten.

**Wache**: so nennt man auf Yachten die zwei, drei oder vier Stunden, die man allein oder zu zweit am Steuer oder Kartentisch verbringt.

**Wende/Halse**: Richtungsänderung einer gegen den Wind ansegelnden, sprich kreuzenden Yacht, die mit dem Bug zuerst durch den Wind geht. Fällt der Wind vor der Wende von Steuerbord ein, kommt er nach der Wende von Backbord. Geht die Yacht mit dem Heck zuerst durch den Wind, spricht man von Halse. Von Patenthalse spricht man, wenn einem unaufmerksamen Steuermann bei achterlichem Wind das Heck der Yacht ausbricht und der Baum des Großsegels mit lautem Getöse von einer Seite auf die andere schlägt und dabei gelegentlich Crewmitglieder regelrecht über Bord fegt. Um das zu verhindern, fixiert manden Großbaum meist mit einer Leine, der sogenannten Bullentalje. Die beste Hebelwirkung erzielt man bei einer Befestigung der Bullentalje am äußersten Ende oder an der Nock.des Großbaums.

**Wind-/Stromrichtung**: Windrichtungen geben an, aus welchem Sektor der Windrose der Wind kommt. Stromrichtungen bezeichnen im Gegensatz hierzu stets die Richtung, in die ein Strom oder, in der Sprache von Landratten, eine Strömung fließt bzw. setzt, wie der Seemann sagt. Südwind kommt aus dem Süden, südlich setzender Strom fließt nach Süden. Stromversetzung ist die Strecke, um die ein Schiff oder eine Yacht durch Stromeinwirkung von seiner Kurslinie abgetrieben wird.

**Wasser nehmen**: Ein Fahrzeug nimmt Wasser im Falle eines Lecks, durch das Seewasser einströmt.

**Winsch**: Die großen Segel einer Yacht lassen sich, zumal bei Wind, nicht mit Muskelkraft bedienen. Es bedarf einer Kraftübertragung, die heutzutage von der Winsch geleistet wird. Leinen wie das Fall oder die Schot werden mehrmals um einen drehbaren Metallzylinder gewickelt und arretiert. Durch das Drehen der oben auf dem Zylinder sitzenden Kurbel kann die Leine gespannt oder gelockert werden.

Reiseberichte aus Hellas 1

Michael Schnell:
Blaues Meer und hohe Berge
Unterwegs auf Kreta

151 Seiten
Zahlreiche Zeichnungen
ISBN 978-3-937108-17-9

Wandern, laufen, trekken – 23 Tage ist Michael Schnell unterwegs, allein, immer draußen in freier Natur, auch nachts. Von Kissamos im Nordwesten der Insel führt ihn ein atemberaubender Weg zwischen den Weißen Bergen und dem Libyschen Meer nach Triopetra, der Drei-Felsen-Bucht an der Südküste Kretas und von dort aus auf den höchsten Gebirgsstock der Insel, den Psiloritis. Er berichtet von seinen Zwiegesprächen mit Winden und Wettern, Bäumen und Bergen, Hunden und Hirschkäfern und von den oft erheiternden, oft auch nachdenklich stimmenden Begegnungen mit besonderen Menschen.

Michael Schnell erläuft sich die Insel bewußt als älterer Trekker. Anders als bei jungen Leuten soll ihm das Reiseabenteuer nicht Zukunft erschließen. Seine Reiseerlebnisse bringen Vergangenes zum Abschluß, weil sie längst bekannte Leit- oder auch Leidmotive des Lebens noch einmal ins Bewusstsein heben, damit ihre sinnstiftende Bedeutung für die eigene Biografie erkannt werde. Das erhöht das Identitätsgefühl und verschafft Lebenssicherheit und inneren Frieden.

Ein poetisches Reisejournal mit Zeichnungen des Autors

Reiseberichte aus Hellas 2

Agoritsa Bakodimou:
Ein Ort Anderswo
Auf der Suche nach dem
Glück des Reisens

77 Seiten

ISBN 978-3-937108-22-3

Agoritsa Bakodimous Traktat über das Reisen ist zugleich ein Urlaubsbuch und ein Buch zum ernsten Nachdenken. Die gewählten Reiseorte – Länder, Städte, Inseln, Flüsse – stehen dabei gar nicht so sehr im Vordergrund. Das Reisen wird begriffen als ein Eintauchen in das eigene Ich, als ein Prozeß der Selbsterkenntnis und der subjektiven Rekonstruktion. Indem wir reisen begeben wir uns zugleich auf die Suche nach verlorenen Teilen unseres Lebens, nach Antworten auf existentielle Fragen und nach der Entdeckung eines neuen, verborgenen Ichs.

„Ein reifes, originelles und gleichsam anregendes literarisches Zeugnis, das sich unbestritten unter jene Werke einreiht, die man immer wieder neu lesen möchte, um Aspekte zu entdecken, die einem während der ersten Lektüre auf Grund der erzählerischen Dichte möglicherweise entgangen sind."
Nikos Kounenis in der griechischen Zeitschrift I Avgi

Reiseberichte aus Hellas 3

Peter Trudgill:
In der Sfakia
Geschichte und Geschichten –
unsere Zeit im wilden Kreta

258 Seiten
ISBN 978-3-937108-25-4

Die Sfakia wird gern als das wilde Herz Kretas bezeichnet. Von dieser abgelegenen und dünn besiedelten Region im Südwesten der Insel bekommen Touristen einen ersten Eindruck, wenn sie sich zu einer Wanderung durch die Samaria-Schlucht entschließen. Peter Trudgill und seine Frau Jean Hannah besuchen die Sfakia und ihr Zentrum Chora Sfakion seit den 70er Jahren regelmäßig. Trudgills Reisebericht ist daher mehr als die nur touristische Wahrnehmung einer paradiesischen Landschaft. Unterhaltsam schreibt er über die Natur, die Landschaft, die Geschichte und die Legenden dieser Region, über die Alltagskultur, die Mentalität und die Lebensart ihrer Bewohner. Der Autor versteht es, uns in einer literarisch dichten Beschreibung die Welt und den Geist der Sfakia nahe zu bringen.

Reiseberichte aus Hellas 4

Klaus Eckhardt:
Kreta – Der Autoreiseführer
Mit dem Auto durch Kreta.
Die 25 schönsten Rundtouren
auf der Insel

206 Seiten
ISBN 978-3-937108-28-5

Kreta – Der Autoreiseführer ist der ideale Begleiter für Kreta-Urlauber mit Mietwagen, die wissen wollen, wo auf der Insel es schön und interessant ist und vor allem, wie man am besten dorthin kommt.
Der neue Autoreiseführer ist der erste Rundtouren-Führer für Kreta. Der Vorteil der 25 ausgewählten Pkw-Touren: sie führen stets zum Ausgangspunkt zurück, und man hat die Wahl, vom beschriebenen Startort aus die Tour zu beginnen oder an dem Punkt auf der Strecke in sie einzusteigen, der dem eigenen Urlaubsdomizil am nächsten liegt.
Natürlich werden nicht nur die einzelnen Streckenabschnitte genau und verlässlich beschrieben und die Sehenswürdigkeiten, die ein Anhalten und Verweilen lohnen, der Autor spart auch nicht mit allgemeinen Hinweisen und Insider-Tipps zum Autofahren auf Kreta.

Klaus Eckhardt bereiste Kreta über 40 Jahre lang und war in dieser Zeit ca. 80.000 Kilometer mit dem Auto unterwegs – unfallfrei.

Sedones 20

Karina Raeck (Hg.)
Andartis – Monument für den Frieden.
Krieg – Widerstand – Versöhnung

209 Seiten mit 130 Fotos
ISBN 978-3-937108-34-6

Andartis – so heißt das Gedenkzeichen, das die Berliner Künstlerin Karina Raeck im Ida-Gebirge zur Erinnerung an den kretischen Widerstandskampf gegen die deutsche Besatzung während des 2. Weltkrieges errichtete. Zwischen 1988 und 1991 baute sie in enger Zusammenarbeit mit den Bewohnern von Anogia aus etwa 5000 Felssteinen eine sich in die Ebene erstreckende menschliche Gestalt. Diese Landschaftsskulptur – der Partisan des Friedens – wurde als Symbol deutsch-griechischer Versöhnung unter Beteiligung der kretischen Bevölkerung am 23. Juni 1991 auf der Nida-Hochebene feierlich eingeweiht.

In ihrem Buch berichtet Karina Raeck über die Entstehung des Andartis; die Kulturjournalisten Stefanie Endlich und Rainer Höynk fragen nach der Darstellbarkeit von Krieg, Widerstand und Leid in der Kunst; die Historikerin Marlen von Xylander und der Historiker und Publizist Eberhard Rondholz informieren über den geschichtlichen Hintergrund der deutschen Besatzungsherrschaft und die Entwicklung des kretischen Widerstands; abschließend werden Zeitzeugenberichte, Risitika-Lieder und Volksdichtungen aus dem Andartiko dokumentiert.